Kobie Krüger
Ich trage Afrika im Herzen
Unser Leben im Krüger Nationalpark

Kobie Krüger

ICH TRAGE AFRIKA IM HERZEN

Unser Leben im Krüger Nationalpark

Mit Zeichnungen von Karin Krüger

Aus dem Englischen von
Sigrid Langhaeuser

Droemer

Originaltitel: The Wilderness Family. Our Home with Africa's Wildlife
Originalverlag: Bantam Press

Besuchen Sie uns im Internet:
www.droemer.de

Umschlaggestaltung: ZERO Werbeagentur, München
Umschlagabbildung: Zefa, Düsseldorf
Satz: Ventura Publisher im Verlag
Druck und Bindung: GGP Media, Pößneck
Printed in Germany
ISBN 3-426-19571-2

2   4   5   3

Für Kobus und unsere Töchter,
in Liebe

INHALT

Teil 1
MAHLANGENI

Teil 2
CROCODILE BRIDGE UND PRETORIUS KOP

KRÜGER NATIONAL PARK

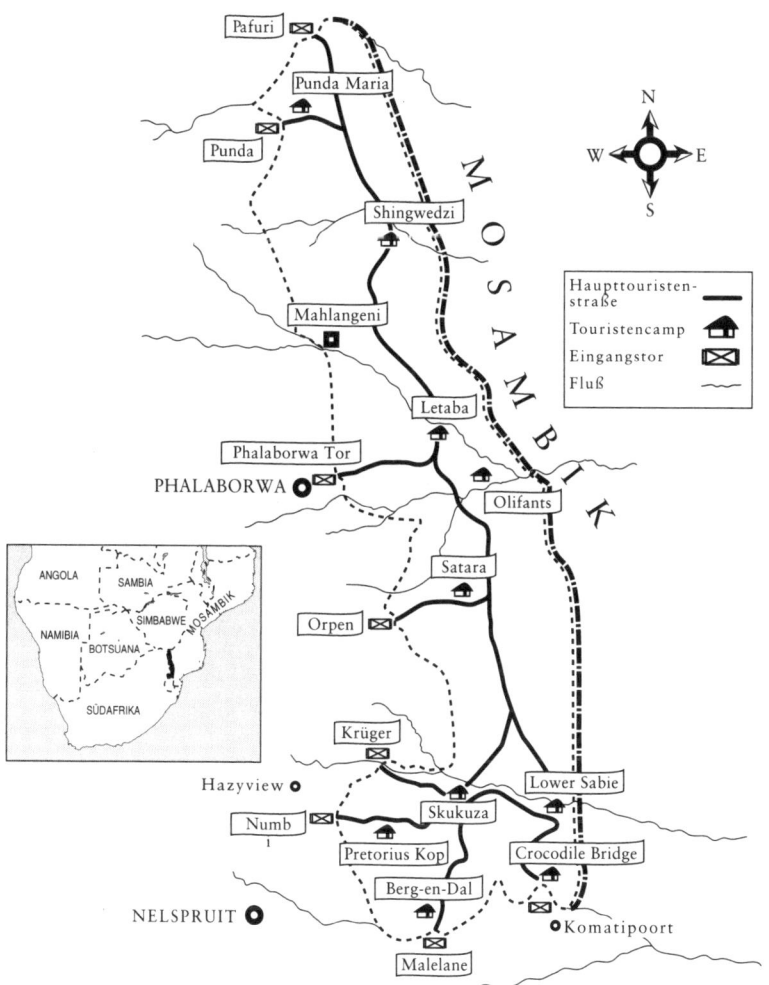

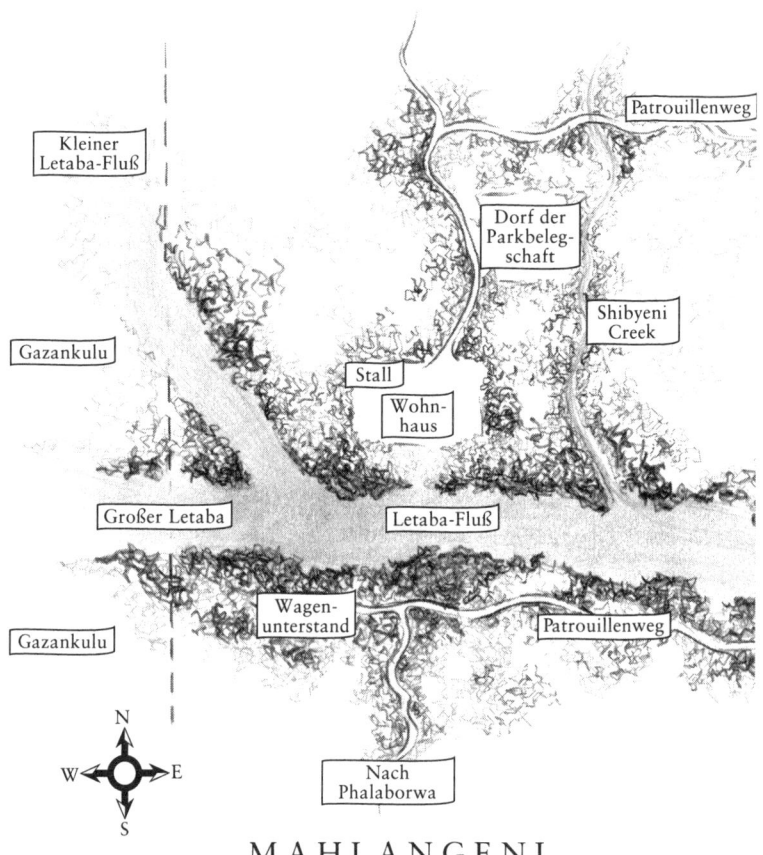

Patrouillenweg

Kleiner
Letaba-Fluß

Dorf der
Parkbeleg-
schaft

Shibyeni
Creek

Gazankulu

Stall

Wohn-
haus

Großer Letaba

Letaba-Fluß

Gazankulu

Wagen-
unterstand

Patrouillenweg

N

W E

S

Nach
Phalaborwa

MAHLANGENI

Teil 1
MAHLANGENI

EIN ABGELEGENER TREFFPUNKT

In einer schwer zugänglichen Ecke im nordwestlichen Teil des Krüger Nationalparks liegt ein herzförmiges Becken, in dem zwei Flüsse aufeinander treffen und die Landschaft von Sand und Wäldern geprägt ist. Der Kleine Letaba fließt aus nördlicher Richtung in das Becken, der Große Letaba kommt von Westen. In einem Wirbel aus Schaum und gurgelnden Stromschnellen vereinigen sie sich, dann beruhigt sich das Wasser und setzt seinen Weg friedlich als Letabafluss fort. Der sanft dahinfließende Strom ist voller Flusspferde und Krokodile, seine sandigen Ufer sind von Wildfährten durchzogen. Auf allen Seiten des Flussbeckens erstrecken sich Mopaniwälder in ein weites Land, in dem unberührte Natur und Einsamkeit regieren.

Der Name dieses Gebietes ist Mahlangeni, was in der Tsonga-Sprache »Treffpunkt« bedeutet.

Mahlangeni ist eine der unzugänglichsten Ranger-Sektionen des Nationalparks und war elf Jahre lang Heimat für meinen Mann, den Game Ranger dieser Sektion, unsere drei Töchter und mich.

Unser Haus stand am Nordufer des Letaba und bot einen wunderbaren Blick auf die sich vereinigenden Flüsse und das bewaldete Becken. Eichhörnchen und Mangusten spielten in unserem Garten, Buschböcke und Affen waren tägliche Besucher. Ein einsamer Leopard durchstreifte nachts die nähere Umgebung, und Paviane, Flusspferde, Elefanten und Löwen zählten zu unseren Nachbarn. Im Laufe der Jahre wurden die unterschiedlichsten Findlinge und Waisen aus dem Tierreich vorübergehend zu Mitgliedern unserer Familie.

Unsere Tage waren angefüllt mit verzauberten Momenten und unvergesslichen Abenteuern.

WIE WIR DORT HINKAMEN

Kobus ist auf einer Buschveld-Farm in der Nordprovinz Südafrikas geboren und aufgewachsen. Seit seiner frühen Kindheit liebte er den afrikanischen Busch und seine Geschöpfe und hatte den Wunsch, sie vor der Ausrottung zu bewahren.

Obwohl auch ich auf einer Farm in der Nordprovinz geboren wurde, nicht weit von Kobus' Geburtsort entfernt, lernten wir uns erst zwanzig Jahre später kennen, als wir beide an der Universität Pretoria studierten. Nachdem wir festgestellt hatten, dass wir nicht nur unsere Vornamen miteinander gemein hatten (der meine ist die weibliche Form des seinen), sondern auch beide auf einer Farm aufgewachsen waren und die ungezähmte Natur liebten, wurden wir gute Freunde. Als wir zum ersten Mal miteinander ausgingen, sahen wir den Film *Born Free* – die Geschichte von George und Joy Adamson und der Löwin Elsa. Es war der schönste Film, den wir beide je gesehen hatten, und hinterher vertraute mir Kobus an, dass er davon träumte, ein Game Ranger, ein Wildhüter zu werden. Dabei kam mir der Gedanke, dass ich davon träumte, die Frau eines Game Rangers zu sein.

Nach Abschluss unseres Studiums heirateten wir.

Kobus bewarb sich um den Posten eines Game Rangers bei der südafrikanischen Nationalparkverwaltung, erhielt jedoch den Bescheid, dass es keine freien Stellen gebe. Also zogen wir nach Windhoek, der Hauptstadt von Namibia. Dort arbeitete Kobus drei Jahre lang als Journalist und ich als Übersetzerin. Danach zogen wir nach Johannesburg, wo wir weitere sechs Jahre lang lebten und arbeiteten, bis Kobus endlich einen Brief vom Verwaltungschef des Krüger Nationalparks erhielt, in dem er nach Skukuza, dem Verwaltungszentrum und größten Touristencamp des Parks eingeladen wurde.

Wir lasen den Brief bestimmt hundertmal, um uns zu vergewissern, dass es auch wirklich kein Traum war.

In dem Brief wurde es zur Bedingung gemacht, »dass die Ehefrau des Bewerbers bei dem Vorstellungsgespräch anwesend ist«. Ich zerbrach mir den Kopf nach dem Grund, aber ich vereinbarte unverzüglich mit meiner Mutter, dass sie sich ein paar Tage lang um meine Kinder kümmern würde.

Wir kamen am Abend in Skukuza an und übernachteten im Touristencamp, aber wir schliefen kaum, sondern lauschten den faszinierenden Stimmen der Buschnacht. Am nächsten Morgen traten wir im Büro des Chief Rangers zu unserem Vorstellungsgespräch an. Unsere Gesprächspartner waren der Chief Ranger und der Verwaltungschef des Parks. Sie wirkten streng und offiziell. Sie wollten von Kobus wissen, warum er sich um die Stelle beworben habe und warum er einen guten Job in der Stadt aufgeben wolle, um im Busch zu arbeiten. Kobus antwortete einfach, dass die Arbeit im Busch ihm sinnvoll erscheine und dass er Game Ranger habe werden wollen, solange er denken könne.

Diese Antwort schien sie zu befriedigen.

Dann wandten sie sich an mich und hielten mir einen Vortrag über die Schwierigkeiten und Entbehrungen, die auf die Frau eines Game Rangers zukommen. Sie warnten mich vor der fast unerträglichen Sommerhitze, vor dem Risiko, mit Malaria infiziert zu werden, und den allgemeinen Gefahren des Buschs, vor den Schwierigkeiten eines Lebens weit entfernt von allen Ärzten, Schulen, Einkaufszentren und sonstigen Annehmlichkeiten. Sie machten mich darauf aufmerksam, dass es nicht einmal grundlegende Einrichtungen wie Telefonanschluss und regelmäßige Postzustellung geben würde. Sie redeten des Langen und des Breiten von der extremen Einsamkeit, die auf einer abgelegenen Rangerstation auf mich zukommen würde, weil die Arbeit eines Game Rangers häufig seine Abwesenheit über lange Zeiträume hinweg erforderte und seine Frau allein zu Hause säße. Wie ich wohl damit zurechtkommen würde? »Fahren Sie nach Hause und denken Sie sehr genau darüber nach«, sagten sie. »Lassen Sie sich mindestens einen Monat lang Zeit. Und wenn Sie beide ohne Einschränkung zu dem Schluss kommen, dass Sie immer noch an dem Posten interessiert sind, lassen Sie es uns wissen.«

Kobus und ich fuhren nach Hause und sprachen täglich darüber, was das Leben auf der Rangerstation in Mahlangeni für uns bedeuten würde. Meine Hauptsorge galt meinen Kindern. Was würde sein, wenn eines von ihnen krank würde? Oder verletzt? Wo würden sie in die Schule gehen?

Und doch … Ich wünschte mir für meine Kinder so sehr, dass sie in einer Zeit und an einem Ort aufwachsen könnten, wo die Freuden einfach und die Erfahrungen reich sein würden. Würden die Vorzüge einer Kindheit in der Wildnis gegenüber den Nachteilen nicht bei weitem überwiegen?

Ich war davon überzeugt.

Also bestätigten Kobus und ich, dass wir nach wie vor an dem Posten interessiert seien, und bald darauf traf die Nachricht ein, dass Kobus die Stelle bekommen würde.

Zwei Monate später, im Herbst 1980, hatten wir unser Haus in der Stadt verkauft, unsere Sachen gepackt und befanden uns auf dem Weg in ein neues Leben an diesem abgelegenen Treffpunkt im Land unserer Träume.

EINE AUFREGENDE BEGRÜSSUNG

Die warme Luft war erfüllt vom erdigen Geruch der Ufergehölze und dem Gesang von tausend Vögeln. Es war Nachmittag. Helles Sonnenlicht fiel durch das Flechtwerk der Baumäste und malte funkelnde Muster auf ein butterblumengelbes Haus. Eichhörnchen spähten unter fragendem Geschnatter auf uns herab, die buschigen Schweife hoch erhoben. Das Wispern kleiner Lebewesen war allgegenwärtig.

Drei blonde kleine Mädchen, die achtjährige Hettie, die siebenjährige Sandra und Karin, die erst zwei Jahre alt war, hüpften und tanzten plappernd und lachend zwischen den Bäumen herum.

»Was ist das hier? Wo sind wir jetzt?«, wollte Karin wissen.

»Unser neues Zuhause«, erklärte Sandra.

»… das ferne, ferne Zauberland«, sang Hettie, »wo das kleine Volk tanzt Hand in Hand.«

Das butterblumengelbe Haus hatte eine riesige Küche, ein bequemes Wohnzimmer, vor dem sich eine breite Veranda befand, drei Schlafzimmer und zwei Bäder, alle mit großen Fenstern, durch die der frische, würzige Duft des Gartens ins Haus strömte.

Der Garten war riesig und zur Hälfte verwildert, eine schattige Oase mit grünen Rasenflächen und einheimischen Bäumen und Büschen. Die Nordseite des Gartens grenzte an die Mopaniwälder, im Süden lagen die Flüsse. Dicht am Westzaun duckte sich ein kleines, strohgedecktes Gästehaus unter Marula- und Bauhiniabäumen.

»Und was ist das?«, fragte Karin und deutete in die Zweige eines Kigeliabaumes hinauf.

»Ein Flughund«, antwortete Sandra.

»Eine Baumelfe«, verbesserte Hettie. »Baumelfen verkleiden sich als Flughunde.«

»Aber sie steht auf dem Kopf«, bemerkte Karin.

»Flughunde schlafen so«, erklärte Sandra. »Sie hängen mit dem Kopf nach unten.«

»In der Welt der Baumelfen steht alles auf dem Kopf«, meinte Hettie.

»Uii!« seufzte Karin glücklich.

Im Südzaun des Gartens entdeckte ich ein Tor. Von dort aus führte eine Steintreppe das steile Hochufer hinunter zum Letabafluss. Ich setzte mich auf die oberste Treppenstufe. Unterhalb des bewaldeten Hochufers erstreckte sich das breite, sandige Trockenbett des Flusses. Ein kleines Ruderboot lag dicht am Wasser vertäut. Störche, Grau- und Silberreiher saßen auf ihren Aussichtsplätzen und überwachten die Szenerie. Der Fluss wirkte ruhig und heiter, seine Oberfläche war glatt und glänzend. Ein Stück weit stromaufwärts ragten dicke, runde Felsen aus der Wasseroberfläche heraus. Die Strömung bildete schimmernde, kreisförmige Wellen um sie herum. Plötzlich hob sich einer der Felsbrocken in einem Schauer winziger Tröpfchen aus dem Wasser und stieß ein lautes Schnarchen aus. Der Kopf eines Flusspferdes! Im Westen, weiter stromaufwärts, floss der kleine Letaba aus seinem Quellgebiet im Norden heran und vereinigte sich mit dem Großen Letaba. Das Wasser der beiden Flüsse mischte sich in schaumigen Wirbeln. Von allen Flussufern aus erstreckten sich endlose Mopaniwälder unter einem kristallblauen Himmel bis zum fernen Horizont. Die ganze Flusslandschaft wirkte verschlafen, wie betäubt im herbstlichen Sonnenschein, versunken in einen fernen Traum…

Ich hatte das Gefühl, als sei ich diejenige, die träumte, und die Landschaft ein Produkt meiner Phantasie.

Ich stand auf und machte mich auf die Suche nach Kobus.

Auf der Rückseite des Hauses duckte sich ein quadratischer kleiner Anbau unter einen riesigen Feigenbaum. Im Inneren dieses Gebäudes fand ich Kobus über eine Anzahl von Karten gebeugt. Etliche davon waren auf dem Schreibtisch in der Mitte des Raumes ausgebreitet, andere hingen an den Wänden, deren unterer Teil von Regalen mit Büchern und Akten eingenommen wurde. Um den Schreibtisch herum waren einige Stühle aufgestellt. Auf einem Regal neben dem Schreibtisch stand ein VHF Funkgerät.

»Oh!«, sagte ich und blickte im Zimmer herum. »Das muss das Büro des

Game Rangers sein.« Dann klickte etwas in meinem Gehirn, und ich fügte voller Staunen hinzu. »Und der Game Ranger, das bist *du*!«

»Den Eindruck habe ich auch«, gab Kobus grinsend zurück.

Ich rannte um den Tisch herum und holte mir eine herzhafte Umarmung von meinem Game-Ranger-Ehemann.

Der Fahrer unseres Möbelwagens war mit einer detailierten, handgezeichneten Karte ausgerüstet worden. Glücklicherweise gelang es ihm, unser Haus zu finden, und er traf kurz vor Einbruch der Dämmerung ein. Nun musste der Möbelwagen in Rekordzeit entladen werden, um noch vor Dunkelheit damit fertig zu werden. Als es Nacht wurde, war das Haus ein einziges Chaos. Überall standen Kartons und Kisten und Teile von Möbeln herum. Wir schafften es aber wenigstens, unsere Betten aufzustellen und in dem Durcheinander Bettwäsche und Kopfkissen für jeden von uns zu finden.

Es war ein langer Tag für uns gewesen, und wir waren erschöpft. Nach einem einfachen Abendessen aus belegten Broten und Tee gingen wir deshalb früh zu Bett.

Trotz meiner Erschöpfung dauerte es eine ganze Weile, bis ich einschlafen konnte, und als es mir endlich gelungen war, wurde ich sofort von einem seltsamen Geräusch wieder aufgeweckt.

»Was ist das?«, fragte ich meinen fest schlafenden Game-Ranger-Ehemann.

Er hörte nichts und schlief ruhig weiter.

Wieder lag ich wach und lauschte und dachte über dieses seltsame, dunkle Haus nach, das ein kleiner Hort der Sicherheit in der Wildnis war. Hatte ich wirklich etwas gehört? Oder war es nur meine aufgeregte Phantasie gewesen?

Ich war gerade dabei, wieder einzunicken, als ich das Geräusch wieder hörte. Diesmal weckte ich Kobus. »Was ist das?«, fragte ich ihn.

»Hmm?«

»Ein seltsames Geräusch. Hast du es denn nicht gehört?«

»Hmm?«

Ich lag still und wartete darauf, dass das Geräusch wiederkehrte. Aber es geschah nichts.

Kobus sank wieder in Schlaf.

Und nach einer Weile schlief auch ich ein.

Aber das mysteriöse Geräusch weckte mich zum dritten Mal.

»Kobus! Hast du das gehört?«

»Wie?«

»Dieses Geräusch ...«

Draußen schrie eine Eule.

»Eine Eule«, murmelte Kobus.

»Nein, die meine ich nicht. Es war ... eine Art ... scharrendes Geräusch.«

»Wahrscheinlich ein Leopard«, brummte er verschlafen.

»Ein Leopard?«, fragte ich entsetzt. »Aber es klang so, als wäre es direkt hier im Schlafzimmer!«

Wir lagen eine Zeit lang schweigend da und horchten. Drunten am Fluss quakten eine Million Frösche, dass der Himmel davon erbebte. Ein Flusspferd schnarchte. In der Ferne heulte eine Hyäne. Viele seltsame Geräusche tönten durch die Nacht, aber im Haus schien alles ruhig zu sein.

»Wahrscheinlich bildest du dir das bloß ein«, meinte Kobus endlich. »Versuch, dich zu beruhigen ... und ein bisschen zu schlafen.«

»Also gut, ja«, sagte ich. Wahrscheinlich war es wirklich nur Einbildung, redete ich mir ein. Offensichtlich war es die seltsame Stille des fremden Hauses, die mich im Schlaf beunruhigte.

Endlich döste ich ein.

Nach kurzer Zeit drang eine Stimme wie aus weiter Ferne durch den dichten Nebel meines Schlafes. Ich fuhr hoch. Eines der Mädchen rief nach mir. Sie konnte in der Dunkelheit das Badezimmer nicht finden. Der Generator war ausgeschaltet, und wir konnten kein Licht machen. Ich griff nach der Taschenlampe auf meinem Nachttisch und stand auf.

Nachdem ich meiner Tochter zu Hilfe gekommen war, kehrte ich ins Schlafzimmer zurück, und augenblicklich erregte etwas – vielleicht eine Bewegung – meine Aufmerksamkeit. Ich richtete meine Taschenlampe darauf, und im schmalen Lichtstrahl wurde ein Teil eines riesigen, glänzenden, dunkel gepunkteten Reptils sichtbar. Ich fuchtelte aufgeregt mit der Taschenlampe herum und beleuchtete den Rest der Szene: Das Schwanzende des »Dings« befand sich in der halb offenen Schublade meines Nachttischs, der mittlere Teil war auf dem Nachttisch zusammengerollt, und der Rest hatte sich in die Stangen des Kopfteils unseres Bettes verflochten.

Der Anblick war so bizarr, dass ich eine ganze Weile brauchte, um zu begreifen, was ich da sah.

»Kobus«, keuchte ich, »wach auf!«

Der dringliche Ton meiner Stimme ließ ihn augenblicklich hochfahren.

»Was ist los?«

»Eine riesige Schlange«, stammelte ich. »Sie kriecht gerade in unser Bett!«

Kobus sprang wie der Blitz aus dem Bett und riss sein Laken mit sich.

»Zurück!«, befahl er.

Das brauchte er mir nicht erst zu sagen. Ich hatte mich bereits bis an die gegenüberliegende Wand zurückgezogen.

Kobus kämpfte mit seinem Bettlaken und tastete sich in der Dunkelheit zu mir vor. Ich drückte ihm meine Taschenlampe in die Hand, und er richtete den Lichtstrahl auf die Schlange.

»Eine Python«, verkündete er.

Erschreckt durch den Aufruhr im Schlafzimmer, versuchte die Schlange, sich wieder in die sichere Schublade zurückzuziehen. Während wir fasziniert und entgeistert zuschauten, rief der Anblick der halb offenen Schublade eine Erinnerung in mir wach. Als die Möbel noch im Garten herumstanden und darauf warteten, hineingetragen zu werden, war ich an dem Nachtschränkchen vorbeigegangen und hatte bemerkt, dass die Schublade halb offen stand. Ich war in Eile und schleppte gerade einen großen Karton, und so hatte ich die Schublade mit dem Fuß zu gestoßen, ohne einen Blick hineinzuwerfen. Höchstwahrscheinlich befand sich die Python zu diesem Zeitpunkt bereits in der Schublade und wurde auf diese Weise ins Haus getragen.

Die Geräusche, die ich zuvor gehört hatte, waren das Scharren und Stoßen der Schlange gewesen, die versucht hatte, die Schublade aufzustemmen und hinauszugelangen. Meine Taschenlampe hatte aufrecht auf dem Nachttisch gestanden, vermutlich direkt in der Mitte des aufgerollten Schlangenkörpers. Ich hatte großes Glück gehabt, dass ich sie in der Dunkelheit mit einem Griff gefunden hatte.

Während die Schlange sich bemühte, ihren langen Körper in die Schublade zurückzumanövrieren, nahm Kobus seinen Gewehrreiniger und half ein bisschen nach. Es war eine junge Python, nur etwas über zwei Meter lang – was nicht sehr viel für eine Python ist, aber schrecklich lang für eine Schlange. Als sie endlich ganz in ihrem Versteck verschwunden war, stieß Kobus die Schublade zu und trug das ganze Nachtschränkchen in den Garten. Ich ging mit der Taschenlampe neben ihm her. In einiger Entfernung vom Haus stellte Kobus den Nachtkasten nieder und öffnete vorsichtig die Schublade. Die Python blieb ängstlich im Inneren liegen. Wir ließen sie allein, gingen wieder zu Bett und überließen es ihr selbst zu entscheiden, wann sie ihr Versteck verlassen wollte.

Ich hielt das für eine ziemlich abenteuerliche Begrüßung in unserer ersten Nacht im neuen Heim, aber Kobus meinte nur, dass solche Dinge eben passieren, wenn man das Gesetz der Wildnis nicht respektiert.

»Was für ein Gesetz«, wollte ich wissen.

»Dass man die wilden Tiere in Ruhe lassen muss.«

Ich versuchte, ihm klar zu machen, dass nicht ich die Schlange, sondern die Schlange mich gestört hatte.

»Du bist daran schuld, dass sie ins Haus getragen wurde«, murmelte er verschlafen.

»Das bin ich *nicht*! Wie kannst du so etwas sagen?«

Er antwortete nicht. Wahrscheinlich war er schon eingeschlafen. Wie konnte er es wagen, am Anfang einer so bedeutenden Diskussion ganz einfach einzuschlafen?

Ich tat mir sehr Leid. Ich hatte kaum geschlafen, und nun war die Nacht schon fast vorbei. Nur durch meine Schlaflosigkeit und Wachsamkeit hatte ich uns vor einem unvorstellbaren Ringkampf mit einer Schlange in unserem Bett bewahrt. Hatte ich mir damit nicht ein bisschen Mitgefühl und Dankbarkeit verdient?

Wir erwachten in der Morgendämmerung, und die Welt vor unserem Fenster war ein silbrig grünes Paradies voller überschwenglicher Tierstimmen. Flusspferde brüllten, Wildgänse trompeteten, Paviane bellten, Eichhörnchen quietschten und tausend Vögel sangen sich die Lunge aus dem Leib.

Kobus brachte mir eine Tasse Kaffee ans Bett, und so verzieh ich ihm alle seine schlechten Eigenschaften.

Ich setzte mich auf, schlürfte meinen Kaffee und blickte durch die Glasschiebetüren unseres Schlafzimmers hinaus. Und dort, in dieser silbergrünen Welt, sah ich eine kleine Herde eleganter Buschböcke, die am Hochufer jenseits unseres Gartenzauns friedlich grasten. In diesem Augenblick war ich überzeugt, der privilegierteste Mensch der Welt zu sein, weil ich den Tag an einem ganz normalen Montagmorgen mit einem so außergewöhnlichen Anblick beginnen durfte.

Nach dem Frühstück kamen die Game Guards, die Parkwächter, aus dem Dorf der Parkbelegschaft herüber, um uns zu begrüßen – sieben Tsonga-Shangana-Leute in makellosen Khakiuniformen.

Kobus und ich gingen hinaus, um uns mit ihnen bekannt zu machen. Die Männer begrüßten Kobus, aber mich ignorierten sie. (In ihrer Kultur ist es eine Geste der Ehrerbietung, wenn man einen Fremden nicht ansieht.)

Kobus erwiderte ihren Gruß, und nachdem sie die üblichen Begrüßungsfloskeln ausgetauscht hatten, erklärte er ihnen, dass ich seine Frau sei.

Sie sahen mich immer noch nicht an, sondern warteten in respektvollem Schweigen.

Ich begrüßte sie mit den Worten: »*Awuxeni maphodisa. Minjani?*« – »Die Sonne ist aufgegangen, Guards, wie geht es Ihnen?« (In Afrika fragt man die Leute immer, wie es ihnen geht, auch wenn sie Fremde sind.)

Die Guards sahen mir ins Gesicht und antworteten: »*Eh-heeh! Awuxeni. Hikhona. Minjani?*« »Wahrhaftig, die Sonne ist aufgegangen! Uns geht es gut. Wie geht es Ihnen?«

»*Hikhona. Ka hisa.*« »Mir geht es gut. Heute ist ein heißer Tag.« (Es gehört zum guten Ton, eine Bemerkung über das Wetter zu machen. Dabei ist es unwichtig, ob der Kommentar zutrifft oder nicht. Es kommt nur darauf an, dem Gesprächspartner zu verstehen zu geben, dass einem daran liegt, sich noch länger mit ihm zu unterhalten, und dass man es nicht eilig hat, sich von der Person, die man gerade getroffen hat, zu verabschieden, denn in Afrika zeugt es von schlechtem Geschmack, in Eile zu sein.)

»Ah-heeh! Ka hisa ngopfu.« »Oh ja, es ist wirklich sehr heiß«, stimmten sie mir höflich zu. (Tatsächlich war es ein sehr milder Morgen, aber ich wußte nicht, was mild auf Tsonga heißt.)

»Inkomu.« »Ich danke Ihnen«, sagte ich.

»Inkomu«, antworteten sie.

Nach dieser Begrüßung hieß uns der Chief Game Guard, Corporal Manhique, mit einer herzlichen Ansprache in seinem eigenen und im Namen seiner Kollegen in Mahlangeni willkommen. Darauf gaben wir den Männern die Hand und erfuhren ihre Namen.

Dann kam ein weiterer Mann auf uns zu. Er trug einen grünen Overall, war kräftig gebaut, hatte kurzes, ergrauendes Haar, und in seinen Augen stand die Weisheit des Alters. Er begrüßte uns mit einem offenen Blick und ziemlich ruppigen Manieren. Sein Name war, wie er uns mitteilte, Filemoni, und er war so eine Art Hausmeister. Seine Aufgabe war es, sich um den Gemüsegarten, den Vorratsraum, die Wasserpumpen und den Generator zu kümmern. (Tatsächlich war Filemoni so eine Art Mädchen für alles in Mahlangeni, ein fähiger, vielseitiger Bursche, der von allen respektiert wurde.)

Kobus und die Game Guards zogen sich eine Weile ins Büro zurück und besprachen die Arbeit des Tages. Danach gingen sie fort, um eine Kontrollfahrt durch die Umgebung zu machen.

Ich verbrachte den Tag mit Auspacken.

Die Mädchen erforschten das Rascheln und Wispern all der verborgenen Lebewesen im Garten und entdeckten eine ganze Lebensgemeinschaft faszinierender Geschöpfe: Geckos mit dicken Zehen und engelsgleichen Augen, Agamen, die in unglaublichen Technicolorfarben schimmerten, kupferfarbene Kröten, schwerfällige Chamäleons, fette Skinks und perlgraue Regenfrösche, deren kristallklare Rufe wie Windglocken klangen, die im Luftzug klingelten.

Zur Mittagszeit packten wir uns einen Picknickkorb und trugen ihn hinaus zu einer Steinbank unter einer Schirmakazie in der Südwestecke des Gartens. Als wir gerade unsere belegten Brote verzehrten und uns an der Aussicht auf die Flüsse erfreuten, hörten wir hinter uns plötzlich ein leises Scharren im Gras. Wir sahen uns um und entdeckten eine riesige alte Schildkröte. Sie war sicher hundert Jahre alt und trampelte schwerfällig über den Rasen auf uns zu. Ihre plumpen Beine raschelten in den toten Herbstblättern. Mit dem Ausdruck gedankenverlorener Entschlossenheit marschierte sie schließlich so nah an uns vorbei, dass wir sie hätten berühren können, den Hals vorgestreckt, die verträumten Augen voller uralter Gedanken. Wir überlegten, wo sie wohl hinwollte und warum ihre unbeholfenen Schritte so zielstrebig waren. Vielleicht war sie, wie Hettie meinte, unterwegs zu einer Verabredung mit einem sehr alten Freund und hatte sich verspätet.

Eine große Herde wunderschöner Impalas kam zum Trinken an den Fluss, und lange saßen wir still da und sahen ihnen zu.

Zögernd erhob ich mich endlich und ging wieder ins Haus, um mit dem Auspacken weiterzumachen.

Während des ganzen warmen Herbstnachmittags kam eine Herde durstiger Antilopen nach der anderen zum Trinken an den Fluss, und jedes Mal, wenn wieder eine Gruppe von Neuankömmlingen eintraf, riefen mich die Mädchen hinaus, damit ich sie bewundern konnte.

Am späten Nachmittag, als die Schatten auf dem breiten Trockenbett des Flusses länger wurden, tauchte ein einsamer Elefantenbulle auf und begann im Schilf, das den Wasserlauf säumte, zu fressen. Kobus kam nach Hause, und wir setzten uns hinaus in den Garten, um unseren majestätischen Besucher zu bewundern. Die Sonne versank im Großen Letaba und färbte das Wasser rubinrot. Als die rauchblaue Dämmerung sich über die Landschaft senkte, vertiefte sich das Rot zu Violett und verblasste schließlich zu Silber. Ziegenmelker stimmten mit blubbernden Gesängen ihr Abendkonzert an.

Die Welt der geschäftigen Städte war weit weg.

Aus den Wäldern hinter dem Haus erhob sich das drohende Heulen einer Hyäne. Wir seufzten vor Zufriedenheit und gingen ins Haus, um unser Abendessen zuzubereiten.

Spät in dieser Nacht, lange nachdem wir zu Bett gegangen waren, weckte mich Kobus und flüsterte: »Horch! Ein Leopard!«

»Draußen?«, fragte ich erschrocken. »Oder neben dem Bett?«

Aber dann hörte ich den Leoparden auch. Und er war draußen. Gott sei Dank.

DER FÜRST DER DUNKELHEIT

Nachts hörten wir häufig den Leoparden. Wenn er in der Nähe unseres Hauses sein Revier durchstreifte, konnten wir seinen Weg anhand der rhythmischen Knurrlaute verfolgen, die sich von einem nicht allzu weit entfernten Bach, dem Shibyeni Creek, her näherten, dann vom Hochufer des Flusses und schließlich vom Fluss selbst herübertönten, bis sie zuletzt wieder vom Hochufer her zu hören waren. Häufig lief der Leopard an der Einfriedung unseres Gartens entlang, und ich zerbrach mir den Kopf, ob er wohl nach einer Möglichkeit suchte, durch den Zaun auf unser Grundstück zu gelangen.

Der Garten war von einem massiven, drei Meter hohen Zaun umgeben. Ich wusste, dass ein Leopard ein so hohes Hindernis nicht überwinden kann. Und doch …

Schließlich hatten wir auch andere nächtliche Besucher, meist harmlose Geschöpfe, die sich unter dem Tor hindurchbuddelten. Mir war klar, dass Leoparden so etwas nicht tun. Und doch …

Kobus meinte, dass es romantisch sei, einen Leoparden zum Nachbarn zu haben, und ich gab ihm Recht, aber nachts, wenn ich hinausgehen musste, um den Generator auszuschalten, war mir der Gedanke nicht besonders angenehm. Meistens wurde diese Aufgabe von Kobus erledigt, aber wenn er nicht zu Hause war, war ich dafür zuständig.

Der Generatorraum lag etwa fünfzig Meter vom Haus entfernt, dicht am Zaun auf der Nordseite. Jeder, der einmal die Erfahrung gemacht hat, wie pechschwarz die Nächte im Busch sein können, wird verstehen, warum es mich so beängstigte, diese kurze Entfernung in der Dunkelheit zurückzulegen.

Einmal wurde direkt an diesem Nordzaun ein Wasserbock von Löwen gerissen. Die Löwen blieben fast die ganze Nacht über dort und verschlangen ihre Beute. Gott sei Dank war Kobus an diesem Abend zu Hause und schaltete den Generator aus. Wäre er nicht da gewesen, hätte

ich das Ding vermutlich laufen lassen, bis es keinen Treibstoff mehr gehabt hätte oder in die Luft geflogen wäre, oder was auch immer solche Maschinen tun, wenn man sie endlos laufen lässt.

Oft, wenn ich abends unterwegs zum Generatorraum war, fuhr ich entsetzt zusammen, weil eine kaum merkliche Bewegung oder ein geheimnisvolles Geräusch mich erschreckte, das scharfe Knacken eines Zweiges oder ein drohender Schatten, der plötzlich zum Leben erwachte. Meistens entpuppte sich das Geräusch oder der Schatten als Honigdachs oder Stachelschwein, gelegentlich auch als Ameisenbär oder Zibetkatze – alles scheue Tiere, die dem Menschen aus dem Weg gehen und niemandem etwas tun, solange man sie in Ruhe lässt. Eigentlich freute ich mich über diese Besucher, ganz besonders über die Honigdachse, die ganz süße, zärtliche Laute von sich gaben, wenn sie nach einander riefen. Die Stachelschweine hatten die unangenehme Angewohnheit, unsere Zwiebelpflanzen auszugraben und den Garten zu verwüsten, aber sie sahen so nett aus, wenn sie sich auf ihren kurzen, gedrungenen Beinen mit raschelnden Stacheln davonmachten. Mein einziges Problem mit meinen nächtlichen Besuchern bestand darin, dass mir das Herz fast stehen blieb, wenn sie so plötzlich aus der Dunkelheit auftauchten, während ich gerade an den Leoparden dachte.

Eines Abends, etwa vier Wochen nach unserem Einzug in unser neues Heim, bekam ich auf dem Weg zum Generatorraum einen fürchterlichen Schock.

Kobus war nicht da, und ich musste gehen, um den Motor auszuschalten. Ich dachte an die Puffotter, die ich am Abend zuvor direkt vor dem Generatorraum beobachtet hatte, bewaffnete mich mit einer Taschenlampe und leuchtete den Boden vor meinen Füßen sorgfältig aus. Puffottern sind sehr giftig und außerdem auch noch hinterhältig und träge. Sie machen gar nicht den Versuch, einem aus dem Weg zu gehen, sondern warten darauf, dass man auf sie tritt, damit sie eine Ausrede haben, einen zu beißen.

Ich setzte meine Füße vorsichtig und ließ den schmalen Strahl der Taschenlampe über den Boden und in den Schatten verdächtig aussehender Pflanzen gleiten. Der Lichtstrahl erschreckte einen Frosch, der hochsprang und gegen mein Bein prallte. Uff.

Irgendwo in der Dunkelheit ertönte das bedeutungsvolle Heulen einer Hyäne und erinnerte mich daran, dass die Nacht den Raubtieren gehörte und Primaten gut daran täten, sich schnellstens auf ihre sicheren Bäume (oder in ihre Häuser) zurückzuziehen.

Auf den letzten zwanzig Metern des Weges übertönte das Dröhnen des Motors alle anderen Geräusche und betäubte meine Sinne, so dass es mir schwer fiel, mich auf meine Umgebung zu konzentrieren. Je näher ich an den Lärm herankam, desto gefährdeter fühlte ich mich. Endlich war ich nur noch wenige Meter vom Generatorraum entfernt. Ich suchte den Boden sorgfältig nach Spuren der Puffotter ab, fühlte mich verletzlich, und meine Ohren vibrierten vom Dröhnen des Motors.

Und dann passierte es.

Etwas Riesengroßes sprang mich von hinten an und stieß mich fast zu Boden. Die Taschenlampe flog mir aus der Hand und rollte in die Dunkelheit. Um mein Gleichgewicht kämpfend, fuhr ich herum und versuchte, meine Arme zwischen mich und meinen Angreifer zu bringen.

Das Etwas warf sich zum zweiten Mal auf mich und brachte mich erneut aus dem Gleichgewicht – und fing an, mir das Gesicht abzulecken.

Es war ein Hund.

Unser eigener Hund.

Ein Wildhüterkollege hatte ihn uns erst wenige Tage zuvor geschenkt. Es handelte sich um eine ausgewachsene Ridgeback-Hündin namens Simba, die die Angewohnheit hatte, uns bei ihren überschwänglichen Begrüßungen umzuschmeißen.

Ich versuchte, ihr Guten Abend zu sagen, aber das Klappern meiner Zähne übertönte meine Stimme.

Es dauerte eine ganze Weile, bis es mir wieder einfiel, was ich eigentlich hier draußen in der Dunkelheit wollte. Ich hob meine Taschenlampe auf und schaffte es endlich, den Generator auszuschalten.

Kaum hatten sich meine Ohren an die plötzliche Stille gewöhnt, hörte ich auch schon die wohl bekannten rhythmischen Knurrlaute, die sich vom Shibyeni Creek her näherten.

Simba straffte sich, spitzte die Ohren, und ein Knurren erhob sich tief in ihrer Kehle.

»Still, Simba!«, befahl ich. »Nicht bellen!«

Sie sah mich fragend an.

»Das ist unser Nachbar«, flüsterte ich. »Ich bin ihm noch nicht persönlich begegnet, aber ich glaube, er frisst Hunde.«

Simba verstand, und wir beeilten uns, ganz leise zum Haus zurückzulaufen.

FLUSSPFERDE MIT
VERFOLGUNGSWAHN

Für uns in Mahlangeni war die nächst gelegene Stadt Phalaborwa, eine abgelegene Bergarbeitersiedlung, etwa fünfzig Kilometer südlich des Flusses.

Um in die Stadt zu gelangen, mussten wir zuerst über den Fluss rudern – was die Flusspferde außerordentlich erbitterte - und dann dem Fußpfad zum oberen Rand des Hochufers bis zu der Stelle folgen, wo wir unser »Stadtauto« in einem Schuppen unter den Schakalbeerenbäumen geparkt hatten.

Sowie wir mit dem Boot vom Ufer abstießen, begannen die Flusspferde zu grunzen, zu brüllen und uns zu beschimpfen. Und dann tobten und spritzten sie im Wasser herum, tauchten unter und wieder auf und hielten uns ihre aufgerissenen Mäuler mit den riesigen Hauern entgegen, um uns einzuschüchtern.

Flusspferde sind territoriale Tiere, und die Bullen verteidigen ihr Territorium gegen jeden Eindringling. Ein Boot wird von einem Flusspferdbullen offensichtlich als Störenfried mit zweifelhaften Absichten gegenüber seinen Damen betrachtet.

Flusspferde sind Pflanzenfresser und müssen daher das Wasser zum Grasen verlassen, und weil sie ihren Fluss oder See als den Ort betrachten, an dem sie in Sicherheit sind, sind sie an Land noch paranoider als im Wasser. Wenn ein Flusspferd beim Fressen gestört wird, rennt es augenblicklich zum sicheren Wasser zurück und walzt dabei jedes Hindernis platt, das sich ihm in den Weg stellt, auch wenn dieses Hindernis lebendig ist. Gott sei Dank fressen Flusspferde am liebsten in der Nacht, und so verlassen sie ihren Fluss tagsüber nur selten.

Anfangs machten uns die Flusspferde mit ihren fürchterlichen Drohungen tatsächlich Angst, aber nachdem sie diese Drohungen niemals wahr machten, gewöhnten wir uns an ihr Säbelrasseln und hörten auf, uns um ihretwillen Sorgen zu machen. Die Flusspferde schienen ihrerseits überzeugt zu sein, dass ihre Demonstrationen von Wehrhaftigkeit das Boot hinreichend eingeschüchtert hätten, und hielten es deshalb nicht für nötig, es zu vernichten. Und so lernten wir nach und nach, ihre Drohungen zu ignorieren, und gingen zunehmend unbekümmert mit ihnen um. Aber eines Tages fand ein Bulle, dass Säbelrasseln nicht genug sei.

Die Mädchen und ich ruderten gerade über den Fluss, als der Flusspferdbulle auf unser Boot zu schwamm und es so heftig rammte, dass wir uns fast vollständig um die eigene Achse drehten. Wir hatten ihn nicht einmal kommen gesehen. Er musste sich von hinten angeschlichen haben.

Als ich Kobus am Abend von diesem Zwischenfall erzählte, bestand er darauf, dass ich von nun an immer eine Feuerwaffe mitnahm, wenn wir den Fluss überquerten. Ich war über diesen Gedanken nicht gerade glücklich. Ich fühlte mich beim Umgang mit Schusswaffen nicht besonders wohl. Aber Kobus gab zu bedenken, dass Flusspferde gefährlich werden können und dass wir ihre Drohungen nicht auf die leichte Schulter nehmen durften. Wenn diesem Bullen unsere Missachtung seines Territoriums zu viel wurde, war es möglich, dass er das Boot rammte oder umstieß und uns dann im Wasser angriff.

Diese Argumente erschreckten mich, und ich kam zu dem Schluss, dass ich mich wohl oder übel an den Umgang mit Gewehr und Pistole gewöhnen musste. Wie Kobus mir immer wieder erklärte, braucht man nur äußerst selten eine Schusswaffe, aber wenn man sie braucht, braucht man sie nicht nur ein bisschen – dann hat man sie wirklich verzweifelt nötig.

Kobus bestand auch darauf, dass ich in seiner Abwesenheit Filemoni als Ruderer mitnahm, damit ich mich auf das Verhalten der Flusspferde konzentrieren und einen Warnschuss abgeben konnte, wenn es sich als notwendig erweisen sollte.

Obwohl Filemoni klein und gedrungen war, war er erstaunlich kräftig, und ich stellte fest, dass er uns in der Hälfte der Zeit über den Fluss rudern konnte, die ich gewöhnlich dazu benötigte. Aber das war nicht so angenehm, wie es klingt. Tatsächlich war er zwar ein sehr starker Ruderer, aber kein guter. Er bewegte die Ruder mit kurzen, unregelmäßigen

Schlägen, und das Boot sprang, planschte, hüpfte und polterte über das Wasser, statt hindurchzugleiten, wie ein Boot es eigentlich tun sollte. Und jedes Mal, wenn er die Ruder aus dem Wasser hob, wurden wir angespritzt. Wenn wir das gegenüberliegende Ufer erreichten, waren wir meistens tropfnass. Aber wir beklagten uns nicht. Filemoni war ein Mann, der mit seiner vernünftigen und bestimmten Art unseren Respekt verdiente. Und außerdem war er der buscherfahrenste Mensch, den wir kannten.

Am Ende unseres ersten Herbstes in Mahlangeni meldeten wir Hettie und Sandra in der Schule in Phalaborwa an. Während der Woche lebten sie im privaten Wohnheim des Parks am Phalaborwa Tor, etwa sieben Kilometer von der Stadt entfernt. (Dieses Wohnheim wurde von Angestellten des Krügerparks geführt und war ausschließlich für die Kinder der Krügerparkfamilien bestimmt, die weit von der Stadt entfernt wohnten.) Jeden Montagmorgen fuhr ich meine Töchter zu diesem Wohnheim und holte sie am Freitag Nachmittag wieder ab.

Nachdem der Flusspferdbulle unser Boot zum ersten Mal gerammt hatte, gewöhnten die Mädchen und ich uns an, die Wasserfläche ständig im Auge zu behalten, wenn wir hinüberruderten. Wenn wir eine v-förmige Welle bemerkten, die über das Wasser auf uns zukam, wussten wir, dass es wieder der verrückte alte Bulle war, der unser Boot rammen wollte. Das war für mich das Signal, das Gewehr anzulegen und ins Wasser zu schießen, genau zwischen das Boot und das heranschwimmende Flusspferd. Gott sei Dank zog sich das Tier dann jedes Mal zurück und schwamm wieder zu seiner Herde.

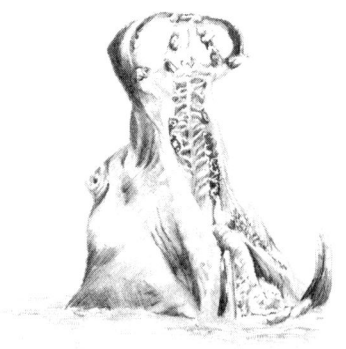

Aber immer wieder passierte es, dass wir die kleine Welle nicht rechtzeitig bemerkten und fürchterlich erschraken, wenn der Bulle das Boot rammte. Ein anderer nervenzerreißender Trick von ihm war es, leise und unbemerkt an das Boot heranzuschwimmen und dann plötzlich explosionsartig neben uns aus dem Wasser aufzutauchen.

Nachdem es eine Zeit lang immer wieder Zusammenstöße mit dem übellaunigen Tier gegeben hatte und ich mehrfach neben ihm ins Wasser geschossen hatte, zog sich der Bulle für einige Zeit zurück, und ich glaubte schon, er hätte sich endlich geschlagen gegeben.

Aber wenige Wochen später zeigte er uns, dass ich mich geirrt hatte. Die ganze Familie saß fröhlich plaudernd im Boot, ohne besondere Notiz von den Flusspferden zu nehmen. Karin, die damals gerade vier Jahre alt war, zog einen dünnen Schilfhalm im Wasser neben dem Boot hinter sich her. Plötzlich tauchte mit ohrenbetäubendem Gebrüll der verrückte Bulle direkt neben dem Boot aus dem Wasser. Er hatte das Maul so weit aufgerissen, als wollte er uns alle verschlingen. Karin fuhr zurück und stürzte von ihrem Sitz auf den Boden des Bootes. Zitternd vor Schreck, streckte ich die Hand aus, um ihr aufzuhelfen, aber sie kletterte selbständig und ohne Hilfe wieder auf die Bank und murmelte nur mit ärgerlichem Gesicht: »Lieber Gott! Warum kann er sich nicht benehmen?«

Der Flusspferdbulle war unterdessen verschwunden. Und während wir noch überlegten, wo er wohl abgeblieben sei, brachte ein heftiger Stoß von unten das Boot gefährlich ins Schwanken. Gott sei Dank hatten wir uns im Augenblick des Stoßes alle festgehalten, und so wurde keiner von uns über Bord geworfen.

Aber Kobus erklärte, damit habe das Flusspferd sein Schicksal besiegelt und die Deportationsverfügung sei somit beantragt. Er befand sich gerade auf dem Weg nach Skukuza, um bei der alljährlichen Bestandsaufnahme des Parks aus der Luft mitzuwirken, und konnte die Deportation nicht sofort durchführen, aber er versprach, es augenblicklich zu tun, wenn er zurückkäme.

Am folgenden Tag wurden zwei Soldaten von einem Militärlager in Gazankulu von ihrem Kommandeur nach Mahlangeni geschickt, um Kobus eine Nachricht zu überbringen. Kobus war natürlich noch in Skukuza, und ich war im Haus beschäftigt und bemerkte nicht, dass ihr

Fahrzeug am anderen Flussufer auftauchte. Aber Filemoni bemerkte sie und ruderte prompt hinüber, um die beiden jungen Männer abzuholen. Ich wusste nichts von ihrer Ankunft, bis sie plötzlich vor der Haustür standen. Ich bat sie herein, bot ihnen Kaffee an und erfuhr, dass sie beide aus der Stadt kamen, zur Militärausbildung nach Gazankulu versetzt worden waren und sich in der Wildnis ziemlich unsicher fühlten. Als sie wieder aufbrechen wollten, dachte ich an den verrückten Flusspferdbullen und schlug vor, dass sie zum Fluss vorausgehen sollten, während ich ging, um ein Gewehr zu holen. Keiner von ihnen war bewaffnet, und außerdem hätten sie auch nicht gewusst, was sie machen sollten, wenn der Bulle angegriffen hätte.

Ich brauchte eine Weile, bis ich den Schlüssel zum Gewehrschrank geholt, den Schrank geöffnet und mir ein Gewehr ausgesucht hatte. Wegen der dramatischen Ereignisse am Vortag wählte ich eines der großkalibrigen Gewehre. Nachdem ich mich davon überzeugt hatte, dass es geladen war, ging ich hinaus – und sah mit Schrecken, dass sich das Boot mit den Soldaten und Filemoni an den Rudern bereits auf dem Wasser befand. Offenbar hatten weder sie noch Filemoni verstanden, dass ich die Absicht gehabt hatte, sie im Boot zu begleiten. Ich lief durch den Garten, durch das Vordertor, die Steintreppe hinunter und über den Sand des Trockenbettes und suchte dabei mit den Augen die Wasserfläche ab. Als ich am Ufer ankam, hatte das Boot den Fluss bereits halb überquert. Und dann sah ich sie, die verräterische v-förmige Welle, die sich stromabwärts direkt auf das Boot zu bewegte.

Ich hob das Gewehr und zielte auf einen Punkt zwischen dem Boot und der Welle, fürchtete mich aber zu sehr, um auf den Abzug zu drücken. Ich hatte noch nie aus einer so großen Entfernung geschossen – etwa achtzig Meter –, und ich hatte Angst, ich könnte einen der Insassen des Bootes treffen. Wenn ich aber etwas kürzer zielte, riskierte ich, das Flusspferd zu treffen.

Plötzlich tauchte der Bulle auf und begann, wild auf das Boot zuzuschwimmen. So etwas hatte er noch nie getan. Filemoni brüllte ihn an und verdoppelte seine Rudergeschwindigkeit. Das Flusspferd folgte mit grimmiger Entschlossenheit und hatte anscheinend vor, das Boot ein für alle Mal zu vernichten. Wieder hob ich das Gewehr und zielte sorgfältig auf einen Punkt zwischen dem Flusspferd und dem Boot, aber bevor ich abdrücken konnte, hatte ich plötzlich den Kopf des Bullen in der Kimme. Ich fing an zu zittern und konnte das Gewehr nicht ruhig halten. Filemoni ruderte verzweifelt, aber das Flusspferd verfolgte ihn nach wie vor. Ich versuchte, ihm mit dem Lauf zu folgen, so dass ich auf einen Punkt vor der Nase des Bullen zielte, aber das Korn der Zieleinrichtung zitterte wie verrückt, und ich fragte mich, wie man ruhig zielen sollte, wenn das Ziel sich ständig bewegte. Das Flusspferd hob den Kopf, um den Abstand zu prüfen, bevor es sich auf das Boot warf. Ich hielt den Atem an und hatte endlich das Korn in der Kimme. Ich hatte nicht mehr die Zeit, Filemoni und den Soldaten zuzurufen, dass sie sich ducken sollten, bevor ich auf den Abzug drückte. Als der Schuss krachte und Zikaden und Vögel zum Schweigen brachte, traf mich der Rückstoß so hart an der Schulter, dass ich fast zu Boden ging. Eine Wasserfontäne spritzte vor dem geöffneten Maul des Bullen auf und ergoss sich über die Insassen des Bootes. Das Flusspferd warf den massigen Kopf hoch, klappte das Maul zu und tauchte ab. Ich beeilte mich, das Gewehr wieder zu laden, und suchte die Wasserfläche nach einer Spur des Flusspferds ab. Ein paar Sekunden später entdeckte ich die v-förmige Welle ein gutes Stück vom Boot entfernt. Sie bewegte sich stromaufwärts, auf die übrige Herde zu. Ich setzte mich in den Sand. Meine Beine fühlten sich an wie Gummi.

Die armen Soldaten. Sie hatten sich vermutlich vor mir und meinem Gewehr ebenso sehr gefürchtet wie vor dem kampflustigen Flusspferd. Sie kamen wohlbehalten am anderen Flussufer an und wandten sich noch einmal um, um mir zu winken. Ich erwiderte ihren Gruß und blieb im Sand sitzen, bis ihr Lastwagen hinter dem Hochufer verschwand.

Dann wartete ich, bis Filemoni sicher wieder zurück war. Zusammen gingen wir durch den Sand und stiegen die Steintreppe hinauf. Wir redeten nicht miteinander. Filemoni war niemals sehr gesprächig. Er neigte mehr zum Grunzen. Also grunzte er, und ich stöhnte zur Antwort. Wir beide wussten, dass wir an diesem Tag sehr knapp an einem Unglück vorbeigeschlittert waren.

Ein paar Tage später kam Kobus aus Skukuza zurück und begann sofort, den Deportationsplan durchzuführen. Er ruderte auf den verrückten

Flusspferdbullen zu, der an einem Riss im Ohr leicht zu erkennen war, und während das Tier sich noch fragte, welchem Umstand es diesen Besuch zu verdanken habe, stand Kobus im Boot auf und feuerte mehrere Schüsse aus seiner 375er Magnum dicht neben ihm ins Wasser. Die Donnerschläge erschütterten die ganze Landschaft, und auf allen Seiten des Flusspferdes schossen Fontänen aus der Wasserfläche.

Der verrückte Flusspferdbulle begriff, was es geschlagen hatte, und entschloss sich unverzüglich zur Emigration. Er schwamm nach Norden den kleinen Letaba hinauf und muss dort wohl ein friedlicheres Zuhause gefunden haben, denn wir sahen ihn niemals wieder. Auch die übrige Herde beherzigte die Warnung und benahm sich noch ziemlich lange nach diesem Ereignis tadellos.

SCHWIERIGKEITEN AUF EINER EINSAMEN PISTE

Das Überqueren des Flusses war nicht die einzige Schwierigkeit, die es zu überwinden galt, wenn man in die Stadt wollte. Die Straße auf der anderen Seite des Flusses war eine schmale, gewundene Piste, die durch steile Dongas (Gräben) und undurchdringliche Mopanidickichte führte. Sie wurde von keinem anderen Fahrzeug befahren, weil sie sonst nirgends hinführte. Sie war unsere ganz persönliche Privatstraße und diente ausschließlich als Verbindung vom Phalaborwa-Tor nach Mahlangeni. Auf dieser Piste konnte viel passieren. Und wenn das Fahrzeug, mit dem man unterwegs war, seinen Geist aufgab, gab es nur zwei Möglichkeiten: es selbst zu reparieren oder den Rest des Weges zu Fuß gehen.

Am Montagmorgen, wenn ich die Mädchen zum Schülerwohnheim brachte, mussten wir beim ersten Morgengrauen aufbrechen. Ein privater Bus holte die Krügerpark-Kinder in ihrem Wohnheim ab und brachte sie in ihre Schulen in der Stadt. Wenn es auf der Piste einen Aufenthalt gab und wir den Bus verpassten, musste ich die Mädchen selbst zur Schule fahren und dem Direktor erklären, warum wir zu spät kamen.

Wenn die Straße trocken und in einigermaßen gutem Zustand war, dauerte die Fahrt nur etwas über eine Stunde – es sei denn, es gab irgendwelche Aufenthalte, was häufig der Fall war. Manchmal überquerten Herden von Büffeln oder Elefanten die Straße und hatten es dabei überhaupt nicht eilig, oder sie standen einfach auf der Straße herum und dachten gar nicht daran, irgendwohin zu gehen. Ein bestimmter Elefantenbulle wartete oft beim Shimango Creek auf uns, blockierte die Straße und zwang uns, schleunigst mehrere hundert Meter weit zurückzustoßen, wobei er seinen Eigentumsanspruch auf die Piste lautstark hinaustrompetete. Von Zeit zu Zeit warfen Elefanten einen Baum quer über die Straße. Das bedeutete dann einen wirklich riesigen Zeitverlust, weil wir in einem solchen Fall wieder nach Hause fahren mussten, um eine

Axt und Kobus zu holen – oder, wenn dieser nicht zu Hause war, Filemoni –, um den Baum zu zerhacken und aus dem Weg zu räumen. Auf Impalas, die vor dem Wagen herrannten, musste man immer gefasst sein. Die Impalas blieben bei unserem Anblick wie angewurzelt auf der Piste stehen, bis wir nur noch wenige Meter von ihnen entfernt waren. Dann rannten sie im Zickzackkurs von einer Seite der Piste zur anderen vor uns her. Es ist keine besonders gute Idee zu versuchen, sich auf einer engen Piste in dichtem Buschland an einer Herde Impalas vorbeizuquetschen, die sich in hohen Sprüngen fortbewegt. Also hielten wir und warteten. Aber wenn wir hielten, blieben sie ebenfalls stehen. Wenn wir wieder losfuhren, rannten auch sie wieder los, und zwar hartnäckig auf der Piste, als hätten sie vollkommen vergessen, dass sich zu beiden Seiten endlose, sichere Wälder erstreckten. Häufig konnten wir nichts anderes tun, als den Motor auszuschalten und zu warten … und zu warten … bis es sogar den Impalas zu langweilig wurde und sie sich selbstvergessen in den Busch trollten.

Manchmal hatten wir eine Reifenpanne, aber mit Hilfe der Mädchen war das Rad meist schnell gewechselt.

Die wirklich ernsten Probleme begannen mit der Regenzeit. Die Regengüsse wuschen oft so tiefe Rinnen in die Piste, dass mein Jeep selbst mit Allradantrieb buchstäblich vorwärts schlitterte. Manchmal rutschten wir von der Straße in den Busch oder drehten uns um die eigene Achse und holperten noch ein Stück weit in die verkehrte Richtung weiter. Einmal, als ich die Herrschaft über den Wagen verlor, beschrieb der Jeep fast eine vollständige Acht, ehe er in einem Matschloch neben der Piste zum Stehen kam. Ich hatte die Mädchen bereits an ihrem Wohnheim abgesetzt und war allein. Ohne Hilfe aus diesem Matschloch wieder herauszukommen war keine leichte Sache. Ich schleppte Baumstämme, Äste und was ich sonst noch im Busch finden konnte heran und packte es vor und unter die Reifen, bis ich eine Art Rampe zusammengebaut hatte, die aus dem Loch herausführte. Meine Rampe brach mehrfach zusammen, und ich war nahe daran, in Tränen auszubrechen, aufzugeben und den Jeep einfach zurückzulassen. Aber der Gedanke an den Fünfzehn-Kilometer-Marsch nach Hause steigerte meine Entschlossenheit außerordentlich.

Wasserläufe, die während des größten Teils des Jahres trocken waren, wurden nach einem Wolkenbruch plötzlich zu reißenden Bächen. Häufig mussten wir an solchen Bächen halten und barfuß hineinwaten, um festzustellen, wie tief sie waren. Wenn es zu gefährlich war hindurchzufahren, machten wir kehrt und warteten zu Hause, bis das Wasser wieder abgelaufen war.

Wenn der Busch grün und dicht wurde, wie es in der Regenzeit der Fall war, musste man besonders vorsichtig fahren, weil man in das Dickicht zu beiden Seiten der Piste nicht hineinsehen konnte. Häufig kamen Tiere unmittelbar vor dem Wagen aus dem Busch herausgeschossen. Kurven musste man sehr langsam nehmen. Wenn man zu schnell um eine Kurve fuhr und plötzlich feststellte, dass die Sicht von etwas Riesigem, Grauem blockiert war, war Vorsicht am Platz – das war dann nämlich ein Elefant, und man hatte ein echtes Problem.

An einem Sonntagmorgen, als Hettie und ich aus der Stadt zurückkehrten, sprang am Tsugama Creek, wo sich die Straße in engen Kurven abwärts windet, ein Kudu aus dem Busch. Ich riss das Steuer herum, um nicht gegen die große Antilope zu prallen, und verlor die Herrschaft über den Jeep. Der Wagen überschlug sich und landete auf dem Dach. Gott sei Dank war keine von uns beiden verletzt, und wir kletterten durch die zerbrochene Windschutzscheibe aus dem Wrack. Ich war so erleichtert, dass wir beide unversehrt waren, dass ich keinen Gedanken an den Jeep verschwendete, der auf dem Dach im Wasser lag, bis wir sicher zu Hause angekommen waren und eine Tasse starken, süßen Tee tranken. Der Tsugama Creek war nur etwa fünf Kilometer von unserem Haus entfernt – ein Fußmarsch von nicht einmal vierzig Minuten –, aber ich hatte an diesem Tag vergessen, meine Pistole mitzunehmen, und es war ein bisschen beängstigend, unbewaffnet und ohne Hunde im Busch herumzulaufen. Aber wir hatten Glück; die einzigen Tiere, denen wir begegneten, waren Warzenschweine, Affen und drei Giraffen, die in einer Baumgruppe neben der Piste standen und mit verblüfftem Gesichtsausdruck auf uns heruntersahen. Hettie meinte, dass es ein wunderbares Erlebnis sei, zu Fuß nach Hause zu gehen, und dass wir das viel öfter machen sollten.

Früh am nächsten Morgen machte sich Kobus mit einigen Game Guards auf den Weg, um meinen Jeep aus dem Graben zu ziehen, und stellte fest, dass während der Nacht zwei Reifen von Hyänen zerfressen worden waren.

Jahrelang hoffte ich, dass ich eines Tages lernen würde, die neunzig Kilometer lange Fahrt zum Schülerwohnheim und zurück, die ich schließlich fast jeden Montag und Freitag zu absolvieren hatte, mit mehr Geschick und Selbstvertrauen anzupacken. Aber mein Selbstvertrauen wurde niemals größer. Je öfter ich auf dieser einsamen Piste unterwegs war, desto mehr war ich mir der Katastrophen bewusst, die uns dort begegnen konnten.

In unserem vierten Herbst in Mahlangeni, als wir an einem Freitagnachmittag vom Schülerwohnheim zurückfuhren, starb plötzlich der Motor des Jeeps ab und ließ sich durch nichts wieder in Gang bringen. Ich öffnete die Kühlerhaube und versuchte, mich an alles zu erinnern, was Kobus mir über Automotoren erzählt hatte, aber mir fiel nichts ein. Dann erinnerte ich mich an die Methode meiner Schwester: Wenn alle Mittel versagen, lies die Gebrauchsanweisung. Also zog ich das Heft mit der Betriebsanleitung heraus und begann zu lesen. (Ich fürchte allerdings, dass ihr Rat sich nur auf Haushaltsgeräte bezieht.) Jedenfalls las ich die Betriebsanleitung von vorn bis hinten durch, aber sie verriet mir nicht, was mit meinem Jeep los war, und ich gab es auf. Wir saßen wirklich und wahrhaftig fest, zwanzig Kilometer von zu Hause entfernt. Kobus war irgendwo am Ostrand des Parks unterwegs und sollte frühestens in einer Woche zurückkommen. Filemoni hatte sich ein paar Tage frei genommen, um seine Frauen im Dorf seines Stammes in Gazankulu zu besuchen. Niemand würde auf die Idee kommen, nach uns zu suchen. Wir würden zu Fuß gegen müssen.

Ich sah auf die Uhr. Es war fast vier – wir würden es nicht bis zum Einbruch der Dunkelheit schaffen. In der Dämmerung machen sich die Raubtiere auf ihre nächtlichen Beutezüge, und alle ordentlichen Primaten bringen sich auf ihre Bäume in Sicherheit. Ich hatte keine Lust, die Nacht auf einem Baum zu verbringen. Also schlug ich vor, zu bleiben, wo wir waren, im Jeep zu übernachten und unseren Fußmarsch in den frühen Morgenstunden anzutreten. Hettie und Sandra, die damals elf und zehn Jahre alt waren, meinten, dass wir es noch bei Tageslicht bis nach Hause schaffen könnten, wenn wir den ganzen Weg im Dauerlauf zurücklegten. Ich musste sie daran erinnern, dass Karin erst fünf war und dass man nicht von ihr erwarten konnte, zwanzig Kilometer weit zu joggen. (Von mir allerdings auch nicht). Das war also abgemacht. Wir würden die Nacht im Jeep verbringen und am nächsten Morgen nach Hause marschieren.

Im Wagen wurde es heiß, und so machten wir es uns unter einem Mopanibaum neben der Piste bequem und zeichneten Bilder in den Sand. Unsere Wasserflasche war schon halb leer, aber wir hatten wenigstens ein paar Orangen im Auto. Die Mädchen erklärten mir, dass wir uns notfalls damit behelfen könnten, Mopaniblätter zu kauen, wenn der Durst zu groß würde.

Wir zeichneten im Sand und spielten Spiele mit Steinen, und ich versuchte, mir nicht allzu viele Sorgen wegen des langen Fußmarsches am nächsten Morgen zu machen. Ich dachte an den einsamen Nashornbullen, den wir oft im Sumpfland von Nhlarweni beobachtet hatten, und an den Leoparden, den wir unlängst am Shimangu Creek gesehen hatten. Ich dachte an die Löwen, die in dieser Gegend unterwegs waren, und an die Elefantenherden, die jederzeit und überall auftauchen konnten. Nun ja, ich hatte eine schwere 9-Millimeter Parabellum dabei. Aber auf ein Nashorn oder einen Elefanten schießt man nicht mit einer Pistole. Man schießt auch nicht auf einen Büffel oder einen Löwen mit einer Pistole. Am besten tut man daran aufzupassen, dass sie einen nicht bemerken. Und wenn sie einen doch bemerken, muss man versuchen, sie möglichst nicht zu stören. Wenn sie sich aber trotzdem gestört fühlen, ja, dann hat man ein Problem. Je nachdem, was für ein Tier es ist, das sich gestört fühlt, muss man entweder die Stellung halten oder davonrennen. Natürlich versucht man nicht, vor einer großen Raubkatze davonzurennen. Die ist auf alle Fälle schneller als man selbst. Man bleibt stehen, versucht, selbstbewusst auszusehen und der Katze seine freundlichen Absichten mit Hilfe seiner Körpersprache verständlich zu machen. Wenn sie einem nicht glauben will, muss man etwas wirklich Erschreckendes tun – man starrt dem Tier wild und unverwandt in die Augen, hebt langsam den nächstbesten Knüppel auf und stößt einen markerschütternden Schrei aus. Das Problem ist, dass die Körpersprache echt sein muss, denn wenn sie das nicht ist, merken es die Tiere sofort. Ich weiß allerdings auch nicht, wie man es schaffen soll, mit seiner Körpersprache echte Freundlichkeit oder Angriffslust auszudrücken, wenn man sich in Wirklichkeit zu Tode fürchtet. Vermutlich braucht man dazu sehr viel Übung. Wenn man ein wütendes Nashorn oder einen Büffel vor sich hat, versucht man natürlich nicht, seine Stellung zu halten. Wenn sie erst einmal auf einen zurasen, nehmen sie sich nicht mehr die Zeit, auf irgendwelche Körpersprache zu achten. Also rennt man. Weil sie aber sehr viel schneller sind als man selbst, besteht die einzige Überlebenschance darin, sie zu überlisten. Zum Glück sind sowohl Büffel als auch Nashörner sehr kurzsichtig, und wenn sie einen aus den Augen verlieren, stürmen sie an einem vorbei. Während man also aus Leibeskräften rennt, muss man sich nach einer Möglichkeit umsehen, plötzlich zu verschwinden. Man kann in ein Gebüsch oder ein Donga springen oder in eine Tierhöhle schlüpfen oder auf den nächsten geeigneten Baum klettern – aber man sollte keine Zeit verlieren.

Während ich rekapitulierte, was ich über das Überleben im Busch wusste, und dabei mit den Mädchen Steinspiele im Sand machte, erregte plötzlich ein schwaches Geräusch unsere Aufmerksamkeit. Wir sahen auf und strengten unsere Ohren an, um festzustellen, was es war und woher es kam.

Es war das leise, ferne Dröhnen eines schweren Lastwagens, der sich aus nördlicher Richtung näherte. Aber er befand sich nicht auf unserer Piste, sondern auf der Feuerschneise, die an der Außenseite des Parkzauns, also in Gazankulu, entlangführte. Ich beauftragte Karin, auf die Hupe des Jeeps zu drücken, und die beiden älteren Mädchen und ich rannten, so schnell wir konnten, durch dichtes Mopanigestrüpp etwa vierhundert Meter weit bis zum Zaun. Als wir dort ankamen, waren wir außer Atem und ziemlich zerkratzt, und, was das Schlimmste war, es war zu spät. Der Lastwagen war längst an uns vorbeigefahren.

Wenn ein Fahrzeug die Feuerschneise entlanggefahren war, sagte ich mir, konnte auch noch ein zweites auftauchen. Ich brachte Hettie und Sandra zu Karin zurück und griff nach meiner Pistole. Ich ermahnte die Mädchen, dicht beim Jeep zu bleiben, hastete zum Zaun zurück, setzte mich unter eine Buschweide und wartete.

Ein Schwarm Baumhopfe brach in den Zweigen über mir in hysterisches Geschrei aus, und ich fuhr erschrocken zusammen. Als sie sich endlich wieder beruhigten, war der monotone, ständig wiederholte Ruf eines Buschwürgers das einzige Geräusch, das das Schweigen des Busches unterbrach.

Nach etwa einer halben Stunde fühlte ich mich so gelangweilt und einsam wie der Buschwürger und sehnte mich nach der Gesellschaft meiner Töchter. Ich war mir auf einmal nicht mehr so sicher, dass noch einmal ein Fahrzeug vorbeikommen würde, und beschloss, zum Jeep zurückzukehren. Aber als ich aufstand, hatte ich plötzlich eine hervorragende Idee. Ich würde eine Straßensperre errichten.

Ich kletterte durch den hohen Zaun nach Gazankulu und zerriss mir dabei die Kleidung. Dann begann ich, Knüppel und Äste aus dem Busch herauszuschleifen und auf die Schneise zu türmen. Es ist erstaunlich, wie viele Knüppel und Äste man braucht, um eine Barrikade zu bauen, die groß genug ist, um einen großen Lastwagen zum Halten zu zwingen, selbst auf einer schmalen Piste. Am Ende war ich schweißgebadet und mit rotem Staub bedeckt, und an meinem Schatten auf dem Boden war zu erkennen, dass meine Haare wild vom Kopf abstanden. Auf beiden Seiten meiner Barrikade kratzte ich das Wort HILFE in den Sand, mit großen Pfeilen, die auf den Zaun zeigten.

Bevor ich mich wieder auf den Weg zurück in den Park und zu meinen Töchtern machte, blieb ich noch einmal stehen, um mein Werk zu bewundern. Und dann hörte ich zu meiner Überraschung wieder ein fernes Brummen, das sich von Norden her näherte. Ich wartete und horchte und wagte kaum zu atmen, um nur ja nichts Wichtiges zu überhören. Da kam tatsächlich wieder ein Fahrzeug auf der Feuerschneise in meine Richtung gefahren. Aber es klang nicht wie ein Armeelaster, dazu war das Motorengeräusch nicht tief genug. Dieser Umstand verblüffte mich, denn die einzigen Fahrzeuge, die diese Piste benutzten, waren Armeelaster.

Das Brummen wurde allmählich lauter, und schließlich tauchte ein schrottreifer alter Pick-up auf. Bei meinem Anblick trat der Fahrer abrupt auf die Bremse. Er sah so aus, als wollte er kehrtmachen und wieder davonfahren. Ich ruderte heftig mit den Armen und schrie und beschwor ihn, doch bitte herzukommen. Offensichtlich hatte mein Anblick ihn zu Tode erschreckt. Vermutlich konnte man ihm keinen Vorwurf machen. Er war wohl nicht darauf gefasst gewesen, eine einsame Frau mit wirrem Haar und zerrissener Kleidung im Busch anzutreffen, noch dazu mit einer Pistole in der Hand.

Zögernd fuhr er auf mich zu. Der Fahrer war ein relativ junger Mann, der erschrocken aussah und nur Portugiesisch sprach. Sein Beifahrer, ein Shangaan Mann, sah ebenso erschrocken aus wie der Fahrer und sprach nur Tsonga. In einer Mischung aus Afrikaans, Englisch und Tsonga versuchte ich, ihnen zu erklären, dass mein Auto mit einem Motorschaden im Park liegen geblieben war. An ihren Augen konnte ich ablesen, dass sie mich verstanden, aber nichts mit mir und meinem Problem zu tun haben wollten.

Ich sagte dem Fahrer, dass ich ihm sehr dankbar wäre, wenn er eine Nachricht für mich zum Phalaborwa Tor bringen würde. Schließlich war das seine Richtung, und er würde ganz nah am Tor vorbeikommen, bevor er in die Teerstraße einbog. Er sah besorgt und ausgesprochen ärgerlich aus. Ich wusste nicht, was ich davon halten sollte, aber ich erklärte ihm, dass meine Kinder im Wagen säßen und dass wir Durst hätten und weit von zu Hause entfernt wären. Endlich erklärte er sich bereit, uns zu helfen. Ich fragte, ob er etwas zum Schreiben hätte, und er kramte einen stumpfen Bleistift und einen schmutzigen Papierfetzen heraus. Ich schrieb eine kurze Nachricht an Desmond Wilcox, den verantwortlichen Beamten am Tor: »*Bitte helfen Sie uns. Sind etwa 25 Kilometer nördlich des Tors auf der Mahlangenistraße liegen geblieben. Kobie und Kinder.*«

Ich reichte dem Fahrer den Zettel, er stopfte ihn in seine Brusttasche und starrte misstrauisch meine Straßensperre an. Ich ging hinüber und begann, das Bauwerk abzutragen. Ich schleppte Knüppel und Zweige zur Seite und hoffte, dass die beiden Männer mir vielleicht helfen würden, aber sie taten es nicht.

Sowie ich ein ausreichend breites Stück der Piste freigeräumt hatte, dass der Pick-up hindurchpasste, fuhren sie los, ohne ein weiteres Wort zu sagen. Erst in dem Augenblick, als der Pick-up an mir vorbeifuhr, bemerkte ich die große, blutbefleckte Plane über der Ladefläche. Die

Männer waren Wilderer. Kein Wunder, dass sie sich so vor mir, meiner Pistole und meiner Straßensperre gefürchtet hatten.

Ich kroch wieder durch den Zaun und ging zu meinen Töchtern zurück. Als ich ihnen von den beiden Wilderern erzählte, zweifelten sie genauso wie ich daran, dass sie meine Botschaft abliefern würden. Wenn die Beamten am Parktor die blutbefleckte Plane auf dem Pick-up entdeckten, würden sie darunter sehen, und wenn dann eine tote Antilope unter der Plane lag, was ich für ziemlich sicher hielt, würden sie die Wilderer verhaften.

Wir machten uns auf eine Nacht im Jeep gefasst.

Inzwischen war der Nachmittag weit fortgeschritten, silbriges Licht funkelte im Savannengras, und der Himmel nahm ein tiefdunkles Blau an. Wir saßen unter unserem Mopanibaum und sprachen über vergangene Abenteuer und besonders liebe Erinnerungen. Eine Warzenschweinfamilie und ein Sprung Impalas überquerten die Straße, nur wenige Meter von uns entfernt. Wir saßen ganz still und hofften, dass unsere Anwesenheit sie nicht erschrecken würde. Aber sie bemerkten uns nicht, und wir freuten uns, sie zu beobachten, wie sie so friedlich vorbeiwanderten.

Von den Hügeln in der Ferne klangen die unheimlichen, höhnisch klingenden Schreie von Hyänenhunden zu uns herüber. Ein rotäugiges Taubenpaar gurrte ein süßes Duett in einem nahen Baum, und gelegentlich war das Bellen der Zebras von der anderen Seite des Grabens in unserem Rücken zu hören.

Sandra schlug vor, dass wir bei Anbruch der Dämmerung ein kleines Lagerfeuer auf der Straße entzünden sollten, einfach nur so zum Spaß. Ein Feuer wirkte im Busch immer so gemütlich, und ich gab ihr Recht, dass es eine großartige Idee sei.

Ein einsamer Elefant, der in kurzer Entfernung von uns lautlos aus dem Busch auftauchte, jagte uns einen Schrecken ein. Schnell standen wir auf, schlichen uns leise zum Auto und setzten uns hinein. Der Elefant riss einen Ast von einem Mopanibaum und stopfte sich die Blätter ins Maul. Dann blieb er kauend stehen und dachte nach, bis er endlich weiterzog.

Als wir wieder aus dem Jeep krochen, beschlossen wir, nun erst einmal Holz und Zweige für unser Lagerfeuer zu sammeln.

Ich hatte mich gerade darangemacht, trockene Zweige von einem gefallenen Baum zu brechen, als ein fernes Geräusch meine Aufmerksamkeit erregte. Ich sah auf. Im gleichen Augenblick unterbrachen auch die Mädchen ihre Arbeit und hoben mit erregten Gesichtern die Köpfe.

Es war ein schwaches Brummen, das aus weiter Entfernung und aus südlicher Richtung kam. War das nur der Wind? Das Brummen wurde allmählich zum Dröhnen. Das konnte nicht der Wind sein. Wir warteten und lauschten.

Manchmal wurde das Dröhnen schwächer und war vorübergehend überhaupt nicht zu hören, aber wir wussten, dass das nur an den Bodensenken in der Landschaft und an der Windrichtung lag. Schließlich veränderte sich das Geräusch, als das Fahrzeug in den nahen Graben hinunterfuhr. Wenige Sekunden später arbeitete es sich wieder aus dem Graben heraus, und dann sahen wir es: Es war ein Landrover von der Parkverwaltung, der auf der gewundenen Piste auf uns zukam. Es war ein wunderbarer Anblick.

Der Fahrer war Robert van Lente, ein Straßenbauingenieur von der Parkverwaltung, der in der Nähe des Phalaborwa Tores wohnte. Der Beamte vom Tor hatte ihm die folgende Botschaft geschickt: »*Kobie und Kinder in Gefahr, 25 Kilometer auf der Mahlangenistraße. Brauchen Hilfe! DRINGEND!*«

Armer Robert. Er hatte tatsächlich befürchtet, dass er uns womöglich nicht mehr lebend antreffen würde.

Wir holten das Schulgepäck der Mädchen vom Dachträger des Jeeps und luden es in Roberts Landrover. Und dann befanden wir uns endlich auf dem Heimweg.

Als wir am Fluss ankamen, dämmerte es bereits, aber der rötliche Himmel über dem westlichen Horizont spiegelte sich noch im Wasser, so dass wir die Flusspferde im Auge behalten konnten, während wir hinüberruderten. Als wir das heimische Ufer erreicht hatten, sahen wir über das Wasser zurück und sahen Roberts Silhouette auf der anderen Seite des Flusses. Er hatte gewartet, um sich zu vergewissern, dass wir auch sicher zu Hause ankamen. Wir winkten ihm noch einmal zu, bevor er in seinem Auto verschwand und fortfuhr.

Später, als die Mädchen und ich unser Abendessen zubereiteten – gemischten Salat aus unserem Garten mit selbst gebackenem Brot, selbst gefangenen gebratenen Fisch und einen Nachtisch aus selbst gezogenen Erdbeeren mit Schlagsahne aus der Dose – waren wir uns einig, dass es wunderbar war, wieder zu Hause zu sein, und dass wir den Wilderern sehr viel Dank schuldeten, denn schließlich waren sie doch so freundlich gewesen, dem Beamten am Tor meine Nachricht zu übergeben.

Viele Jahre lang hatte ich immer wieder den gleichen Traum: Mein Auto versagt, und ich muss zu Fuß nach Hause gehen. Unterwegs begegne ich einem Löwenrudel und versuche, unbemerkt an den Tieren vorbeizuschleichen. Aber sie bemerken mich immer. Also muss ich meine Stellung halten und sie mit meiner Körpersprache von meinen freundlichen Absichten überzeugen. Es war wirklich ein Alptraum.

VORSICHT IM UMGANG
MIT ELEFANTEN

Ein einsamer Elefantenbulle hatte die Angewohnheit, am Flussufer vor unserem Haus zu grasen. Wenn wir über den Fluss rudern wollten, mussten wir immer darauf gefasst sein, geduldig warten zu müssen, bis er beim Fressen die Stelle hinter sich gelassen hatte, an der unser Boot vertäut lag.

An einem Sonntagmorgen, als Kobus und die Mädchen in die Stadt fahren wollten, um an einer Sportveranstaltung ihrer Schule teilzunehmen, graste der Elefant wieder einmal im Schilf direkt neben dem Boot, und es war offensichtlich, dass er es nicht eilig hatte, das Feld zu räumen. Also setzten sich Kobus und die Kinder auf die oberste Stufe der Steintreppe und warteten.

Und warteten …

Endlich machte der Elefant Anstalten, sich zu entfernen, und schlenderte gemächlich in westlicher Richtung am Ufer entlang. Kobus und die Mädchen stiegen zum Boot hinunter, und ich blieb oberhalb der Treppe stehen, um ihnen zum Abschied zu winken.

Vom unteren Ende der Treppe bis zum Boot hatte man etwa sechzig Meter weit zu gehen. Während meine Familie durch den Sand marschierte, setzte der Elefant ruhig seinen Weg fort, anscheinend ohne von der kleinen Gruppe von Menschen Notiz zu nehmen, die sich hinter seinem Rücken auf das Boot zubewegten. Es war eine ganz und gar friedliche Szene. Eine ägyptische Gänsefamilie weidete nahe am Wasser, Grau- und Silberreiher und rötliche Libellen saßen still auf ihren diversen Aussichtspunkten und blickten wachsam über den Fluss. Die Flusspferde waren friedlich und faul. Als Kobus und die Mädchen beim Boot ankamen, war der Elefant schon weit entfernt.

Plötzlich und mit einem Schlag veränderte sich die friedliche Szene. Ohne ersichtlichen Grund fuhr der Elefant herum und trompetete und

brüllte vor Wut. Im nächsten Augenblick kam er auch schon am Ufer entlanggedonnert wie ein D-Zug – direkt auf Kobus und die Mädchen zu.

Kobus nahm das Gewehr von der Schulter, löste den Sicherungshebel und zielte. Die beiden älteren Mädchen, Hettie und Sandra, rannten los, aber im gleichen Augenblick fiel ihnen eine der wichtigsten Regeln der Wildnis ein: Bei Gefahr halte dich dicht bei der Person mit der Waffe. Sie kamen schlitternd zum Stehen, wandten sich um und sahen tapfer dem anstürmenden Elefanten entgegen.

Aber Karin verlor die Nerven – sie war schließlich erst fünf Jahre alt –, und obwohl sie die Regeln genauso gut kannte wie ihre Schwestern, muss der Anblick des brüllenden Giganten sie so sehr erschreckt haben, dass ihr Instinkt ihr befahl zu fliehen. Und so flüchtete sie.

Ich sah hilflos mit an, wie sie über den sechzig Meter breiten Sandstreifen auf die Treppe zurannte. Meine erste Regung war, zu ihr hinzulaufen, aber ich wagte es nicht, aus Angst, dadurch die Aufmerksamkeit des Elefanten auf das schutzlose kleine Mädchen zu lenken, das den sicheren Hort verlassen hatte, den das Gewehr ihres Vaters ihr geboten hatte.

Kobus, Hettie und Sandra rührten sich nicht von der Stelle, als das verrückt gewordene Tier auf sie zuraste. Kobus hatte den Finger am

Abzug. Er wartete bis zum allerletzten Augenblick und wollte gerade abdrücken, als der Elefant plötzlich und unerwartet in einer Fontäne aus Sand und Steinen zum Stehen kam. Einen Augenblick lang blieb er stehen und starrte sie aus kurzsichtigen Augen voller Abscheu an, dann warf er den mächtigen Kopf zurück. Mit einem letzten ohrenbetäubenden Trompeten machte er kehrt und ging fort.

Unterdessen war Karin bei der Treppe angelangt und rannte die Stufen hinauf auf mich zu. Ich erreichte sie auf halbem Weg und schloss sie in die Arme. Sie zitterte und rang nach Luft, aber sie sagte nur:»Beinah … hätte er mich erschreckt!«

Gemeinsam gingen wir über den Sandstreifen zu ihrem Vater und den Schwestern. Und als wir alle zusammen dastanden und zusahen, wie der Elefant in der Ferne verschwand, überlegten wir uns, was seinen fürchterlichen Wutanfall wohl ausgelöst haben könnte. Vielleicht mochte er es nicht, wenn jemand hinter seinem Rücken zu seinem Boot schlich, oder er war, wie Hettie meinte, einfach ein bisschen bekloppt.

Leider war das nicht unser letzter Zusammenstoß mit dem bekloppten alten Elefanten.

Am späten Nachmittag des folgenden Tages sahen wir ihn am Ufer des Kleinen Letabaflusses grasen. Im Gegensatz zum Großen Letaba, der das ganze Jahr über Wasser führt, ist das Bett des Kleinen Letaba nur während der Regenzeit gefüllt. In der Trockenperiode bleibt nur eine Kette von Tümpeln im Flussbett zurück. Wir konnten oft beobachten, wie Büffel, Elefanten und andere Tiere während der Trockenzeit den Kleinen Letaba überquerten, um am anderen Ufer zu grasen. Manchmal kamen sie auf die Idee, dass das Gras außerhalb des Parks grüner sei, und brachen durch den Zaun, um in Gazankulu zu fressen.

Wenn Kobus sah, dass Tiere sich dem Zaun näherten, ging er ihnen nach und trieb sie zurück auf unsere Seite des Flusses. Es gehörte zu seinen Pflichten als Game Ranger, dafür zu sorgen, dass sie nicht den Jägern außerhalb des Naturschutzgebietes zum Opfer fielen.

Der bekloppte Elefant graste eine Zeit lang am Ufer des Kleinen Letaba, dann wanderte er durch das trockene Flussbett zum gegenüberliegenden Ufer. Kobus behielt ihn sorgfältig im Auge, und als es klar war, dass der Elefant den Parkzaun ansteuerte, ging er ihm nach.

Gewöhnlich können die Game Ranger einen Elefanten durch laute Rufe und Händeklatschen dazu bewegen, den Zaun in Ruhe zu lassen, und wenn das Tier sich als hartnäckig erweist, genügen ein paar Schüsse in die Luft. Aber als Kobus an diesem Tag auf den Elefanten zuging, war der übellaunige alte Riese nicht zu Diskussionen aufgelegt und griff augenblicklich an. Kobus rannte hinter einen Baum und versteckte sich, aber der Elefant folgte ihm und suchte nach ihm. Als das mächtige graue Tier direkt auf ihn zu durch den Busch brach, gab Kobus seine Deckung auf und sprintete auf das Hochufer des Kleinen Letaba zu. Der Elefant raste hinter ihm her, die Ohren angelegt, den Rüssel unter der Brust, lautlos und mit tödlicher Entschlossenheit. Das einzige Geräusch, das Kobus hinter sich hörte, war das Poltern von Erdklumpen und Ästen, die von den Elefantenfüßen in die Luft geschleudert wurden.

Kobus erreichte das Hochufer und stürzte sich durch die verfilzte Vegetation abwärts, in der Hoffnung, dass der Elefant ihm nicht den steilen Abbruch hinunter folgen würde. Aber zu seiner Überraschung kam er die Uferböschung hinuntergebrochen. Als Kobus den weichen, tiefen Sand des Flussbetts unter den Füßen spürte, wurde ihm klar, dass er unmöglich schneller sein konnte als der Elefant.

Er drehte sich um und feuerte einen Warnschuss direkt neben die Füße des Elefanten in den Boden. Das ganze Flussbett dröhnte, als der Donnerschlag die Luft zerriss, aber der Elefant zögerte keinen Augenblick. Er war jetzt bis auf fünfzehn Meter herangekommen. Kobus hatte keine Zeit mehr zu verlieren. Er zielte mitten auf die Stirn des Giganten, aber dieser warf den mächtigen Kopf zur Seite, und das Geschoss flog an ihm vorbei. Jetzt hatte Kobus nur noch eine Patrone übrig. Mechanisch feuerte er zum dritten Mal. Er hörte weder das Krachen des Schusses, noch fühlte er den Rückstoß des Gewehrs; er starrte nur wie gebannt auf die riesige Stirn, die schon fast über ihm war. Der Elefant hörte auf zu rennen, seine Hinterbeine brachen ein, und dann sank er im Zeitlupentempo zu Boden. Der riesige Körper schlug mit hohlem Krachen auf der Erde auf.

Kobus blieb eine ganze Weile regungslos stehen. Dann ging er zu dem Elefanten hinüber. Nur neun Schritte hatten ihn von dem Tier getrennt.

Neun menschliche Schritte, das sind etwa zwei Schritte für einen Elefanten.

Hettie, die mit einem Buch im Garten gesessen hatte, war aufgesprungen und zum Zaun gerannt, als der erste Schuss krachte. Sie sah ihren Vater im Flussbett des kleinen Letaba stehen, und sie sah, wie der Elefant auf ihn zustürmte. Sie sah, wie er den zweiten und dann den dritten, tödlichen Schuss abgab, und als der Elefant nur wenige Schritte von ihrem Vater entfernt zusammenbrach, floh sie ins Haus.

Ich war gerade mit einer Arbeit im Haus beschäftigt, als ich die Schüsse hörte. Ich rannte hinaus und stieß als Erstes auf Hettie, die hereingestürmt kam. Ich blieb stehen und fragte sie, was passiert sei, aber sie war zu geschockt, um auch nur ein Wort hervorzubringen, und deutete nur auf den Zaun an der Westseite des Gartens.

Als ich am Zaun ankam und hinunterblickte, sah ich den Elefanten im Sand des Kleinen Letaba liegen und neben ihm Kobus, der ruhig dastand. Ich wusste, wie schrecklich er sich in diesem Augenblick fühlen musste, und mein Herz flog ihm zu. Nur die Gefahr für sein eigenes Leben hatte es ihm gestattet, eines der wilden Tiere zu töten, die er so sehr liebte.

Elefanten sind wunderbare Geschöpfe. Sie sind intelligent, sensibel und sanft, aber sie können auch verspielt und phantasievoll sein. Die Kälber werden in der Herde liebevoll gepflegt, geschützt und unterrichtet, bis sie geschlechtsreif sind. Eine Elefantenherde ist eine komplexe Großfamilie mit hoch entwickelten sozialen Strukturen, und ihre Mitglieder sind durch eine tiefe Zuneigung miteinander verbunden.

Obwohl Elefanten allgemein als unkompliziert und duldsam gelten, gibt es natürlich Ausnahmen von der Regel, und einem übellaunigen Elefanten sollte man auf alle Fälle aus dem Weg gehen – sofern es einem gelingt, schnell genug das Weite zu suchen. Wenn er entschlossen ist, einen zu erwischen, dann hat man wirklich ein Problem.

Eine weitere Regel, die man auf alle Fälle beachten sollte, wenn man sich plötzlich in der Gesellschaft von Elefanten wieder findet, ist die, sich unbedingt von den Kälbern fern zu halten. Wenn eine Kuh auf die Idee kommt, dass man ihrem Kalb etwas antun könnte, bekommt sie einen Wutanfall, der einen zu Tode erschrecken kann.

Manche Elefanten mögen keine Autos. Oft schon ist es mir passiert, dass ich mich auf einmal Nase an Nase mit einem Dickhäuter wieder fand, wenn ich um eine Kurve herumfuhr. Und obwohl ich mich immer sehr beeile, demütig zurückzustoßen, zwingt mich der Elefant fast immer, mehrere hundert Meter rückwärts zu fahren, bevor er sich ausreichend davon überzeugt hat, dass mein Auto und ich seine Überlegenheit anerkennen.

Unser Chief Ranger, Dirk Ackerman, behauptet, dass ein Elefant, der ein Auto zum Halten bringt, indem er ihm den Weg verstellt und den Fahrer zwingt, rückwärts das Feld zu räumen, nur nach Gesellschaft sucht und mit jemandem spielen möchte.

Ich bin mir da nicht so sicher.

Und selbst wenn es wahr wäre, habe ich keine Lust, mit einem Elefanten zu spielen.

Dazu bin ich zu klein.

WIR ZIEHEN EINEN JUNGEN HONIGDACHS GROSS

Als Kobus eines Tages im nördlichen Teil seiner Sektion auf Patrouille war, entdeckte er, zusammengerollt unter einem Sichelbusch, ein Mitleid erregendes kleines Bündel. Es war ein verwaister und verletzter junger Honigdachs, nur wenige Wochen alt und schwach vor Hunger und Verlassenheit. Offenbar war seine Mutter getötet worden, als sie ihn gegen ein Raubtier verteidigen wollte. Kobus hob das kleine Tier auf, wickelte es in seine Jacke und brachte es mit nach Hause.

Wir badeten den kleinen Honigdachs in warmem Wasser, desinfizierten ihn und verbanden die hässliche Wunde an seinem Hals. Er verhielt sich sehr sanft und schien sich nicht vor uns zu fürchten. Ich fütterte ihn mit Hilfe einer Babyflasche mit konzentrierter Milch, in der Honig aufgelöst war, und es schmeckte ihm. Von da an verlangte der gierige kleine Bursche Tag und Nacht alle drei bis vier Stunden nach einer Mahlzeit. Nach kurzer Zeit machte mir der Schlafmangel schwer zu schaffen, aber der Anblick des niedlichen kleinen Kerls, der sich mit einem Gesichtsausdruck vollkommener Zufriedenheit in meine Arme kuschelte und mit den Vorderpfoten die Flasche umklammert hielt, entzückte mich immer wieder.

Obwohl seine Halsverletzung in Folge unserer Behandlung gut verheilte, blieb eine Lahmheit der Hinterbeine zurück. Wir befürchteten, dass er einen Schaden an der Nervenverbindung davongetragen haben könnte und niemals richtig würde laufen können. Gott sei Dank erwies

sich das als Irrtum. Der Grund für seine Lahmheit war wohl nur seine Unterernährung, und die Mischung aus Milch und Honig erwies sich als genau die richtige Medizin. Nach ein paar Tagen begann er herumzustolpern, dann zu gehen und schließlich zu rennen.

Ein Honigdachs ist ein unglaubliches Energiebündel und von allen Fleischfressern der mutigste. Er ist vollkommen furchtlos und kräftig gebaut und scheut sich nicht, Eindringlinge anzugreifen, die um ein Vielfaches größer sind als er selbst. Trotzdem sind Honigdachse normalerweise nicht aggressiv. Wenn man ihnen im Veld begegnet, gehen sie gewöhnlich in einem äußerst zielstrebigen Trab ihren eigenen Dingen nach. Nur wenn sie in die Enge getrieben und bedroht werden, greifen sie an – und wenn sie sich auf einen wirklichen oder vermeintlichen Feind stürzen, soll ihre Wildheit Furcht erregend sein. Wahrscheinlich trifft das zu, aber ich selbst bin noch nie einem bösartigen Honigdachs begegnet. Ich bin oft stehen geblieben, um einen von ihnen im Veld oder nachts in unserem Garten zu begrüßen, und ich hatte immer den Eindruck, dass sie dem Menschen scheu aus dem Weg gehen und kein bisschen aggressiv sind. Kobus hat es sogar einmal fertig gebracht, einem jungen, wilden Honigdachs so lange freundlich zuzureden, bis er sich von ihm am Kopf kraulen ließ. Obwohl Honigdachse eigentlich Nachttiere sind, bekommt man sie oft auch bei Tageslicht zu sehen. Sie sind Allesfresser und ernähren sich von einer Vielfalt von Insekten und kleinen Tieren, Knollen, Wurzeln, Honig und den Larven wilder Bienen. Wir nannten unser Findelkind Buksie, was so viel bedeutet wie »zäher kleiner Bursche«. Zu unserer Familie in Mahlangeni gehörten inzwischen zwei Hunde, zwei Pferde und ein Dutzend Zwerghühner, und die Mädchen jubelten über den Neuzugang in Gestalt des kleinen Honigdachses.

Karin, die noch nicht zur Schule ging, wurde zu Buksies ständiger Spielgefährtin, und nach kurzer Zeit war er ein fürchterlich verzogener kleiner Honigdachs. Er erwartete von Karin, dass sie von morgens bis abends mit ihm durch das Haus tobte, und er weigerte sich einzuschlafen, wenn er dabei nicht an einem menschlichen Finger nuckeln durfte, am liebsten an einem von Karin. Sie musste geduldig mit einem Finger

in seinem Schnäuzchen neben ihm sitzen, bis ihm endlich die Augen zu-
fielen.

Buksie wurde niemals müde zu spielen. Manchmal, wenn er es zu bunt
trieb, versuchte Karin, vor ihm zu flüchten und sich in ihrem Schlafzimmer zu verstecken. Aber er holte sie regelmäßig ein, bevor sie ihre Tür
erreichte. Häufig fing ich ihn ein und hielt ihn fest, damit sie ihm entkommen konnte. Aber sobald sie sich eingeschlossen hatte, rumpelte
Buksie gegen ihre Tür und kratzte und bettelte mit süßen, zärtlichen
Tönen, sie solle doch bitte, bitte wieder herauskommen und noch ein
bisschen mit ihm spielen, bis sie schließlich nachgab. Aber sie konnte es
kaum erwarten, bis ihre Schwestern am Wochenende nach Hause kamen und ihr halfen, das lebhafte kleine Tier zu beschäftigen.

Obwohl Buksie ausgesprochen stürmisch war, war er beim Spielen sehr
behutsam, und wir trugen niemals Kratzer oder Spuren seiner Zähne davon. Er kaute mit Vorliebe an unseren Zehen, aber er tat es ganz zart, so
dass er uns dabei nur kitzelte. Wir fanden seine Sanftheit ebenso erstaunlich wie liebenswert, denn im Jahr zuvor hatten wir eine Zebramanguste
aufgezogen, und obwohl Mufi ein anhänglicher kleiner Bursche war,
war er sehr unvorsichtig mit seinen Zähnen, und wir trugen oft recht
unangenehme Bisswunden davon. Mufi machte auch den Hunden das
Leben schwer. Er schlich sich mit Vorliebe unbemerkt an sie heran, um
sich plötzlich auf sie zu stürzen und ihre Schwänze zu attackieren. Die
Hunde waren sehr erleichtert, als Mufi uns im Alter von neun Monaten
verließ und sich einer in unserer Nähe lebenden Gruppe von Mangusten
anschloss.

Buksie hatte die Angewohnheit, alles und jeden zu umarmen, einschließlich der Hunde und Pferde. Den Hunden machte es nichts aus,
aber die Pferde ignorierten ihn geflissentlich oder versuchten es jedenfalls. Buksie pflegte sich auf ein Pferd zu stürzen, sich an einem Hinterbein festzuklammern und zu versuchen, daran hochzuklettern. Dann
hob das Pferd den Hinterfuß, um das lästige kleine Tier abzuschütteln,
aber Buksie ließ nicht locker. Dann blieb das arme Pferd mit erhobenem
Bein stehen und tat so, als ob es den daran hängenden Honigdachs gar
nicht bemerkte.

In der ersten Zeit schlief Buksie im Haus, aber dann richtete er einfach zu viel Schaden an, und wir mussten ihn daran gewöhnen, draußen zu schlafen. Kobus baute ihm einen zeltförmigen Unterschlupf aus Schilf an einer Seite der Terrasse vor unserem Schlafzimmer. Die neue Behausung gefiel Buksie, und er zog sofort ein.

Häufig verschlief er nun die Tageshitze zusammengerollt in seinem Schilfhaus, so dass er nachts länger unterwegs sein konnte, um im Garten Frösche zu jagen. Langsam entwickelte er sich zum Nachttier und Jäger. Als er sechs Monate alt war, schlief er nur noch während des Tages und verbrachte die Nächte damit, im Ufergebüsch am Fluss herumzustöbern, wo er bald eine Fülle von Köstlichkeiten entdeckte – Eidechsen, Frösche, Schlangen und andere kleine Reptilien. Ein paar Mal erschien er mit einer toten Schlange zwischen den Zähnen bei uns und wies uns stolz seine Trophäe vor.

Etwa zur gleichen Zeit entwickelte Buksie das leidenschaftliche Bedürfnis, die natürliche Geografie seiner Umgebung zu verändern, und es dauerte nicht lange, bis unser Garten voller Krater und Löcher war. Wenn Kobus und die Mädchen am Abend zum Fischen gingen, lief Buksie hinter ihnen her und buddelte im Sand herum. Als wir Kobus einmal alle zusammen auf eine Zelttour zum Byashishi Creek begleiteten, vergnügte sich Buksie während der ganzen Nacht damit, Löcher unter unseren Feldbetten zu graben und uns in Wolken von Staub zu ersticken.

Als er älter wurde, verließ er sein Schilfzelt und schlief in Höhlen, die er sich selbst grub. Dabei dachte er gar nicht daran, zweimal im gleichen Bau zu schlafen, sondern grub sich täglich einen neuen, zuerst in unserem Garten und dann, Gott sei Dank, im nahen Ufergebüsch am Fluss. Dort verschlief er den Tag, aber bei Sonnenuntergang tauchte er regelmäßig bei uns auf, um noch ein Weilchen mit uns zu spielen, bevor er sich auf seine nächtlichen Raubzüge begab.

Wir pflegten am Abend draußen zu sitzen und zuzusehen, wie die Sonne im Fluss versank. Von irgendwo im Busch kam Buksie angerannt und kletterte den hohen Zaun hinauf. Er wusste ganz genau, dass es ein offenes Tor gab, durch das er hindurchlaufen konnte, aber Honigdachse brauchen keine Tore. Wenn er den oberen Rand des Zauns erreicht hatte, ließ er sich einfach fallen und plumpste auf der Innenseite zu Boden. Dann sauste er unter zärtlichen, glücklichen Lauten auf unseren

Sitzplatz zu, sprang uns auf den Schoß und begrüßte uns mit liebevollen Umarmungen, Gurgellauten und Küssen.

Buksie wusste ganz genau, dass er das Haus nicht mehr betreten durfte, aber er hörte niemals auf, nach Möglichkeiten Ausschau zu halten, sich doch hineinzuschleichen. Wenn er erst einmal drinnen war, brauchte er nur wenige Augenblicke, um das ganze Haus in ein Schlachtfeld zu verwandeln. Mit wenigen raschen Prankenschlägen räumte er die Bücherregale aus, stürzte die Blumentöpfe um, öffnete Schränke und Schubladen und ließ ihren Inhalt durch die Luft fliegen. Selbst während wir ihn voller Entsetzten von einem Raum in den anderen jagten, ließ er sich nicht daran hindern, die Betten abzuräumen und die Kissen von den Stühlen zu schleudern. Alles, was auf irgendeinem Regal oder Tisch stand, landete auf dem Fußboden. Er hatte wirklich Spaß.

Wir begriffen schnell, was wir zu tun hatten. Sowie es zu dämmern begann, wurden sämtliche Türen und Fenster sorgfältig geschlossen und verriegelt und erst wieder geöffnet, wenn Buksie zu seinem nächtlichen Jagdzug aufgebrochen war.

Eines Nachts, als Kobus nicht zu Hause war, beschloss Buksie, mir überraschend einen Besuch abzustatten. Es war gegen Mitternacht, die gläsernen Schiebetüren zu unserem Schlafzimmer waren geöffnet, und nur die Schiebetür mit dem Fliegengitter trennte ihn vom Inneren des Hauses. Buksie legte sich auf die Seite, hakte seine langen, gebogenen Krallen in das Fliegengitter und zog die Schiebetür auf.

Mit einem einzigen Satz war er auf dem Bett.

Es ist ein echter Schock, wenn mitten in der Nacht ein schweres Tier auf einem landet. Buksie war zu diesem Zeitpunkt fast ein Jahr alt und wog rund 12 Kilo. Nachdem er mich mit einer innigen Umarmung und begeisterten Gurgellauten begrüßt hatte, begann er, wie wild auf dem Bett herumzuspringen, wobei er bei jedem zweiten Satz auf mir landete. Es half nichts, ihm zu sagen, er solle aufhören – er amüsierte sich großartig. Am Ende einer langen Schlacht schaffte ich es endlich, ihn niederzuringen und hinauszuschieben und die Glastüren fest zu schließen. Inzwischen war ich schweißgebadet. Es war eine brütend heiße Nacht, und nun, wo die Glastüren geschlossen waren, konnte die kühlere Luft vom Fluss nicht mehr in mein Schlafzimmer hereinwehen. Ich lag glühend

heiß auf dem feuchten Laken und versank in Selbstmitleid, weil ich vor die Wahl gestellt war, entweder in einem heißen, luftlosen Raum zu liegen oder mit einem Honigdachs zu ringen.

Wenige Wochen später besuchte uns Dirk Ackerman. Wir hatten uns zu einem abendlichen Umtrunk mit ihm in den Garten gesetzt und ließen uns die neuesten Parknachrichten erzählen, als Buksie aufkreuzte, um uns seinen Abendbesuch abzustatten. Nachdem er jeden von uns mit einer stürmischen Umarmung begrüßt hatte (den Chief Ranger eingeschlossen), warf er den Gartentisch um und rannte mit einer Sechserpackung Bier zwischen den Zähnen davon.

Kobus stürzte hinter dem Honigdachs her – zum Gartentor hinaus und weiter am Hochufer entlang. Buksie konnte nicht recht sehen, wohin er rannte, weil die Bierdosen ihm die Sicht versperrten, und so konnte Kobus ihn einholen. In der darauf folgenden Schlacht rollten Dachs und Bierdosen die steile Uferböschung hinunter und verschwanden im Gebüsch. Das war das Letzte, was wir an diesem Abend von unseren Bierdosen sahen, aber nicht von Buksie.

Es dauerte nicht lange, bis er wieder bei uns erschien. Diesmal schnappte er sich Dirks Brieftasche und preschte damit los. Wieder jagte Kobus hinter ihm her. Als er ihn endlich eingefangen hatte, drückte er ihn fest auf den Boden und nahm ihm die Brieftasche ab.

Buksie rannte augenblicklich wieder zu uns. Seine Augen funkelten mutwillig und boshaft. Aber diesmal war Kobus darauf gefasst. Als Buksie durch die Luft flog, um nach einem Fernglas zu schnappen, fing er ihn mitten im Sprung auf und versetzte ihm einen kräftigen Schlag auf das Hinterteil. Beleidigt verschwand Buksie in der Dunkelheit … So dachten wir jedenfalls.

Wir aßen gemütlich zu Abend, dann zog sich Dirk in das Gästehaus im Garten zurück. Kaum hatte er einen Fuß über die Schwelle gesetzt, als wir auch schon einen überraschten Aufschrei hörten. Wir hasteten zu ihm hinüber. Offensichtlich war die Tür nicht ordentlich verschlossen gewesen, und Buksie hatte es geschafft, sie aufzustoßen. Drinnen bot sich uns ein Bild der Verwüstung. Dirks Koffer war aufgerissen, und seine Kleidung war über den ganzen Raum verteilt. Das Bettzeug lag als wüster Haufen am Boden, der Nachttisch war samt der darauf stehenden Lampe umgeworfen. Und was das Schlimmste war, eine wichtige geomorphologische Karte, die Dirk mitgebracht hatte, war in winzige Fetzen gerissen.

Verlegen entschuldigten wir uns vielmals bei Dirk und versuchten, ihm zu erklären, dass Buksie – der nirgends zu sehen war – sich gewöhnlich nicht dermaßen destruktiv verhielt. (Vielleicht hatte er dem Chief Ranger nur vorführen wollen, wer wirklich der Boss in Mahlangeni war?) Wenige Monate später konnten wir aus einer doppelten Honigdachsfährte im Veld schließen, dass Buksie einen wilden Artgenossen, vermutlich ein Weibchen, getroffen und sich mit ihr angefreundet hatte. Bei seinen abendlichen Besuchen bei uns erschien er uns nun häufig abgelenkt, so als wartete er darauf, dass ihm jemand folgte. Vielleicht wartete seine Freundin in der Nähe in einem Versteck und traute sich nicht in den Garten.

Buksies Besuche wurden immer seltener, und wir stellten uns vor, dass er des Nachts mit seiner wilden Freundin unterwegs war. Zuerst verschwand er immer nur für einige Tage. Aber dann vergingen Wochen und sogar Monate, ohne dass wir ihn zu sehen bekamen.

Wir vermissten ihn sehr, aber wir freuten uns über jeden überraschenden Besuch. Und wir trösteten uns mit dem Gedanken, dass unser süßer Freund die Rückkehr in die Wildnis erfolgreich bewältigt hatte.

KINDER DER WILDNIS

Bei unserem Gespräch im Büro des Chief Rangers in Skukuza, als man mir vor Augen führte, mit was für Problemen und Härten ich als Frau eines Wildhüters zu kämpfen haben würde, vergaßen sie, mich auf das Schlimmste von allem vorzubereiten, nämlich darauf, dass ich meine Kinder in ein Internat würde schicken müssen.

Nun ja, es war kein Internat im eigentlichen Sinn. Es war ein privates Wohnheim und sogar ein ausgesprochen nettes, aber dennoch ... Ich hatte das Bedürfnis, meine Töchter an jedem Tag der Woche bei mir zu Hause zu haben, um ihr Lächeln zu sehen, ihr Lachen zu hören und ihre Begeisterung mit ihnen zu teilen. Ich wollte diejenige sein, die ihre Fragen beantwortete und die natürliche Neugier ihrer aufgeschlossenen Gemüter befriedigte. Ich wollte diejenige sein, die sie tröstete, wenn sie traurig waren, die ihnen am Abend die Bettdecke fest stopfte und ihnen eine Geschichte vorlas.

Die Notwendigkeit, seine Kinder zur Schule aus dem Haus zu geben, sollte unbedingt ganz am Anfang der Problemliste stehen.

Glücklicherweise schienen meine Töchter diese Auffassung nicht zu teilen. Für sie bedeutete das Leben im Wohnheim in erster Linie, viele Freunde zu haben. Und vielleicht gab es ihnen auch die Möglichkeit zu lernen, in einer fremden Welt außerhalb unseres isolierten Zuhauses zurechtzukommen.

Im Schülerwohnheim des Krügerparks galten keine der strengen Gesetze und Regeln, die in öffentlichen Internaten üblich sind, und dafür war ich dankbar. Es war ein gemütliches, freundliches Gebäude in einem großen Garten, umgeben von Mopaniwäldern und mit Ausblick auf einen Teich, der häufig von wilden Tieren zum Trinken aufgesucht wurde.

Alles in allem lebten rund zwanzig Schüler in dem Wohnheim, manche davon Geschwister und allesamt fröhliche, sonnige Kinder, so wie Kinder, die in der Wildnis aufwachsen, es gewöhnlich sind.

Als Karin in die Schule kam und wir sie zum ersten Mal dorthin bringen mussten, konnte ich die ganze Woche lang kaum schlafen. Ich wusste ja, dass Hettie und Sandra im Wohnheim gut auf sie aufpassen würden, aber dennoch … Sie war doch noch so klein. Würde sie sich nicht schrecklich nach mir sehnen? Ich konnte den Freitag kaum erwarten.

Endlich war der Freitag da. Ich fuhr sehr früh zum Wohnheim und musste warten, bis der Schulbus mit den Kindern eintraf. Endlich stieg Karin aus dem Bus. Ich rannte zu ihr hin. »Wie ist es dir die Woche über gegangen?«, fragte ich ängstlich.

»Schön war's«, sagte sie, kletterte ins Auto und schlief ein. Ihre Schwestern mussten ihr Gepäck aus dem Haus holen und ins Auto tragen.

»Was ist los mit Karin?«, wollte ich wissen.

»Nichts«, erklärten sie mir. »Sie hat nur die ganze Woche lang täglich bis zur völligen Erschöpfung gespielt.«

Von nun an schlief Karin jedes Mal, wenn ich die Mädchen am Freitagnachmittag abholte, augenblicklich ein, sowie sie im Auto saß.

Jeweils am letzten Freitag im Monat fuhren Kobus und seine Game Guards in die Stadt, um die Vorräte an Dieseltreibstoff, Maismehl und anderen Grundnahrungsmitteln für uns und das Dorf des Parkpersonals aufzufüllen. Auf dem Rückweg hielten sie am Schülerwohnheim, holten die Mädchen ab und ersparten mir damit die Fahrt. Der Truck war gewöhnlich voll beladen, wenn sie am Wohnheim ankamen. Hettie und Sandra fuhren mit ihrem Vater in der Fahrerkabine, aber Karin kletterte mit den Game Guards auf die Ladefläche, wo sie sich auf den Maismehlsäcken zusammenrollen konnte. Die Game Guards wachten sorgfältig darüber, dass sie nicht durch plötzliche Kurven und Schlaglöcher in der Straße von ihrem erhöhten Bett geschleudert wurde. Wenn sie zu Hause ankamen, war ich oft fast zu Tränen gerührt, wenn ich mein erschöpftes kleines Mädchen fest schlafend auf den Mehlsäcken vorfand.

Hettie schrieb einmal einen Aufsatz über das Leben im Schülerwohnheim, der mir Karins Müdigkeit an den Wochenenden sehr viel verständlicher machte.

Kinder, die in der Wildnis aufwachsen, wissen nicht, was es bedeutet, Freunde zu haben, bis sie in die Schule kommen. Nun ist es nicht so schlimm, alleine aufzuwachsen, solange man Geschwister oder wenigstens ein Haustier hat, mit dem man spielen kann. Jedenfalls kommt man niemals auf die Idee, dass das Leben auch anders sein könnte.

Wenn Kinder, die alleine aufgewachsen sind, zum ersten Mal in das Schülerwohnheim kommen, sind sie überwältigt davon, auf einmal so viele Spielkameraden zu haben, und sie drehen fast durch vor Freude. Sie jagen einander, schreien und lachen vor Aufregung, tanzen und kreischen und toben herum und führen sich auf wie eine Herde verrückter Paviane, so als müssten sie alles nachholen, was sie im Vorschulalter versäumt haben.

Aber wenn es dunkel wird, fällt den Kindern auf einmal ein, dass sie sich nach ihrer Mutter sehnen. Und ihre Sehnsucht ist umso größer, weil Mami während ihrer Vorschuljahre immer zur Stelle war. Ohne sie ist sie niemals fortgegangen. Die nächst gelegene Stadt war zu weit weg, Nachbarn gab es nur in großer Entfernung, Babysitter existierten nicht. Also mussten sie überallhin mitgenommen werden, und sie kamen niemals auf die Idee, dass einmal eine Zeit kommen könnte, wo Mami nicht zur Verfügung stehen würde, um sie zur Bettgehzeit tröstend in die Arme zu nehmen.

Am Abend, wenn hier die Tränen zu fließen beginnen, sind die älteren Kinder zur Stelle und versuchen zu trösten, wo sie nur können, denn sie erinnern sich nur zu gut daran, wie ihnen selbst vor gar nicht langer Zeit zu Mute war.

Als wir in den Krügerpark zogen, war Karin erst zwei Jahre alt. Mit fünf kannte sie bereits die Namen fast aller wilden Tiere im Park, einschließlich vieler Vogelarten. Wir waren sehr stolz auf unser intelligentes Kind. Aber manchmal vergaßen wir, was für eine ungewöhnliche Erziehung sie bekam.

Einmal, als wir nach Johannesburg fuhren, um meine Eltern zu besuchen, kamen wir an einer Kuh vorbei, die auf einer Weide neben der Straße graste. Karin schrie laut los und beschwor ihren Vater anzuhalten. Nachdem sie sich die Kuh ganz genau angesehen hatte, fragte sie: »Was ist das? Ein Esel oder was?«

Bald darauf bemerkten wir an einer Tankstelle eine ganz normale schwarze Katze, die auf einem nahen Baum saß. Karin war fasziniert.

»Ui!«, schrie sie. »Seht euch dieses seltsame Tier an!«

Ich hatte ein sehr schlechtes Gewissen und kaufte ihr sofort ein paar Bilderbücher mit Haustieren, damit sie nicht zu unwissend erschien, wenn sie in die Schule kam.

Karin hatte von klein auf gerne gezeichnet. Während ihres ersten Schuljahrs wurden zwei ihrer Zeichnungen für die alljährliche Kunstausstellung der Schule ausgewählt.

Die Mädchen und ich sahen uns die Ausstellung an. Die Bilder waren in verschiedene Gruppen eingeteilt, von denen jede ein anderes Thema behandelte. Eines der Themen hieß »Wasser«, und auf den meisten Bildern dieser Gruppe waren friedliche Weiher zu sehen, die von Blumen und Bäumen umstanden waren. Eine Zeichnung jedoch war eine Unterwasserszene. Eine Hälfte des Bildes wurde von einem Flusspferd mit weit aufgerissenem Maul eingenommen, auf der anderen Seite war ein Krokodil zu sehen, ebenfalls mit weit offenem Rachen und mit zwei beeindruckenden Reihen Furcht erregender Zähne. Ich hatte keinen Zweifel, wer die Künstlerin war. Karin war das einzige Krügerpark-Kind in ihrer Klasse, und sie wusste, dass Wasser Gefahr bedeutete.

Das Thema einer zweiten Gruppe von Bildern war »Sicherheit im Straßenverkehr«. In dieser Gruppe befand sich eine Zeichnung von zwei Männern auf Fahrrädern, die mit Gewehren über der Schulter auf einer gewundenen Piste durch den Busch fuhren. Die beiden Männer waren natürlich unsere Game Guards auf Patrouille, und die Gewehre über ihren Schultern stellten das Einzige dar, was meine Tochter sich unter »Sicherheit im Straßenverkehr« vorstellen konnte.

Die Lehrer machten mich gelegentlich darauf aufmerksam, dass meine Kinder ungewöhnliche Aufsätze schrieben. In einem Aufsatz über Frieden und Harmonie in der Natur hatte Hettie ein Wochenende beschrieben, an dem wir am Ufer des Tsendze Stroms gezeltet hatten. Sie hatte geschildert, wie nachts eine Hyäne eine unserer Decken und einen Kochtopf gestohlen hatte und am folgenden Tag unser Zeltlager von Pavianen verwüstet worden war. Sie kam zu dem Schluss, dass in der Natur ganz sicher Schönheit und vielleicht auch Harmonie zu finden war, aber nur sehr wenig Frieden und ganz gewiss weder Gesetz noch Ordnung.

Als sie die Anzeichen eines bevorstehenden Wolkenbruchs beschreiben sollte, schrieb Sandra, das erste Warnzeichen sei, dass die Flusspferde das Wasser verließen – sie wüssten, dass der Fluss bald Hochwasser haben würde, und wollten nicht in den Fluten ertrinken. (Ihr Lehrer glaubte ihr das nicht, aber ich glaubte es. Vor schweren Regenfällen konnten wir oft beobachten, wie die Flusspferde in unserem Fluss aus dem Wasser stiegen.)

In einem Aufsatz mit dem Titel »Mein liebster Besitz« schrieb Karin, dass ihr liebster Besitz ihre neuen Schuhe gewesen seien, dass aber eine Hyäne sie gefressen hätte, als sie sie einmal draußen vergessen hatte.

Seltsamerweise konnten meine Töchter niemals Aufsätze über dramatische Begebenheiten schreiben. Immer wenn sie ein Furcht erregendes Ereignis beschreiben sollten, erklärten sie, dass sie das nicht könnten, weil sie noch keine solchen Ereignisse erlebt hätten. Dinge, vor denen man sich fürchten müsste, kämen nur an Orten vor, an denen viele Menschen zusammenlebten und man auf Entführungen, Raub, Verkehrsunfälle, Überfälle und Mord gefasst sein müsste.

Deshalb kamen sie am Wochenende zu mir und baten mich um Hilfe bei solchen Aufsätzen. Ich erinnerte sie an verschiedene, nicht ganz ungefährliche Begegnungen mit wilden Tieren, die wir gehabt hatten, aber zu meiner Bestürzung stimmten sie nicht mit mir überein, dass das gefährliche Vorfälle gewesen seien.

Meine buscherfahrenen Töchter hegen eine tiefe Liebe zur Wildnis und all ihren Kreaturen, den großen wie den kleinen. Sie verstehen das Verhalten der wilden Tiere, sie verstehen sich darauf, Fährten zu lesen und die Gerüche und Geräusche des Buschs zu deuten. Ihre Sinne sind beständig auf ihre Umgebung konzentriert, und sie wissen, wie man gefährliche Situationen vermeidet.

Eines Tages, als Kobus wieder einmal nicht zu Hause war, sahen Hettie und Sandra (damals vierzehn und dreizehn Jahre alt), wie eine große Büffelherde das trockene Bett des Kleinen Letaba überquerte und auf den Parkzaun zustrebte. Mit der Herde liefen zahlreiche Kälber. Die beiden Mädchen sattelten ihre Pferde, riefen die Hunde und ritten der

Büffelherde nach. Sie trieben sie über den Fluss zurück und tief in den Mopanibusch im Norden hinein. (Erstaunlicherweise lässt sich eine Büffelherde fast genauso leicht treiben wie eine Herde von Hausrindern.) Ich stand und beobachtete die riesige rote Staubwolke und die beiden jungen Reiterinnen, die ihr folgten, und war von Bewunderung für meine buscherfahrenen, verantwortungsbewussten Kinder erfüllt. Ich wusste, dass sie das nicht aus Tollkühnheit oder Abenteuerlust taten, sondern aus echter Sorge um die Büffel. Erst zwei Tage zuvor hatten Jäger in Gazankulu zwei von unseren Elefanten abgeschossen. Die Mädchen hassten das Krachen von Schüssen in Gazankulu, und sie wollten die Büffel und ihre Kälber vor den Gewehren der Jäger in Sicherheit bringen.

Vielleicht ist in der Weigerung meiner Töchter, Zusammenstöße mit wilden Tieren für erschreckende Ereignisse zu halten, doch eine gewisse Logik. Tiere sind frei von Bösartigkeit, sie greifen nur an, um sich zu verteidigen, und sie jagen nur, wenn sie Hunger haben. Die gefährlichsten von allen Kreaturen und die erfolgreichsten Raubtiere der Erde sind die Menschen.

EINSAMKEIT

Sich in den ersten Jahren in Mahlangeni an die Einsamkeit zu gewöhnen war nichts im Vergleich zu der Schwierigkeit, mit der glühenden Sommerhitze zurechtzukommen, zu den verrückten Launen des Generators, den paranoiden Flusspferden, dem unberechenbaren Fluss, den Gefahren der einsamen Piste, zu den Schlangen, den Mücken, zu Malaria und Zeckenfieber ... Die Einsamkeit hatte einfach keine Chance, als Problem wahrgenommen zu werden.

Als ich endlich dazu kam, darüber nachzudenken, erschien mir die Einsamkeit als etwas, das ganz sanft von einem Menschen Besitz ergreift. Vielleicht muss man sich anfangs ein bisschen daran gewöhnen, aber wenn man erst einmal beginnt, Freude an der Gesellschaft von Pflanzen und Tieren zu haben, ist man nicht mehr einsam. Man kann regelrecht süchtig nach dem Gefühl von Freiheit und Weite werden. Die Einsamkeit hat etwas an sich, das einen den einfachen Wert des Daseins entdecken lässt.

Obwohl ich Kobus und meine Töchter vermisste, wenn sie nicht zu Hause waren, hatte ich doch kaum jemals Zeit, mich einsam zu fühlen. Meine beiden treuen Hunde, Simba und Janna, bewachten mich hingebungsvoll und folgten mir auf Schritt und Tritt. Auch unsere drei Pferde und zwanzig Zwerghühner leisteten mir Gesellschaft, ebenso wie die Eichhörnchenfamilie und die vielen wilden Vögel, die in unserem Garten lebten. Ein Sprung Buschböcke – gewöhnlich vier oder fünf weibliche Tiere mit Kitzen – graste häufig am Flussufer ganz nah am Gartenzaun. Sie waren so zahm, dass sie mir direkt in die Augen sahen, wenn ich mit ihnen redete.

Natürlich hatte ich auch Bekanntschaft mit unseren Flusspferden geschlossen. Wenn die Hunde und ich unseren täglichen Spaziergang am Flussufer machten, versäumten wir es nie, stehen zu bleiben und sie zu begrüßen. Dann schwammen sie näher heran und musterten uns prüfend. Aber wenn ich zu ihnen sprach, blieben sie stumm. Erst wenn wir uns abwandten und weitergingen, fanden sie ihre Stimmen wieder und tauschten hinter unserem Rücken geräuschvoll ihre Meinungen über die Hunde und mich aus.

Und dann war da noch der alte Filemoni, der immer irgendwo zugange war und sich entweder im Gemüsegarten zu schaffen machte oder unten am Fluss Fische fing. Er war nicht besonders redselig, aber er begrüßte mich immer mit einem freundlichen Grunzen.

Wenn die Hausarbeit nicht meine gesamte Zeit in Anspruch nahm, beschäftigte ich mich gerne im Garten oder las und hörte Musik. Und wie alle Leute, die das Alleinsein lieben, hatte ich ein Tagebuch und führte Selbstgespräche. Meine Tage waren ausgefüllt und viel zu kurz, und häufig wurde es Mitternacht, bis ich endlich zu Bett ging. Obwohl ich morgens gerne etwas länger geschlafen hätte, wachte meine gesamte Nachbarschaft beim ersten Lichtstrahl auf und sorgte dafür, dass auch ich nicht länger schlafen konnte. Es war wunderschön zu hören, wie sie alle den Sonnenaufgang mit überschwänglichem Jubel begrüßten, aber manchmal wünschte ich mir, sie würden es etwas später tun, besonders die ägyptischen Gänse, deren trompetende Schreie mich recht unsanft aus dem Schlaf rissen.

Meine liebste Tageszeit in Mahlangeni war die Stunde vor Sonnenuntergang, wenn die Flüsse den roten Abendhimmel widerspiegelten und die waldige Landschaft im goldenen Licht funkelte. Es war die Zeit, zu der die Vögel mit melodischen Stimmen sangen und die Hunde und ich zu unserem täglichen Spaziergang aufbrachen.

In den ersten Jahren in Mahlangeni ging ich nur in der Nähe des Hauses am Flussufer entlang, wo es leichter für mich war, die Fährten der Tiere im Sand zu erkennen, wo ich einen freien Blick auf den Weg vor mir hatte und wo die Landschaft mir vollkommen vertraut war. Wenn man eine bestimmte Gegend gut kennt, ist es leichter, einen dunklen Schatten auszumachen, der das letzte Mal noch nicht da gewesen war, oder ein Gespür dafür zu entwickeln, dass nicht alles so ist, wie es sein sollte.

Später, als die Hunde und ich mehr Zutrauen zu unserer eigenen Buscherfahrung bekamen, wagten wir uns auf Patrouillenpfaden und Wildwechseln tiefer ins Buschland hinein. Die Hunde waren gut ausgebildet und hielten sich dicht bei mir. Meistens liefen sie ein paar Schritte vor mir her, die Ohren gespitzt, die Nasen am Boden, immer auf der Hut, immer bereit, mich zu warnen, wenn es einen Grund gab umzukehren. Häufig gelang es uns, uns nahe an prachtvolle Tiere heranzupirschen – Elenantilopen, Kudus, Büffel und Wasserböcke – die unsere Anwesenheit nicht bemerkten, weil wir immer darauf achteten, uns gegen den Wind zu halten und uns lautlos zu bewegen. Bei anderen Gelegenheiten machten wir Bekanntschaft mit fremdartigen, seltsamen Kreaturen wie Leguanen, Wasser- und Landschildkröten und einmal der längsten Python der Welt. Die Schlange brauchte so lange dazu, unseren Weg zu überqueren, dass es uns schließlich richtig langweilig wurde zu warten, bis ihr Schwanz auf einer Seite des Weges aus dem Busch auftauchte und auf der anderen wieder verschwand.

Nur in der Nacht geschah es manchmal, dass die bedrohliche Weite der Wildnis mir auf einmal bewusst wurde. Aber die Hunde hatten ihre Schlafplätze auf der Terrasse vor den Schiebetüren meines Schlafzimmers, und ich brauchte nur leise ihre Namen zu rufen, um das wischende Geräusch ihrer wedelnden Schwänze zu hören, mit dem sie auf meinen Ruf reagierten.

Die Nächte in Mahlangeni waren natürlich niemals still. Nachttiere sind sehr geschäftig, und oft war die Nacht durch ein ganzes Orchester von unterschiedlichsten Tierstimmen belebt. Froschchöre und Grillenkonzerte bildeten den dröhnenden und zirpenden Hintergrund für die Rufe der Eulen und Ziegenmelker, für die wimmernden Schreie der Buschbabys, das drohende Geheul der Hyänen, das raue Husten unseres Nachbarn, des Leoparden, das Brüllen eines Löwen. Oft wurden die Hunde durch ein fremdartiges Geräusch aus dem Schlaf geweckt, das ihnen zu nah erschien, um es zu ignorieren, oder durch einen wilden Geruch, den der Wind ihnen zutrug. Und wenn sie dann die Schatten und Windböen anbellten, fühlte ich mich beschützt und zufrieden in meinem Heim in der Wildnis.

ERINNERUNGEN AN EINE SYMPHONIE

Einer der Vorteile des Alleinseins war die Tatsache, dass ich meine Musik auf volle Lautstärke stellen konnte. Sofern ich meine wilden Nachbarn damit belästigte, wusste ich es nicht, und es brauchte mich auch nicht zu bekümmern. Es geschah ihnen recht, weil sie mich regelmäßig noch vor Tagesanbruch weckten, wenn ich so gerne noch geschlafen hätte.

Eines Morgens, als ich im Garten arbeitete und dabei eine Mozart-Symphonie hörte, deren wunderbare Klänge den ganzen Garten erfüllten, kündigte das Gebell der Hunde einen Besucher an. Ich blickte auf und sah ein Fahrzeug durch unser hinteres Gartentor einbiegen. Es hielt, und ein junger Mann stieg aus. Er wirkte verloren und verwirrt. Während ich auf ihn zuging, musterte er die Hunde, die Pferde, den Garten, das Haus, hörte die Musik ... Schließlich sah er mich und stammelte: »Oh, hallo! Guten Morgen. Das scheint ja, ähm ... ein Haus zu sein. Hier muss jemand wohnen!«

Der Eingebung des Augenblicks folgend, drehte ich mich um, sah ebenfalls das Haus an und erwiderte lächelnd: »Ja wirklich, den Eindruck habe ich auch.«

Der junge Mann machte ein Schafsgesicht, aber dann lachte er und stellte sich vor. Er erklärte, dass er gerade mit Recherchen für eine Dissertation über ökologisches Management beschäftigt sei und die Erlaubnis erhalten habe, zum Shimuwini-Damm am Letaba zu fahren. Er runzelte die Stirn und fügte hinzu: »Aber ich fürchte, ich habe mich verirrt.«

»Ja«, bestätigte ich, »das haben Sie. Möchten Sie mit mir in das Büro meines Mannes kommen? Er hat dort eine große Karte dieser Gegend. Ich kann Ihnen zeigen, wie Sie nach Shimuwini kommen.«

Aber der junge Mann blieb wie angewurzelt stehen, offenbar ganz gefangen von der Musik.

»Mozart«, teilte er mir mit. »Vierzigste Symphonie.«

Ich lächelte, schließlich wusste ich ja, was ich aufgelegt hatte. Er stand da und lauschte aufmerksam auf die letzten Takte des betörenden Finales. Dann, als die Musik geendet hatte, fragte er schüchtern: »Was haben Sie sonst noch für Aufnahmen von Mozart?«

Zu diesem Zeitpunkt hatten wir noch keine große Sammlung von Mozart-Platten, aber wir hatten die Werke vieler anderer Komponisten, und ich lud ihn ein, ins Haus zu kommen und sie anzusehen. Er vertiefte sich so sehr in unsere Sammlung von Schallplatten und Tonbändern, dass ich ihn alleine ließ und ging, um Kaffee zu machen.

Er wählte Mozarts Krönungskonzert aus, legte es auf den Plattenteller und ging in den vorderen Garten.

Als ich den Kaffee hinaustrug, fand ich ihn auf unser Schaukel vor, einem halbierten Autoreifen, der von einem Balken zwischen zwei Mopanibäumen herabhing. Er ließ sich sanft im Rhythmus der Musik hin- und herschwingen und beobachtete dabei die Flusspferde, die unten im Letaba spielten. Er war so tief in seine Träume versunken, dass er mich nicht kommen hörte. Ich stellte das Tablett ins Gras und setzte mich daneben, um uns den Kaffee einzuschenken. Er glitt von der Schaukel und setzte sich zu mir in auf den Boden.

Wir tranken unseren Kaffe und lauschten der Musik. Die warme, herrliche Melodie erfüllte den Garten und klang über den Fluss. Selbst die Flusspferde schienen von ihrer Schönheit ergriffen zu sein. Ein Fischadler stieß aus dem Himmel herab und glitt über das Wasser. Seine wilden, durchdringenden Schreie hallten in der von Musik erfüllten Landschaft wider.

Wir sprachen nicht miteinander, wir tranken nur unseren Kaffee und hörten zu. Während des Soloteils des Largo-Satzes schenkte mein Gast sich eine zweite Tasse Kaffee ein und rührte ihn geistesabwesend um, obwohl er vergessen hatte, Zucker hineinzutun.

Als die letzten Takte des Finales verklungen waren und ihr süßes Echo noch in unseren Gemütern nachhallte, meinte er, dass das Konzert bei ihm zu Hause in Pretoria niemals so klingen würde wie hier.

Er stand auf und trug das Tablett für mich ins Haus zurück. Dann zeigte ich ihm die Karte und erklärte ihm den Weg nach Schimuwini. Bevor er aufbrach fragte er mich noch: »Fühlen Sie sich hier draußen nicht sehr einsam?«

Ich erklärte ihm, dass die Einsamkeit kein Problem für mich sei. Etwa einen Monat später fanden wir ein Tonband mit Musik von Mozart in unserer Post, und von nun an erhielten wir fast jeden Monat ein Mozart-Band. Dem Poststempel war zu entnehmen, dass die Päckchen aus Pretoria kamen. Es war nicht schwer zu erraten, wer der Absender war.

Vielleicht dachte er gerne an den Tag zurück, an dem er sich in der Wildnis verirrt hatte und plötzlich von den Klängen einer Mozartsymphonie überrascht wurde. Vielleicht schickte er mir die Tonbänder, um sicherzustellen, dass in Mahlangeni auch weiterhin Musik von Mozart erklang. Oder er vermutete, dass es dort doch manchmal recht einsam für mich sein müsse und dass Mozart mir über die Einsamkeit hinweghelfen würde.

Ich habe mich niemals einsam gefühlt.

Aber solange wir in Mahlangeni lebten, wurde dort häufig Mozart gespielt.

BEGEGNUNG AUF DEM KOPPIE

Etwa zehn Kilometer von unserem Haus entfernt erhob sich ein einsamer, mit Felsblöcken übersäter Koppie (hügelige Felsformation) aus dem weiten, ebenen Mopanibuschveld. Ein mehr als hundertjähriger Baobab-Baum schmückte seine Ostflanke. Die Astspitzen des Baumes berührten die großen Felsblöcke, die auf dem Abhang darüber lagen. Vom Gipfel des Koppie hatte man einen wunderbaren Blick auf die umliegenden Ebenen und auf einen großen See, der in einiger Entfernung im Süden lag. Für uns war es eine besondere Freude, gelegentlich einen faulen Sonntagnachmittag auf den flachen Felsen auf dem Gipfel zu verbringen und mit Ferngläsern bewaffnet nach Tieren Ausschau zu halten, die über die baumbestandene Ebene zogen, um aus dem See zu trinken.

In unserem siebten Jahr in Mahlangeni kamen gute Freunde von uns aus der Stadt zu Besuch: Louis Roodt, seine Frau Joan und ihre drei Kinder wollten das Osterwochenende mit uns verbringen. Wir beschlossen, mit ihnen gemeinsam unseren liebsten Sonntagnachmittagsausflug zu machen.

Wir fuhren in unserem Pick-up zum Fuß des Koppie. Hettie, die damals vierzehn Jahre alt war, Sandra, dreizehn, Karin, acht, und Thelma, die sechsjährige Tochter unserer Freunde, sprangen alle vier von der Ladefläche des Trucks und rannten den Abhang hinauf. Ich wollte die Mädchen noch zurückhalten und auffordern, auf uns zu warten, aber meine Stimme konnte ihre lautstarke Begeisterung nicht übertönen, und so ließ ich sie laufen.

Zusammen mit Louis und Joan und ihren beiden kleinen Jungen folgten Kobus und ich in gemächlicherem Tempo nach. Wir kamen nur langsam voran, weil Louis die beiden kleinen Jungen an der Hand führte und der Aufstieg ausgesprochen schwierig für ihre kurzen Beinchen war. Kobus hatte an diesem Tag sein Gewehr nicht dabei. Ich machte mir deshalb keine Sorgen, weil wir den Koppie schon sehr oft bestiegen hatten und an seinen Flanken noch nie etwas anderes als Klippschliefer gesehen hatten.

Wir befanden uns noch weit unterhalb der Mädchen, als diese den Gipfel erreichten. Joan und ich waren ganz in unser Gespräch vertieft, als Kobus plötzlich die Hand hob. Ich kannte das Signal. Es bedeutete: Mund halten und aufpassen.

Ich verstummte mitten im Satz.

Und dann hörten wir es alle: ein tiefes, grollendes Geräusch, das von den Hängen über uns kam. Ich hielt es zunächst für einen Steinschlag. Aber als das Grollen verstummte, drang Sandras Stimme vom Gipfel zu uns herunter. Sie schrie nur ein einziges Wort: Leopard!

Kobus, der bereits den Hügel hinauf auf die Mädchen zurannte, brüllte ihnen zu, sie sollten herunterkommen. Ich stürmte hinter Kobus her und hatte dabei nur den einen Gedanken, vor dem Leoparden bei den Mädchen zu sein.

Wieder war das tiefe, grollende Geräusch zu hören, und selbst in der Erregung des Augenblicks wusste ich sofort, dass das weder ein Steinschlag noch ein Leopard war, sondern das Brüllen eines zornigen Löwen.

Und dann sahen wir sie: eine Löwin, die aus ihrer Deckung hinter Felsbrocken und Büschen hervorbrach. Kurz vor den Kindern hielt sie an und drückte sich mit angezogenen Hinterbeinen flach auf den Boden. Dabei stieß sie ein tiefes, warnendes Knurren aus, das immer lauter wurde, bis es wie Donnergrollen über die Landschaft rollte.

Die Mädchen stürzten Hals über Kopf den Abhang hinunter, brachen durch das Gebüsch und sprangen über die Felsen – alle, bis auf die kleine Thelma. Sie drehte sich um und sah direkt in das Gesicht der Löwin, die weniger als zehn Meter von ihr entfernt am Boden kauerte. Sie erstarrte vor Schreck und blieb wie angewurzelt stehen, unfähig, etwas anderes zu tun, als das wütend knurrende Tier anzustarren.

Hettie, die einen Blick zurückgeworfen und gesehen hatte, was geschah, machte kehrt und rannte den Hügel wieder hinauf, auf ihre kleine Freundin zu. Die Löwin sah Hettie kommen und warnte sie mit noch lauterem Knurren, ja nicht näher zu kommen.

Aber Hettie zögerte keinen Augenblick.

Sie stürzte auf Thelma zu, schloss das wie gelähmt dastehende kleine Mädchen fest in die Arme und rannte mit ihr Hals über Kopf den Abhang hinunter.

Unterdessen hatte auch Sandra zurückgeschaut, und als sie sah, wie Hettie mit der kleinen Thelma im Schlepptau vor der Löwin flüchtete, machte auch sie augenblicklich kehrt und hastete wieder bergauf, um ihrer Schwester zu helfen. Ohne auf das wütende Knurren der Löwin zu achten, lief sie auf die beiden anderen Mädchen zu und ergriff Thelma beim Arm. Gemeinsam stürzten die beiden Schwestern mit ihrer verstörten kleinen Freundin den Abhang hinunter.

Kobus und ich rannten immer noch bergauf, ohne auf die Büsche und Felsen zu achten, an denen wir uns die Beine zerkratzten, die Augen fest auf die Löwin und die Kinder geheftet. Karin kam mit aufgeschürften, blutenden Beinen an uns vorbeigestolpert, aber das Einzige, worauf es ankam, war, dass sie in Sicherheit war – jetzt waren wir zwischen ihr und der Löwin. Dann stürmten Hettie und Sandra mit dem totenblassen kleinen Mädchen zwischen sich an uns vorbei. Und ein paar Sekunden später stand Kobus vor der Löwin – unbewaffnet.

Mit einem zornigen, warnenden Aufbrüllen sprang sie vorwärts und stand nun sehr dicht vor Kobus. Langsam duckte sie sich nieder und zog die Hinterbeine unter den Leib. Sie duckte sich zum Sprung.

Ich griff mir einen Stein von der Größe eines Rugbyballs, lief auf die beiden zu und hielt zwei bis drei Meter hinter Kobus an.

Dieser blieb unbeirrt stehen, während die Katze ihrem Zorn in donnernder Löwensprache Ausdruck gab.

Ich zitterte wie Espenlaub, und mein Herzschlag dröhnte in meinen Ohren. Mit meinen adrenalingeschärften Sinnen erlebte ich jeden Augenblick und jedes winzige Detail des Geschehens wie in Zeitlupe.

Kobus sprach ruhig auf die zusammengekauerte, knurrende Löwin ein: »Nur ruhig, altes Mädchen … ganz ruhig … es ist ja alles gut «

Es ist seltsam, aber ich vergesse immer wieder, wie riesig Löwen tatsächlich sind, bis ich einen aus der Nähe sehe. Als ich die gigantische Raubkatze mit offenem Mund anstarrte, versuchte ich, nicht an ihre Größe zu denken und mich auf ihr Gesicht zu konzentrieren. Ihre brennenden gelben Augen erschienen mir nicht als der geeignete Punkt, also hielt ich die Augen fest auf die komisch aussehenden Falten auf ihrer gekrausten Nase gerichtet.

Wieder brüllte sie auf. Ich fuhr zusammen, und die Erde schien zu beben.

Kobus sprach weiter mit sanfter, beruhigender Stimme auf sie ein. »Ganz ruhig ... keine Sorge ... wir werden dir nichts tun.« (Wirklich nicht? Warum hatte ich dann diesen riesigen Stein in der Hand?)

Langsam wandte Kobus den Kopf und gab mir ruhig, aber unmissverständlich zu verstehen, dass ich mich zurückziehen sollte. Ich begriff endlich, dass seine wie auch meine Sicherheit davon abhing, ob es ihm gelang, die Löwin zu besänftigen. Wenn ich ging, würde sie sich weniger bedroht fühlen. Ein wenig beschämt und sehr darauf bedacht, sie nicht durch eine plötzliche Bewegung zu erschrecken, legte ich den Stein vorsichtig auf den Boden und wandte mich ab.

Mit angehaltenem Atem ging ich den Hügel hinunter und horchte. Die Löwin knurrte noch immer, aber es klang nicht mehr ganz so aggressiv. Kobus sprach ununterbrochen leise und beruhigend auf sie ein und versuchte, sie mit seiner Stimme zu besänftigen. »Ruhig, altes Mädchen, ganz ruhig. Es ist ja gut ...«

Das Knurren wurde leiser und leiser ...

Als ich mich in sicherer Entfernung befand, kam Kobus mir nach.

Die Gefahr war vorbei.

Als wir am Fuß des Koppie ankamen, blickten wir zurück und sahen die Löwin auf dem Gipfel stehen. Ihre prachtvolle Silhouette stand dunkel vor dem verblassenden Himmel. Noch einmal brüllte sie – eine Warnung an uns, nicht noch einmal in ihr Territorium einzudringen.

Kobus sagte uns, er habe gesehen, dass sie Milch habe und dass sie sich den Koppie vermutlich als Kinderstube für ihre Jungen ausgesucht habe. Das erklärte natürlich ihr aggressives Verhalten. Sie war eine Mutter, die ihre Jungen verteidigte.

Später berichtete uns Sandra, dass sie ein tiefes Knurren gehört habe, als sie auf dem Gipfel ankam, und als sie sich danach umwandte, habe sie direkt in die Augen einer großen Katze gesehen. In ihrer Eile, wegzukommen und die anderen zu warnen, habe sie keine Zeit gehabt, noch einmal genauer hinzusehen, und habe »Leopard« gerufen, weil sie am ehesten einen Leoparden dort oben erwartet habe, der auf einem Koppie sehr viel häufiger anzutreffen ist als ein Löwe.

Die Mädchen waren noch immer blass vor Schreck. Karin weinte leise und klagte über Schmerzen an den Beinen, aber als wir genauer hinsahen, stellten wir mit Erleichterung fest, dass ihre Wunden nur Kratzer und Abschürfungen waren. Ihre Tränen waren mehr auf den Schock als auf den Schmerz zurückzuführen.

Ich hatte einen Klumpen im Hals, als ich sie an mich drückte. Ich umarmte auch die beiden anderen Mädchen, während Louis und Joan Thelma trösteten. Mir fehlten die Worte, um Hettie und Sandra zu sagen, wie stolz ich auf sie war, weil sie ohne Zögern umgekehrt waren, um ihrer kleinen Freundin zu helfen – und auch sich gegenseitig.

ZELTEN UNTER STERNEN

Während der langen, trockenen Wintermonate, wenn die Bäche und Flüsse, die nur in der Regenzeit Wasser führen, austrocknen, sammeln sich die Tiere in der Nähe der ganzjährigen Flüsse und Wasserstellen. Im Krügerpark sind viele der Wasserlöcher künstlich angelegte Tränken, die von gebohrten Brunnen gespeist werden. Man findet sie überall dort, wo natürliche Wasserläufe nur in der Regenzeit vorkommen, und sie stellen im Winter für die durstigen Herden, die nicht mehr auf die Weideflächen außerhalb des Parks ausweichen können, eine Alternative dar. Diese künstlichen Tränken verhindern eine Überfüllung der natürlichen Wasserstellen und tragen dadurch dazu bei, die Weideflächen in ihrer näheren Umgebung zu schonen, die sonst kahl gefressen und von Tausenden von Hufen zerstört würden.

Kobus unternahm während der trockenen Monate regelmäßige Patrouillenfahrten durch seine ganze Sektion, um Weidebedingungen und Wasservorkommen zu kontrollieren. Während der Winterferien begleiteten die Mädchen und ich ihn häufig auf diesen Kontrollfahrten.

Bei einer dieser Touren verbrachten wie die erste Nacht am Shipikana Creek. Wir kamen am späten Nachmittag an und stellten unser Zelt unter einer Gruppe von Apfelblattbäumen am Rand des ausgetrockneten Wasserlaufs auf. Wir hatten noch eine Stunde Zeit bis zum Sonnenuntergang, und so machten wir einen Spaziergang am Bachbett entlang.

Etwa dreihundert Meter von unserem Zeltlager entfernt kam plötzlich ein Löwenrudel aus dem Bachbett herausgeschossen und sauste wie der Blitz an uns vorbei, so schnell, als seien es Gespenster. Es geschah so unerwartet und so unmittelbar vor unserer Nase, dass ich die Tiere im ersten Augenblick für eine Herde Elenantilopen hielt – sie sahen so riesig aus und hatten fast die gleiche Farbe.

Ich hatte wieder einmal vergessen, wie gigantisch Löwen tatsächlich sind.

Später kamen wir zu einem felsigen Absturz über einem Tal, in dem eine Elefantenherde graste. Wir setzten uns gemütlich ins Gras zwischen die Felsbrocken, um die magische Stunde des Sonnenuntergangs zu genießen. Gebadet im goldenen Licht des Winternachmittags, bildete die Savanne unter uns den perfekten Hintergrund für die dunklen Umrisse der Elefanten, deren Stoßzähne in den letzten Strahlen der Sonne glänzten. Wir zählten vierzig Kühe und achtzehn Kälber, vier davon noch Babys. Möglicherweise hatten wir jedoch das eine oder andere Baby übersehen, weil Elefantenbabys die meiste Zeit unter den Bäuchen ihrer Mütter und zwischen ihren Beinen laufen und nicht so leicht zu entdecken sind.

Die Herde graste friedlich. Wenn die Tiere überhaupt irgendwelche Laute von sich gaben, dann mussten es die leisen, grollenden Töne sein, die die Kühe in regelmäßigen Abständen ausstoßen, um Kontakt miteinander zu halten und sich gegenseitig ihre Position mitzuteilen. Aber wir waren zu weit von ihnen entfernt, um diese Geräusche zu hören.

Bald glühte der westliche Horizont in rotem und violettem Licht, und die abendlichen Schatten breiteten sich im Talgrund aus. Nur die klagenden Schreie der Kiebitze unterbrachen die grenzenlose Stille, und bald darauf hörten wir das laute Schimpfen einer streitsüchtigen Pavianherde auf dem Weg zu ihren sicheren Schlafbäumen.

Als die Dämmerung zu stark auf meinen Schultern zu lasten begann, schlug ich meiner Familie vor, dem Beispiel der Paviane zu folgen und zum Lager zurückzukehren. In Südafrika ist die Dämmerung nur kurz, und die Dunkelheit bricht schnell herein. Wir erreichten das Lager gerade noch rechtzeitig, um nicht in vollkommener Dunkelheit herumtappen zu müssen. Eine Zeit lang war es so finster, dass es außer unserem kleinen Lagerfeuer und den Sternen im ganzen Universum keine Lichtquelle zu geben schien. Aber während wir am Feuer unser Abendessen zubereiteten, tauchte am dunklen Horizont ein perlweißer Lichtschein auf, und bald warf der volle Mond einen bläulichen Schimmer über Bäume und Veld. Der süße, melodische Ruf einer getupften Eule erklang aus den Apfelblatt-bäumen auf der andere Seite des Bachbetts und wurde vom schnurrenden Trillern einer Senegaleule beantwortet. Das unheimliche Heulen einer einsamen Hyäne durchdrang die Nacht und zog in steigenden und fallenden Kadenzen über das Veld.

Während wir um das Lagerfeuer herumsaßen und darauf warteten, dass unser Eintopf aus Wildfleisch und Gemüse gar wurde, dachten wir an vorangegangene Gelegenheiten, bei denen wir unter den Sternen gezeltet hatten. Da war zum Beispiel die Nacht am Pambi Creek, in der wir durch ein entsetzlich lautes Kratzgeräusch aus dem Schlaf gerissen wurden, das die Erde um uns herum erzittern ließ. Als wir vorsichtig durch den offenen Zelteingang hinausspähten, sahen wir einen dunklen Schatten von der Größe eines Berges vor uns. Es war ein Elefant, der sich die Flanke am Stamm des Baumes scheuerte, unter dem wir unser Zelt aufgestellt hatten. Nach etwa einer Minute, als das Erdbeben bereits Richterskala-Ausmaße angenommen hatte, trat plötzlich Stille ein, und der Elefant, der das Jucken an seiner Flanke offenbar zu seiner Zufriedenheit bekämpft hatte, trollte sich und verschwand so leise in der Dunkelheit, wie er gekommen war. Gott sei Dank.

Und dann war da noch die Nacht am Timatora Pool, in der uns zwei erwachsene Löwen einen Besuch abstatteten und es sich nur ein paar Meter von unserem Zelt entfernt bequem machten. Sie blieben die ganze Nacht da, spielten und wälzten sich im Gras und faulenzten herum. Wir richteten den Lichtstrahl einer Taschenlampe auf sie, aber sie hoben nur die Köpfe und starrten ohne jede Erregung zurück. Als Kobus in den frühen Morgenstunden nach ihnen sah, lagen sie friedlich auf dem Rücken, die Pranken in die Luft gestreckt, und schliefen. Als die ersten Sonnenstrahlen ihre Bäuche trafen, setzten sie sich plötzlich auf, die Ohren gespitzt, die Nasen gegen den Wind gerichtet, und starrten über die Savanne. Die Luft hatte ihnen irgendeine Botschaft zugetragen. Im nächsten Augenblick sprangen sie auf und waren auch schon verschwunden, verschluckt vom schweigenden Veld. Die Hunde kamen aus unserem Zelt heraus, wo sie notgedrungen die Nacht über eingesperrt gewesen waren, und brachten die nächsten zwei Stunden damit zu, jeden Grashalm und jedes Sandkorn im Zeltlager und der näheren Umgebung zu beschnüffeln.

Eine weitere unvergessliche Nacht war die in Shambali Springs, in der zwei Flusspferdbullen beschlossen, ihren territorialen Streit in zehn Metern Entfernung von unserem Lager auszufechten. Zuerst hörten wir nur das krachende Getöse von etwas sehr Großem, das sich in der Dunkelheit bewegte. Kobus stand auf und leuchtete mit der Taschenlampe in die Richtung, aus der der Lärm kam, und da standen sie, zwei wütend aussehende Flusspferdbullen, die offensichtlich auf einen Kampf aus waren. Im Schein der Taschenlampe wirkten sie größer als zwei Dampfwalzen. Bald schleuderten sie sich gegenseitig Beleidigungen entgegen, mit Stimmen, die wie das erstickte Dröhnen eines Flugzeugs mit Motorschaden klangen. Nach kurzer Zeit wurde der Lärm selbst Kobus zu viel. Er lud seine Büchse und feuerte ein paar Schüsse in die Luft, um den verfeindeten Bullen klar zu machen, dass es auch noch andere Plätze gab, wo sie ihren Streit miteinander ausmachen konnten. Zum Glück begriffen sie und verschwanden.

Während wir um unser Lagerfeuer am Shipikana Creek saßen und an die Flusspferde in Shambali Springs dachten, begann im Westen von uns ein Löwenrudel zu knurren und zu brüllen. Bald darauf begann ein zweites Rudel, vermutlich dasjenige, das am Nachmittag an uns vorbeigerannt war, im Osten von uns das Gleiche zu tun. Nach kurzer Zeit entwickelte sich daraus ein Wettstreit, bei dem jedes Rudel versuchte, das andere mit seinem Gebrüll zu übertönen.

Ich musste an ein haarsträubendes Abenteuer denken, das Hugo van

Niekerk, einem der Piloten des Krügerparks, zugestoßen war, als er einmal mit einer Gruppe von Wissenschaftlern, die den Park besuchten, draußen im Busch zelten musste. Hugo ist ein Mann, der ein gewisses Maß an Einsamkeit und freiem Raum um sich herum benötigt, wenn er schlafen möchte. Also errichtete er sein Zelt in einiger Entfernung von den anderen Mitgliedern der Expedition. Kaum war er zu Bett gegangen, begann die Löwenpopulation der betreffenden Gegend ganz in der Nähe ein Wettgebrüll anzustimmen. Das Gebrüll wurde immer lauter, bis es schließlich wie ein Erdbeben klang. Hugo lag in seinem Zelt und wünschte sich, dass die Löwen endlich das Maul halten und sich trollen würden, damit er schlafen könnte.

Stattdessen erklärten sich die beiden rivalisierenden Rudel den Krieg und gingen zum Angriff über, ohne sich von der Tatsache beirren zu lassen, dass Hugos Zelt genau zwischen ihnen stand – mitten auf dem Schlachtfeld, wie sich herausstellte. Mit Klauen und Zähnen gingen die Raubkatzen aufeinander los und veranstalteten einen Höllenlärm. Dabei zogen sie die Halteseile von Hugos Zelt aus dem Boden und rissen mehr oder weniger seine ganze Schlafstatt mit sich. Hugo, der sich nicht an dem Kampf beteiligen wollte, ließ sein zerstörtes Nachtquartier hastig im Stich und überließ es den tobenden Tieren, ihre Streitigkeiten ohne ihn auszutragen. Gott sei Dank waren die Löwen zu sehr mit ihrem territorialen Konflikt beschäftigt, um Hugo in irgendeiner Weise zu beachten, und er kam unverletzt davon.

Während wir um das Lagerfeuer saßen und unser Abendessen verzehrten, versuchte ich, nicht an Hugos Geschichte zu denken. Die beiden Rudel brüllten immer noch aufeinander ein, aber ich tröstete mich mit dem Gedanken, dass ihre vokale Auseinandersetzung anscheinend mehr den Charakter eines Andante hatte. Vielleicht handelte es sich ja nur um einen Gedankenaustausch, bei dem sie sich gegenseitig nicht eigentlich bedrohten. Sie hörten aber auch nicht auf, und wir gingen an diesem Abend mit einem stereophonen Donnergrollen in den Ohren zu Bett. Damals besaßen wir nur ein Zelt, in dem Kobus und ich schliefen, während die Mädchen die Nacht im Truck verbrachten, Karin in der Fahrerkabine, die beiden älteren Mädchen auf der Ladefläche. Kobus hatte zu ihrer Sicherheit eine schwere Plane über das Gestänge an der offenen

Ladefläche gebreitet und festgebunden, aber Hettie und Sandra hatten darauf bestanden, die Plane zurückzuschlagen, damit sie das Mondlicht auf dem Veld sehen konnten. (Im Schlaf?, fragte ich mich.) Ich stellte unsere Waschschüssel auf ihrem dreibeinigen Ständer vor das Heck des Lastwagens, in der Hoffnung, dass ein Löwe, der auf den Lastwagen springen wollte, als Erstes die Waschschüssel umwerfen und damit genug Lärm machen würde, um uns zu wecken.

Wie immer ließen wir den Eingang zu unserem Zelt offen. Kobus legte seine Flinte neben sein Bett, und die Hunde schliefen quer vor dem Eingang, um uns notfalls zu alarmieren.

Ich konnte nicht recht schlafen. Löwen haben die unangenehme Eigenschaft, dass sie zwar gewöhnlich flüchten, wenn man ihnen während des Tages begegnet, aber in der Nacht plötzlich auf die Idee kommen, dass sie ja die Könige des Busches sind, und sich in außerordentlich selbstbewusste Raubtiere verwandeln. Die Löwen hörten die ganze Nacht nicht auf zu brüllen. Manchmal waren sie sehr nah an unserem Lager, manchmal auch weiter entfernt.

Irgendwann zwischen drei und vier Uhr morgens wurde es den beiden älteren Mädchen auf der Ladefläche des Trucks zu eng. Sandra kletterte herunter, schleppte Campingmatratze und Schlafsack hinter sich her und schlug ihr Bett auf dem Boden neben dem Lagerfeuer auf, von dem inzwischen nur noch ein wenig Glut übrig geblieben war. Ich rief nach ihr und lud sie ein, das Zelt mit uns zu teilen, aber sie lehnte ab.

Ich war viel zu angespannt, um wieder einzuschlafen. Ich rief noch einmal nach Sandra und bestand darauf, dass sie mit uns im Zelt schlief, aber sie gab zurück, dass die Hunde sich zu ihr gesellt hätten und dass nicht die geringste Gefahr für sie bestünde.

Kurz darauf brüllte plötzlich ein Löwe so nah bei unserem Lager, dass wir hören konnten, wie er Luft holte, bevor er seine Stimme erhob. Ich fuhr aus dem Bett, sah aber, dass Kobus bereits auf den Beinen war. Er griff nach seinem Gewehr und sagte mir, dass ich mir keine Sorgen zu machen bräuchte. Er würde sich ans Feuer setzen und über Sandras Schlaf wachen.

Endlich konnte ich beruhigt einschlafen.

Bei Sonnenaufgang kam Kobus ins Zelt und weckte mich mit einer Tas-

se Kaffee. Er lächelte vor sich hin und erzählte mir, dass einer der Hunde in dieser Nacht besonders gemütlich geschlafen habe. Er hatte sich ganz allmählich auf Sandras Matratze breit gemacht – zuerst nur mit dem Kopf, dann mit den Pfoten und zuletzt mit dem ganzen Körper. Sandra war jedes Mal bescheiden zur Seite gerutscht, wenn er sie angestupst hatte, bis sie schließlich auf dem harten Boden gelandet war.

Armes Mädchen. Zuerst hatte sie ihren Schlafplatz ihrer Schwester überlassen und dann dem Hund.

Nach dem Frühstück packten wir unsere Sachen und fuhren weiter. Es war ein wunderschöner Wintertag. Der Himmel strahlte in frischem, kühlem Blau, die Mopaniblätter leuchteten kupferrot, bronzefarben und ockergelb, das Savannengras zeigte ein helles Gold. Unterwegs hielten wir an verschiedenen Wasserlöchern, und während Kobus die Bohrlöcher, Pumpen und Wasserreservoirs inspizierte, untersuchten die Mädchen und ich die Wildfährten im Sand, lauschten den Vogelrufen oder saßen einfach nur still da und erfreuten uns an den geheimnisvollen Stimmen der Savanne. Im Sommer war das Mopaniveld vom durchdringenden Zirpen der Zikaden erfüllt, aber im Winter herrschte dort oft wunderbare Stille, die nur vom sanften Raunen des Windes unterbrochen wurde und gelegentlich vom fernen Bellen eines Zebras oder dem klagenden Ruf eines kreisenden Hühnerhabichts. Aber manchmal war ganz plötzlich ein leises Rascheln zu hören, das Knacken eines Zweiges, ein Seufzen in der Luft, und der Wind trug einen stechenden, staubigen Geruch zu uns herüber. Dann tauchten wie durch Zauberei die riesigen, dunklen Schatten einer ganzen Elefantenherde aus dem Nichts auf und füllten die scheinbare Leere des stillen Velds.

Am späten Nachmittag kamen wir in Shambali Springs an. Wir schlugen unser Zelt unter den Marulabäumen zu Füßen eines riesigen Felsblocks an einem schilfumsäumten Tümpel auf. Es war der gleiche Ort, an dem damals die beiden verfeindeten Flusspferdbullen unseren Schlaf gestört hatten, und wir hofften, dass die beiden unterdessen ihren Konflikt beigelegt hatten und uns eine friedliche Nacht gönnen würden.

Bei Sonnenuntergang tauchte einen Augenblick lang die Silhouette eines Klippenspringers hoch oben auf dem Felsblock hinter unserem Zelt auf. In der Pose eines Balletttänzers warf die zierliche Antilope einen kurzen Blick auf unser Zeltlager, dann verschwand sie mit einem genau abgezirkelten Sprung aus unserem Blickfeld.

Später erschien eine Herde Elenantilopen, deren Auftauchen vom rhythmischen Klicken ihrer Kniescheiben angekündigt wurde. Während wir ins Gespräch vertieft um unser Lagerfeuer saßen, grasten sie friedlich ganz in unserer Nähe, bis der Wind plötzlich drehte und etwas – vielleicht ein ungewohnter Geruch – sie beunruhigte und sie in die Nacht hinaus flohen. Eine Zeit lang war der Busch seltsam still, und wir fragten uns schon, ob vielleicht Löwen in der Nähe seien. Wenn Löwen auf der Jagd sind, weiß es die Nacht, und es herrscht eine unheimliche Stille. Auf einmal setzten sich die Hunde mit gespitzten Ohren auf, und Hettie machte uns auf einen dunklen Schatten aufmerksam, der sich still auf das Wasser zubewegte. Es war ein einsamer Büffelbulle, und wir sahen ihm zu, wie er im Mondlicht zum Trinken an den Tümpel trat.

Nachdem wir unser Abendessen verzehrt hatten, begannen wir alle zu gähnen, und so legten wir uns früh zu Bett, um den gestörten Schlaf der vorangegangenen Nacht nachzuholen.

Aber auch in dieser Nacht gönnte uns die Wildnis keinen Frieden.

Etwa eine Stunde nachdem wir uns hingelegt hatten, wurden wir durch das drohende Knurren eines fressenden Löwenrudels geweckt. Hatten die Tiere den einsamen Büffel erlegt, den wir beim Trinken am Tümpel beobachtet hatten? Als wir dalagen und den unheimlichen Geräuschen lauschten, wussten wir nur zu gut, dass das nur der Anfang war und der Rest in Kürze folgen würde. Und so war es auch. Kaum hatte der Wind den Aasfressern der Umgebung – den Schakalen und Hyänen – die Nachricht zugetragen, dass es Beute gab, waren sie auch schon unterwegs. Und nach kurzer Zeit war wieder einmal eine friedliche Nacht unter den Sternen zum Schauplatz einer irrwitzigen Kakophonie geworden – Löwen grollten und knurrten, Schakale jaulten und kläfften, Hyänen jodelten, gackerten, glucksten, kicherten und heulten.

ZU BESITZEN UND ZU BEWAHREN

»… ihn zu besitzen und zu bewahren, damit alle sich
daran erfreuen können; ihn zu schützen
und für künftige Generationen zu erhalten.«

Präsident Paul Krüger (1898)

Der Krüger Nationalpark umfasst rund 12 000 Quadratkilometer afrikanischer Savanne – das ist mehr als die Fläche von Wales –, ein Mosaik
aus Grasflächen, Buschland, Wäldern und der Ufervegetation der Flüsse.
Der Park hat viele Gesichter, viele verschiedene Stimmungen. Im Sommer klettern die Temperaturen auf mehr als 40 °C, und die Luftfeuchtigkeit steigt und steigt. Kumulonimbus-Wolken bilden sich und stehen
drohend über dem Horizont. Tag für Tag wird die Luft immer schwerer, die Antilopen werden still und stehen gespannt mit zuckenden Ohren und geblähten Nüstern beieinander. Wenn die wirbelnden Wolken
ihre Wassermassen endlich über die Erde ergießen, verwandeln sich
Flüsse und Wasserläufe in schlammige Sturzbäche. Nach den Regenfällen liegt die durchweichte Savanne still da und saugt die Leben spendende Feuchtigkeit in sich auf. Es ist die Jahreszeit der Geburt und des neu-
en Wachstums. Die Neugeborenen tollen unter den wachsamen Augen
ihrer Mütter herum, und die Tiere sind glatt und zufrieden. Sie lassen
sich das neu gewachsene Gras schmecken und zupfen an den zarten
Trieben der Bäume und Büsche.
Während der Wintermonate Juni, Juli und August ist die Erde trocken,
der Himmel klar und kühl. Viele Bäume verlieren ihre Blätter. Die
dichte, verfilzte Sommervegetation wird dünn, und die Gräser nehmen
einen trockenen Goldton an. Die Herden sammeln sich in großer Zahl
um die ganzjährigen Wasserläufe und grasen unter einem azurblauen
Himmel auf der blassgoldenen Savanne.

Vom Crocodile River im Süden bis zum Sabie River bei Skukuza wird die Landschaft von dichten Akazien- und Buschweidengehölzen beherrscht. Nach Osten, bis zu den Lebombo-Bergen, erstreckt sich Marula- und Knotendorn-Savanne in endlosen Ebenen, während sich im Westen das hügelige Buschveld der Malelane-Berge ausbreitet. Nördlich des Sabie bis hin zum Olifants River machen die Dickichte der offenen Savanne Platz – ein Meer aus Gras, gesprenkelt mit Inseln von Marula-Bäumen und Knotendorn. Nördlich des Olifants beginnt das Mopaniland, geschlossene Waldflächen, die sich bis in alle Ewigkeit fortzusetzen scheinen. Weiter im Norden und Nordosten halten mächtige Baobab-Bäume Wache über einer Landschaft aus zerklüfteten Hügeln und Bergkämmen. Der nordöstlichste Teil des Parks ist die Sandveld-Region, mit Wäldern von geisterhaften Fieberakazien und einmaligen Blütenpflanzen. Im gesamten Park kommen die für die Flusslandschaften typischen Wälder vor, die den sechs großen Wasserläufen und ihren Nebenflüssen folgen.

Der Krügerpark wird nach dem ausgeklügeltsten Naturschutzprogramm der Welt verwaltet und betreut und bietet einer spektakulären Vielfalt von Tier- und Pflanzenarten Lebensraum und Schutz. Er ist aber auch ein Hort des Friedens und der Inspiration für seine Besucher. Die Touristencamps sind sorgfältig angelegt und eingezäunt, mit hübschen, strohge-

deckten Hütten und Bungalows, die verstreut auf grünen Rasenflächen zwischen einheimischen Bäumen liegen. Alle größeren Camps verfügen über eine Erste-Hilfe-Station, einen Laden und ein Restaurant.

Der Park ist in zweiundzwanzig Ranger-Sektionen eingeteilt, von denen jede von einem Game Ranger und einem Team von meist zehn Game Guards betreut wird. Manche der Ranger-Stationen, so wie Mahlangeni, liegen in schwer zugänglichen Teilen des Parks, während andere in der Nähe von Touristen-Camps oder Eingangstoren liegen.

Die Besucher des Parks neigen gewöhnlich dazu, jeden, der die vertraute Khakiuniform mit den grünen Achselstücken trägt, für einen Game Ranger zu halten. Die meisten Männer in Uniform sind jedoch Tourismusangestellte oder Verwaltungsbeamte oder gehören dem Instandhaltungsstab an. Ebenfalls uniformiert sind die Angehörigen des Forschungsteams, die Tierärzte, die beiden Hubschrauberpiloten und die acht Trail Ranger, die in bestimmten Gebieten geführte Wanderungen leiten.

Auch die Game Ranger tragen die Khakiuniform mit den grünen Epauletten, aber wenn man genauer hinsieht, entdeckt man ein kleines, vergoldetes Abzeichen mit der Aufschrift »Game Ranger« auf ihrer Brust, sofern man überhaupt je die Gelegenheit bekommt, einen Game Ranger aus der Nähe zu betrachten. Sie sind eine seltene Spezies, ziehen die Einsamkeit der Wildnis der Gesellschaft von Menschen vor und lassen sich nur selten blicken.

Ihr täglicher Aufenthalt in der Wildnis formt sie zu ungewöhnlichen Menschen. Sie entwickeln einen sechsten Sinn, der sie dazu befähigt, die geheimnisvollen Signale der Natur wahrzunehmen, die ihnen Informationen über den Aufenthaltsort und die Stimmung aller wilden Tiere zutragen. Das vermute ich jedenfalls.

Aufgabe der Game Ranger ist es, das Naturschutzgebiet vor allen Arten von Unheil zu bewahren, sowohl vor Naturkatastrophen als auch vor solchen, die von Menschen verursacht werden. Der Kampf gegen Dürre, Krankheiten, Feuer, Überschwemmungen und Wilderer ist nur ein Teil ihrer Pflichten, und es gibt noch viele andere. Gemeinsam mit ihren Game Guards sind sie vierundzwanzig Stunden am Tag im Dienst, und die Natur gönnt ihren Beschützern nicht viele freie Stunden.

Sie überwachen auch die entferntesten Winkel ihrer Sektionen, häufig zu Fuß in der glühenden afrikanischen Sonne, um ein krankes oder verwundetes Tier aufzuspüren oder aus der Falle eines Wilderers zu befreien. Nächtelang verbergen sie sich ohne Dach über dem Kopf in den unwirtlichen Lebombo-Bergen, um den bewaffneten Wilderern aus Mosambik aufzulauern, die unseren Elefanten und Nashörnern nachstellen, um ihr Elfenbein zu erbeuten. Sie kämpfen gegen wütende Buschfeuer, arbeiten in sturzbachartigen Regenfluten und mühen sich in Dürrezeiten damit ab, Tränken für die durstigen Tiere zu schaffen oder sie aus dem Schlamm der austrocknenden Flüsse und Wasserlöcher zu retten, in dem sie auf der Suche nach Wasser stecken bleiben. Abenteuerliche Zusammenstöße mit Zähnen, Klauen und Rüsseln gehören zu ihrem täglichen Leben, aber dennoch müssen nur wenige von ihnen jemals von ihrer Feuerwaffe Gebrauch machen, um ihr Leben zu verteidigen – ein Beweis für ihren oben erwähnten sechsten Sinn.

Die Game Guards werden hauptsächlich im Kampf gegen Wilderer eingesetzt, aber sie stehen den Game Rangern auch bei vielen ihrer sonstigen Pflichten bei. Die meisten Game Guards im Krügerpark sind Mitglieder des Tsonga-Shangana Stammes. Ihre Sprache ist Tsonga, und sie nennen sich Shangaan-Leute. Sie sind im niedrigen Buschveld zu Hause und besitzen deshalb alle Fähigkeiten, die sie zu großartigen Fährtenlesern machen. Tapfer, buscherfahren und gut ausgebildet im Umgang mit Feuerwaffen und allen Kampfstrategien, stellen sie im Krieg gegen die Wilderer eine beeindruckende Truppe dar. Sie sind wagemutige Männer, die niemals zögern, ihre Pflicht zu tun, gleichgültig, wie hart oder gefährlich die äußeren Umstände ihrer Arbeit auch sein mögen.

Gemeinsam mit den Game Rangern sind die Game Guards die Frontkämpfer des Naturschutzes – die Hüter dieses kostbaren Gartens Eden.

UNSERE UNERSCHROCKENEN GAME GUARDS

Einige der Frauen und kleineren Kinder unserer Game Guards in Mahlangeni wohnten mit den Männern im Dorf der Parkbelegschaft, die Familien der meisten lebten jedoch im benachbarten Gazankulu, wo sie sich um ihre Farmen oder sonstigen Familiengeschäfte kümmerten. Jedes Jahr zu Weihnachten wurde ein großes Fest für die Game Guards im Dorf veranstaltet, und die in Gazankulu lebenden Familien wurden ebenfalls eingeladen. Kobus schoss ihnen einen Büffel als Festbraten und ließ riesige Mengen Jabula (afrikanisches Bier) aus Skukuza kommen. Die Familien aus Gazankulu trafen mehrere Tage vor dem Fest ein, um bei den Vorbereitungen zu helfen. Die Frauen sahen phantastisch aus in ihren traditionellen Kostümen mit langen, bunten Stoffbahnen, die über einer Schulter geknotet waren, und die Kinder waren mit Perlen und sonstigem Schmuck herausgeputzt. Am Abend sangen sie zum Klang der Trommeln ihres Stammes, und wenn dann als Echo ihres Gesangs auch noch Hyänengeheul oder Löwengebrüll durch die Nacht tönte, wurde in Manlangeni der Zauber Afrikas wach.

Weil die Rangersektion Mahlangeni so riesig war, waren unsere Game Guards oft tagelang unterwegs und brachten die Nächte in Zelten im Busch zu, wo immer sie gerade beschäftigt waren. Wenn auch Kobus nicht zu Hause war, sorgte er gewöhnlich dafür, dass einer oder zwei von den Männern im Dorf blieben, um die Behausungen zu bewachen. Sie waren mutige, treue Männer, die mir häufig und ohne Zögern zu Hilfe kamen, wenn bei mir etwas schief ging. Ich hätte mir das Leben in Mahlangeni ohne meine ritterlichen Nachbarn nicht vorstellen können. Natürlich hatten auch sie ihren Anteil an haarsträubenden Zusammenstößen mit wilden Tieren.

Spät an einem Sonntagnachmittag kehrte der Game Guard Makasani Maluleke in fröhlicher, wenn auch etwas zu unbekümmerter Stimmung auf seinem Fahrrad von einem Jabulafest in Gazankulu zurück. Als er mit ziemlich hoher Geschwindigkeit einen Berg hinunterradelte, sah er, erheblich zu spät, einen Elefanten, der am Fuß des Abhangs mitten auf der Piste stand. Zum Glück wandte der Elefant dem herannahenden Fahrrad den Rücken zu und hielt entweder gerade ein Nickerchen oder war tief in Gedanken versunken. Makasani bremste scharf, aber das Fahrrad geriet ins Schleudern und landete – samt Makasani – geradewegs unter dem Bauch des Elefanten. Der Elefant schrie »*Huch!*« und drehte sich blitzschnell um. Als er in der Landschaft vor sich nichts Ungewöhnliches entdecken konnte, schloss er, dass in der Landschaft unter seinem Bauch etwas verkehrt sein musste, und streckte den Rüssel zwischen die Vorderbeine, um das zu überprüfen. Makasani kroch auf allen vieren, so schnell er konnte, zwischen den Hinterbeinen des Elefanten hindurch und ergriff die Flucht. Erst als er den Gipfel des Hügels erreicht hatte, wagte er, sich umzusehen. Der Elefant hatte inzwischen das Fahrrad unter seinem Bauch entdeckt und mit dem Rüssel hervorgezogen. Er hielt es in Augenhöhe vor sich und betrachtete es mit verblüfftem Gesichtsausdruck. Nachdem er es lange und eingehend gemustert hatte, legte er das Fahrrad auf den Boden und verschwand, wie Makasani beteuerte, kopfschüttelnd im Busch.

Der Game Guard Samuel Nkuna kam beinah ums Leben, als er und seine Kollegen eines Tages am Südufer des Flusses, gar nicht weit von unserem Haus entfernt, nach einem verletzten Wasserbock suchten. Als Samuel der Fährte folgte, erregte etwas im Unterholz am Fuß eines Mkuhlubaums seine Aufmerksamkeit, und er ging hin, um nachzusehen, um was es sich handelte. Als er sich dem Baum näherte, die Augen auf einen verdächtig aussehenden Schatten im dichten Pflanzenwuchs geheftet, bewegte sich plötzlich etwas, und ein riesiger Leopard wurde sichtbar. Ohne jede Vorwarnung griff er an. Samuel sah nur, dass etwas Gelbes auf ihn zugeflogen kam. Er fiel zu Boden, und das Gewehr flog ihm aus der Hand. Der Leopard grub die Zähne in Samuels Schulter, aber als die anderen Game Guards schreiend angerannt kamen, um ihrem Kollegen zu helfen, ließ er los und verschwand im Busch. Sie halfen Samuel auf die Füße und brachten ihn nach Hause.

Kobus und ich reinigten und verbanden die beiden tiefen Bisswunden in

seiner Schulter und die Kratzer auf seiner Brust, die die Krallen des Leoparden hinterlassen hatten. Samuel erzählte uns, dass der Leopard über
ihm gewesen sei, bevor er sein Gewehr in Anschlag habe bringen können. Zunächst weigerte er sich, ins Krankenhaus zu fahren, weil er der
Meinung war, Kobus und ich hätten seine Wunden bereits gut genug
versorgt. Aber Kobus erklärte ihm, dass eine durch den Biss eines
Fleischfressers verursachte Blutvergiftung tödlich sein könne, wenn sie
nicht sachgemäß behandelt würde, und fuhr ihn ins Krankenhaus
nach Phalaborwa. Zum Glück waren Samuels Verletzungen nicht so
schlimm, und nach ein paar Tagen wurde er aus dem Krankenhaus entlassen.

Million Mabunda, ein junger Mann, der sich noch in der Ausbildung
zum Game Guard befand, hatte einmal ein schreckliches Erlebnis mit einer Elefantenkuh. Nachdem er und die anderen Game Guards ein Stück
des Zauns zwischen dem Park und Gazankulu repariert hatten, radelten
sie am späten Nachmittag nach Hause. Million blieb ein wenig zurück
und strampelte friedlich in dem Tempo dahin, das ihm gerade angenehm war. Die Abenddämmerung hatte bereits eingesetzt, und die Sicht
im Mopaniwald war nicht mehr besonders gut. Plötzlich fand sich Million inmitten einer Elefantenherde wieder. Er bremste mit aller Kraft und
kam ausgerechnet zwischen einer Kuh und ihrem Kalb zum Stehen.
Natürlich kann keine Elefantenmutter der Welt ein derart rücksichtslo-
ses Betragen gegen ihr Kalb dulden. Die Kuh wickelte ihren Rüssel um
Million, riss ihn vom Fahrrad und warf ihn hoch in die Luft. Million flog

mehrere Meter weit und landete im dichten Mopaniunterholz. Dann machte sich die wütende Kuh über das Fahrrad her, riss es in Stücke und trampelte die Überreste in den Boden.

Million wartete nicht ab, um festzustellen, was die Kuh als Nächstes tun würde. Er krabbelte, so schnell er konnte, durch das Mopanigebüsch in die entgegengesetzte Richtung, bis er auf eine Lichtung kam. Dann sprang er auf die Füße und rannte wie der Blitz davon. Die Elefantenkuh verfolgte ihn nicht, und er erreichte das Dorf der Parkbelegschaft ohne weitere Probleme. Dort angekommen stand er so unter Schock, dass er sich nicht mehr daran erinnern konnte, was eigentlich geschehen war.

Eine der Shangaanfrauen kam zu unserem Haus, um mich zu holen. (Kobus war nicht zu Hause.) Sie konnte mir nicht sagen, was Million passiert war, außer dass es etwas wirklich Fürchterliches gewesen sein musste. Ich griff nach meinem Erste-Hilfe-Koffer und rannte zum Dorf hinüber.

Million saß aufrecht da, und obwohl er offensichtlich unter Schock stand, konnte ich, abgesehen von einer eindrucksvollen Kollektion von Kratzern und Blutergüssen, keine Anzeichen einer physischen Verletzung an ihm entdecken.

Ich fragte ihn, was ihm denn passiert sei.

Er wüsste es nicht genau, sagte er, aber vermutlich habe ein Wirbelsturm ihn vom Fahrrad geblasen.

Es war ein klarer, windstiller Tag gewesen, und so meldete ich meine Zweifel an dieser Erklärung an.

Er dachte noch einmal nach und stimmte mir zu, dass es kein Wirbelsturm gewesen sein könne. Es sei ihm aber gerade wieder eingefallen, dass ein Büffel ihn umgerannt habe.

Ich fragte, ob der Büffel ihn verletzt habe. Er schüttelte den Kopf und meinte, das könnte er nicht sagen. Sein ganzer Körper fühle sich taub an.

Aber dann erinnerte er sich plötzlich, dass es doch kein Büffel, sondern ein Löwe gewesen sei. Der Löwe, so behauptete er, sei aus einem Baum auf ihn heruntergesprungen und habe ihn umgeworfen.

Obwohl ich das für sehr unwahrscheinlich hielt, sagte ich ihm, dass ich mir Sorgen machte, und fügte hinzu, dass er großes Glück gehabt habe, dass der Löwe ihn nicht ernsthaft verletzt habe.

Da stimmte er mir zu, aber nach wenigen Augenblicken beschloss er, dass die Löwengeschichte auch nicht richtig sei. Zwei Nashörner, so behauptete er nun, seien aus dem Busch herausgestürmt gekommen, seien gegen sein Fahrrad geprallt und hätten ihn umgeworfen. Ich wusste nicht, was ich dazu sagen sollte. Unterdessen war es dunkel geworden und zu spät, um noch selbst Nachforschungen anzustellen. Also beschloss ich, nach Hause zu gehen. Ich bat die anderen Game Guards, Million im Auge zu behalten und mich zu rufen, wenn sein Zustand sich verschlechtern sollte.

Früh am nächsten Morgen ging ich wieder ins Dorf, um nach Million zu sehen. Der arme Mann sah erbärmlich aus. Er hatte die ganze Nacht nicht schlafen können, sagte er mir, und sein ganzer Körper schmerze vom Kopf bis zu den Zehen. Zum Glück war wenigstens sein Erinnerungsvermögen zurückgekehrt, und er erzählte mir von der Elefantenkuh.

Ich bat zwei von den Game Guards, mich zu begleiten, und wir gingen, um den »Tatort« zu begutachten.

Der Anblick war schockierend. Nach dem aufgewühlten Boden, der niedergetrampelten Vegetation, den Fußspuren und den herumliegenden Trümmern des Fahrrads zu urteilen, musste die Elefantenkuh einen spektakulären Wutanfall gehabt haben. Etwa acht Meter von dem zerstörten Fahrrad entfernt fanden wir die Stelle, wo Million gelandet war und das Mopanigebüsch niedergedrückt hatte.

Ich rannte nach Hause und sandte einen Funkspruch zum Letaba Camp, in dem ich um einen Krankenwagen für Million bat. (Der Park verfügt über eigene Krankenwagen.) Dann eilte ich zum Dorf zurück. Ich war sehr beschämt, weil ich Millions letzte Schilderung seines Unfalls angezweifelt hatte, brachte ihm starken, gesüßten Tee mit und versuchte, es ihm so bequem wie möglich zu machen, bis der Krankenwagen eintraf.

Obwohl die Untersuchungen im Krankenhaus ergaben, dass er keine ernsten Verletzungen davongetragen hatte, stand er doch unter schwerem Schock. Zum Glück schlug die Behandlung gut an, und nach ein paar Ruhetagen durfte er wieder nach Hause.

Wir hoffen, dass Million diese Geschichte eines Tages mit großem Vergnügen seinen Enkeln und Urenkeln erzählen wird.

DIE TÜCKEN DES GENERATORS

An dem Tag, an dem wir in Mahlangeni einzogen, fand ich in der Küche einen Brief vor. Er stammte von meiner Vorgängerin Marcia – der Frau des Game Rangers Cobus Botha. (Das Ehepaar war von Mahlangeni nach Satara im Zentrum des Parks versetzt worden.)

Liebe Kobie,

Bevor du morgens den Generator einschaltest, vergewissere dich, dass sowohl der Kühlschrank als auch die Tiefkühltruhe abgestellt sind, weil ihre Motoren sonst kaputtgehen könnten. Wenn der Generator zehn Sekunden lang ruhig gelaufen ist, kannst du die Tiefkühltruhe wieder einschalten. Dadurch verändert sich das Motorengeräusch des Generators. Warte, bis er wieder normal klingt, bevor du den Kühlschrank andrehst.

Wenn du eine automatische Waschmaschine hast, musst du die Heizelemente abklemmen oder ausbauen. Sie verbrauchen zu viel Strom und würden den Generator überlasten.

Benutze keinen elektrischen Wasserkessel und keine Kaffeemaschine und auch sonst nichts, womit man Wasser kocht. Dadurch würde der Generator ebenfalls überlastet.

Wenn du ein Bügeleisen benutzen willst, musst du die Tiefkühltruhe und den Kühlschrank ausschalten. Lass das Eisen nicht zu heiß werden. Wenn sich der Ton des Generators verändert, schalte das Bügeleisen sofort aus.

Wenn du einen elektrischen Toaster verwenden willst, dürfen derweil weder das Bügeleisen noch der Staubsauger oder die Waschmaschine laufen. Wenn der Generator angestrengt klingt, schalte sofort die Tiefkühltruhe und den Kühlschrank aus.

Wenn du einen Fön benutzen willst, musst du die gleichen Regeln beachten wie für den Toaster.

Eine Nähmaschine braucht nicht viel Strom, aber am Abend, wenn das elektrische Licht brennt, achte darauf, dass nicht mehr als zwei weitere Elektrogeräte gleichzeitig mit der Nähmaschine laufen.

Andererseits mag es der Generator nicht, wenn gar kein Strom verbraucht wird, während er eingeschaltet ist. Wie du weißt, springen der Kühlschrank und die Tiefkühltruhe nur in Abständen an. (Wenn eine bestimmte Temperatur erreicht ist, schalten sie sich automatisch für eine bestimmte Zeit ab.) Wenn der Kühlschrank und die Tiefkühltruhe gleichzeitig gerade nicht laufen und auch kein anderes Elektrogerät benutzt wird, überhitzt sich der Generator. Deshalb ist es am besten, während des ganzen Tages wenigstens ein paar Lampen im Haus brennen zu lassen, damit auf alle Fälle Strom verbraucht wird.

Ruf mich über Funk an, wenn du Probleme hast.

Viel Glück!

Deine Vorgängerin Marcia

Wie dieser Brief zeigt, sind höhere Qualifikationen in Mathematik, Technik und Philosophie nötig, um mit den Neurosen eines Generators fertig zu werden.

Ich war sehr froh, dass ich einen Gasherd hatte und nicht die Checkliste durchgehen musste, bevor ich anfangen konnte zu kochen. Leider arbeiten gasbetriebene Tiefkühltruhen und Kühlschränke in einem so heißen und feuchten Klima wie dem unseren nicht besonders gut, und deshalb waren beide Geräte bei uns elektrisch. Und sie verursachten mir eine Menge Kopfzerbrechen.

Während der Sommermonate mussten wir buchstäblich alles Essbare – auch Maismehl, Haferflocken, Weizenmehl, Milchpulver und dergleichen – gekühlt aufbewahren. Während der Wintermonate fror ich so viel Gemüse aus unserem Garten wie möglich ein, um für die langen Sommermonate versorgt zu sein, in denen der Gemüsegarten dem gemeinschaftlichen Angriff von Insekten und Hitze nicht gewachsen war. Und jedes Mal, wenn wir ein paar Fische im Fluss fangen konnten, fror ich auch davon einige ein. Wenn der Generator ausgeschaltet war, hielt die Tiefkühltruhe ihre Temperatur ungefähr zwölf Stunden lang, jedenfalls wenn man sie nicht öffnete und heiße Luft hineinströmen ließ. Aber

der Kühlschrank taute jedes Mal ab und mußte trocken gewischt werden, bevor der Generator wieder eingeschaltet wurde.

Wir konnten den Generator nur zehn bis zwölf Stunden am Tag laufen
lassen, weil er sich sonst überhitzte und außerdem riesige Mengen von
Dieseltreibstoff verbrauchte. (Und es war nicht einfach, den Dieseltreibstoff nach Mahlangeni zu schaffen. Kobus sagte, es sei ein Wunder, dass
es ihm immer wieder gelang, die schweren Fässer mit dem Boot über
den Fluss zu balancieren, ohne das leichte Fahrzeug zum Kentern zu
bringen.)

Ich brauchte ziemlich lange, um mich an die Tücken des Generators zu
gewöhnen. Anfangs brachte ich oft etwas durcheinander, so dass der
Motor zu stottern und zu spucken begann und schließlich ganz abstarb.
Darüber war ich jedes Mal furchtbar erschrocken, weil ich in der ständi-
gen Angst lebte, meine Fehler könnten dazu führen, dass der Generator
explodierte oder endgültig kaputtging. Und außerdem war es sehr ärgerlich für Filemoni, weil es kein Vergnügen war, den Motor wieder
anzukurbeln. Wenn der Generator schlecht gelaunt war, konnte man
kurbeln, so viel man wollte, und brachte ihn trotzdem nicht mehr zum
Laufen, bevor er nicht wieder abgekühlt war. Ich fühlte mich ganz
schrecklich, wenn ich sah, wie Filemoni aus dem Generatorraum herausgestürmt kam und mit erhobenen Händen die Götter verfluchte, die
das Monstrum geschaffen hatten.

Glücklicherweise war es ganz einfach, den Generator auszuschalten –
nur ein Druck auf einen Schalter –, es sei denn, der Schalter funktionierte gerade nicht (was ziemlich oft der Fall war). Dann musste man die
Kontakte der Batterie abklemmen, um den Motor auszuschalten. Auch
das war nicht allzu schwierig, aber ziemlich nervenaufreibend.

Ich las gerne im Bett, bevor ich einschlief, besonders wenn Kobus nicht
da war. Beim Lesen entspannte ich mich. Aber gerade wenn ich mich so
richtig behaglich und schläfrig fühlte und mein Buch zur Seite legen
wollte, um ins Traumland zu entschweben, fiel mir mit Entsetzen ein,
dass ich erst noch in die dunkle, schreckliche Nacht hinausmusste, um
den verwünschten Motor abzuschalten.

Bis ich beim Generatorraum ankam, war ich wieder hellwach und ausgesprochen angespannt. Am meisten hasste ich den Augenblick, in dem

ich die Tür öffnete und das Dröhnen des Motors mich mit voller Laut-stärke traf. Dann rannte ich hinein und drückte so schnell wie möglich auf den Schalter, bevor der Lärm mich vollends lähmte. Wenn dann der Schalter nicht funktionierte und ich gezwungen war, beim Brüllen der Maschine in der Dunkelheit nach den Kontakten der Batterie zu tasten, stieg meine Herzfrequenz auf rund vierhundert Schläge in der Minute. Manchmal machte ich etwas falsch und holte mir an den Batteriekon-takten einen elektrischen Schlag. Dann blieb mir fast das Herz stehen. Bis ich endlich wieder im sicheren Haus angekommen war, war mein Puls unregelmäßig, meine Nerven im Aufruhr, und ich konnte nicht schlafen. Ich konnte aber auch nicht lesen oder sonst irgendetwas tun, weil der Strom abgeschaltet und das Haus so dunkel war wie die Nacht vor den Fenstern.

Eines Abends, als Kobus gerade mit Malaria im Krankenhaus lag, saß ich ruhig im Haus und nähte. Plötzlich schreckte ein dröhnender Knall die Flughunde aus dem Kigeliabaum vor meinem Fenster, und im gleichen Augenblick versank das Haus in Dunkelheit. Entsetzt und desorientiert tastete ich mich ins Schlafzimmer, um meine Taschenlampe und meine Pistole zu holen. Ich hörte, wie eine meiner Töchter im Schlaf leise stöhnte, aber zum Glück wachte keine von ihnen auf. Der »Schuss« war von der anderen, von ihrem Schlafzimmer entferntesten Seite des Hauses gekommen. Ich dachte an die Flüchtlinge aus Mosambik, die manchmal mit AK-47-Gewehren und anderen Feuerwaffen angetroffen wurden. Als ich Pistole und Taschenlampe endlich gefunden hatte, rannte ich durch das Haus zur Küche und spähte hinaus. Die Hunde bellten, ohne richtig zu wissen, warum. In der stillen Mondnacht war nichts zu entdecken. Dann sah ich zu meiner Erleichterung zwei Game Guards mit Gewehren und Taschenlampen vom Dorf her auf mich zu-laufen. Als sie beim Tor ankamen, blieben sie stehen und riefen nach mir. Ich rief zurück, damit sie wussten, dass mir nichts passiert war. Zwei Sekunden später standen sie mit fragenden Gesichtern vor mir. Weder ihnen noch mir fiel eine plausible Erklärung für den lauten Knall und anschließenden Stromausfall ein. Die Game Guards nahmen die Hunde und gingen ganz um den Garten herum, um die Zäune zu kontrollieren, aber nach einer Weile kamen sie zurück und berichteten, dass alles in Ordnung sei.

Wir gingen zum Generatorhaus um herauszufinden, warum der Generator ausgefallen war. Als wir die Tür öffneten, schlug uns starker Brandgeruch entgegen. Der Generator selbst sah unbeschädigt aus. Aber als ich mit der Taschenlampe die Wände ableuchtete, sahen wir, dass die Verteilerplatte explodiert und ausgebrannt war. Offensichtlich hatte ein Kurzschluss die Explosion ausgelöst.

Ich dankte den Game Guards für ihre Fürsorglichkeit und Hilfe und ging in das dunkle Haus zurück.

Früh am nächsten Morgen sandte ich über Funk einen Hilferuf an Louw, den Techniker im Letaba Camp. Als er in Mahlangeni ankam, war er entsetzt über das Ausmaß des Schadens. Ich entschuldigte mich immer wieder, weil ich fürchtete, ich könnte irgendwie für das Unglück verantwortlich sein. (Vielleicht hatten zu viele oder nicht genug Lampen gebrannt, während ich meine Nähmaschine benutzte.) Aber Louw versicherte mir sehr freundlich, dass ich nichts dafür könne, dass die Verteilerplatte explodiert sei. Die schlechte Nachricht allerdings war, dass es etliche Tage dauern würde, eine neue zusammenzubauen. Man würde Ersatzteile in Skukuza bestellen müssen, und wir würden mehrere Tage lang ohne Strom auskommen müssen.

Aber die Geschichte hatte ein Happy End. Als die Verteilerplatte endlich installiert werden konnte, brachte Louw uns einen neuen, stärkeren Generator, der den alten ersetzen sollte. Und mit dem Ende dieser launischen alten Maschine, die mich in Angst und Schrecken gehalten und Filemoni so viele Jahre lang zur Verzweiflung getrieben hatte, wurden Gott sei Dank auch die meisten von Marcias komplizierten Regeln hinfällig. Der neue Generator hatte sogar einen Schalter, der niemals versagte.

MALARIA UND EIN MONAT
DER PANNEN

Im Spätsommer 1984 wachte ich eines Nachts davon auf, dass Kobus den Schrank nach Decken durchwühlte. Das erschien mir sehr merkwürdig, denn es war eine besonders warme Märznacht. Als er wieder zugedeckt im Bett lag, zitterte er so heftig, dass seine Zähne aufeinander schlugen. Ich stand auf und holte ihm noch eine Decke. Einige Minuten später musste er auf die Toilette, fror aber so sehr, dass er das Bett nicht verlassen wollte. Als er sich endlich doch dazu aufraffen konnte, den kurzen Weg zu wagen, rannte er vom Bett zum Badezimmer und hatte dabei das Gefühl zu erfrieren. Als er wieder unter die Decken kroch, klapperten ihm die Zähne, und wir zwei Idioten lachten auch noch über die Szene.

Als Kobus unter drei Decken immer noch fror, holte ich noch eine weitere Steppdecke. Erst jetzt begann es uns zu dämmern, dass er womöglich Malaria haben könnte, und wir beschlossen, am nächsten Tag ins Krankenhaus zu fahren und Bluttests machen zu lassen.

Am Morgen jedoch fühlte sich Kobus wesentlich besser, tat seine Krankheit als Grippe ab und ging zur Arbeit. Ich glaubte nicht an die Grippe. Ich erholte mich damals gerade von einem Anfall von Zeckenfieber und hielt es für ziemlich wahrscheinlich, dass Kobus die gleiche Krankheit ausbrütete.

Am späten Nachmittag kam er nach Hause, klagte über Müdigkeit und Schwindelgefühle und legte sich ins Bett. Nach kurzer Zeit bekam er wieder Schüttelfrost. Sein Gesicht wurde blau, und seine Zähne klapperten. Selbst unter den vielen Decken, die ich auf ihn gehäuft hatte, konnte er sich nicht erwärmen. Jetzt bezweifelte ich nicht mehr, dass er Malaria hatte. Ich dachte an alles, was ich über diese Krankheit gelesen hatte, und mir war klar, dass Kobus unverzüglich ins Krankenhaus gebracht werden musste. Zuerst dachte ich daran, über Funk beim Letaba

Camp um einen Krankenwagen zu bitten, aber der Shibyeni Creek war über seine Ufer getreten, und der Krankenwagen wäre nicht durchgekommen. Die einzige Möglichkeit, Kobus nach Phalaborwa zu bringen, war, ihn über den Fluss zu rudern und in meinen Jeep zu verfrachten.

Aber an diesem Abend ging es ihm zu schlecht, um aufzustehen und zum Fluss hinunterzugehen.

Nach mehreren erschöpfenden Stunden hörte der Schüttelfrost endlich auf, nur um von hohem Fieber abgelöst zu werden. Kobus hatte heftige Kopfschmerzen, es war ihm übel, und er klagte über Durst, konnte aber das Wasser, das ich ihm anbot, nicht schlucken.

Früh am nächsten Morgen ließ das Fieber nach. Nun folgte eine Phase von Schweißausbrüchen. Obwohl er Ströme von Schweiß vergoss, fühlte sich Kobus sehr viel besser. In der Morgendämmerung machten wir uns auf den Weg zum Fluss hinunter, ruderten hinüber und fuhren zum Krankenhaus nach Phalaborwa.

Die Blutuntersuchung ergab, dass Kobus sich mit *Plasmodium falciparum* (bösartiger Malaria) infiziert hatte.

Malaria wird von einzelligen Parasiten der Familie *Plasmodium* ausgelöst, die von weiblichen Malariamücken übertragen werden. Nach dem bisherigen Stand der Forschung können vier verschiedene Spezies von Plasmodium auf den Menschen übertragen werden. Sie sind nicht alle gleich gefährlich. Drei dieser Spezies verursachen periodische Fieberanfälle, aber obwohl die Patienten ernstlich krank sind, müssen diese Fälle auch dann nicht immer zum Tod führen, wenn sie nicht behandelt werden.

Die vierte Spezies, Plasmodium falciparum, verursacht die schwerste Form der Krankheit, die bösartige Malaria. Wenn sie nicht schnell und wirkungsvoll behandelt wird, ist diese Art von Malaria immer tödlich.

Kobus war nun gefährlich krank, und die Behandlung wurde sofort in Angriff genommen.

Er litt weiterhin an ununterbrochenen heftigen Fieberanfällen. Als die Behandlung nach vierundzwanzig Stunden noch keine Wirkung zeigte, begannen die Ärzte, Chloroquin intravenös zu verabreichen. Weil das Krankenhaus nicht genug Pflegepersonal hatte, gestattete mir die Stationsschwester, meinen Mann selbst zu pflegen. Dafür war ich sehr dankbar, denn auf diese Weise konnte ich Tag und Nacht an seiner Seite bleiben.

Während der kalten Phase der Fieberanfälle häufte ich so viele Decken auf Kobus, wie ich nur irgend ergattern konnte. Manchmal lief ich sogar in andere Stationen und entwendete dort die Decken von allen unbelegten Betten. Dennoch zitterte er so heftig, dass ich ihn im Bett festhalten musste, damit er nicht herausfiel. Oft lief sein Gesicht blau an, und er konnte nur schwer atmen. Die Stationsschwester zeigte mir, wie ich ihm in solchen Fällen Sauerstoff geben konnte. Die kalte Phase hielt manchmal zwei bis drei Stunden lang an.

Wenn die kalte Phase abflaute, entwickelte Kobus heftige Kopfschmerzen und Fieberträume, und seine Temperatur schoss auf vierzig Grad und mehr hinauf. Die heiße Phase ist die Schlimmste bei jedem Fieberanfall. Sie ist sehr ernst und hält lange an (drei bis sechs Stunden), und manchmal hat der Patient das Gefühl, dass er nicht mehr weiter um sein Leben kämpfen kann – die Erschöpfung ist überwältigend. Während der Fieberphase stellte ich ein Sauerstoffzelt über das ganze Bett meines Mannes und setzte mich daneben. Manchmal griff ich unter das Zeltdach, um seine Hand zu berühren, damit er wusste, dass ich noch da war.

Während der dritten Phase bekam er Schweißausbrüche, so dass sein ganzes Bett durchweicht wurde, aber er fühlte sich sehr viel besser. Während dieser kurzen Zeit nahm ich das Sauerstoffzelt vom Bett und half Kobus, ein paar Schlucke Wasser zu trinken. Nach kurzer Zeit fing dann der ganze erschöpfende, erschreckende Zyklus wieder von vorne an.

Zum Schlafen war keine Zeit. Während der Phase der Schweißausbrüche verfiel ich manchmal im Stuhl neben dem Bett sitzend in einen unruhigen Halbschlaf, was aber niemals länger als ein paar Minuten dauerte.

Als Kobus nach achtundvierzig Stunden noch immer nicht auf das Chloroquin reagierte, war ich krank vor Sorge. Während einer kurzen Pause zwischen zwei Attacken rannte ich zum nächsten Telefon und rief das Institut für Tropenkrankheiten in Tzaneen an. Ich fragte, was für ein Medikament für einen Patienten mit bösartiger Malaria zur Verfügung stünde, der nicht auf Chloroquin reagierte. Der Direktor erklärte mir, dass man als nächsten Schritt Chinin intravenös verabreichen könne. (Chinin wirkt schneller als Chloroquin und andere Derivate, aber es hat ernstere Nebenwirkungen).

Ich sprach mit der Stationsschwester, und als sie feststellte, dass im Krankenhaus kein Chinin vorrätig war, erklärte sie sich bereit, es sofort zu bestellen.

Als der Arzt etwas später seine Visite machte und Kobus' Fieberkarte studierte, hörte ich, dass er die Schwester anwies, sofort Chinin zu bestellen. Sie antwortete, dass sie das bereits getan habe und dass es schon unterwegs sei.

Glücklicherweise schien Kobus' Zustand sich schon am selben Abend zu verbessern, noch bevor das Medikament eintraf. Endlich reagierte er auf die Behandlung. Ich war maßlos erleichtert, aber gleichzeitig stellte ich fest, dass ich restlos erschöpft war. Ich konnte die Augen kaum noch offen halten, und meine Gedanken verwirrten sich so sehr, dass ich selbst kaum noch schlau daraus wurde. Ich bekam die Dienst habende Schwester zu fassen und bat sie, über meinen Mann zu wachen, während ich mir die ersten Stunden Schlaf in drei Tagen gestattete.

Ich konnte mich kaum noch wach halten, als ich die zehn Kilometer zum Wohnheim meiner Töchter im Park fuhr. Ich wollte niemanden wecken, schlüpfte einfach ins Haus und ließ mich auf ein freies Bett fallen.

Früh am nächsten Morgen sah ich die Mädchen und erzählte ihnen von der Krankheit ihres Vaters. Ich war sehr erleichtert, dass ich ihnen versichern konnte, dass er sich auf dem Wege der Besserung befand. Es wäre schrecklich gewesen, wenn sie die gleichen Ängste hätten ausstehen müssen, die ich während der letzten Tage durchgemacht hatte.

Weil gerade die Herbstferien begannen und es Kobus etwas besser zu gehen schien, brachte ich die Mädchen zwei Tage später nach Hause. Während der nächsten Woche fuhr ich jeden Morgen nach Phalaborwa, verbrachte den Tag im Krankenhaus und kehrte am Abend nach Hause zurück. Die Game Guards passten in meiner Abwesenheit auf die Mädchen auf, und wenn ein Notfall eingetreten wäre, hätten sie auch mit dem Funkgerät umgehen können. Hettie übernahm das Kochen, und wenn ich nach Hause kam, wartete immer ein Teller mit köstlichem Essen auf mich.

Ranger Ben Lamprecht aus Letaba meldete sich jeden Abend über Funk, um sich nach Kobus zu erkundigen und um sich zu vergewissern, dass ich heil nach Hause gekommen war.

Als ob Kobus' Erkrankung nicht schon schlimm genug gewesen wäre, ging in dieser Zeit in Mahlangeni auch alles andere schief, was nur schief gehen konnte.

Als Erstes ging das Gas aus, so dass wir den Gasherd nicht benutzen konnten. Gott sei Dank hatten wir einen kleinen Kohleofen, der in einer Nische unter dem Heißwassertank hinter dem Haus stand. Jeden Morgen heizte Filemoni diesen Ofen an, um den Haushalt mit warmem Wasser zu versorgen. Diesen kleinen Kohleofen benutzten die Mädchen auch zum Kochen, solange wir ohne Gas waren.

Ausgerechnet in dieser Woche explodierte auch die Verteilerplatte des Generators, was zur Folge hatte, dass der Kühlschrank und die Tiefkühltruhe ausfielen. Und außerdem machte uns gerade zu dieser Zeit ein Flusspferd mit Verfolgungswahn das Leben ganz besonders schwer. Eines Morgens, nach einem besonders hässlichen Zwischenfall, wollte ich nicht noch einmal über den Fluss rudern und sagte Filemoni, dass ich auf dem Heimweg die längere Route über Shimuwini nehmen würde.

Ich ahnte nicht, dass mich in Shimuwini noch größere Probleme erwarteten. Nun ja, nicht an diesem Abend, aber am nächsten Tag.

Shimuwini war ein großer Damm im Letaba, etwa fünfunddreißig Kilometer südöstlich von unserem Haus. Die Ostwand des Damms war ein gewaltiges Wehr. Das Wasser strömte über das Wehr auf einen Betonstreifen, der mehrere Meter unterhalb der Krone des Wehrs lag, und dann hinunter in den Fluss selbst. Der Betonstreifen war etwa zwei Meter breit und verlief unterhalb des Wehrs über die ganze Breite des Flusses.

Wenn man vorsichtig fuhr und gut aufpasste, konnte man verhältnismäßig sicher auf diesem Betonstreifen über den Fluss fahren, außer natürlich, wenn der Fluss Hochwasser führte.

Als ich an diesem Nachmittag vom Krankenhaus nach Hause fuhr, lief nur ein dünnes Rinnsal über das Wehr. Ich fuhr langsam und vorsichtig und gelangte sicher hinüber.

Als Ben an diesem Abend aus Letaba anrief, erinnerte er mich daran, dass der folgende Tag Zahltag war und dass die Game Guards von Mahlangeni zum Phalaborwa-Tor kommen und ihren Lohn in Empfang nehmen mussten. Anschließend mussten sie in die Stadt gefahren werden, um ihre allmonatlichen Einkäufe zu erledigen.

Ich ging zum Dorf hinüber und sagte den Männern, dass ich sie am nächsten Morgen nach Phalaborwa fahren würde.

Als ich früh am nächsten Morgen auf die Veranda trat, um eine Tasse Kaffee zu trinken, sah ich mit Entsetzen, dass der Kleine Letaba Hochwasser führte und dass sich eine Flut von schaumigem, braunem Wasser in den Letaba ergoss. Wir würden augenblicklich aufbrechen müssen, um nach Shimuwini zu kommen, bevor die Flut den Damm erreichte und anfing, über das Wehr zu strömen.

Rasch sagte ich den Mädchen auf Wiedersehen und fuhr mit Kobus' Landrover zum Dorf, um meine Passagiere abzuholen.

Als wir etwa fünfzig Minuten später in Shimuwini ankamen, stellten wir mit Schrecken fest, dass das Wasser bereits in breiter Fläche über das Wehr stürzte. Wir stiegen aus dem Landrover und gingen zum Flussufer hinunter, um uns ein genaues Bild von der Situation zu machen.

Das Wasser, das über den Betonstreifen floss, war nur ein paar Zentimeter tief, nicht zu tief, um hindurchzufahren, aber tief genug, um den Betonstreifen unsichtbar zu machen.

Die einzige andere Möglichkeit, nach Phalaborwa zu gelangen, war die Route über die Hochwasserbrücke beim Letaba Camp – eine Fahrt von drei bis vier Stunden. Ich beriet mich mit meinen Passagieren. Sie waren übereinstimmend der Meinung, dass das Wasser noch nicht zu hoch stünde und dass es sehr viel angenehmer wäre, den Fluss hier am Shimuwinidamm zu überqueren, der nur eine Autostunde von Phalaborwa entfernt war. Ich holte tief Luft und redete mir ein, dass schon alles gut gehen werde, wenn ich vorsichtig und nah genug an der Wand entlangfahren würde.

Ich schaltete den Allradantrieb ein und fuhr vorsichtig den felsigen Pfad hinunter und auf den Betonstreifen. Aber dann bekam ich wirklich Angst: Das Wasser, das über das Wehr strömte, prasselte als Sturzbach auf den Landrover herunter. Es war, als würde ich in einen Wasserfall hineinfahren. Ich schaltete die Scheibenwischer auf höchste Geschwindigkeit, aber das half nicht viel.

Als ich erst einmal auf dem Betonstreifen stand, konnte ich nicht mehr zurück. Es war einfach zu schwierig, auf dem engen Streifen rückwärts zu stoßen. Und selbst wenn ich es geschafft hätte, mich beim Zurückstoßen auf dem Betonstreifen zu halten, wäre es mir schwerlich gelungen, rückwärts den felsigen Abhang wieder hinaufzufahren, ohne von dem gewundenen Pfad abzukommen und in den Fluss hinunterzustürzen. Es blieb mir keine Wahl, als mich weiter vorwärts zu kämpfen, obwohl die Situation von Sekunde zu Sekunde schlimmer wurde. Wenn ich mich zu nah an der Wand hielt, prasselte das Wasser mit voller Wucht auf den Wagen, und wenn ich mich zu weit von der Wand entfernte, geriet ich in Gefahr, vom Betonstreifen in den Fluss hinuntergespült zu werden. Als wir den Streifen zur Hälfte überwunden hatten, rutschten mit einem fürchterlichen Krachen die beiden linken Räder des Landrovers über den Rand, und wir hingen halsbrecherisch über dem darunter tobenden Wasser.

Bevor ich dazu kam, mich von meinem Schock zu erholen und wieder zusammenhängend zu denken, öffnete der Mann neben mir seine Tür, kletterte hinaus und ließ sich auf ein paar große Felsbrocken gleiten, die unter uns im Wasser erkennbar waren. Die anderen Männer folgten seinem Beispiel, wobei sie alle über den Vordersitz klettern mussten, um hinauszugelangen. (Die hintere Tür klemmte und ließ sich von innen nicht öffnen).

Bald standen alle sechs Männer bis zum Gürtel im Wasser auf den unebenen Felsen. Sie stemmten sich gegen die Strömung, um sich im Gleichgewicht zu halten, und versuchten mit aller Kraft, den Landrover wieder auf den Betonstreifen zu hieven. Ich rief ihnen zu, sie sollten aus dem Wasser kommen, bevor sie alle von Krokodilen gefressen oder fortgeschwemmt würden. Aber sie konnten mich entweder nicht verstehen, oder sie ignorierten mich einfach.

Ich musste aus dem Auto steigen und sie überreden, auf den Betonstreifen zurückzukommen. Wir würden den Wagen einfach stehen lassen und zum gegenüberliegenden Ufer gehen oder kriechen. Als Erstes nahm ich meinen Ausweis und steckte ihn in meine Blusentasche. (Ich kann mich nicht mehr genau erinnern, warum ich das tat, aber damals schien es mir eine gute Idee zu sein.) Dann zog ich meine Sandalen aus, öffnete die Wagentür, und der Sturzbach, der über das Wehr herunterkam durchnässte mich augenblicklich bis auf die Haut. Ich kletterte aus dem Landrover und trat vorsichtig auf den Beton. Dann klammerte ich mich am Wagen fest und arbeitete mich langsam um ihn herum zum Rand des Betonstreifens vor. Aber noch bevor ich mit den Männern reden konnte, entdeckten sie mich und schrieen mich wütend an, ich solle mich wieder in den Wagen setzen. Ich versuchte, das Getöse des Wassers zu überschreien und sie zu überzeugen, aber sie hörten gar nicht zu und bestanden darauf, dass ich mich augenblicklich wieder in den Landrover setzte. Eingeschüchtert durch ihren Befehlston, gehorchte ich. Dann saß ich da, sah voller Unruhe zu, wie sie mit dem Wasser kämpften, und hielt angestrengt nach Krokodilen Ausschau. Endlich gelang es den Männern, den Wagen so hoch zu heben, dass die beiden Räder auf gleicher Höhe mit dem Betonstreifen waren und stemmten den Landrover mit einem gewaltigen Ruck auf den Betonstreifen zurück.

Ich ließ den Motor wieder an und war zwar ungeheuer erleichtert, dass alles gut gegangen war, aber gleichzeitig hatte ich auch entsetzliche Angst, dass ich den Wagen noch einmal über den Rand hinaussteuern könnte. Zwei der Männer schienen meine Sorge zu teilen und beschlossen, vor dem Landrover her zu gehen und mir den Weg zu zeigen.

Um sich besser in der Strömung halten zu können, bewegten sie sich vorsichtig seitwärts wie zwei Krebse. Ich folgte ihnen langsam und stellte dankbar fest, dass es auf diese Weise sehr viel leichter war, sich auf dem Betonstreifen zu halten.

So gelangten wir sicher ans andere Ufer, und ich fühlte mich tief in der Schuld meiner tapferen Begleiter.

Am Ende der Woche bat Kobus den Arzt, ihm zu gestatten, nach Hause zurückzukehren. Er behauptete, dass er in seinem Krankenzimmer Platzangst bekäme. Ich weiß nicht, ob der Arzt ihm glaubte, aber ich tat es. Game Ranger sind tatsächlich sehr anfällig für Klaustrophobie, weil sie den größten Teil ihres Lebens im Freien verbringen. Schließlich ließ der Doktor sich überreden, ihn zu entlassen.

Kobus hatte sehr viel Gewicht verloren und war nur noch ein furchtbar schwacher und blasser Schatten des kräftigen Mannes, der er vorher gewesen war. Aber als er erst wieder zu Hause in seinem geliebten Mahlangeni war, kehrten seine Kräfte bald zurück.

Und so ging ein schwieriger Monat mit Malaria und allen möglichen Pannen endlich zu Ende.

VOM UMGANG MIT SCHLANGEN

Bei unserem Einstellungsgespräch im Büro des Chief Rangers in Skuku-za, als man mir die Probleme schilderte, die auf die Frau eines Game Rangers zukommen würden, vergaßen sie, die Schlangen zu erwähnen. In der ersten Zeit in Mahlangeni kam es mir überhaupt nicht in den Sinn, dass Schlangen ein Recht haben könnten, sich in unserem Garten aufzuhalten, und ich erklärte ihnen den Krieg. Ich hegte ein so tiefes Misstrauen gegen sie, besonders gegen Mambas und Kobras, dass ich nicht einmal mit ihnen verhandeln wollte. Wenn sie auch nur in die Nähe des Hauses kamen, griff ich nach dem Gewehr. Ich verabscheute diesen Krieg von ganzem Herzen, aber als Mutter von drei kleinen Kindern hielt ich es für meine Pflicht, Giftschlangen vom Garten fern zu halten.

Auch für meine kleine Schar von Zwerghühnern fühlte ich mich verantwortlich. Wenn eine Schlange den Weg in einen Geflügelauslauf findet, richtet sie ein Massaker an. Meine Zwerghühner durften tagsüber frei herumlaufen, aber am Abend wurden sie eingesperrt, damit sie vor Raubtieren sicher waren.

Eines Nachts, als Kobus nicht zu Hause war, wachte ich von hysterischem Geflatter und Geschrei im Hühnerhaus auf und wusste sofort, dass eine Schlange dort drinnen sein musste. Ich griff nach einer Taschenlampe und meiner Pistole (mit einer Schrotflinte hätte ich die Mehrzahl der Zwerghühner gleich mit erlegt) und rannte hinaus.

Beim Hühnerhaus angekommen, stellte ich mit Entsetzen fest, dass sich eine Mosambik-Kobra im Inneren befand und dass sie bereits eine der Hennen gebissen und alle ihre Küken bis auf eines verschlungen hatte. Die Schlange war immer noch damit beschäftigt, ein Küken herunterzuwürgen. Erschreckt vom Strahl meiner Taschenlampe, richtete sie sich auf, so dass sie ein sicheres Ziel für einen gut gezielten Schuss abgab. Leider brachte ich wieder einmal alles durcheinander. Ich hatte die

Pistole in der linken und die Taschenlampe in der rechten Hand, und so versuchte ich, die Schlange mit der Taschenlampe zu erschießen und die Szene mit der Pistole zu beleuchten. Natürlich funktionierte das nicht, und die Kobra verschwand in der Dunkelheit.

Ich lief zu der gebissenen Henne hinüber, um ihr zu helfen, musste aber feststellen, dass sie bereits tot war. So hob ich ihr verwaistes Küken auf und trug es ins Haus. Aus Mitleid ließ ich es in einer leeren, mit Watte ausgepolsterten Schuhschachtel auf meinem Bett schlafen. Nachdem es diese eine Nacht lang mein Bett mit mir geteilt hatte, wachte das Küken in der festen Überzeugung auf, dass ich seine Mutter sei.

Es lief mir nach wie ein junges Hündchen und piepste Mitleid erregend, wenn es mich aus den Augen verlor. Also trug ich es in meiner Blusentasche mit mir herum, was es herrlich fand, bis es zu groß für meine Tasche wurde und lernen musste, schnell genug zu rennen, um mit mir Schritt zu halten. Als der junge Zwerghahn älter und unternehmungslustiger wurde, wagte er sich tagsüber in den Garten, aber sowie die Sonne unterging, lief er wieder ins Haus und ließ sich für die Nacht auf meinem Nachtschränkchen nieder.

Ich versuchte, ihn mit seinen Artgenossen bekannt zu machen, aber er weigerte sich zu glauben, dass er ein Zwerghahn sei. Es wollte nur mit mir zusammen sein. Immer wenn er mich lesend im Garten entdeckte, rannte er schnurstracks zu mir und setzte sich zufrieden auf meinen Schoß. Dennoch fand er sich irgendwann mit seinem Schicksal ab und gewöhnte sich daran, die Nächte mit den anderen Zwerghühnern im Hühnerhaus zu verbringen, aber tagsüber wollte er nichts mit ihnen zu tun haben. Er scharrte immer nur allein im Garten herum.

Das einsame Tier tat mir Leid, und so war ich sehr dankbar, als die Frau eines anderen Game Rangers mir eine schöne, junge Zwerghenne schickte. Sie war rot und nicht weiß, wie meine anderen Hennen und gerade im richtigen Alter, um die Gefährtin meines Einzelgängers zu werden. Ich brachte sie augenblicklich zusammen, aber der dumme Hahn nahm keinerlei Notiz von der hübschen Henne und ging seinen Geschäften nach, als ob sie Luft wäre.

Enttäuscht trug ich die rote Henne zu den anderen Zwerghühnern und machte sie mit ihnen bekannt, aber sie wollte ihrerseits nichts mit ihnen zu schaffen haben und rannte zurück zu dem Einzelgänger. Er fuhr fort, sie zu ignorieren, aber sie folgte ihm wie ein Schatten. Nach ein paar Tagen hatte ihre Hartnäckigkeit Erfolg. Der einsame Junggeselle begann wahrzunehmen, wie attraktiv sie war, und endlich dämmerte ihm, dass er ein Gockel war.

Nach der Episode mit der Mosambik-Kobra versahen wir den Zaun um das Hühnerhaus mit einer zweiten Schicht Maschendraht, um ihn doppelt schlangenfest zu machen.

Ich brauchte annähernd ein Jahr, bevor mir klar wurde, dass Schlangen sich ebenso sehr vor Menschen fürchten wie wir uns vor ihnen und dass sie nur zur Selbstverteidigung angreifen. So kam ich zu dem Schluss, dass die richtige Methode darin bestand, den Schlangen aus dem Weg zu gehen, und nicht, sie zu töten. Jedenfalls war ich außer Stande, den Krieg fortzusetzen – er war zu entnervend.

Ich stellte eine Anzahl von Grundregeln zusammen, mit deren Hilfe man Zusammenstöße mit Schlangen vermeiden konnte, und brachte sie meinen Töchtern bei. Zum Beispiel: Klettere niemals auf einen Baum mit dichtem Laub. Stecke deine Hände niemals irgendwo hinein, wo du nicht hineinsehen kannst (wie Höhlungen in Felsen, dichten Pflanzenwuchs, Erdlöcher). Achte immer darauf, wo du deine Füße hinsetzt. Gehe niemals durch Blumenbeete, dichtes Gebüsch oder hohes Gras. Laufe nicht unter niedrigen Ästen hindurch, ohne vorher nachzusehen, ob vielleicht eine Schlange darauf sitzt. Verlasse das Haus bei Dunkelheit niemals ohne Taschenlampe. Leuchte den Weg vor deinen Füßen immer mit der Taschenlampe aus. Halte die Fliegengitter vor den Fenstern und Türen immer geschlossen, damit keine Schlangen ins Haus gelangen können. Und wenn du plötzlich dicht vor einer Schlange stehst, mach keine hastigen Bewegungen. Zieh dich vorsichtig und leise zurück.

Meine Regeln haben sich als sehr wirkungsvoll erwiesen. Während der ganzen Jahre wurden weder meine Töchter noch ich jemals von einer Schlange gebissen. Nur Kobus wurde einmal gebissen, aber davon werde ich später erzählen.

Kurz nachdem ich mich zu dem Entschluss durchgerungen hatte, den Schlangen aus dem Weg zu gehen, statt sie zu töten, wurde mein guter

Vorsatz durch eine unangenehme Episode erschüttert. Ich war allein zu Hause, hatte gerade geduscht und wollte ins Bett gehen. Als ich die Badezimmertür öffnete, fiel mein Blick auf eine riesige Speikobra, die direkt vor mir auf dem Boden lag. Ich sprang zurück und schlug die Badezimmertür zu. Dann stand ich hinter der geschlossenen Tür und wusste nicht, was ich machen sollte. Meine Kleider lagen im Schlafzimmer, und die Kobra versperrte mir den einzigen Weg, auf dem ich an sie herankommen konnte.

Aus meinem Schlangenbuch wusste ich, dass die Speikobra nach der Mamba die gefährlichste Schlange Afrikas ist. Sie ist nervös und äußerst reizbar und kann sich mit beachtlicher Geschwindigkeit bewegen. Außerdem kann sie ihr Gift auch spucken und ihr Ziel (gewöhnlich die Augen) auf eine Entfernung von zwei bis drei Metern mit erstaunlicher Genauigkeit treffen.

Trotz des schlechten Rufs der Schlange hatte ich keine Lust, die Nacht im Badezimmer zu verbringen. Es schien mir aber auch keine besonders gute Idee zu sein, nackt aus dem Fenster zu steigen. Also biss ich die Zähne zusammen und öffnete abermals die Tür – nur einen Spalt weit. Die Kobra war immer noch da, aber sie hatte sich ein kleines Stück wegbewegt. Ihr Kopf war jetzt ein bisschen weiter entfernt im Korridor, und nur ihr Schwanz lag noch zwischen mir und meinen Kleidern. Ich vollführte einen gewaltigen Hochweitsprung und gelangte wohlbehalten ins Schlafzimmer. Nachdem ich mir ein paar Kleidungsstücke übergeworfen hatte, griff ich nach meiner Taschenlampe, lief zum Dorf und bat um Hilfe.

Drei der Game Guards hörten mich rufen, und als ich ihnen von der Schlange erzählte, bewaffneten sie sich eilig mit Stöcken, Peitschen und einem Assegai (einem scharfen, leichten Speer).

Ich führte sie ins Haus, um ihnen zu zeigen, wo sich die Schlange befand. Sie war inzwischen in mein Schlafzimmer gekrochen, und bei unserem Anblick flüchtete sie sich hinter einen Bücherschrank. Ich bot meine Hilfe an, wurde aber aufgefordert, das Haus zu verlassen. Nicht undankbar folgte ich der Aufforderung und ging auf die Terrasse hinaus. Ich hörte, wie die Männer Möbel herumschoben, über einen Aktionsplan diskutierten und sich gegenseitig Befehle zuriefen, dann das scharfe

Klatschen der Peitschen, begleitet von einigen sehr farbigen Kommentaren. Als plötzlich Stille eintrat, schloss ich daraus, dass der Kampf vorüber war. Erleichtertes Aufseufzen und Ausrufe, mit denen sich die Männer zu ihrem Sieg beglückwünschten, bestätigten, dass die Schlacht tatsächlich gewonnen war.

Mit der toten Schlange auf der Spitze des Assegai kamen die Game Guards aus dem Schlafzimmer. Ich erschauerte bei dem Anblick, und es tat mir Leid für die Kobra, aber ich war ungeheuer dankbar, dass ich sie nicht selbst hatte töten müssen.

Wir hielten die Fliegengitter Tag und Nacht fest geschlossen, und so konnten wir uns nicht erklären, wieso es immer wieder einer Schlange gelang, ins Haus einzudringen.

Eines Abends kam Karin in unser Schlafzimmer gerannt und verkündete, dass sie eine Schlange am unangenehmsten Ort entdeckt hatte, den man sich nur vorstellen kann, nämlich in der Kloschüssel. Wir hasteten ins Badezimmer und sahen den Kopf einer Kobra aus der Klobrille herausragen. Bei unserem Anblick zog sie den Kopf zurück und verschwand im Fallrohr. Wir zermarterten uns die Köpfe, aber es fiel uns keine Möglichkeit ein, wie wir die Schlange dort wieder herausbekommen könnten. Schließlich beschlossen wir, den Klodeckel geöffnet zu lassen (für den Fall, dass die Schlange herauskommen wollte) und die Badezimmertür zu schließen (damit wir sie am Morgen finden würden, wenn sie sich entschlossen haben sollte herauszukommen). Sie tauchte aber nicht wieder auf, und wir sahen sie niemals wieder. Wir fürchteten uns noch ziemlich lange davor, die Toilette zu benutzen, und wenn wir es taten, trödelten wir nicht herum.

Kobus meinte, dass in den Wasserleitungen über dem Wasser für eine Schlange noch genug Luft sei, um problemlos durch die Rohre kriechen zu können. War das die Antwort auf die Frage, wie die Schlangen ins Haus gelangten? Wenn es so war, gefiel mir der Gedanke ganz und gar nicht.

Im Winter 1988 fingen Kobus und seine Kollegen eine Zebraherde ein, die in einen anderen Park umgesiedelt werden sollte. Als sie gerade damit beschäftigt waren, die Tiere in das Fanggehege zu treiben, sah

Kobus eine Erdotter, die genau auf dem Weg lag, den die herandonnernden Zebras nehmen würden. Um sie zu retten, packte er die Schlange am Hals und am Schwanz, aber noch bevor er sie fortschleudern konnte, biss sie ihn in die Hand. Der an der Aktion beteiligte Tierarzt, Dr. Cobus Raath, der unmittelbar hinter Kobus rannte, wollte ihm helfen und wurde dabei ebenfalls in die Hand gebissen.

Die Erdotter ist eine als harmlos geltende Schlange, die sich im Boden vergräbt, und da sie normalerweise keine Menschen beißt, ist über ihr Gift nichts bekannt.

Weder Kobus noch der Tierarzt hatten in diesem Augenblick Zeit, sich um ihre Schlangenbisse zu kümmern, sie wollten erst einmal die schwierige Fangaktion zu Ende bringen. Als das geschehen war, kamen sie überein, dass die Schlange vermutlich gar nicht giftig sei, aber sie schluckten trotzdem für alle Fälle ein paar Antihistamin-Tabletten.

Als Kobus an diesem Nachmittag nach Hause kam, waren seine Hand und sein Unterarm fürchterlich angeschwollen. Die Haut war so straff gespannt, dass sie fast durchsichtig aussah. Die Mädchen und ich waren entsetzt, und wir fragten, was zum Teufel die Zebras ihm denn angetan hätten. Er berichtete uns von dem Schlangenbiss.

Ich rannte ins Schlafzimmer, um eine sterile Nadel aus dem Erste-Hilfe-Kasten zu holen, und dann zum Kühlschrank, um eine Ampulle mit Gegengift zu entnehmen. Zu meinem Schrecken stellte ich fest, dass das Verfallsdatum auf dem Etikett um fast drei Monate überschritten war. Das Problem mit dem Gegengift für Schlangenbisse ist, dass es gewöhnlich überaltert ist, bevor jemand Grund hat, es zu benutzen. Wenn es aber überaltert ist, richtet es mehr Schaden an, als es nützt.

Ich rannte zu Kobus zurück und fand ihn vor dem Fernseher wieder, wo er ein Rugbyspiel verfolgte.

»Wir müssen sofort zum Krankenhaus fahren«, erklärte ich ihm. »Das Verfallsdatum des Gegengifts ist überschritten.«

»Nicht jetzt«, gab er zurück. »Ich möchte erst das Spiel anschauen.«

»Das ist ausgeschlossen«, schrie ich. »Bis dahin ist *dein* Verfallsdatum überschritten.«

»Ich fahre nach dem Spiel«, schlug er vor. »Es ist das Cupfinale.«

»Und was ist, wenn du bis dahin im Koma liegst?«, fragte ich. »Wie soll ich dich dann ins Krankenhaus kriegen?«

»Du schaffst das schon«, behauptete er. »Und jetzt geh bitte zur Seite, damit ich den Bildschirm sehen kann.«

Rugby ist in unserem Land fast eine Religion, und ich wusste, dass Kobus freiwillig kein Spiel auslassen würde. Aber war ein Schlangenbiss denn nicht wirklich wichtiger als Rugby?

Ich ging zu den Mädchen und fragte sie nach ihrer Meinung. Hettie schlug vor, den Generator auszuschalten, damit ihr Vater glauben sollte, er sei kaputt. Sandra fand diese Idee nicht gut. Sie meinte, dass er einen Herzinfarkt bekommen würde, wenn der Fernseher mitten im Spiel ausfallen würde, und wenn das nicht passieren würde, würde er mit Sicherheit aus dem Haus stürmen und nachsehen, warum der Generator nicht mehr lief. Karin stimmte Sandra zu.

Ich gab es auf.

Während Kobus sich mit dem Rugbyspiel amüsierte, versuchte ich, etwas über das Gift der Erdotter zu erfahren. In meinem Schlangenbuch wurde sie als scheue Schlange beschrieben, die man nur selten zu sehen bekommt und die nicht als aggressiv bekannt ist. Offenbar waren Kobus und der Tierarzt die ersten Menschen in historischer Zeit, die von einer Erdotter gebissen worden waren.

Mir kam der Gedanke, dass ich zum Wohle der Menschheit wenigstens aufschreiben müsste, wie mein Mann auf das Gift reagierte.

Ich rannte wieder ins Wohnzimmer, um nachzusehen, wie es um ihn stand. Sein Atem ging unregelmäßig, und es war ihm anzusehen, dass er Schmerzen hatte, aber das konnte auch daran liegen, dass seine Mannschaft schlecht spielte.

Mir fiel ein anderes Buch ein, das in dieser Situation vielleicht hilfreich sein könnte, und ich ging, um es zu holen: *Let's Get Well* von Adelle Davis, einer amerikanischen Ernährungswissenschaftlerin.

Ich schlug das Kapitel über Schlangenbisse auf und fand einen nützlichen Hinweis: Die Autorin riet, dem Opfer sofort eine hohe Dosis Vitamin C zu verabreichen, mindestens 4000 Milligramm, und danach weitere kleine Mengen in ununterbrochener Folge. Die Autorin behauptete, dass Vitamin C das Eindringen des Giftes in die Zellen behindern und die Wirkung des bereits eingedrungenen Giftes verringern würde. Ich holte die Flasche mit den Vitamin C Tabletten aus dem Kühlschrank und nahm acht 500 mg Tabletten heraus. Dann wappnete ich mich für die Aufgabe, sie dem Opfer zu verabreichen, und ging wieder ins Wohnzimmer. Zum Glück war Kobus so in sein Spiel vertieft, dass er die Tabletten schluckte, nur um mich loszuwerden.

Als das Spiel endlich vorbei war, versuchte ich, ein Machtwort zu sprechen und darauf zu bestehen, dass wir augenblicklich nach Phalaborwa fuhren. Kobus protestierte und behauptete, dass es ihm schon viel besser ginge. Er würde am nächsten Tag fahren.

Es ist vollkommen sinnlos, mit einem Game Ranger zu diskutieren.

Es war noch nicht einmal dunkel, aber als ich das nächste Mal nach ihm sah, lag Kobus fest schlafend auf dem Bett. Die Drüsen an seinem Hals waren geschwollen, und er war ziemlich blass. Er sah alles andere als gut aus. Als ich seinen geschwollenen Arm vorsichtig berührte, wachte er auf und stöhnte, schlief aber sofort wieder ein. Offensichtlich hatte er Schmerzen im Arm und in der Hand. Mir fiel keine Möglichkeit ein, meinen schlafenden Ehemann ins Krankenhaus zu schleifen, und so lenkte ich mich damit ab, das Abendessen für unsere Töchter zuzubereiten.

Bevor ich zu Bett ging, weckte ich Kobus und ließ ihn noch einmal 500 mg Vitamin C schlucken. Er schlief die ganze Nacht über ausgezeichnet, während ich kaum ein Auge zutat. Ich lag wach und lauschte angestrengt, ob sich seine Atemfrequenz veränderte. In regelmäßigen Abständen untersuchte ich im Schein der Taschenlampe seinen Arm nach Anzeichen einer subkutanen Blutung, und ich weckte ihn mehrfach auf, um ihn weitere Vitamin C Tabletten schlucken zu lassen.

Am Morgen sah Kobus sehr viel besser aus und fühlte sich auch so. (Nur ich sah in Folge der schlaflosen Nacht ganz fürchterlich aus.) Seine Hand und sein Arm waren sehr viel weniger angeschwollen als am Tag zuvor, und er hatte offensichtlich auch weniger Schmerzen. Nach drei Tagen hatten Hand und Arm wieder ihre normale Form angenommen, und auch die Bisswunden heilten problemlos.

Später hörten wir, dass der Tierarzt Dr. Rath mehrere Tage lang unter starken Kopfschmerzen und Übelkeit gelitten hatte. Seine Hand und sein Arm waren über eine Woche lang angeschwollen, er hatte starke Schmerzen, und die Bisswunden hatten sich entzündet. Er hatte nur Antihistamin-Tabletten genommen.

Ich kam zu dem Schluss, dass Adelle Davis mit den Vitamin C Tabletten vielleicht doch nicht ganz Unrecht hatte.

Einige Wochen später fand Ranger Johan Oelofse eine Shangaanfrau im Busch, die von einer Puffotter gebissen worden war. Sie hatte zu einer Gruppe von Flüchtlingen aus Mosambik gehört, die durch den Park marschiert waren, um nach Gazankulu zu gelangen. Nachdem sie von der Schlange gebissen worden war, konnte sie mit der Gruppe nicht mehr Schritt halten, und die anderen waren ohne sie weitergegangen. Johan half ihr in sein Fahrzeug und brachte sie nach Mahlangeni, der nächst gelegenen Ranger Station.

Das Bein der Frau war bereits schmerzhaft angeschwollen, und ich zweifelte daran, dass die Vitamin C Behandlung in diesem Stadium noch etwas bewirken würde. Aber ich wollte ihr so gerne helfen, und so gab ich ihr 5000 mg Vitamin C und noch ein paar Kalziumtabletten, um den Schmerz ein wenig zu lindern. Bevor Johan sie nach Phalaborwa fuhr, gab ich ihr noch eine Hand voll Vitamin C Tabletten und wies sie an, jede halbe Stunde ein paar davon zu schlucken. Die arme Frau war vollkommen erschöpft, aber sie schaffte es noch, mit einem Kopfnicken und einem schwachen Lächeln ihrer Dankbarkeit Ausdruck zu geben.

Als Kobus zwei Tage später nach Hause kam, erzählte ich ihm von dem Zwischenfall. Er funkte den Beamten am Phalaborwa-Tor an und bat ihn, sich im Krankenhaus nach dem Zustand der Shangaanfrau zu erkundigen, die zwei Tage zuvor mit einem Schlangenbiss eingeliefert worden war.

Die Antwort aus dem Krankenhaus lautete, dass sie sich wesentlich besser gefühlt haben müsse, denn sie habe sich am Vortag selbst entlassen. Ich war sehr erleichtert, als ich das hörte, und ich hoffte, dass sie ihre Familie in Gazankulu wieder gefunden hatte und dass es ihr gut ging.

Allem Anschein nach hatte ich damit ein zweites lebendes Beispiel für die Richtigkeit von Adelle Davis' Vitamin-C-Theorie. Obwohl ich mich bei einem Mamba- oder Kobrabiss ganz gewiss nicht ausschließlich auf Vitamin C verlassen würde, ist es doch tröstlich zu wissen, dass Vitamin C die Wirkung des Giftes bis zu einem gewissen Grad einschränken oder verzögern kann.

Als ich mich erst einmal mit der Tatsache abgefunden hatte, dass auch Schlangen ein Recht haben zu leben, fühlte ich mich gleich sehr viel besser. Ich habe noch immer keine besondere Vorliebe für Schlangen, aber ich weiß wenigstens, wie man mit ihnen umgehen muss. Erstens muss man versuchen, ihnen aus dem Weg zu gehen, und zweitens sollte man darauf achten, niemals ohne einen ausreichenden Vorrat an Vitamin C dazustehen.

DIE HERRSCHAFT DES FLUSSES

Der Letaba hatte Morgenfarben, Mittagsfarben und Abendfarben. Im Winter war er sanft, geheimnisvoll und träge, und seine Oberfläche war glatt und glänzend wie ein Spiegel. Im Sommer wurde er reißend und ruhelos, und sein Wasserstand hob und senkte sich entsprechend der Menge und Häufigkeit der Niederschläge in seinem Einzugsgebiet. Für uns stellten der Fluss mit seinen ewig veränderlichen Stimmungen und die Flusspferde mit ihren dröhnenden Stimmen den romantischsten Aspekt von Mahlangeni dar.

Aber sie machten uns auch ganz erhebliche Schwierigkeiten. Jedes Mal, wenn der Fluss Hochwasser führte und wir in die Stadt fahren mussten, standen wir vor der schwierigen Wahl, entweder dem tobenden Wasser mit unserem leichten Boot zu trotzen oder uns auf den endlosen Umweg über die Hochwasserbrücke beim Letaba Camp zu machen. Und immer wieder beschlossen wir, uns lieber durch das Hochwasser zu kämpfen, als all die vielen zusätzlichen Stunden auf der Straße in Kauf zu nehmen. Aber in der Mehrzahl der Fälle bereuten wir unseren Entschluss augenblicklich, wenn wir in den Alptraum von wütenden Strudeln hineingerissen wurden. Gott sei Dank haben wir alle unsere Fehlentscheidungen überlebt. Doch nach jeder haarsträubenden Flussüberquerung schworen wir uns, dass wir niemals wieder das Risiko auf uns nehmen würden, bei Hochwasser über den Fluss zu rudern.

Aber irgendwann kam dann doch wieder ein Tag (gewöhnlich ein Freitag, an dem die Kinder abgeholt werden mussten), an dem der Fluss plötzlich Hochwasser führte und die Fahrt über das Letaba Camp uns so entsetzlich weit erschien ...

Wenn ich dann allein zu Hause war, seufzte ich tief und entschied mich für den endlosen Umweg. Aber wenn Kobus da war, überließ ich ihm die Entscheidung, was zu tun sei. Er als Mann war meistens der Meinung, dass es nicht zu gefährlich sei, über den Fluss zu rudern, und bot an, die Kinder abzuholen. Bei diesem Stand der Verhandlungen kam ich gewöhnlich zu der Überzeugung, dass die Flussüberquerung mit dem Boot keineswegs ungefährlich sei. Dann gab es unfehlbar Streit. Kobus setzte sich mit seiner Auffassung immer durch, aber ich war unterdessen so fest davon überzeugt, dass das Hochwasser wirklich zu gefährlich sei, dass ich jedes Mal mitfuhr. Denn wenn die Kinder nach Hause kamen, wollte ich unbedingt mit im Boot sitzen, um dafür zu sorgen ... nun ja, ich weiß nicht, wofür ich sorgen wollte. Ich wollte einfach nur bei ihnen sein.

Dann gingen wir also zum Fluss hinunter und zogen das Boot auf dem Sand ein paar hundert Meter stromaufwärts. Je stärker die Strömung war, umso weiter mussten wir das Boot schleppen, weil uns dann die Strömung auch umso weiter stromabwärts treiben würde.

Und jedes Mal wusste ich in dem Moment, in dem wir vom Ufer abstießen und der reißende Strom unser kleines Fahrzeug erfasste und stromabwärts riss, dass die vierstündige Fahrt über die Hochwasserbrücke ohne jeden Zweifel das reinste Vergnügen gewesen wäre im Vergleich zu dem, was uns nun bevorstand. Und wenn ich Kobus zusah, wie er im Kampf gegen die Strömung jeden Muskel anspannte, war mir klar, dass wir verrückt waren, so etwas zu tun.

Wenn wir dann endlich am anderen Ufer ankamen – gewöhnlich landeten wir in einem fast undurchdringlichen Schilfdickicht, viele Meter unterhalb unseres normalen Landeplatzes –, war ich so mitgenommen, dass ich kaum sprechen konnte. Und wenn wir uns dann durch das

Schilf bis zum Autoschuppen oben auf dem Hochufer durchgekämpft hatten und uns die Schnitte und Abschürfungen rieben, die wir uns im Schilf zugezogen hatten, waren wir uns einig, dass wir die Kinder nicht über den Fluss nach Hause bringen, sondern lieber über die Hochwasserbrücke zurückfahren würden. Denn die Unbequemlichkeit, ein paar Stunden mehr auf der Straße zubringen zu müssen, ist wirklich nichts im Vergleich zum entsetzlichen Wüten eines verrückt gewordenen Flusses.

Aber trotz der unzähligen Anlässe, bei denen ich wütend auf den Fluss war, weil er uns solche Probleme machte, bekümmerte es mich doch zutiefst, wenn er in langen Dürrezeiten allmählich dahinschwand und zu einem unbedeutenden, schlammigen Rinnsal wurde. In solchen Zeiten sehnten wir uns danach, den Fluss wieder in all seiner ungezähmten Pracht zu sehen. Solch ein gewaltiger, tobender Strom, der unaufhaltsam seinem fernen Ziel entgegenrauscht, hat etwas so Erhebendes an sich, dass man es kaum in Worte fassen kann.

Ein weiteres Problem, das das Hochwasser mit sich brachte, war, dass die Flusspferde aus dem Wasser stiegen. Und weil ein Flusspferd auf dem Land sehr viel gefährlicher ist als ein Flusspferd im Wasser, mussten wir in solchen Zeiten besonders gut darauf achten, ihnen nicht zu begegnen, wenn wir am Ufer entlanggingen. Oft kamen sie schon viele Stunden vor einem Hochwasser leise aus dem Wasser, und wir – die wir ja keine Ahnung hatten, dass eine Flutwelle bevorstand – konnten nicht wissen, dass sie das getan hatten.

Am nächsten kam ich einem Flusspferd auf dem Trockenen an einem Freitagmorgen, als Filemoni gerade Urlaub hatte und ich allein über den Fluss rudern musste. Nachdem ich das Boot vertäut hatte, ging ich den gewundenen Fußweg hinauf, der durch dichtes Krotongebüsch zum Autoschuppen auf dem Hochufer führte.

Auf halbem Weg hörte ich plötzlich, dass da etwas Großes auf einen Zweig trat, und blieb wie angewurzelt stehen. Ein kurzes Stück vor mir, auf der rechten Seite des Fußwegs, zitterte der Kroton, und der größte Flusspferdekopf, den ich je aus so kurzer Entfernung gesehen hatte, tauchte zwischen den Zweigen auf, die Augen unverwandt auf mich gerichtet. Mein Instinkt befahl mir, kehrtzumachen und zum Boot zurückzurennen, aber mein Verstand schrie: »Halt! Schneide niemals einem Flusspferd den Weg zum Wasser ab.« In diesem Augenblick befand ich mich aber genau zwischen einem Flusspferd und dem Fluss, der seine Zuflucht war. Zwei schreckliche Sekunden lang standen wir da und musterten uns gegenseitig, und ich war mir ganz sicher, wenn wir beide gleichzeitig zum Wasser zurückgerannt wären, hätte das Flusspferd mich eingeholt und mir dabei vermutlich den Garaus gemacht. Also zog ich den Kopf ein und rannte in das dichte Gewirr von Krotonbüschen auf der linken Seite des Pfades hinein. Dabei hinterließ ich einen beachtlichen Tunnel in dem fast undurchdringlichen Dickicht, aber ich hielt erst an, als ich den oberen Rand des Hochufers erreicht hatte. Dann sah ich mich um, um festzustellen, wo das Flusspferd geblieben war.

Erstaunlicherweise war es nicht ins Wasser geflohen, sondern hatte die mir entgegengesetzte Richtung gewählt und eine breite Straße durch den Kroton auf der Westseite des Fußwegs gewalzt. Offenbar hatte mein Anblick das Tier so erschreckt, dass es vergessen hatte, dass Flusspferde sich im Wasser am sichersten fühlen. Ich kann an diesem Morgen nicht allzu gut ausgesehen haben.

Nach diesem Zwischenfall ruderten Kobus und die Game Guards über den Fluss und hackten eine breite Schneise in den Kroton zu beiden Seiten des Fußwegs, um die Gefahr eines weiteren Zusammenstoßes dieser Art zu verringern.

Abgesehen von den Gefahren, die mit der Flussüberquerung verbunden waren, war die Aktion an sich außerordentlich anstrengend. Der Fluss hatte ein breites Bett, das zu beiden Seiten von einem Hochufer gesäumt war. Eine schmale Steintreppe führte von unserem Gartentor das Hochufer hinunter zum Flussbett. Im Winter, wenn der Wasserstand niedrig war, war der trockene Sandstreifen zwischen der Treppe und dem Wasser gewöhnlich etwa sechzig Meter breit. Wenn der Wasserpegel im Sommer anstieg, wurde der Sandstreifen immer schmaler und verschwand zeitweise ganz unter den angeschwollenen Wassermassen.

Auf der gegenüberliegenden Seite des Flusses gab es keinen Sandstreifen zwischen dem Wasser und dem Hochufer, das ziemlich steil direkt aus dem Wasser aufragte und sich in abwechslungsreichen Wellen aufwärts schwang, bis es am oberen Rand in die Mopanisavanne überging. An jedem Montagmorgen war es eine größere Operation, das Gepäck der Mädchen die steile Treppe hinunter, über den Sandstreifen zum Boot und schließlich auf der gegenüberliegenden Seite zum Auto hinaufzuschleppen.

Eines Montagmorgens, als die Mädchen und ich gerade das gegenüberliegende Hochufer erkletterten, rutschte ich auf dem taubedeckten Gras aus und fiel krachend zu Boden. Dabei ließ ich den Koffer fallen, den ich gerade trug. Er rutschte den Hang hinunter und klatschte ins Wasser. (Es war Sandras Koffer, und er enthielt ihre Schulkleidung für die ganze Woche.) Ich rannte den Hang hinunter, sprang ins Boot und ruderte verzweifelt hinter dem davontreibenden Koffer her. Zum Glück bekam ich ihn zu fassen, bevor er unterging oder nach Mosambik emigrierte.

Am Freitagnachmittag musste die ganze Schlepperei natürlich in entgegengesetzter Richtung wiederholt werden. Und wenn ich die Fahrt zum Schülerwohnheim mit einem Ausflug in die Stadt verband, um Lebensmittel einzukaufen, kam dadurch noch ein beträchtliches Gewicht zu der Fracht hinzu, die über den Fluss geschafft werden musste. Manchmal konnten wir die Lebensmittel nicht alle auf einmal im Boot unterbringen. Dann war eine zweite Fahrt nötig, bis ich alle Menschen und Waren über den Fluss gerudert hatte.

Wenn Kobus unsere Vorräte an Dieseltreibstoff, Öl und Benzin auffüllen wollte, mussten auch diese mit dem Boot über den Fluss transportiert werden. Es war wirklich nicht leicht, die schweren, unhandlichen Fässer über den Fluss zu rudern.

Es gab Zeiten, in denen häufige Regenfälle in den Einzugsgebieten des Letaba ein ständiges Steigen und Sinken des Wasserpegels zur Folge hatten. Jedes Mal, wenn das Wasser sank, blieb ein breiter Moraststreifen zurück. Das Boot blieb dabei im Schlamm liegen, oftmals ein gutes Stück von dem zurückweichenden Wasser entfernt. Es ist nicht besonders schwer, ein Boot über trockenen Sand zu ziehen, aber es durch den Morast zu schleppen ist ein schmutziges und frustrierendes Geschäft. In solchen Zeiten trugen wir unsere ordentlichen Schuhe am Montagmorgen in einer Tasche mit und hatten für die Schlepparbeit durch den Morast alte Segeltuchschuhe an den Füßen. Außerdem nahmen wir auch noch einen Wasserbehälter und ein paar Handtücher mit, damit wir uns am jenseitigen Ufer den Schlamm von Füßen und Beinen waschen konnten, bevor wir die guten Schuhe anzogen.

An einem Samstagmorgen, als der Wasserpegel nach einem Hochwasser gerade wieder zu sinken begann, erschien unser neuer Chief Ranger Bruce Bryden in Mahlangeni, um uns einen Besuch abzustatten. Bruce hatte ein neues Gewehr mitgebracht, das er Kobus zeigen wollte, und die beiden Männer gingen zum Fluss hinunter, um die Waffe auszuprobieren.

Karin war gerade im vorderen Teil des Gartens damit beschäftigt, eine zahme Schildkröte mit Leckerbissen zu füttern, während Hettie in einiger Entfernung von ihr den Kopf eines unserer Pferde streichelte, das dort graste.

Als Bruce unten am Fluss den ersten Schuss abfeuerte, versetzte der dröhnende Donnerschlag das Pferd in Panik. Es stieg vor Entsetzen und krachte mit dem Kopf gegen Hetties Kinn, so dass sie bewusstlos auf dem Rasen zusammenbrach. Als das Tier sich voller Schrecken umdrehte, um zu fliehen, traf es Hettie mit einem Huf am Kopf und schlug ihr eine tiefe Wunde in die Schläfe.

Karin, die zum Fluss geschaut hatte, als der Schuss krachte, hörte im gleichen Augenblick das Pferd wiehern und fuhr herum. Zuerst sah sie das Pferd, das in Panik davongaloppierte, dann ihre Schwester, die zusammengesunken im Gras lag. So schnell sie konnte, rannte sie zu Hettie. Mit Entsetzen stellte sie fest, dass sie mit dem Kopf in einer Blutlache lag, und glaubte, der Schuss habe ihre Schwester getroffen. Laut nach ihrem Vater um Hilfe rufend, stürzte sie auf das Gartentor und den Fluss zu. Die Männer hörten sie schreien und kamen in Sekundenschnelle die Treppe heraufgerannt. Ich war gerade im Haus beschäftigt, als ich Karins Hilferufe hörte, und hastete in den Garten.

Als ich am Unglücksort ankam, knieten Kobus und Bruce bereits neben Hettie, fühlten ihr den Puls und hoben ihre Augenlider an, um nach ihren Pupillen zu sehen. Sie war noch immer bewusstlos, und ihr langes, blondes Haar war mit Blut durchtränkt. Zitternd vor Angst lief ich ins Haus zurück und holte Verbandszeug. Nachdem wir die Wunde verbunden hatten, hob Kobus Hettie behutsam auf und trug sie die Treppe hinunter zum Boot.

Wir hatten keine Zeit, an Segeltuchschuhe, Wasser und Handtücher zu denken. Wir hasteten durch den Morast zum Boot und versanken bis zu den Knöcheln im Schlamm. Bruce half uns, das Boot durch den tiefen Morast zum Wasser zu schleppen, ich stieg hinein und setzte mich hin, so dass Kobus mir Hettie in die Arme legen konnte. Kobus griff nach den Rudern, und Bruce stieß das Boot vom Ufer ab. Ich wandte mich um, um nach meinen beiden anderen Töchtern zu sehen, die mit aschfarbenen Gesichtern am Ufer standen, uns jedoch tapfer nachwinkten. Bruce hatte angeboten, bei ihnen zu bleiben, bis wir wieder zurückkämen.

Auf der anderen Seite des Flusses trug Kobus seine Tochter den steilen Abhang hinauf zum Jeep. Ich setzte mich mit Hettie auf den Rücksitz und hielt ihren Kopf im Schoß. Sie war inzwischen wieder bei Bewusstsein, aber sie war so weiß wie ein Laken und lag sehr still da. Ihre Wunde blutete durch den Verband, und ich nahm wie durch einen Schleier wahr, dass meine Kleider, Arme und Beine mit Schlamm und Blut bedeckt waren.

Kobus fuhr, so schnell er konnte, ohne uns zu gefährden, und die Fahrt zum Krankenhaus dauerte nur wenig über eine Stunde. Bruce hatte unterdessen das Phalaborwa-Tor angefunkt, und der Dienst habende Beamte hatte beim Krankenhaus angerufen, um mitzuteilen, dass wir demnächst mit einem verletzten Mädchen eintreffen würden.

Als wir im Krankenhaus ankamen, standen die Sanitäter schon mit einer Rolltrage bereit, um Hettie hineinzufahren. Als sie sahen, dass auch Kobus und ich mit Blut und Schlamm bedeckt waren, nahmen sie an, dass wir ebenfalls verletzt seien. Es bedurfte einiger Erklärungen, um sie davon zu überzeugen, dass sie für uns nicht auch noch Rolltragen zu bringen brauchten. Während Hettie in den Operationssaal gefahren wurde, entdeckten Kobus und ich einen Wasserschlauch im Garten, mit dessen Hilfe wir uns vom schlimmsten Schmutz befreiten, bevor wir wieder hineingingen.

Als Hettie etwa dreißig Minuten später aus dem Operationssaal herausgefahren wurde, sah sie wesentlich besser aus. Die tiefe Wunde am Kopf war genäht und verbunden, man hatte ihr die Haare gewaschen, und sie hatte wieder ein bisschen Farbe bekommen. Sie lächelte uns sogar an. Es war ein sehr tapferes Lächeln, auch wenn es nicht ganz gelingen wollte. Ihr Kinn, an dem der Pferdekopf sie getroffen hatte, war stark geschwollen, und die meisten Vorderzähne waren ausgeschlagen.

Eine Serie von Untersuchungen wurde durchgeführt, um zu klären, ob das Gehirn in irgendeiner Weise verletzt worden war, aber der Befund war Gott sei Dank negativ. Hettie hatte nur eine leichte Gehirnerschütterung. Nach ein paar Tagen im Krankenhaus durfte sie wieder nach Hause. Ich brachte sie zum Zahnarzt, und als ihre Zähne wieder repariert waren, war sie wieder so gut wie neu und so hübsch wie eh und je.

Nach diesem Vorfall fasste der Vorstand des Parks den großzügigen Plan, in Mahlangeni einen Fahrdamm über den Fluss zu bauen.

Wir erhielten die Nachricht eines Morgens über Funk, als der Verwaltungschef anrief und Kobus ganz nebenbei aufforderte, nach einem geeigneten Platz für den Bau eines Damms zu suchen. Wir waren außer uns vor Aufregung. Nachdem wir fünfeinhalb Jahre lang über den Fluss gerudert waren, erschien es uns als unvorstellbarer Luxus, ihn ohne jede Anstrengung zu überqueren.

Etwa fünfhundert Meter stromabwärts von der Stelle, an der gewöhnlich unser Boot vertäut lag, nicht weit von der Einmündung des Shibyeni Creek entfernt, war der Fluss breit und flach und strömte über felsigen Untergrund. Das war der ideale Ort, um den Damm zu bauen.

Während der Bauarbeiten lieh sich Kobus einen Bulldozer aus und räumte eine Piste frei, die von unserem Haupteingang um die Nordostecke des Grundstücks herum und dann das Hochufer hinunter zum Damm verlief. Auf der anderen Seite des Flusses legte er eine Piste an, die das Hochufer hinaufführte und in den Patrouillenweg einmündete. Als der Damm nach dreimonatiger Bauzeit fertig war und die Bauarbeiter abgezogen waren, mussten wir noch ein paar Tage warten, bis der Zement getrocknet war.

Und dann brach endlich der große Tag an.

Es war der 12. August 1985. Zum ersten Mal in der Weltgeschichte würden menschliche Wesen den Letaba bei Mahlangeni auf einem Fahrdamm überqueren. Wir alle kletterten in den Wagen und fuhren auf der von Kobus neu angelegten Piste zum Fluss hinunter. Dann fuhren wir langsam über den Damm und winkten wie Mitglieder eines

Königshauses den staunenden Flusspferden zu. Auf der anderen Seite des Flusses stiegen wir aus und gingen zu Fuß über den ganzen Damm, um auszuprobieren, wie man sich dabei fühlte. Es war ein großartiges Gefühl. Die Flusspferde kamen herangeschwommen und sahen uns verblüfft an. Ich erklärte ihnen, dass der Fluss in Folge der geistigen und technischen Errungenschaften der Menschheit nunmehr gezähmt worden sei. Nie wieder würden seine unvorhersehbaren Launen und der Verfolgungswahn seiner Bewohner uns Kummer bereiten.

Der Damm brachte nicht nur in unser Leben eine beträchtliche Veränderung, er ermöglichte auch der gesamten Nachbarschaft eine neue Dimension ihres Lebensstils.

Als Erstes machte eine Elefantenherde diese Entdeckung. Aber zunächst muss ich von dem »Zutritt verboten«-Schild erzählen.

Etliche Jahre zuvor hatte Kobus mitten im Busch ein offizielles Schild mit der Aufschrift »Zutritt verboten« gefunden. Nun ist es bekannt, dass Elefanten die Angewohnheit haben, Wegweiser und sonstige offizielle Schilder aus dem Boden zu ziehen und dann irgendwo tief im Busch liegen zu lassen. Da Kobus nicht wusste, wo das Schild ursprünglich hingehört hatte, brachte er es mit nach Hause und legte es in unseren Abstellraum. An dem Tag, an dem wir den Fahrdamm einweihten, fiel es ihm wieder ein, und er stellte es an der Auffahrt auf den Flussübergang am gegenüberliegenden Ufer auf. Dadurch würde unser Flussübergang ein bisschen offizieller wirken, behauptete er. (Ich persönlich glaube, dass er dem Damm gegenüber so besitzergreifende Gefühle entwickelt hatte, dass sein Gehirn einen leichten Schaden genommen hatte.)

In der folgenden Nacht erschien eine Elefantenherde am Südufer. Offenbar empfanden sie diesen offiziellen Eingriff in ihr Territorium als Beleidigung. Sie zogen das Schild aus dem Boden und schleuderten es in einiger Entfernung ins Ufergebüsch. Dann marschierten sie im Gänsemarsch über den Damm.

Am nächsten Morgen war unser schöner neuer Flussübergang mit Elefantenkot bedeckt. An der Fährte, die die Tiere hinterlassen hatten, war zu erkennen, dass die Elefanten gar nicht auf unserer Seite des Flusses hatten grasen wollen. Sie hatten den Damm in voller Länge überquert, hatten dann kehrtgemacht und waren unverzüglich auf das Südufer zurückgekehrt. Offenbar hatten sie sich lediglich ein Bild vom Zweck und von der Benutzerfreundlichkeit des Flussübergangs machen wollen. Oder sie hatten uns nur demonstrieren wollen, was sie von dem »Zutritt verboten«-Schild hielten.

Viele andere Wildtiere wie Wasserböcke, Kudus, Impalas, Buschböcke und Warzenschweine entdeckten sehr bald die Vorteile des Dammes und begannen, ihn regelmäßig zu benutzen, um auf die Flussseite zu gelangen, auf der sie sich gerade aufhalten wollten. Der Verkehr hatte die Tendenz, früh am Montagmorgen, wenn wir es eilig hatten, in die Schule zu kommen, ganz besonders dicht zu sein.

Die Paviane, die die Nächte auf den Schakalbeerenbäumen auf der Südseite des Flusses verbrachten, waren besonders glücklich über den Damm, und sie benutzten ihn täglich, um an unseren Gemüsegarten und unsere Pawpawbäume heranzukommen. Wenn sie bemerkten, dass wir sie bei der Flussüberquerung beobachteten, nahmen sie augenblicklich eine unverfängliche Pose ein und machten es sich auf dem Damm bequem, so als hätten sie nichts anderes vor, als dort zu sitzen und den Blick über den Fluss von diesem besonders schönen Aussichtspunkt aus zu genießen. Aber wir kannten die Paviane zur Genüge. Die einzige Aussicht, die sie interessierte, war die Aussicht auf etwas Essbares.

Obwohl das Leben mit dem Fahrdamm um vieles leichter wurde, hatte ich mich getäuscht, wenn ich geglaubt hatte, dass der Fluss nun gezähmt sei.

Er war es nicht.

Im Februar 1988, zweieinhalb Jahre nach dem Bau unseres Flussübergangs, wachte ich eines Morgens beim ersten Sonnenstrahl auf und fragte mich, was mich wohl geweckt habe. Die ägyptischen Gänse waren noch nicht angekommen, um mich mit ihrem heiseren Trompeten aus dem Schlaf zu reißen, und ich wachte gewöhnlich nicht vor ihnen auf. Dann merkte ich, dass es das Geräusch von Hubschraubern direkt über dem Haus sein musste, das mich geweckt hatte. Sie schienen dort hin und her zu fliegen, was ich sehr beunruhigend fand, weil ich mir nicht vorstellen konnte, warum sie das taten und was sie hier überhaupt zu

suchen hatten. Aber dann dämmerte es mir, dass das, was ich da hörte, nicht das Motorengebrumm von Hubschraubern war, sondern das donnernde Brüllen eines tobenden Flusses. Ich drehte mich im Bett um und sah durch die Glastüren: Der Fluss war über seine Ufer getreten, und die Flut hatte das Niveau unseres Gartens erreicht. Entwurzelte Bäume und riesige Stämme wurden in den schäumenden Wassermassen herumgewirbelt wie Streichhölzer. Ich sprang aus dem Bett, war in einer halben Sekunde angezogen und rannte hinaus.

Dann stand ich mit offenem Mund da und starrte die tosende Wasserfläche an, und unsere Hunde und Pferde taten das Gleiche, die Ohren gespitzt, die Nasen gegen den Wind gerichtet.

Gott sei Dank stand das Wasser noch nicht ganz so hoch, wie es vom Schlafzimmer aus ausgesehen hatte. Es war immer noch ein paar Meter unterhalb des oberen Randes des Hochufers, was bedeutete, dass Haus und Garten nicht innerhalb der nächsten Minuten in den Fluten versinken würden. Ich hatte immer noch Zeit genug, mir eine gute, starke Tasse Kaffee zu machen, aus der ich Kraft schöpfen konnte. Aber zunächst einmal öffnete ich das Gartentor und ging die vier Stufen bis zum Rand des tobenden Wassers hinunter. Zweiundvierzig der sechsundvierzig Stufen waren überflutet. Vom gegenüberliegenden Hochufer war nur noch der oberste Rand zu sehen, und es schien für alle Zeiten unerreichbar zu sein. Die ganze Landschaft war fremd. Alle vertrauten

Orientierungspunkte waren unter der gigantischen Wasserfläche verschwunden. Natürlich war von unserem Damm keine Spur zu sehen. Ich hoffte nur, dass er unter dem Druck der Wassermassen nicht zusammengebrochen war. Und wo war unser Boot? Ich suchte mit den Augen nach dem eisernen Pfosten am Ufer, an dem die lange Ankerkette befestigt war. Und da war er – oder wenigstens die obersten Zentimeter davon, die noch aus dem Wasser herausragten. Aber warum trieb die Kette lose in der Strömung? Weil ... oh Gott, ja ... weil unser Boot sich losgerissen hatte! Vermutlich war es in rasendem Tempo zum fernen Ozean unterwegs! Ich konnte den Gedanken kaum ertragen, dass ich unser Boot nie wieder sehen würde.

Aber jetzt hatte ich nicht die Zeit, herumzustehen und mich zu grämen. Wenn ich mich nicht beeilte und endlich irgendetwas tat, würde ich am Ende noch selbst zum Ozean treiben, ohne vorher noch eine Tasse Kaffee getrunken zu haben. Ich suchte mir rasch einen Stock und rammte ihn in den Boden, um den Wasserstand zu markieren.

Nach zwei Tassen starkem Kaffee hatte ich endlich die Kraft, über einen Katastrophenplan nachzudenken. Als Erstes machte ich mir eine Liste aller Menschen und Tiere, die evakuiert werden mussten: die Bewohner des Dorfes der Game Guards, die Hunde, die Pferde, die Zwerghühner, der kleine Buschhase, den ich damals gerade aufzog, und ich. Das würde ein wahrer Exodus werden! Wie sollten wir das bewerkstelligen?

Ich beschloss, erst einmal hinauszugehen und nach meinem Stock zu sehen, bevor ich unnötig den Kopf verlor.

Glücklicherweise stand der Stecken noch immer auf dem Trockenen. Vielleicht würde sich die Evakuierung doch erübrigen.

Zwanzig Minuten später sah ich wieder nach und stellte fest, dass der Stock nach wie vor direkt oberhalb der Wasserlinie auf dem Trockenen stand. Anscheinend hatte das Hochwasser seinen höchsten Stand erreicht, und die Situation stabilisierte sich.

Kobus hatte die Nacht im Olifants Camp verbracht, wo er am Vortag an einer Konferenz teilgenommen hatte. Als ich ihn über Funk anrief und ihm von dem Hochwasser berichtete, antwortete er, dass er es kaum erwarten könne, nach Hause zu kommen und es selbst zu sehen. Es war gerade ein Freitag, und er sagte mir, dass er nach Phalaborwa fahren würde, um die Mädchen abzuholen, und dass er sie über die Hochwasserbrücke nach Hause bringen würde.

Nachdem ich mit Kobus geredet hatte, rannte ich noch einmal hinaus, um mich zu überzeugen, dass da draußen alles noch genauso aussah wie zuvor (nur für den Fall, dass ich mir alles nur eingebildet hatte). Aber der Anblick, der sich mir bot, erschien mir fast noch dramatischer, als ich ihn in Erinnerung hatte.

Ich lief zu meinem Stecken. Alles war noch so, wie es vorher gewesen war. Beruhigt wanderte ich am Rand des Hochufers entlang und bewunderte die Furcht erregende Schönheit des angeschwollenen Flusses. Als ich zur Einmündung des Shibyeni Creek kam, sah ich, dass sich eine mächtige Sturzflut aus dem Shibyeni in den Letaba ergoss. Ich machte mir Sorgen, dass der überschwemmte Bach Kobus und den Mädchen den Heimweg abschneiden könnte. Deshalb ging ich zu der Stelle hinter dem Dorf der Game Guards, wo die Straße durch den Bach führte, um mir ein Bild von der Wassertiefe zu machen. Der Bach war tatsächlich ziemlich angeschwollen, aber ein Streifen von Morast auf beiden Seiten ließ darauf schließen, dass das Wasser bereits dabei war zu sinken. Ich rammte auch hier einen Stock an der Wasserlinie in den Boden, damit ich später am Tag noch einmal nachsehen konnte. Kaum war ich damit fertig, erregte eine Bewegung auf der anderen Seite des Baches meine Aufmerksamkeit. Ein prachtvoller Nyalabock trat aus dem Dickicht und schritt zum Wasser hinunter. Ich blieb mucksmäuschenstill stehen, um das Tier nicht zu erschrecken. Der Bock sah mich, aber weil ich so still stand wie eine Statue, konnte er sich nicht entscheiden, was er von mir zu halten hatte. Noch nie hatte ich Gelegenheit gehabt, einem Nyala direkt in die Augen zu sehen. Ich genoss jeden Augenblick dieser einmaligen Begegnung und stand mit angehaltenem Atem da, während das Tier mich nachdenklich musterte. Endlich kam er zu dem Schluss, dass meine Anwesenheit nichts zu bedeuten hatte, und verlor das Interesse an mir. Eine Weile blickte er noch über den angeschwollenen Bach, dann sprang er in den Busch davon.

Ich ging wieder nach Hause und brachte den Rest des Tages damit zu, den Fluss anzustaunen und immer wieder meine Stöcke zu kontrollieren.

Unterdessen hatten Kobus und die Mädchen eine strapaziöse Heimfahrt. Er hatte sie mehrere Stunden vor Schulschluss abgeholt und ihren Direktoren erklärt, dass ihnen ein riesiger Umweg bevorstand und dass sie vor Einbruch der Dunkelheit zu Hause sein mussten.

Sie erreichten die Hochwasserbrücke am frühen Nachmittag, aber als sie eine Stunde später beim Tsendze Strom ankamen, führte auch dieser Hochwasser, so dass sie ihn nicht überqueren konnten. Sie mussten einen anderen Weg nehmen und viele Kilometer auf Feuerschneisen und Patrouillenpfaden zurücklegen, um den Tsendze zu umfahren. Mehr als einmal blieb der Wagen in schlammigen Wasserläufen stecken, und sie mussten ihn erst wieder ausgraben. Zum Glück war der Wasserspiegel des Shibyeni Creek unterdessen so weit abgesunken, dass sie hindurchfahren konnten.

Als sie schließlich bei sinkender Nacht zu Hause ankamen, waren sie schlammverkrustet. Obwohl die erste Wut des Hochwassers ein bisschen abgeflaut war, freute ich mich, den spektakulären Anblick endlich zusammen mit meiner Familie genießen zu können.

Unser Fahrdamm blieb viele Wochen lang überflutet, und weil unser Boot verschwunden war, war der riesige Umweg über die Hochwasserbrücke die einzige Möglichkeit, die Mädchen zur Schule zu bringen.

Eines Tages, als das Wasser endlich so weit abgesunken war, dass wir sehen, oder besser gesagt erraten konnten, wo der Damm war, parkten wir den Wagen wieder auf der gegenüberliegenden Flussseite und wateten hinüber. Das Wasser reichte uns bis zu den Knien, und die Strömung war immer noch so stark, dass wir uns seitwärts wie Krebse fortbewegen mussten, um nicht vom Damm gespült zu werden. Kobus trug die zehnjährige Karin auf den Schultern, und ich hielt das Gewehr, das wir zum Schutz gegen Flusspferde und Krokodile mitführen mussten. Die älteren Mädchen – Hettie war damals gerade sechzehn und Sandra fünfzehn – wateten zwischen uns, und wir hielten uns an den Händen, um uns gegenseitig in der Strömung zu stützen.

Sicher war es nicht ganz ungefährlich, über den Damm zu waten, aber es ging um so vieles schneller als die 160 Kilometer weite Fahrt über die Hochwasserbrücke. Drei Wochen lang mussten wir noch waten, bis der

Pegelstand des Flusses so weit abgesunken war, dass man wieder mit dem Auto über den Damm fahren konnte.

Auf diese Weise mussten wir die Erfahrung machen, dass der Fluss nicht zähmbar war.

Ich konnte ihm verzeihen, dass er den Damm so viele Wochen lang überflutet hatte, aber nicht, dass er unser Boot entführt hatte. Es war ein so treues kleines Gefährt gewesen und hatte so viele Vorräte, Lebensmittel und Menschen – zuweilen Kranke oder Verletzte - über den Fluss befördert, und das so viele Jahre lang!

BUSCHFEUER

Eines Tages kam Kobus am späten Nachmittag nach Hause, und weil er gerade nichts Wichtiges zu tun hatte, erklärte er sich bereit, mich auf meinem täglichen Spaziergang zu begleiten. Ich war begeistert, denn er war mehrere Wochen lang sehr beschäftigt gewesen, und wir hatten nur wenig Zeit miteinander verbringen können.

Es war ein schöner Nachmittag. Der Winter war fast vorbei und die ersten Anzeichen des Frühlings lagen in der Luft. Wir gingen ein Stück weit im Trockenbett des Shibyeni Creek und erkletterten dann das Hochufer auf der Ostseite des Baches. Kaum waren wir oben angelangt, blieb Kobus stehen, betrachtete eingehend einen fernen Punkt am Himmel und erklärte dann: »Da ist ein Feuer.«

Ich blickte zum Himmel hinauf und fragte: »Wo? Im Himmel?«

Aber Kobus hatte sich bereits umgedreht und hastete das Hochufer hinunter. »Ich muss so schnell wie möglich dorthin. Tut mir Leid, dass ich unseren Spaziergang abbrechen muss.«

»Haben sie im Himmel denn nicht ihre eigene Feuerwehr?«, fragte ich hoffnungsvoll.

Mein kleiner Scherz machte keinen Eindruck. Wahrscheinlich hatte Kobus ihn nicht einmal gehört.

Ich stand da, starrte ein paar weiße Wolken am östlichen Horizont an und fragte mich, welche davon wohl die Schuldige sei. Für mich sahen sie alle so ziemlich gleich aus. Es faszinierte mich immer wieder, wie die Game Ranger ein verräterisches Wölkchen fast am anderen Ende der Welt erkennen konnten. Selbst wenn der ganze Himmel bedeckt war, deuteten sie auf eine von den vielen ganz normal aussehenden Wolken und erklärten, dass da ein Feuer sei.

Ich hatte Kobus noch nie zu einer Löschaktion begleitet und kam plötzlich auf die Idee, dass ich diesmal gerne mitfahren wollte.

Rasch lief ich nach Hause. Kobus und die Game Guards hatten ihre

Feuerpatschen (flache Rechtecke aus perforiertem Gummi, die an langen Stangen befestigt sind) und anderes Löschgerät bereits verladen und waren dabei, auf den Pick-up zu steigen. Ich sprang auf den Beifahrersitz und erklärte, dass ich mitkommen wolle, um zu helfen.

Nach etwa fünfzehn Minuten Fahrt konnten wir in der Ferne den orangeroten Feuerschein erkennen. Bald war die Luft von grauem Rauch erfüllt. Als wir am Rand des Feuers ankamen, erschien es mir als ein veritables Inferno, aber Kobus versicherte mir, dass es ein relativ kleiner Brand sei. Das Buschfeuer wütete nördlich der Straße. Es wurde von einem starken Wind vorangetrieben und kam rasch auf uns zu.

Mit Hilfe von Grasfackeln begannen Kobus und die Game Guards, ein Gegenfeuer zu entzünden – ein kleineres Feuer, das sich gegen den Wind nur langsam ausbreitet, so dass man es unter Kontrolle halten kann, und das alles Brennbare auf dem Weg des großen Feuers vernichtet.

Ich betrachtete den Schleier von weißem Rauch, der quirlend zum Himmel emporstieg, und fühlte mich klein und bedroht. Deshalb kletterte ich auf die Ladefläche des Pick-up, um mich ein bisschen größer zu fühlen. Von dort aus konnte ich die Aktivitäten um mich herum auch besser beobachten.

Angetrieben vom Wind, fraß sich das auf uns zukommende Feuer mit sehr viel größerer Geschwindigkeit durch den Busch als das Gegenfeuer, und ich fürchtete, dass dieses sich nicht schnell genug ausbreiten würde, um zu verhindern, dass das Buschfeuer es einfach übersprang. Ich beobachtete, wie die Flammen des großen Brandes am Unterholz und den unteren Ästen eines Baumes leckten und dann plötzlich bis zum Gipfel emporsprangen, so dass der Baum sich in eine zwanzig Meter hohe Fackel verwandelte.

Einige der Männer hasteten die Piste entlang und legten das Gegenfeuer, während andere mit Hilfe ihrer Feuerpatschen die hintersten Flammen des eben gelegten Brandes löschten, damit sie die Feuerschneise nicht übersprangen und das Gras und die Büsche in unserem Rücken erfassten.

Asche regnete auf mich herunter und wirbelte in der glühenden Luft herum, und das Brüllen des näher kommenden Buschfeuers wurde immer lauter. Die Flammen des Gegenfeuers tanzten fast friedlich durch Gras

und Gebüsch und fraßen sich langsam aber unaufhaltsam auf das Hauptfeuer zu. Aber während sich das Gegenfeuer nordwärts ausbreitete, wurden die Flammen an seinem hinteren Rand nach Süden geblasen und
züngelten über die Feuerschneise hinweg zum Himmel hinauf. Besorgt
sah ich zu, wie die Männer zu kämpfen hatten, um alle versprengten
Flammen zu löschen. Immer wieder beobachtete ich, dass einer von
ihnen vom Feuer eingeschlossen war, und rief ihm eine Warnung zu
oder forderte andere auf, ihm zu Hilfe zu kommen. Aber niemand
achtete auf mich. Diese Männer waren Experten und benötigten meine
Ratschlage nicht.
Nach etwa einer halben Stunde wurden Lücken in der Vorderfront des
großen Buschfeuers sichtbar. Seine Kraft war durch das Gegenfeuer gebrochen. Nach einer weiteren halben Stunde begann es, in sich zusam-
menzusinken und zu verlöschen. Die Männer verlangsamten ihr Arbeits-
tempo und erstickten mit ihren Feuerpatschen die letzten Restfeuer.
Bei Einbruch der Dunkelheit war die Arbeit getan, und wir befanden
uns auf dem Heimweg.

Ein Netzwerk von Feuerschneisen, zu dem auch die Touristenstraßen
und Patrouillenwege gehören, teilt den Park in dreihundert Einheiten,
so dass jede der Einheiten von den für Gegenfeuer notwendigen Schnei-
sen eingeschlossen ist. Diese Einheiten werden »Blöcke« genannt.
Wenn ein Feuer von einem starken Wind angetrieben wird, kann das
Legen von Gegenfeuern eine schwierige und gefährliche Aufgabe sein,
besonders wenn brennende Teile wie getrockneter Elefanten- oder
Büffelkot über die Feuerschneise hinweggeblasen werden und den angrenzenden Block in Brand stecken.
Der ausgehende Winter und beginnende Frühling (unmittelbar vor Beginn der Regenzeit) sind die Zeit, in der sich die Bedingungen entwik-
keln, unter denen verheerende Buschfeuer mit extrem hohen Temperaturen entstehen können. In solchen Zeiten hängen die Ranger ganz
von ihren Funkgeräten ab, um größere Brände melden und um Hilfe
bitten zu können.
Im September 1985 gab es Probleme mit dem Funkturm des Parks, und
alle Funkverbindungen waren fast zwei Monate lang unterbrochen. Der

vorangegangene Sommer hatte ergiebige Regenfälle und reichlichen Graswuchs gebracht. Während der warmen, trockenen Wintermonate hatte die Sonne das Gras in Stroh und schließlich das Stroh in Zunder verwandelt. Nun war die Luft heiß und trocken, und es gab genügend brennbares Material im Veld, um einem Buschfeuer Nahrung zu geben. Das Flüchtlingsproblem (Menschen, die aus Mosambik durch den Park nach Südafrika flohen) hatte seinen Höhepunkt erreicht, und die Gefahr, dass Menschen einen Brand verursachten, war groß. Die Ranger patrouillierten Tag und Nacht durch ihre Sektionen, hielten Ausschau nach verdächtigen Wölkchen und warteten.

Früh an einem Samstagmorgen trat Kobus in den Garten hinaus und sah, dass der Himmel im Osten in orangerotes Licht getaucht war. Es war nicht der Sonnenaufgang. Innerhalb von Minuten hatten er und die Game Guards ihre Löschausrüstung verladen und befanden sich auf dem Weg zu dem Brand.

Nach einer Fahrt von vierzig Kilometern in östlicher Richtung stießen sie auf das Feuer. Angetrieben von einem starken Wind, bewegte es sich auf breiter Front von Süden nach Norden. Die Mannschaft bildete eine weit auseinander gezogene Kette und legte ein breites Gegenfeuer, aber der Wind hielt das Gegenfeuer zurück und trieb das Hauptfeuer unaufhaltsam durch Gras und Busch. Die Männer fuhren zwanzig Kilometer weit in Windrichtung zur nächsten Feuerschneise und legten hastig ein neues Gegenfeuer. Aber wieder wurden sie von den Flammen zum Rückzug gezwungen.

Da alle Funkverbindungen abgerissen waren, konnte Kobus auch nicht um Verstärkung bitten.

Während des ganzen Tages trug der Sturm glühende Teile über die Gegenfeuer und entfachte in allen Himmelsrichtungen neue Brände, bis Kobus den Eindruck hatte, dass die ganze Welt in Flammen stand. Gemeinsam mit seiner treuen Mannschaft führte er einen aussichtslosen Kampf und konnte das Feuer nicht unter Kontrolle bringen.

Am frühen Nachmittag änderte sich die Windrichtung, und das Feuer wurde nun nach Westen, auf unser Haus zu getragen. In der Abenddämmerung konnte ich beobachten, wie sich der ferne Schein zu einem orangeroten Strahlenkranz verdichtete, der fast den ganzen östlichen

Horizont einnahm. Die Vögel in unserem Garten verstummten, und nicht einmal das Zirpen einer Grille unterbrach die unheimliche Stille. Die vier Kinder meiner Schwester verbrachten gerade ihre Schulferien bei uns. Zum Glück befanden sich alle Kinder im Haus, hörten Musik und spielten Karten. Obwohl sie von dem Feuer wussten, hatten sie noch keine Ahnung, dass der Wind sich gedreht hatte und die Flammen in unsere Richtung trug.

Alle halbe Stunde schlich ich mich leise in den Garten, um mir ein Bild vom Stand der Dinge zu machen. Gegen neun Uhr schlugen farbige Fontänen zum Himmel hinauf, und Asche begann in unseren Garten zu regnen.

Hettie und ihr Cousin Hennie (der älteste Sohn meiner Schwester) waren die Ersten, die anfingen, sich Sorgen zu machen. Als sie zu mir herauskamen und hoch am Himmel den Schein des herannahenden Feuers sahen, erschraken sie. Ich erklärte ihnen ruhig, was für einen Plan ich gefasst hatte: Wenn das Feuer uns zu nah kam, würden wir alle zusammen zu unserem Boot gehen und zur Mitte des Flusses rudern, wo wir in Sicherheit sein würden. (Im Jahr 1985 besaßen wir noch ein Boot.) Ich erinnerte sie auch daran, dass Kobus und seine Leute das Feuer bekämpften und dass sie sicher alles Menschenmögliche tun würden, um zu verhindern, dass es unser Haus erreichte. Beruhigt gingen sie zu den anderen ins Haus zurück.

Ich fasste den Entschluss, das Haus mit den Kindern zu verlassen, sowie das Feuer das gegenüberliegende Ufer des Shibyeni Creek erreichte. Im Augenblick schien es noch drei oder vielleicht vier Kilometer entfernt zu sein.

Der Lärm, den ein sich nähernder Flächenbrand verursacht, ist ebenso erschreckend wie sein Anblick. Zuerst ist es ein tiefes, anhaltendes Dröhnen, das deutlich erkennbar immer lauter wird, bis es schließlich zu einem wilden, vibrierenden Brüllen wird. Als das Getöse so laut wurde, dass ich mich zu fürchten begann, ging ich hinein und sagte den Kindern, dass sie sich bereit machen müssten, das Haus zu verlassen. Sandra, die immer das pragmatischste von meinen Kindern war, regte sich am meisten auf. Sie wollte wissen, was aus unseren Hunden, Pferden und Zwerghühnern werden sollte. Ich sagte ihr, dass wir die Hunde mitnehmen und die Pferde und Zwerghühner freilassen würden, damit sie sich selbstständig in Sicherheit bringen konnten.

Zunächst gingen wir alle hinaus, um noch einmal nachzusehen, wie es stand. Jenseits des Shibyeni Creek zuckten orangefarbene Flammen zum Himmel, aber seltsamerweise schienen sie stillzustehen, als ob sie ihre Kräfte sammeln wollten, bevor sie sich auf uns stürzten.

Mehrere Minuten vergingen, und immer noch schien das Feuer zu zögern.

Worauf wartete es?

Und dann sah ich, was los war. Der Wind hatte sich wieder gedreht. Er wehte jetzt nicht mehr von Ost nach West, sondern von Süd nach Nord. Das Feuer würde den Shibyeni Creek nicht überspringen. Es wurde nach Norden getrieben.

Ich war ungeheuer erleichtert, dass wir uns in Sicherheit befanden.

Aber dann dachte ich an Kobus und seine Männer, und meine Erleichterung machte neuen Ängsten Platz. Sie kämpften jetzt schon seit mehr als sechzehn Stunden gegen das Feuer, und ich hatte keine Möglichkeit zu erfahren, wo sie sich befanden und wie es ihnen ging.

Nachdem die Kinder wieder ins Haus gegangen waren, um zu Bett zu gehen, holte ich eine lange Leiter aus unserem Abstellraum und kletterte auf das Wasserreservoir. Von dort aus konnte ich sehen, wie der Rand des Feuers wie ein gigantischer Glühwurm unaufhaltsam nach Norden durch die Landschaft kroch. Ich wünschte mir verzweifelt, dass der Wind nachlassen und den Männern eine Pause gönnen würde.

Ich sagte den Kindern Gute Nacht, aber ich war unfähig, selbst zu Bett zu gehen. Ich kochte ein Dutzend Eier, schnitt zwei Laibe Brot auf und machte Sandwiches. Dann füllte ich zwei Flaschen mit starkem, süßem Kaffee und packte alles in einen Korb – für den Fall, dass Kobus oder einer seiner Männer vorbeikommen und ihn abholen sollte.

Gegen Mitternacht hörte ich das Dröhnen eines Automotors und rannte hinaus. Es war Kobus. Er war kaum wieder zu erkennen. Er war von Kopf bis Fuß mit Ruß bedeckt. Nur das Weiß seiner Augen leuchtete aus dem schwarzen Gesicht. Er sagte, dass sie dringend mehr Leute brauchten, um den Brand unter Kontrolle zu bringen, und bat mich, zum Haus von Ranger Dirk Swart am Phalaborwa-Tor zu fahren.

»Ich fahre sofort los«, gab ich zurück.

»Vielen Dank«, sagte er. »Bitte fahr vorsichtig.« Er ergriff den Proviant-
korb, den ich gepackt hatte, und einen großen Behälter mit Trinkwasser
und eilte davon.

Ich weckte Hettie und bat sie, sich um die anderen Kinder zu kümmern.
Ich wies sie an, mit ihnen zur Mitte des Flusses zu rudern, wenn der
Wind sich noch einmal drehen und das Feuer über den Shibyeni Creek
tragen sollte. Sie versprach, dass sie gut auf ihre Schwestern, Vettern und
Cousinen aufpassen würde.

Bevor ich losfuhr, prüfte ich den Wind noch einmal. Er wehte beständig
nach Norden. Ich konnte nur hoffen, dass es dabei bleiben würde.

Ich fuhr schnell zu Dirks Haus und brauchte nur eine Stunde für die
Fahrt. Seine Frau hörte mich klopfen und weckte Dirk. Er versprach
mir, Kobus mit seinem Team so schnell wie nur menschenmöglich zu
Hilfe zu kommen. Ich dankte ihm und machte mich sofort auf den
Heimweg.

Während der Heimfahrt achtete ich auf das hohe Gras, das sich im Wind
bog – er wehte noch immer von Süd nach Nord. Weit vor mir am Horizont konnte ich den orangeroten Feuerschein erkennen. Von meinem
Standpunkt aus schien er stillzustehen, was bedeutete, dass er sich in die
gleiche Richtung bewegte wie ich, nämlich von Süd nach Nord.

Etwa zwanzig Kilometer von zu Hause entfernt erschütterte ein plötzli-
cher Windstoß meinen Jeep, und Wolken von Staub und Blättern wirbelten vor dem Wagen über die Piste.

Der Wind drehte sich!

Bald tanzten und wirbelten ununterbrochen Staub und Blätter im
Scheinwerferlicht über die Fahrbahn.

Der Riesenglühwurm am Horizont begann langsam, aber unaufhaltsam
westwärts zu kriechen.

Ich trat auf das Gaspedal. Wenn das Feuer das Ufer des Shibyeni erreichte, würde der Wind die Flammen sehr schnell über den Zaun und in die
hohen Bäume auf der Ostseite unseres Gartens tragen. Beim Gedanken,
dass Hettie eingeschlafen sein und nichts von der Gefahr merken könnte, verfiel ich in Panik.

Ich fuhr, so schnell ich konnte, durch die Nacht. Immer wieder musste ich auf die Bremse treten, um nicht mit Impalas oder anderen wilden Tieren zusammenzustoßen, und kam gefährlich ins Schleudern, wenn Kaninchen wie verrückt im Zickzack über die Piste rannten. Als ich noch etwa zehn Kilometer von zu Hause entfernt war, wusste ich, dass ich dem Feuer nicht zuvorkommen konnte. Es hatte sich zu einer glühenden Front ausgeweitet, die sich von Ost nach West fast über den ganzen Horizont erstreckte. Unser Haus musste genau in seinem Weg liegen.

Erst als ich die letzte Kurve vor dem Fluss erreichte, konnte ich erkennen, dass das Feuer in einiger Entfernung hinter dem Haus vorbeigezogen war. Die Kinder waren in Sicherheit. Tränen der Erleichterung trübten mir die Sicht, als ich den Jeep das Hochufer hinunter und auf den Fahrdamm lenkte.

Kurz vor Tagesanbruch gelang es den Männern endlich, das Feuer unter Kontrolle zu bringen. Dirk und seine Mannschaft kehrten zu ihren Häusern zurück, und Kobus und seine Leute kamen in der Morgendämmerung nach Hause. Sie waren so erschöpft, dass sie kaum noch gehen konnten.

Nach nur wenigen Stunden Schlaf brachen sie wieder auf, um die letzten glimmenden Baumstämme zu löschen und die verbliebenen Restfeuer zu ersticken.

Nach einem so verheerenden Buschbrand wie diesem haben die Ranger immer die traurige Aufgabe, nach verletzten Tieren zu suchen und sie, wenn nötig, zu töten. Kobus forderte zu seiner Unterstützung einen Hubschrauber aus Skukuza an und machte sich an die grausige Suche.

Als ich wenige Tage nach dem Brand nach Shingwedzi fuhr, um eine Freundin zu besuchen, entdeckte ich einen verletzten Honigdachs, der neben der Straße durch das schwarze Veld humpelte. Ich brachte den Wagen neben ihm zum Stehen und sah ihn mir genau an. Das Feuer hatte ihn geblendet. Bei seinen qualvollen Versuchen, den Weg zu seinem Ziel in der weiten, toten Landschaft zu finden, stolperte er ständig und stieß gegen ausgebrannte Baumstümpfe oder Felsbrocken. Ich hatte einen großen Klumpen im Hals, als ich meine Pistole ergriff und aus dem Auto stieg. Ich zielte sorgfältig und erlöste ihn von seinen Qualen.

Dann setzte ich mich neben das tote Tier und streichelte sein verbranntes Fell.

»Ich liebe Honigdachse«, erzählte ich ihm leise. »Ich habe einmal einen aufgezogen.«

Ich blieb lange dort sitzen, starrte über das zerstörte Land und weinte.

TROMPETEN AM MORGEN

Die Ufervegetation von Mahlangeni bot mehreren ägyptischen Gänsefamilien ein Zuhause. Häufig sahen wir die Gänseeltern mit ihrem flaumigen Nachwuchs durch das sandige Trockenbett des Flusses zum Wasser watscheln. Junge ägyptische Gänschen sind die niedlichsten kleinen Geschöpfe, die man sich nur vorstellen kann.

Karin, die sich oft gewünscht hatte, die Gänschen aus der Nähe zu sehen, war hocherfreut, als einer der Game Guards ihr ein verlassenes Gelege von fünf Eiern brachte, das er gefunden hatte. Es gelang ihr tatsächlich, eine unserer Zwerghennen dazu zu bringen, die Eier auszubrüten, und nach etwa vierzehn Tagen führte die stolze Mutter ihre fünf »Küken« durch den Garten.

Es war der Henne völlig gleichgültig, dass ihre Kinder keinerlei Ähnlichkeit mit ihren Vettern und Cousinen hatten. Es störte sie auch nicht, dass die anderen Zwerghühner misstrauisch zusahen, wie die tollpatschig aussehende Brut herumwatschelte, anstatt zu laufen, wie es sich gehörte. Mutterliebe ist blind. Eifrig kratzte sie saftige Käfer für ihre Kinder aus dem Boden und stürzte hinter fliegenden Ameisen und Schmetterlingen her. Dann gluckte sie aufgeregt nach ihren Küken, zu kommen und sich ihr Futter abzuholen. Sie war vollkommen verblüfft, als diese all die köstlichen Leckerbissen ignorierten und lieber an den Grashalmen auf dem Rasen herumzupften. Wahrscheinlich kam es ihr auch seltsam vor, dass ihre Kinder trotz ihrer törichten Fressgewohnheiten so schnell wuchsen.

Immer wenn der treue Hahn, der den Himmel ununterbrochen nach Raubvögeln absuchte, seinen Warnruf ausstieß, trieben die Hennen ihre Küken unter die nächsten Pflanzen in Deckung, setzten sich über sie und breiteten schützend die Flügel über sie aus. Da die jungen Gänschen viel größer waren als ein Zwerghuhnküken, war es keine leichte Aufgabe für ihre Mutter, ihre pummeligen Schutzbefohlenen zusammenzu-

treiben und unter einen Busch zu scheuchen, ganz zu schweigen von der Schwierigkeit, sie alle unter ihren Flügeln unterzubringen. Die jungen Gänschen wuchsen und wuchsen, aber trotz all der Aufregung, die sie verursachten, blieb die Zwerghenne eine liebevolle Mutter und brachte ihre Tage damit zu, geschäftig um ihre seltsame Brut herumzuglucken.

Vor unserem Schlafzimmer hatten wir einen großen, geschwungenen Fischteich. Kobus hatte ihn in der ersten Zeit in Mahlangeni in der Hoffnung angelegt, dass die Wasserfläche unter den schattigen Bäumen und sonstigen Pflanzen uns an den langen, heißen Sommertagen ein Gefühl von Kühle vermitteln würde. So war es auch. Und der Fischteich war wirklich schön. Aber wenn man nachts durch die Schiebetür trat, musste man aufpassen, nicht hineinzufallen. Wir versuchten, ein paar Fische einzusetzen, aber die Eisvögel fingen sie alle und fraßen sie auf. Eine ganze Horde von Fröschen schlug ihren Wohnsitz in unserem Fischteich auf, und bald trieben sie uns mit ihren nächtlichen Chorgesängen zum Wahnsinn.

Die jungen Gänschen waren höchstens zwei Wochen alt, als sie den Fischteich entdeckten. Sie warfen nur einen Blick darauf, und dann mussten ihre Instinkte ihnen etwas eingeflüstert haben, denn sie stürzten sich augenblicklich hinein. Ihre Mutter blieb wie erstarrt stehen, den Hals vorgestreckt und vor Verwirrung mit den Augendeckeln klappernd. Als sie begriff, was da geschah, hatte sie einen Anfall. Unter hysterischem Gegacker befahl sie ihren Kindern, sofort aus dem Wasser zu kommen. Das taten sie natürlich nicht. Dazu fanden sie das Schwimmen viel zu schön. Ihre gänzlich verwirrte Mutter gluckte und tanzte herum, flog schließlich von einer Seite des Teiches auf die andere, schlug wütend mit den Flügeln und bat ihre Kinder, aus dem Wasser zu kommen. Ihr verzweifeltes Geschrei veranlasste den Hahn, herbeizueilen und nachzusehen, was los war. Auch er traute seinen Augen kaum, starrte die Gänschen schockiert und sprachlos mit offenem Schnabel an und hatte offenbar nicht die geringste Ahnung, was er tun sollte.

Von diesem Tag an kamen die Gänschen täglich an den Teich, und ihre arme, verwirrte Mutter konnte nichts anderes tun, als am Ufer zu stehen und ihre Kinder ängstlich zu bewachen.

Eines Tages erschien eine andere Zwerghenne mit ihren Küken am Teich, um sich die seltsame Szene anzusehen. Während die Henne mit nervösem Nicken und Augenklappern ihr Entsetzen zum Ausdruck brachte, interessierte sich eines ihrer Küken ganz besonders für die Vorgänge und kam zu dem Schluss, wenn seine Vettern schwimmen könnten, könnte es das selbst auch. Es ging zum Ufer, beugte sich vor und wollte sich schon ins Wasser stürzen, als es plötzlich den Mut verlor und beschloss, doch lieber auf dem Trockenen zu bleiben. Ich hatte vom Schlafzimmer aus zugesehen und wollte schon herausstürzen, um das dumme Küken vor dem Ertrinken zu bewahren, als ich mit Erleichterung sah, dass seine Hühnerinstinkte gesiegt hatten.

Bald waren die schnell wachsenden Gänschen größer als ihre Mutter. Und als sie ihre Stimmbänder entdeckten und wie heisere Trompeten zu schreien begannen, hatte sie genug. Das peinliche Benehmen ihrer Kinder war unerträglich geworden. Sie beschloss, von diesem Tag an einfach wieder ihren eigenen Dingen nachzugehen und die missratene Brut zu ignorieren.

Ägyptische Gänse sind sehr schöne Vögel. Ihre Oberseite ist kastanienbraun und rötlich, die Unterseite rehfarben bis gelbbraun. Ihre Flügel sind an den Schultern weiß, die Schwungfedern schwarz mit einem auffälligen smaragdgrünen Streifen am äußeren Rand.

Im Alter von etwa acht Monaten beschlossen zwei von unseren Gänsen, die nun keine Gänschen mehr waren, den Wohnsitz zu wechseln. Mit fanfarenartigem Abschiedsgeschrei flogen sie über den Zaun und den Fluss entlang nach Osten, bis wir sie aus den Augen verloren. Wir hofften, dass sie irgendwo in den Ufergehölzen im Osten einen schönen neuen Wohnort und Brutplatz finden würden.

Etwa einen Monat später verließ uns eine dritte Gans mit einem lauten Abschiedsruf, um sich eine neue Heimat bei den anderen ägyptischen Gänsefamilien am Flussufer zu suchen.

Die übrigen beiden Gänse blieben noch zwei Monate lang bei uns, bevor auch sie beschlossen auszuwandern. Sie erhoben sich in die Luft und flogen hoch über den Zaun – auch sie mit einer lauten Abschiedsfanfare. Aber sie flogen nicht weit. Sie landeten im Ufergebüsch direkt vor dem Haus, verliebten sich in den Ort und machten ihn zu ihrem neuen Heim. Obwohl sie die Tage grasend am Ufer verbrachten, kamen sie weiterhin täglich zum Abendessen ins Restaurant Mahlangeni. Dann standen sie auf dem Rasen, warteten darauf, dass ihnen ihre Schüssel mit Haferbrei serviert wurde, und schrien ungeduldig, wenn sie nicht schnell genug bedient wurden.

Ein paar Monate nachdem diese beiden umgezogen waren, brüteten sie ihre eigenen Gänsekinder aus. Während der Brutzeit und der Aufzucht der Jungen kamen die Eltern abwechselnd zur Abendessenszeit zu uns. Einer von den beiden blieb immer beim Gelege und später bei den kleinen Gänschen. Sie erschienen auch abwechselnd, um ihr tägliches Bad im Fischteich zu nehmen. Erst als ihre Jungen selbstständig waren, erschienen sie wieder gemeinsam zum Fressen und Schwimmen.

Eine weitere Angewohnheit dieser beiden war es, jeden Morgen beim ersten Tageslicht schwungvoll auf dem großen Felsbrocken im Fischteich zu landen und uns mit heiserem Trompeten aus dem Schlaf zu reißen. Der Zweck ihres Trompetens war es natürlich, allen anderen ägyptischen Gänsen gegenüber ihren Besitzanspruch auf Teich und

Restaurant von Mahlangeni zu bekräftigen und zu verkünden, dass Zuwiderhandelnde verfolgt würden.

Wenn man bedenkt, wie weit ihre Stimmen tragen mussten, um von allen Gänsefamilien am Fluss gehört zu werden, kann man sich wohl vorstellen, wie laut das Geschrei war, das jeden Morgen in aller Herrgottsfrühe in unser Schlafzimmer drang.

KICHERNDE DIEBE

Wenn Afrika eine Stimme hat, dann ist es das juchzende Heulen der Hyänen. In tiefer Nacht kommt es aus dem Nichts, gellt in steigenden und fallenden Kadenzen durch den Busch und weckt uralte Erinnerungen an Hexen und Geister. Und wenn der Wind die Nachricht von einem nächtlichen Festmahl verbreitet, wird das geisterhafte Geheul zum Vorspiel für irrwitzige, gackernde, kichernde und kreischende Arien. Obwohl die Hyäne mit den Katzen näher verwand ist als mit den Hunden, sieht sie eher wie ein Hund aus. Sie ist sowohl Aasfresser als auch Raubtier und frisst alles, was ihre starken Kiefer und Zähne zermalmen können, und das ist so ziemlich alles. Sie hat einen massiven Kopf und Brustkorb und ein abfallendes, fast verkrüppelt wirkendes Hinterteil. Sie bewegt sich mit schlurfendem, schwankendem Gang, sabbert viel und kichert. Außerdem stiehlt sie.

Eines Nachts grub sich in Mahlangeni eine Hyäne unter unserem Gartentor hindurch und schlich sich in unseren Garten. Dort fraß sie die Reitsättel der Mädchen, dazu ein Paar brandneuer Schuhe von Karin, die sie draußen vergessen hatte, und ein Paar Stiefel, die Kobus auf der Terrasse hinter der Küche hatte stehen lassen. Sie entdeckte auch meinen Staubsauger in der Garage und vertilgte den Staubbeutel.

Kobus war in dieser Nacht auf Patrouille und hatte die Hunde mitgenommen. Wenn diese zu Hause gewesen wären, hätte die Hyäne sich niemals in den Garten gewagt. Trotz ihrer Stärke und Heimlichkeit sind Hyänen ziemlich feige.

Ich schrieb einen Brief an unsere Versicherung, um mich zu erkundigen, ob wir Schadenersatz für unsere Verluste beanspruchen könnten. Sie schickten mir ein Schadensmeldungsformular für Diebstähle und forderten mich auf, es ausgefüllt zurückzuschicken und irgendeine Art von Beweis mitzuliefern. Glücklicherweise hatte ich eine Hand voll Hyänenhaar als Beweis. Ich hatte die Haare am Morgen nach dem Zwi-

schenfall im Draht des Tores gefunden und für alle Fälle in einem Umschlag aufbewahrt.

Mit diesem Umschlag fuhr ich zur Polizeistation in Phalaborwa. Ich zeigte dem Dienst habenden Polizeibeamten die Haare und erzählte ihm die ganze Geschichte. Er missverstand mich zunächst und glaubte, ich wolle Anzeige gegen die Hyäne erstatten. Ich musste ihm erst erklären, dass ich lediglich die Wahrheit der Geschichte beschwören wollte.

Ich erhielt eine beschworene und beglaubigte Erklärung und schickte sie an die Versicherung.

Der Schaden wurde in voller Höhe ersetzt.

Wir waren sehr dankbar dafür.

Ein paar Monate später fuhren Kobus und ich nach einer Konferenz im Olifants Camp spät in der Nacht nach Hause.

Nach zwei Stunden Fahrt wurde Kobus müde, und ich übernahm das Steuer, während er auf dem Beifahrersitz einnickte. Auf der gewundenen Piste am Shabarumbi Creek kam eine Hyäne direkt vor dem Auto aus der Dunkelheit geschossen. Ich trat mit aller Kraft auf die Bremse und kam ins Schleudern, konnte aber nicht verhindern, dass der Wagen die Hyäne erfasste. Kobus und ich sprangen aus dem Fahrzeug, um nachzusehen, ob die Hyäne verletzt war, aber sie rannte davon und verschwand im Busch. Ich war in Tränen. Noch nie hatte ich ein Tier angefahren. Kobus tröstete mich und meinte, dass er noch einen Blick auf die Hyäne habe werfen können und dass sie nicht so ausgesehen habe, als ob sie verletzt sei, abgesehen vielleicht von einer Prellung an der Hüfte. Dennoch fühlte ich mich scheußlich. Und ein Scheinwerfer unseres Autos war vollständig zerstört.

Wieder schrieb ich an die Versicherung und fragte, ob wir Schadenersatz für den Scheinwerfer erhalten könnten. Sie schickten mir ein Schadensmeldungsformular für Verkehrsunfälle, das ich ausfüllen sollte. Die Fragen waren schwierig, aber wir brauchten das Geld für einen neuen Scheinwerfer wirklich dringend, und so tat ich mein Bestes, die Fragen zutreffend und ehrlich zu beantworten.

1. Geschwindigkeit vor dem Unfall: *35 km/Std.*
2. Zustand der Straße: *Holprig (ungepflasterte Piste)*
3. Straßenbreite: *2 Meter*
4. Wetterbedingungen: *Gut*
5. Sicht: *Schlecht (Stockdunkel)*
6. Straßenbeleuchtung: *Schwach (Kein Mond, nur Sterne)*
7. Haben Sie irgendein Warnzeichen gegeben, z.b. Hupen, Blinken etc.?: *Nein (Tiere kennen diese Warnzeichen nicht).*
8. Beschreiben Sie die Verkehrs- und Warnschilder in der näheren Umgebung des Unfallorts: *Keine.*
9. Schaden an anderen Fahrzeugen: *Keiner.*
10. Personenschaden: *Eine Hyäne wurde verletzt.*
11. Name der verletzten Person: *Hyäne.*
12. Adresse und Telefonnummer der verletzten Person: *Shabarumbi Creek, Krügerpark (Kein Telefon).*
13. Genaue Beschreibung der Verletzung: *Unbekannt. Vermutlich Prellung an der Hüfte.*
14. Name des behandelnden Krankenhauses: *Der Verletzte wurde nicht behandelt.*
15. Verbindung mit Unfall, z.B. Fußgänger, Fahrer oder Beifahrer: *Fußgänger.*

Es folgte eine leere Fläche auf dem Papier für eine Skizze des Unfalls. Ich konnte mir nicht recht vorstellen, wie ich ein Bild von einer Hyäne zeichnen sollte, die in der Dunkelheit aus dem Busch herausspringt. Ich dachte daran, die ganze Fläche schwarz anzumalen und darunter zu schreiben, dass die Nächte im Busch so stockfinster seien, dass man absolut nichts sehen könne.

Aber die Idee erschien mir dann doch nicht so gut. Obwohl mondlose Nächte im Busch tatsächlich sehr dunkel sind, wollte ich bei einem offiziellen Dokument, in dem die ganze Wahrheit und nichts als die Wahrheit erwartet wird, lieber nichts riskieren.

Ich bat Kobus, mir bei der Zeichnung zu helfen. Er fertigte eine einfache Skizze an, mit Pfeilen, die unsere Fahrtrichtung, die Position der Hyäne unmittelbar vor dem Zusammenstoß und ihre Laufrichtung über die Piste bezeichneten, und einem Kreuz, das den Ort des Zusammenpralls darstellte. Auf diese Idee war ich nicht gekommen. Ich hatte mir vorgestellt, dass sie eine realistische Darstellung einer Hyäne haben wollten, die vor dem Wagen aus dem Busch bricht.

Auch diesmal wurde der Schaden in voller Höhe ersetzt, und wir waren wieder sehr dankbar.

An der Ostgrenze der Mahlangenisektion gab es einen Rangerstützpunkt, der Shipandani genannt wurde. Er lag geschützt unter hohen Leucaena- und Apfelblattbäumen und Schirmakazien am Ufer des Tsendze Stroms und war ein hübsches kleines Camp, bestehend aus drei strohgedeckten Hütten, einer angebauten Küche mit Vorratsraum und einer offenen Feuerstelle im Freien. In zwei Schilfhütten waren eine Toilette und eine Dusche untergebracht. Auf einer Seite des Camps befand sich ein mit Felsblöcken übersäter Koppie, auf dem man häufig Paviane beim Spielen beobachten konnte und dessen Flanken im Winter von einem Teppich leuchtend rosafarbener Impalalilien bedeckt waren.

Das Camp war nicht eingezäunt, und weil es in der Gegend Leoparden gab, ließen wir die Hunde gewöhnlich in einer der Hütten schlafen, wenn wir dort übernachteten.

Eines Nachts schlich sich eine Hyäne in das Shipandani Camp und stahl unseren eisernen Kochtopf und eine orangefarbene Decke, die eines der Mädchen auf einem Stuhl am Lagerfeuer vergessen hatte.

An der Fährte konnten wir erkennen, dass der Dieb eine einzelne Hyäne gewesen war. Es sah nicht so aus, als ob sie zweimal gekommen wäre, und wir fragten uns, wie sie es wohl geschafft hatte, den schweren Eisentopf und die Decke gleichzeitig davonzuschleppen. Die Fährte verlor sich im dichten Schilf am Flussufer, und obwohl wir die ganze Gegend nach unserem Topf und der Decke absuchten, konnten wir sie nicht finden. Wir fragten uns aber auch, warum die Hyäne sie fortgetragen hatte und was sie damit vorhatte. Das, meinte Hettie, fragte sich die Hyäne vermutlich auch.

Als Kobus einige Monate später anlässlich einer Bestandsaufnahme aus der Luft das Shipandani Camp überflog, entdeckte er in einiger Entfernung südlich des Koppie einen orangefarbenen Gegenstand im Veld. Er bat den Piloten, etwas niedriger zu fliegen, so dass er erkennen konnte, worum es sich handelte. Es war unsere Decke. Die Gegend war jedoch besonders felsig, und es gab nirgends einen geeigneten Landeplatz für den Hubschrauber. Deshalb konnte Kobus die Decke nicht bergen. Ich frage mich manchmal, ob sie immer noch einsam dort herumliegt und warum die Hyäne sie so weit geschleppt hat, bevor sie sie liegen ließ. Den Kochtopf haben wir bis heute nicht wieder gefunden.

Eine gute Decke und ein eiserner Kochtopf sind nicht ganz billig, aber ich konnte mich nicht dazu durchringen, noch einmal einen Brief an die Versicherung zu schreiben. Ich scheute mich auch, noch einmal zur Polizeistation zu gehen und zu melden, dass eine Hyäne unsere Decke und unseren Kochtopf gestohlen habe.

In einem Winter kaufte sich Kobus ein Paar Boxerstiefel aus Segeltuch. Sie waren leicht und hatten dünne Sohlen, und Kobus hatte sich schon lange ein Paar gewünscht. Damit kamen ihm seine langen Patrouillengänge kürzer vor, behauptete er, oder wenigstens hatten seine Füße dieses Gefühl.

Kurz nachdem er sich diese Stiefel gekauft hatte, campierte Kobus mit einem Team, das eine Anzahl von Zebras an einen anderen Standort bringen sollte, in der Nähe des Fanggeheges. Die anderen Game Ranger machten ständig ihre Witze über die Boxerstiefel, aber Kobus ignorierte sie. Diese Stiefel waren das Bequemste, was er jemals besessen hatte. Das einzige Problem war, dass sie nach einem langen Arbeitstag einen etwas reifen Geruch verströmten. Nachts musste er sie deshalb draußen lassen, wenn er in seinem Zelt frische Luft atmen wollte.

Getreu ihrem Ruf entdeckte eine herumstöbernde Hyäne die Stiefel. Sie schnappte sich einen davon und suchte damit das Weite. Aber nach zwanzig Metern ließ sie ihn wieder fallen. Wenn man bedenkt, an was für stinkenden Kadavern sich diese Tiere gütlich tun, muss der Stiefel schon ziemlich würzig gerochen haben, um einer Hyäne den Appetit zu verderben.

Als die anderen Ranger am nächsten Morgen die Hyänenfährte sahen und den speichelfeuchten Stiefel so nah beim Lager fanden, hatten sie so manches zu sagen. Einer von ihnen schlug vor, einen Suchtrupp nach der Hyäne auszuschicken, für den Fall, dass sie ohnmächtig geworden war und wieder belebt werden musste. Ein anderer hatte die Idee, die Stiefel nachts an das Zebragehege zu nageln, um mordlüsterne Löwen fern zu halten. Dieser Vorschlag wurde jedoch einstimmig abgelehnt, mit der Begründung, das sei Grausamkeit gegen die Zebras.

Kobus kümmerte sich nicht um diese Kommentare. Seine Stiefel waren nicht nur außerordentlich bequem, sondern auch hyänenfest.

ELEFANTEN IN DER NACHT

In der Nacht hat man mit Elefanten ein zusätzliches Problem, nämlich dass sie unsichtbar werden. Selbst wenn man sie anleuchtet, kann man sie nicht richtig erkennen. Vermutlich liegt es daran, dass man in der Nacht relativ nah an die Dinge herankommen muss, um sie zu sehen. Wenn man aber zu nah vor einem Elefanten steht, kann man in Folge seiner Größe nicht das ganze Tier erkennen. Man sieht nichts als Dunkelheit.

Gewöhnlich versuchte ich, Nachtfahrten zu vermeiden, aber an einem Freitagnachmittag, als ich mit den Mädchen an einer Schulveranstaltung teilgenommen hatte, blieb mir nichts anderes übrig, als bei Dunkelheit nach Hause zu fahren. Als wir etwa die Hälfte des Weges zurückgelegt hatten, tauchte plötzlich und viel zu spät der mächtige Körper eines Elefantenbullen im Scheinwerferlicht auf. Sein Kopf steckte im Gebüsch neben der Straße, sein Hinterteil stand auf der Piste direkt vor uns. Ich trat mit aller Kraft auf die Bremse und kam direkt unter seinem Schwanz zum Stehen. Seine Hinterbeine knickten in den Kniegelenken ein (was fast immer passiert, wenn ein Elefant erschreckt wird), und sein gewaltiger Po begann, auf die Kühlerhaube herabzusinken. In Erwartung eines fürchterlichen Knirschgeräusches schloss ich die Augen, aber Gott sei Dank beschloss der Elefant, sich doch nicht hinzusetzen, und schoss davon. Unter entrüstetem Geschrei stürmte er krachend und alles niedertrampelnd durch den Busch. Die ganze Landschaft erbebte. Meine Töchter kicherten, aber ich stand unter Schock, und auf dem ganzen restlichen Heimweg klapperten mir die Zähne.

Mishak, der Fahrer des Transportlasters des Parks, wurde eines Tages durch einen Maschinenschaden aufgehalten, als er sich gerade auf seiner allwöchentlichen Rundtour befand, um die Touristencamps mit Vorräten zu beliefern. Nachdem er das Problem im Shingwedzi Camp nicht hatte lösen können, borgte sich Mishak den Pick-up des Campmanagers und machte sich schnellstens auf den Weg nach Punda Maria, der letzten Station seiner Lieferfahrt. Als er noch ein gutes Stück von seinem Ziel entfernt war und die Dämmerung bereits in die Dunkelheit übergegangen war, fand er sich plötzlich auf Kollisionskurs mit dem Hinterteil eines Elefanten wieder. Er trat auf die Bremse und kam unter dem Elefantenpo zum Stehen. Kreischend wie ein Tornado knickte der Elefant in den Knien ein und setzte sich auf die Kühlerhaube des Pick-up. Zum Glück für Mishak war es ein junger Elefantenbulle, noch ein Teenager, der schleunigst wieder aufstand und donnernd durch den Busch davonrannte. Aber unglücklicherweise riefen die Schreie des Jünglings die ganze Familie auf den Plan (eine ganze Herde aus Muttertieren mit Kälbern). Die Dickhäuter brachen aus dem Busch, um die Ursache der Aufregung zu ergründen. Um die leicht erregbaren Muttertiere nicht in Wut zu bringen, schaltete Mishak den Motor aus, der zu seiner Überraschung trotz der zerbeulten Kühlerhaube noch lief. Mishak wusste, dass er gut daran tat zu warten, bis die Herde sich wieder verzog, bevor er versuchte weiterzufahren. Aber die Kühe dachten gar nicht daran, das Feld so schnell zu räumen. Mit erhobenem Rüssel schlenderten sie zu dem Pick-up hinüber. Irgendetwas roch gut. Die Maismehlsäcke auf der Ladefläche des Trucks! Hocherfreut rissen die Tiere die Säcke auf und machten sich über ihren Inhalt her. Einige der Kühe warfen Säcke auf den Boden, damit die Kälber auch an dem Fest teilhaben konnten. Der Truck war so von Elefanten eingekreist, dass Mishak nichts tun konnte, als die Plünderer anzubrüllen. Aber diese nahmen natürlich keinerlei Notiz von ihm. Sie waren viel zu begeistert von ihrer Maismehlparty.

Noch viele Tage danach berichteten Touristen, dass sie in der Gegend von Punda Maria weiß gepuderte Elefanten gesehen hätten.

Eines Nachts, lange nachdem Kobus und ich zu Bett gegangen waren, wurden wir durch das durchdringende Geräusch von brechendem und sich biegendem Stahl geweckt. Ich wachte zwar nicht vollständig auf, Kobus aber schon. Er sprang aus dem Bett und rief:»Das ist ein Elefant, der durch den Zaun in den Gemüsegarten einbricht.«

»Was? Ein Elefant?«, stammelte ich. Zu drei Vierteln schlief ich noch.
»Komm und steh auf!«, drängte er. Er hatte seine Taschenlampe gefunden und überprüfte das Magazin seines Gewehrs.
»Aufstehen? Ich …? Aber warum denn?«
»Um mit der Taschenlampe den Elefanten anzuleuchten, damit ich einen Schuss über seinen Kopf abgeben kann. Komm, mach schnell. Er plündert den Gemüsegarten!«
Ich versuchte, mir eine Entschuldigung auszudenken, um im sicheren Haus bleiben zu können, aber so mitten in der Nacht konnte ich nicht in ganzen Sätzen denken. Also stand ich zögernd auf und folgte Kobus hinaus in die pechschwarze Nacht.
Wir hörten, wie der Elefant Äste von dem Feigenbaum im Gemüsegarten riss. Ich richtete den Strahl der Taschenlampe in die Richtung, aus der das Geräusch kam, konnte aber nichts erkennen. Je mehr wir uns den Fressgeräuschen des unsichtbaren Elefanten näherten, desto schwerer fiel es mir, die zitternde Taschenlampe ruhig zu halten.
»Gut«, sagte Kobus. »Fein machst du das. Jetzt beleuchte seinen Kopf!«
»Wo? Ich sehe ihn nicht!«
»Aber er ist doch direkt vor dir«, sagte Kobus.
Und so war es auch. Ich hatte die Taschenlampe die ganze Zeit auf den Körper des Elefanten gerichtet und geglaubt, nichts als dunkle Nacht zu sehen.
»Beleuchte seinen Kopf!«, wiederholte Kobus.

Ich bewegte den Lichtstrahl in die Richtung, in der ich den Elefantenkopf vermutete, aber dort war sein Schwanz.

»Der Kopf ist auf der anderen Seite«, zischte Kobus. »Und wo gehst du hin?«

»Ich tu doch mein Bestes«, protestierte ich. »Und was meinst du, wo ich hingehe? Ich bin doch hier!« Aber schon während ich sprach, wurde mir klar, dass ich keineswegs mehr an Ort und Stelle war. Ich hatte automatisch den Rückwärtsgang eingelegt.

Ich riss mich zusammen und richtete die Taschenlampe tapfer auf ein Ohr des Elefanten, und Kobus gab einen Schuss über seinen Kopf ab. Der Elefant begriff, was es geschlagen hatte, und fuhr herum. Als er eilig durch die Gemüsebeete auf die Lücke im Zaun zulief, vernichteten seine Füße Hunderte von Sämlingen und rissen riesige Mengen von erwachsenen Gemüsepflanzen aus. Wir sahen ihm zu, wie er ohne Hast über den niedergerissenen Zaun stieg und dabei sorgfältig darauf achtete, sich mit den Füßen nicht im verwirrten Draht zu verfangen. Dann verschwand er in die Nacht.

Als Filemoni die Verwüstung im Gemüsegarten am nächsten Morgen entdeckte, sah er zum Himmel auf und teilte jemandem dort oben auf Tsonga mit, was er von Elefanten hielt. Es klang nicht besonders nett, und darum möchte ich es lieber nicht übersetzten.

HÄUSLICHER ZIRKUS

Im Dezember 1989 brachte uns Kobus' Bruder, der Farmer war, zwei schwarze Ferkel als Weihnachtsgeschenk. Ich nehme an, dass er sich vorstellte, dass wir sie mästen und eines Tages schlachten würden. Aber sie waren so unvorstellbar niedlich, dass sie augenblicklich zu Familienmitgliedern wurden, und so konnte natürlich überhaupt nicht die Rede davon sein, dass wir sie jemals essen würden.

Da wir keinen anderen sicheren Platz hatten, wo sie die Nacht verbringen konnten, sperrten wir sie mit den Zwerghühnern ins Hühnerhaus. Die Zwerghühner fanden das gar nicht komisch und verbrachten ihre Nächte mehr als eine Woche lang mit nervösen Diskussionen über die neue Situation.

Die Mädchen nannten den jungen Eber Fritzie und die kleine Sau Fiela. Fiela ließ sich gerne knuddeln, aber Fritzie wollte nichts als Fressen.

Als die Ferkel älter wurden, begannen sie zu schnarchen, und wieder litten die armen Zwerghühner unter Schlaflosigkeit. Fritzies Schnarchen war besonders unerträglich. Es klang fast wie das Grollen und Knurren von fressenden Löwen. Als wir bemerkten, dass die Zwerghühner den größten Teil ihrer Tage damit verbrachten, den versäumten Schlaf nachzuholen, bauten wir eine Schilfhütte mit Blechdach, in der die Schweine schlafen konnten – in angemessener Entfernung vom Hühnerhaus.

Fritzie wurde ein richtiges Schwein. Er war wirklich ein freundlicher, gutmütiger Bursche, aber er hatte kaum andere Interessen, als zu fressen und faul im Schlamm herumzuliegen. Fiela hatte ein sehr viel liebenswürdigeres Wesen und mochte es, wenn man sich mit ihr beschäftigte. Wenn sie einen von uns im Garten entdeckte, kam sie herbeigetrabt, presste ihre große, nasse Nase in unsere Hand, drückte sich an unsere Beine und wollte hinter den Ohren gekrault werden. Wenn wir das taten, ließ sie sich auf unsere Füße fallen. Bei ihrem beachtlichen Gewicht

159

kostete es sehr viel Anstrengung, die Füße unter dem schlafenden Tier wieder herauszuziehen.

Wir liebten unsere beiden fetten Freunde sehr. Auf ihre Weise trugen sie viel zum Unterhaltungswert der täglichen Aktivitäten in unserem Garten bei. Bevölkert von zwei Hunden, drei Pferden, zwanzig Zwerghühnern, zwei Schweinen, einer Eichhörnchenfamilie, unzähligen Vögeln und, in Abständen, den beiden ägyptischen Gänsen, war dieser Garten niemals auch nur einen Augenblick lang langweilig.

Unser erstes Pferd bestellten wir im Jahr 1982 per Post über die *Farmer's Weekly*. An dem Tag, an dem es ankommen sollte, fuhr Kobus zum Bahnhof nach Phalaborwa, um es abzuholen, während die Mädchen und ich aufgeregt und voller Vorfreude zu Hause warteten. Die Mädchen hatten bereits beschlossen, das Pferd Prins zu nennen – das Wort für Prinz in Afrikaans.

Aber als Kobus an diesem Abend zu Hause ankam, stieg eine struppige, schmutzige, schwächlich aussehende Kreatur vom Pick-up. Das Tier sah mehr nach einem vernachlässigten Maultier aus als nach einem Pferd und hatte das Gebaren eines verschreckten Esels. Der Name Prins erschien uns unter diesen Umständen wirklich nicht mehr passend.

Die Mädchen hatten unendliches Mitleid mit dem elenden Tier und beschlossen, es zu einem glücklichen, selbstbewussten Pferd zu machen. Mit viel Liebe und fürsorglicher Pflege, verbunden mit einer Behandlung mit Medikamenten und einem gesunden Fütterungsplan, wofür Kobus sorgte, erzielten sie sehr bald eine erstaunliche Wirkung. Der Wallach nahm zu, sein Fell begann zu glänzen, und er wurde vertrauensvoll und anhänglich. Sandra nannte ihn Aznar.

Aznar schloss sich so eng an die Mädchen an, dass er sie nicht aus den Augen ließ, wenn sie zu Hause waren. Häufig lief er ihnen bis ins Haus nach, und ich musste ihnen helfen, ihn durch die Küchentür wieder hinauszuschieben.

Wenn die Mädchen in der Schule waren, graste er am liebsten am Flussufer in der Nähe des Hauses. Er war immer auf der Hut und erkannte jede Gefahr sofort. Sowie er Wind von einem Raubtier in der Nähe bekam, galoppierte er hinter die Umzäunung zurück. Als er zum ersten

Mal der Elefantenherde begegnete, die am Flussufer zu grasen pflegte, zog er sich nur ein Stück weit zurück und betrachtete die gigantischen Tiere aus respektvoller Entfernung. Die Elefanten hoben die Rüssel, um seine Witterung aufzunehmen, kamen aber zu dem Schluss, dass er ein harmloses, wenn auch seltsam aussehendes Tier sei, und beachteten ihn nicht weiter. Danach konnte man Aznar oft beobachten, wie er friedlich gemeinsam mit den Elefanten am Ufer graste.

Etwa zwei Jahre, nachdem wir Aznar erworben hatten, kauften wir unser zweites Pferd – einen hübschen jungen Anglo-Araber namens Apollo. Leider war er ein bisschen stur und missachtete unsere Warnungen vor den Gefahren, die auf ihn lauerten, wenn er sich zu weit in den Busch hinauswagte. Aznar ließ sich von Apollos Eigensinn verführen, und wir mussten häufig nach den Pferden suchen und sie wieder näher zum Haus treiben, wo sie halbwegs in Sicherheit waren.

Ich war allein zu Hause, als ich eines Tages feststellte, dass die beiden Pferde wieder einmal nicht in der Nähe waren. Ich rief nach den Hunden, um mit ihnen gemeinsam nach den Pferden zu suchen, aber als wir gerade durch das Gartentor gehen wollten, hörte ich das Donnern von Hufen. Es war Aznar, der mit aufgerissenen Augen laut wiehernd heimwärts galoppierte. Als ich auf ihn zulief, kam er zitternd und schwitzend zu mir. Zwei Game Guards, die das Donnern der Pferdehufe gehört hatten, kamen mit ihren Schusswaffen vom Dorf her angerannt. Begleitet von den beiden Hunden, hasteten sie das Hochufer hinunter, um nach Apollo zu suchen. Dort folgen sie den Hufspuren, die am Fluss entlangführten. Ich brachte Aznar in seinen Stall und versuchte, ihn zu beruhigen, aber er war immer noch furchtbar aufgeregt, stampfte und wieherte laut und versuchte mir offenbar mitzuteilen, dass etwas Schreckliches passiert war.

Ein paar Minuten später hörte ich drei Schüsse aus der Richtung, in die Game Guards gegangen waren. Mein Herz begann heftig zu klopfen. Wir hatten Apollo erst seit zwei Jahren gehabt. Er war noch so jung …

Ich wartete bei Aznar und wünschte mir verzweifelt, dass die Game Guards mit Apollo am Strick zurückkommen würden.

Als sie endlich erschienen, war Apollo nicht bei ihnen. Sie kamen mit ernsten Gesichtern auf mich zu, und einer von ihnen hielt mir Apollos Schweif entgegen, den er mir als Andenken anbieten wollte. Sie berichteten, dass das Pferd von vier Löwen angegriffen worden sei. Sie hatten in die Luft geschossen, um die Löwen von ihrer Beute zu vertreiben, und als sie sich vergewissert hatten, dass Apollo wirklich tot war, hatten sie ihm den Schweif abgeschnitten, um ihn mir zu bringen. Ich hatte nicht die Kraft, den Schweif entgegenzunehmen, aber ich dankte ihnen für ihre Mühe und Achtsamkeit und bat sie, ihn in Kobus' Büro zu legen.

Aznar wusste, dass seinem Freund nicht mehr zu helfen war. Er stieß einen traurigen, zittrigen Seufzer aus und drückte seine Nase in meinen Nacken. Ich umarmte ihn und weinte.

Bald nachdem wir Apollo verloren hatten, kauften wir ein amerikanisches Saddle Horse namens Kirby, ein hübsches, intelligentes Tier, das womöglich noch vorsichtiger war als Aznar. Aber im Gegensatz zu Aznar wollte Kirby nicht glauben, dass Elefanten für Pferde keine Gefahr darstellen. Jedes Mal, wenn die Elefantenherde auftauchte, um am Flussufer zu grasen, galoppierte Kirby, so schnell er konnte, nach Hause und versteckte sich im Stall, bis die Elefanten wieder weitergezogen waren.

Eines Tages, als Sandra und Karin (damals fünfzehn und zehn Jahre alt) am Ufer entlangritten, sahen sie einen einsamen Elefanten am gegenüberliegenden Ufer grasen und beschlossen umzukehren, bevor Kirby den Dickhäuter ebenfalls entdeckte. Aber es war zu spät. Kirby hatte ihn bereits gesehen, machte auf dem Absatz kehrt und rannte in wildem Galopp los. Aznar schien der Meinung zu sein, dass er, wenn Kirby einen Grund hatte, nach Hause zu rennen, am besten dasselbe tun sollte. Und so rasten die beiden Pferde heimwärts, ohne auf ihre Reiterinnen zu achten. Sandra witterte Gefahr. Sie galoppierten auf den Shibyeni Creek zu, und die Pferde waren viel zu schnell, um ihre Reiterinnen sicher durch das felsige Bachbett zu tragen. Vor dem Bach befand sich eine Sandbank, und als sie sich dieser Sandbank näherten, drehte Sandra den Kopf und schrie Karin zu: »Spring ab in die Sandbank!« Sie selbst warf sich vom Pferd und landete im Sand, aber Karin sprang eine Sekunde zu spät und fiel auf das harte, kiesbedeckte Ufer. Sandra setzte sich auf, rieb sich den Sand aus den Augen und sah sich nach Karin um. Dann sprang sie auf die Füße und rannte zu ihrer Schwester. »Bist du o. k.?«

»Ich glaube, ja«, gab Karin zurück und setzte sich etwas benommen auf. »Deine Stimme klingt so komisch …« Dann sah sie, dass Sandra den Mund voller Sand hatte, und fing an zu lachen.

Sandra hatte es so eilig gehabt festzustellen, ob ihrer Schwester etwas fehlte, dass sie sich nicht die Zeit genommen hatte, erst einmal den Sand auszuspucken.

Die beiden Mädchen kamen humpelnd, staubbedeckt und voller Abschürfungen nach Hause, aber sie gingen sofort in den Stall, um ihre Pferde auszuschimpfen.

»Kirby!«, schrie Karin. »Wann wirst du endlich lernen, dass Elefanten keine Pferde fressen?«

»Aznar!«, brüllte Sandra. »Warum musst du losrennen, bloß weil Kirby rennt? Kannst du nicht erst mal stehen bleiben und selber denken?«

Die beiden Pferde sahen sehr reuig aus, aber Sandra und Karin redeten trotzdem den ganzen Tag lang nicht mehr mit ihnen.

Eines Tages erschien ein einsamer Elefantenbulle direkt vor dem Haus, um ein Bad im Fluss zu nehmen. Er stieg ins Wasser, bis nur noch Kopf und Rüssel herausschauten. So tollte und spritzte er herum und amüsierte sich offenbar königlich.

Als Kirby den Elefanten sah, rannte er nach Hause, aber seltsamerweise lief er diesmal nicht in den Stall, sondern quer durch den Garten zum vorderen Zaun. Dort stand er hinter dem sicheren Draht und beobachtete den spielenden Elefanten. Er zitterte vor Abscheu, aber er konnte sich nicht von dem Anblick losreißen. Alle paar Minuten rannte er schnaubend und tänzelnd vom Zaun fort und suchte nach Aznar – ohne Zweifel wollte er ihm von dem verrückten Dickhäuter erzählen. Dann kehrte er wieder zu seinem Aussichtspunkt zurück, um weiter dem badenden Elefanten zuzusehen.

Unser Hund Janna, ein australischer Hütehund, hielt es für seine Pflicht, jeden Abend die Zwerghühner ins Hühnerhaus und die Pferde in ihren Stall zu treiben. Die Pferde wussten jedoch genau, wo ihr Stall war, und brauchten keine Hilfe, um ihn zu finden. So schlenderten sie in gemächlichem Tempo weiter und nahmen nicht die geringste Notiz von Jannas Bemühungen.

Während der Wintermonate war Janna vollauf damit beschäftigt, die in unserer Gegend ansässigen Paviane von ihren Raubzügen in unseren Gemüsegarten abzuhalten. Zwischen den Gemüsepflanzen versteckt lag er auf der Lauer, bis die Räuber über den Zaun kletterten und in seine Reichweite kamen. Dann brach er aus seinem Versteck hervor und kam seinen Pflichten als Hütehund nach. Die Paviane flüchteten unter Angstgeschrei und kletterten sehr viel schneller über den Zaun, als sie es auf dem Weg in den Garten getan hatten.

Zu unserem Kummer starb unser erster Hund Simba im Jahr 1987 an Erschöpfung durch Hitze. In ihre Schlafmatte gewickelt begruben wir sie am Ufer des Shibyeni Creek und errichteten eine Steinpyramide über ihrem Grab. Sie war uns allen viele Jahre lang eine wunderbare Freundin und treue Begleiterin gewesen, und wir vermissten sie sehr.

Ein paar Wochen nach Simbas Tod brachte uns Ranger Johan Steyn einen schönen Welpen, der fast wie ein junger Wolf aussah, aber ebenfalls ein australischer Hütehund war. Wir nannten ihn Wolfie. Von klein auf liebte Wolfie die Pferde und wurde fast verrückt vor Freude, wenn die Mädchen ausritten. Solange er noch ein Welpe war, konnte er mit den Pferden nicht Schritt halten. Wenn die Reiter den Damm überquert hatten, war er schon weit zurückgefallen. Dann zügelte Sandra ihr Pferd, wartete, bis Wolfie sie eingeholt hatte, und hob ihn vor sich in den Sattel. Nach kurzer Zeit hielt er das für sein gutes Recht. Bis er fast ein Jahr alt war, erwartete er von Sandra, dass sie ihn aufs Pferd hob, sobald sie die andere Flussseite erreicht hatten.

Je älter Wolfie wurde, desto mehr Ähnlichkeit bekam er mit einem Wolf. Fremde fürchteten sich instinktiv vor ihm. Tatsächlich war Wolfie aber ein sanfter, harmloser Hund, der sich lediglich Besuchern gegenüber wild gebärdete, um ihnen klarzumachen, dass er seine Pflichten als unser Bewacher sehr ernst nahm.

Als die Schweine Fritzie und Fiela sechs Monate alt waren, kamen Kobus' Neffe Cornelis und seine Frau Bianca zu Besuch und brachten uns ein wunderbares Geschenk: Einen schönen vierjährigen Anglo-Araberhengst namens Tangle.

Sie trafen am Abend nach einer langen, anstrengenden Fahrt bei uns ein, und das Pferd wirkte angespannt und nervös, als es aus dem Pferdetransporter in die unbekannte Umgebung hinaustrat. Die Mädchen halfen, ihn zu füttern und ihm das Gefühl zu geben, willkommen zu sein, und so beruhigte er sich sehr schnell. Dann führten wir ihn zur Pferdekoppel, um ihn mit Aznar und Kirby bekannt zu machen.

Aznar, der ein liebenswürdiger Bursche war, begrüßte den Neuankömmling mit sanften Blicken und freundschaftlichem Nasereiben. Aber Kirby war keineswegs beeindruckt von dem hübschen Hengst und betrug sich ihm gegenüber ganz abscheulich. Er wieherte und schnaubte, schlug aus und stieg und machte eine höchst ungebührliche Szene. Tangle hielt respektvoll Abstand zu Kirby und brachte seine verletzten Gefühle ebenfalls mit Gewieher und Geschnaube zum Ausdruck.

Kobus schlug vor, dass wir ins Haus gehen und es den beiden Pferden selbst überlassen sollten, ihre Probleme miteinander auszumachen. Er sagte voraus, dass ihre gegenseitige Abneigung nicht lange anhalten würde und dass sie bald Freunde werden würden.

Bis wir an diesem Abend alle zu Bett gingen, konnte man die beiden Pferde immer noch wiehern und schnauben hören, aber es gab nun längere Pausen, in denen Ruhe herrschte. Anscheinend mochten sie sich noch immer nicht, aber die Animosität zwischen ihnen schien ein wenig abzuflauen.

Kurz nach Mitternacht wurden Kobus und ich von den eiligen Schritten mehrerer Game Guards geweckt, die sich über die Terrasse unserer Schlafzimmertür näherten. Der Chief Guard, Unteroffizier Manhique, rief uns durch das Fliegengitter zu: »*Ngala yi khomile hashi!*« Ein Löwe hat eines der Pferde geschlagen!

Kobus sprang aus dem Bett. Er griff nach seinem Gewehr und seiner Taschenlampe und rannte hinaus. Ich tastete in der Dunkelheit nach meiner Taschenlampe und meiner Pistole, warf ein paar Kleidungsstücke über, schlüpfte in meine Sandalen und rannte hinter ihm her. Mein Herz schlug wild, und ich fragte mich, welches der Pferde wohl getötet worden sei. Es wäre entsetzlich unfair, wenn ein Löwe unser neues Pferd gleich in seiner ersten Nacht bei uns getötet haben sollte. Dann dachte ich an Aznar und Kirby, und ich wusste, es würde mir das Herz brechen, wenn es eines von ihnen wäre.

Es war eine stockfinstere, mondlose Nacht, und als ich zur Pferdekoppel hinüberlief, sah ich nichts als die schwachen Lichtfünkchen der Taschenlampen, die Kobus und die Game Guards bei sich hatten. Sie waren schon dabei, auf die Koppel zu gehen. Die Vorstellung, dass sie in der Dunkelheit über den fressenden Löwen stolpern könnten, veranlasste mich zu einem Sprint in Kobus' Büro, um den Scheinwerfer zu holen. Ich schloss die Drähte an die Batterie an, wickelte das lange Kabel auf, rannte hinaus und richtete den starken Lichtstrahl auf die Koppel. Als Erstes fiel der Lichtstrahl auf Aznar, der unversehrt unter einem Mopanibaum stand, dann auf Kirby hinter einer Schirmakazie, ebenfalls unversehrt. Der Löwe musste also unser neues Pferd gerissen haben! Aber wo war der Löwe? Ich lenkte den Lichtstrahl von einer Seite der Koppel zur anderen und ließ ihn unter jedem Baum und Busch eine Weile stehen, um die Schatten genau zu untersuchen. Kobus wandte sich um, schützte die Augen mit der Hand vor dem gleißenden Licht und bedeutete mir, den Lichtstrahl in die Südwestecke der Koppel zu richten. Das tat ich. Und da stand Tangle, ebenfalls unverletzt. Ich ließ den Lichtstrahl im Zickzack über die ganze Koppel gleiten. Da war kein Löwe. Kobus und die Game Guards redeten und lachten nun. Erleichtert lief ich zu ihnen hinüber, um zu hören, was sie sprachen, und zu erfahren, was passiert war.

Zu der Zeit, zu der unsere Gäste angekommen waren, waren die Game Guards in ihrem Dorf gewesen, aber obwohl sie gehört hatten, dass ein Fahrzeug bei uns vorfuhr, konnten sie nicht wissen, dass die Besucher ein Pferd mitgebracht hatten. Niemand im Dorf hatte die Pferde am Abend wiehern und schnauben gehört, vermutlich, weil der Abendwind den Lärm in die entgegengesetzte Richtung getragen hatte. Gegen Mitternacht war Corporal Manhique vom Wiehern eines Pferdes aufgewacht. Noch nie zuvor hatte er eines unserer Pferde so seltsam wiehern gehört, und so hatte er angenommen, dass das Tier in Not sei. Im nächsten Augenblick wurde sein Verdacht durch das deutlich hörbare Grollen und Knurren eines fressenden Löwen bestätigt. Er griff nach Gewehr und Taschenlampe, rannte aus dem Haus und rief nach den anderen Game Guards.

Offenbar waren Kirby und Tangle zu diesem Zeitpunkt noch einmal aneinander geraten, und Kirbys unheimliches Wiehern hatte tatsächlich geklungen wie das Schreien eines Pferdes in Todesangst. Der »grollende Löwe«, das waren natürlich Fritzie und Fiela gewesen, die aus Leibeskräften schnarchten – ganz besonders Fritzie, dessen Schnarchen in einer stillen Nacht über weite Strecken zu hören war.

Kobus dankte den Game Guards für ihre Mühe, und wir alle gingen, erleichtert über die Lösung des Rätsels, wieder zu Bett.

Ein paar Monate später fanden die Game Guards auf einer Patrouillenfahrt drei winzige Warzenschweinchen, die mitten auf dem Patrouillenweg zusammengekauert lagen. Die Ferkel waren höchstens eine Woche alt und dem Hungertod nahe. Ihre Fährte kam aus einem ausgehöhlten Ameisenhaufen in der Nähe, und aus den Spuren am Boden war zu erkennen, dass ihre Mutter ein oder zwei Tage zuvor von einer Hyäne gerissen worden war. Offensichtlich hatten die hungernden Babys auf der Suche nach ihrer Mutter den sicheren Ameisenhaufen verlassen, waren aber nicht weiter gekommen als bis auf die Straße, wo sie zu einem kleinen Haufen zusammengesunken waren. Die Game Guards hoben die armseligen kleinen Geschöpfe auf und brachten sie zu uns.

Ich bereitete eine Milchmischung zu, und Kobus und die Mädchen halfen mir, die verängstigten kleinen Tiere dazu zu bewegen, aus einer Babyflasche zu trinken. Aber sosehr wir uns auch bemühten, die Ferkel nahmen die Flasche nicht an. Als sie um zehn Uhr immer noch nicht getrunken hatten, gaben wir den Kampf auf. Behutsam wickelten wir sie in eine Decke, legten sie in eine Kiste und versuchten, es ihnen so behaglich wie möglich zu machen. Traurig gingen wir in dem Bewusstsein zu Bett, dass sie vermutlich in Kürze sterben würden.

Ich konnte nicht schlafen. Gegen Mitternacht stand ich auf und wärmte ihre Milch noch einmal auf. Fest entschlossen, allen dreien die Milch mit Gewalt einzuflößen, nahm ich das kräftigste der drei Ferkel aus der Kiste. Ich hielt das Tierchen fest auf dem Schoß, öffnete mit den Fingern das fest zugepresste Schnäuzchen und drückte den Schnuller hinein.

Erstaunlicherweise begann der kleine Bursche sofort zu saugen. Er trank sich den Bauch voll, musste nur hin und wieder innehalten, um Atem zu schöpfen, und schlief schließlich in meinem Schoß ein. Unterdessen war seine Schwester aufgewacht und quiekte. Ich steckte ihr den Schnuller in das offene Schnäuzchen und drückte es mit der anderen Hand zu. Zu meiner Überraschung begann auch sie sofort zu saugen, hielt nur inne, um zu atmen, und trank schließlich fast so viel wie ihr Bruder. Das dritte Schweinchen war das kleinste und schwächste von den dreien, und es war offensichtlich, dass es ohne Nahrung nicht mehr lange leben würde. Ich hob es sanft aus der Kiste und versuchte, den Schnuller in sein Schnäuzchen zu kriegen, aber es nahm ihn nicht an. Jammernd und klagend vor Elend kroch es auf meinem Schoß herum. Schließlich ging ich und holte eine Pipette von einer Medizinflasche. Nach langem Kampf gelang es mir, ein paar winzige Tropfen Milch in sein Schnäuzchen hineinzuträufeln. Es schmeckte ihm, und es verlangte nach mehr. Als es endlich mit milchgefülltem Bäuchlein eingeschlafen war, war ich zuversichtlich, dass es auch überleben würde.

Als sich die Ferkel nach ein paar Tagen an die Flasche gewöhnt hatten, gefiel ihnen die Fütterungsprozedur so gut, dass sie alle paar Stunden nach Milch verlangten.

Es war eine ziemlich komplizierte Aufgabe, die drei ungeduldigen kleinen Warzenschweine alle gleichzeitig zu füttern. Während der Wochenenden standen mir die Mädchen bei, und Kobus half am Abend, aber wenn niemand da war, was meistens der Fall war, musste ich die Fütterung alleine bewerkstelligen. Die Schweinchen ließen nicht zu, dass ich sie einzeln fütterte. Die beiden, die warten mussten, bis sie an der Reihe waren, schrien sich die Kehle heiser, kletterten mir sogar auf

den Schoß und versuchten dasjenige zu verdrängen, das gerade gefüttert wurde. Um drei Flaschen gleichzeitig halten zu können, musste ich eine in jede Hand nehmen und die dritte dazwischenklemmen. Die Schwierigkeit bestand darin, alle drei Schnuller in die schreienden kleinen Warzenschweinschnäuzchen zu bekommen, ohne die mittlere Flasche fallen zu lassen. Wenn mir die mittlere Flasche doch herunterfiel, griff das Schweinchen, das seine Flasche verloren hatte, sofort die anderen beiden an, um ihnen die ihren wegzunehmen.

Wenn alle drei schließlich ihren Schnuller im Maul hatten, herrschte für eine Weile Ruhe, und die kleinen Schweinchen nuckelten zufrieden vor sich hin. Aber schon nach wenigen Minuten fand eines von ihnen, dass sein Schnuller ihm nicht mehr schmeckte, und wollte den von seiner Schwester oder von seinem Bruder haben. Der Bruder oder die Schwester war damit natürlich nicht einverstanden, und die beiden begannen zu raufen, wobei sie sich gegenseitig mit den Köpfen stießen und ein markerschütterndes Geschrei ausstießen. Das dritte Schweinchen (das schwächste, das langsamer trank als seine Geschwister) nuckelte unterdessen zufrieden weiter und kümmerte sich nicht um die beiden anderen, bis es diesen plötzlich einfiel, dass sie ja eigentlich den Schnuller ihres kleinen Bruders haben wollten, und das arme Kerlchen von beiden Seiten angriffen.

Die Warzenschweinchen wuchsen bald zu drei sehr verwöhnten kleinen Nervensägen heran, aber sie waren so hinreißend und so unglaublich hässlich, dass es unmöglich war, sie nicht zu lieben. Ihre entnervendste Angewohnheit war es, dass sie nach ihren Flaschen zu quieken begannen, wann und wo immer sie mich zu Gesicht bekamen, gleichgültig, ob es gerade Fütterungszeit war oder nicht. Ihre schrillen, durchdringenden Stimmen zerrütteten die Nerven von jedem, der sich in Hörweite befand. Selbst die Hunde flüchteten vor dem Geschrei. Dann rannte ich in die Küche, um ihre Flaschen zuzubereiten, die drei kreischenden kleinen Ferkel dicht auf den Fersen. Während ich ihre Milchmischung zusammenrührte, tanzten sie um meine Füße herum, quiekten aus Leibeskräften und machten mich so nervös, dass ich mich selbst ganz und gar mit Milch bekleckerte, wenn ich versuchte, die drei Flaschen zu füllen. Ich hatte den Eindruck, dass eine Warzenschweinmutter Nerven wie Drahtseile haben muss, um mit derart ungezogenen, anspruchsvollen Babys fertig zu werden.

Ich machte sie mit Fritzie und Fiela bekannt, in der Hoffnung, dass Fiela mütterliche Gefühle für sie entwickeln würde. Aber die Schweine wollten mit den Warzenschweinchen nichts zu tun haben und liefen vor ihnen davon. Ich weiß wirklich nicht, warum. Ich hatte gedacht, dass sie daran interessiert sein müssten, ihre Bekanntschaft zu machen. Schließlich scheinen Schweine und Warzenschweine die gleiche Sprache zu sprechen.

Als die Warzenschweinchen sechs Wochen alt waren, brachte ich ihnen bei, Milch aus einer Schüssel zu trinken. Am Anfang war das eine fürchterliche Schweinerei, weil sie alle drei in die Schüssel fielen, dann zu streiten anfingen und die ganze Umgebung mit Milch voll spritzten.

Als sie zwei Monate alt waren, begannen sie mit Fritzie und Fiela auf dem Rasen Gras zu fressen. Die Schweine verhielten sich noch immer gleichgültig gegenüber den Warzenschweinen. Fritzie war natürlich zu sehr mit Fressen beschäftigt, um andere Interessen zu haben. Fiela gestattete den Ferkeln, sich an ihren Bauch zu kuscheln, wenn sie unter ihrem Lieblingsbusch schnarchte. Aber ich glaube, dass sie so fest schlief, dass sie ihre Anwesenheit gar nicht bemerkte.

Eines Tages flog der Hubschrauber der Parkverwaltung in geringer Höhe über unseren Garten. Als ich hinauslief, um dem Piloten zuzuwinken, tönte mir das laute Angstgeschrei der beiden Schweine und der drei Warzenschweinchen entgegen, die sich vor dem Motorengeräusch und dem Anblick des Hubschraubers fürchteten. Als sie mich sahen, kamen sie alle auf mich zugerannt, um bei mir Schutz zu suchen. Da saß ich nun, hielt die fünf quiekenden Tiere in den Armen, kam mir vor wie eine Schweinemutter und überlegte, was sich der Pilot bei dem Anblick wohl denken mochte.

Die Fütterung sämtlicher Tiere in Mahlangeni war ein kompliziertes Ritual. Bei Sonnenuntergang stellten sich die Pferde, Hunde, Schweine, Warzenschweine, ägyptischen Gänse und Zwerghühner nebst zahlreicher ungeladener Gäste (den Eichhörnchen und Vögeln) im Restaurant Mahlangeni ein, um ihre Abendmahlzeit in Empfang zu nehmen.

Selbstverständlich war jedes Tier überzeugt, dass alle anderen mehr und besseres Futter bekämen als es selbst. Dieser Umstand brachte mich wirklich zur Verzweiflung, weil Filemoni und ich keine Mühe scheuten, um für jedes Tier ein Futter zuzubereiten, das seinem Geschmack und seinen Bedürfnissen entsprach.

Die Pferde mussten vor den Hunden gefüttert und in ihre Koppel gesperrt werden, weil sie sonst hinübertrabten, die Hunde von ihren Schüsseln verjagten und ihren Haferbrei herunterschlangen – wenn sie gerade in boshafter Stimmung waren, sogar mitsamt dem gekochten Fleisch darin. Die Schweine mussten vor den Zwerghühnern gefüttert werden, weil sie den Hühnern sonst ihr Körnerfutter wegfraßen. Die Schweine, Hunde, ägyptischen Gänse und Warzenschweine mussten ihr Futter alle gleichzeitig erhalten, aber wenn nur Filemoni und ich da waren, um ihnen ihre Mahlzeit zu servieren, konnten wir unmöglich alle Schüsseln gleichzeitig transportieren. Dann fraßen die Hunde das Futter der Schweine, die Schweine das der Gänse, die Gänse das der Warzenschweine, und die Eichhörnchen und Vögel machten sich über jede unbewachte Schüssel her. Nur die armen kleinen Warzenschweinchen – die untersten in der Hackordnung – gingen leer aus.

Unsere Fotoalben sind voll von Bildern unserer Haustiere. Irgendwie gerieten sie immer dazwischen, wenn ich Aufnahmen von den Mädchen machen wollte. Aznar ist auf fast allen Fotos mit dabei. Fritzie ist eindeutig am wenigsten fotogen und sieht nur wie ein undefinierbarer schwarzer Klumpen aus. Wolfie dagegen ist sehr fotogen, aber häufig wirkt er auf den Bildern erschreckend wild. Es gibt zum Beispiel ein Bild von Karin, wie sie mit dem Kopf nach unten in einem Baum hängt. Ihr Pullover wird ihr von dem verrückten Wolf über den Kopf gezerrt, der versucht, sie vom Baum herunterzuholen. Und es gibt ein Foto von Hettie und Sandra, die in einer Staubwolke sitzen und in die Kamera lächeln. Das Foto wurde aufgenommen, als der Honigdachs Buksie noch bei uns war. Die Staubwolke ist unser Hund Janna, der hinter den Mädchen ein Loch in die Erde gräbt. (Janna konnte es nicht ausstehen, dass sein Freund Buksie die Tage verschlafen wollte, und war deshalb ständig damit beschäftigt, auf der Suche nach dem Honigdachs alle

Erdlöcher aufzugraben.) Dann gibt es ein Bild von Sandra, die gerade vor einem Pferd und einem Hund davonrennt. Beide Tiere sind ihr dicht auf den Fersen. Eigentlich wollte sie für eine Sportveranstaltung ihrer Schule trainieren, aber die Tiere hielten es für ein Spiel. Als Sandra sechzehn war, wurde sie Mitglied der südafrikanischen Leichtathletik-Juniorennationalmannschaft. Immer wieder wurde sie damit aufgezogen, dass sie ihre Schnelligkeit angeblich nur dem Umstand verdankte, dass sie im Krügerpark lebte und so viel Zeit damit zubrachte, vor wilden Tieren davonzulaufen. Was die Leute aber nicht wussten, war, dass sie ziemlich viel Zeit damit verbrachte, vor Haustieren davonzulaufen.

Als Sandra begann, an den Wochenenden zu Hause zu trainieren, tat sie es auf einem Rasenstück im vorderen Garten. Aber die Haustiere verfolgten sie entweder oder gerieten ihr zwischen die Füße. Also borgte sich Kobus einen Bulldozer von den Parkingenieuren und legte eine Trainingsstrecke für sie am anderen Ufer des Flusses an.

Manchmal benutzten Elefanten oder Büffel Sandras Trainingsstrecke, um sich darauf zu erleichtern, und die Strecke musste erst gesäubert werden, bevor Sandra mit ihrem Training beginnen konnte. Und manchmal tauchten während des Trainings Giraffen, Kudus oder andere Antilopen aus dem Busch auf und lugten scheu durch die Bäume, während sie ihre Aufwärmübungen machte. Aber wenn Sandra von den Startblöcken schnellte, flüchteten sie. Vermutlich nahmen sie an, dass sie, wenn Sandra einen Grund hatte, so plötzlich loszurennen, gut daran täten, ebenfalls zu fliehen.

Kobus pflegte Sandra zu ihrem Training zu begleiten, um den umliegenden Busch im Auge zu behalten. Als Erstes untersuchten sie die Spuren am Boden, um zu sehen, wer sich so alles in der Nachbarschaft aufhielt. Einmal fanden sie eine Löwenfährte und hörten die Löwen leise vor sich hin grunzen. Sie folgten der Fährte, um zu sehen, wie nah sie an der Trainingsstrecke waren. Sie fanden die Löwen nicht allzu weit von der Piste entfernt, aber friedlich schlafend vor. Offensichtlich hatten sie erst vor kurzem eine reichliche Mahlzeit gehabt und waren satt und träge. Also machten Kobus und Sandra einfach mit dem Training weiter.

Eines Tages, als Kobus nicht zu Hause war, ging ich mit Sandra, um seine Pflichten als Leibwächter zu übernehmen. Obwohl ich gewöhnlich ein sehr guter Wächter war, muss ich an diesem Tag ein paar Spuren übersehen haben, denn es kam beinah zu einem schrecklichen Unfall. Als Sandra mit ihren Aufwärmübungen fertig war, begann sie, ihren Start zu trainieren. Obwohl sie sehr leicht gebaut war, hätte die Kraft, die sie in ihren Start legte, alles und jeden umgefegt. An diesem Tag brach eine riesige Warzenschweinmutter genau in dem Moment aus dem Busch neben der Piste hervor, in dem Sandra aus den Startblöcken schnellte. Die Sau rannte blindlings auf die Piste, genau vor die Füße meiner Tochter. Sandras ganzer Körper wurde steif, und einen schrecklichen Augenblick lang hatte ich das Bild vor Augen, wie sie entweder gegen die Sau prallen oder Kopf voran über das Tier hinweg auf der harten Piste landen würde. Aber wie durch ein Wunder brachte Sandra es fertig, mitten im Start die Bremse zu ziehen und gerade noch rechtzeitig zum Stehen zu kommen, um den Zusammenprall zu vermeiden. Und dann tauchte ein Warzenschweinbaby aus dem Gebüsch auf und rannte mit erhobenem Schwänzchen hinter seiner Mutter her. Und dann folgte ein zweites Baby, und dann noch eines und noch eines!
Sandra und ich setzten uns auf den Boden und lachten. Die Vorstellung von einem Zusammenstoß eines Sportlers mit einer Warzenschweinfamilie erschien uns doch zu komisch.

DIE JAHRESZEITEN

Der Oktober ist im Buschland das Vorspiel zu einer Zeit der Hitze und hohen Luftfeuchtigkeit, der Niedergeschlagenheit und des Wahnsinns. Wenn die Hitze sich langsam aufbaut und die Luftfeuchtigkeit immer höher wird, erscheinen Milliarden von Insekten auf dem Plan, Schlangen schleichen sich ins Haus, Elefanten werden übellaunig, und alles andere verbündet sich, einem das Leben so unangenehm wie möglich zu machen.

Man kann lernen, mit Schlangen zurechtzukommen, den Elefanten aus dem Weg zu gehen, Insektenschutzmittel zu verwenden und alle anderen Unannehmlichkeiten zu ertragen, aber die anhaltende, drückende Hitze gibt einem den Rest, wenn man nicht alle möglichen Überlebensstrategien für den Sommer parat hat.

Der erste Sommer in Mahlangeni traf uns unvorbereitet. Als die Tagestemperaturen auf 40 °C und darüber stiegen, wurden wir schlaff und apathisch, und unsere Körper wollten nicht mehr normal funktionieren. In den Nächten wälzten wir uns schlaflos auf schweißdurchtränkten Laken und Kopfkissen herum, und wenn wir am Morgen aufstanden, waren wir benommen und reizbar vor Müdigkeit. Gegen Ende Januar waren wir ganz erschlagen von der Hitze. Aber das Schlimmste sollte erst noch kommen.

Februar und März sind im Buschland die heißesten Monate des Sommers. Die oberste Schicht der Erde ist so festgebacken, dass auch ein Regenschauer sie nicht mehr abkühlen kann. Nach einem Schauer dampft die Erde wie eine Sauna. Nachts fällt die Temperatur nicht mehr spürbar ab, und die schwülen Nächte bringen wenig Erholung von den glühend heißen Tagen.

Wenn ich während dieses ersten Sommers nachts wach lag, hörte ich die Mädchen oft im Schlaf wimmern. Dann stand ich auf, ging in ihr Schlafzimmer und fächelte ihnen abwechselnd mit einem Handtuch Luft zu.

Ihre erleichterten Seufzer ließen mir meinen Hilfsversuch der Mühe wert erscheinen.

Bis zum nächsten Sommer waren wir ein bisschen gescheiter geworden und wandten eine Anzahl vernünftiger Hitzestrategien an. Wir schliefen unter feuchten Handtüchern, tranken den ganzen Tag lang literweise kaltes Wasser und nahmen in regelmäßigen Abständen kalte Duschen, und zwar mitsamt den Kleidern. (Nasse Kleider halten einen eine ganze Weile wunderbar kühl.) Wir gewöhnten uns auch daran, direktes Sonnenlicht und heiße Luft aus dem Haus herauszuhalten, indem wir früh am Morgen alle Türen und Fenster schlossen und sogar die Vorhänge zuzogen. Am Abend rissen wir alles wieder auf, damit die kühlere Nachtluft frei im Haus zirkulieren konnte. Wenn man diese Prozedur während des ganzen langen, heißen Sommers Tag für Tag sorgfältig wiederholte, blieb es im Inneren des Hauses um ein paar Grad kühler als die Tagestemperaturen im Freien – aber nicht kühler als die Nachttemperaturen. Während des letzten Sommermonats fand die schwüle Luft den Weg ins Innere des Hauses und schien sich dort festzusetzen, so dass die kühlere Nachtluft nicht mehr hineinkonnte. Deshalb baute uns Kobus ein Bett aus Eisenholzstämmen von den Lebombobergen auf der Terrasse vor unserem Schlafzimmer. Auf der mit Fliegengittern geschützten Veranda stellte er Betten für die Mädchen auf.

Jedes Jahr zur Zeit der schlimmsten Sommerhitze, wenn die Nächte zu heiß wurden, um im Haus zu schlafen, übergossen wir uns mit Mückenschutzmittel, trugen ein Minimum an Bettzeug hinaus und verbrachten die Nächte unter den Sternen. Am frühen Abend spritzte Kobus das Steinpflaster um und unter unserem Eisenholzbett mehrfach mit dem Gartenschlauch ab, um die Hitze zu vertreiben, die sich in den Steinplatten angesammelt hatte. Die Verdunstungskühle trug ebenfalls dazu bei, die Temperatur um das Bett herum ein bisschen erträglicher zu machen.

Vor unserem Schlafzimmer wuchs ein Fuchsienbaum, dessen Äste weit über den Fischteich, die Terrasse und den Garten hinausragten. Von unserem Eisenholzbett aus sahen wir die Sterne im dichten Flechtwerk der Blätter und Zweige dieses Baumes hängen. Eine ganze Familie von Paradiesschnäppern nistete hier, und in mondhellen Nächten konnten wir über uns ihre langen Schwanzfedern aus den Nestern heraushängen sehen.

Auch zahlreiche andere Vögel ließen sich für die Nacht im Fuchsienbaum nieder. Leider wachten sie alle schon vor Sonnenaufgang auf und begrüßten den Tag mit einem lärmenden Morgenchor. Zur gleichen Zeit pflegten sie sich auch alle zu erleichtern, und um nicht zu Empfängern dieses Segens zu werden, mussten wir schleunigst unser Bettzeug zusammenraffen und ins Haus fliehen. Zudem war der Baum die Heimstatt zahlreicher Raupen, die sich nachts aus unerfindlichen Gründen auf unser Bett herunterfallen ließen. Und manchmal tropfte Nektar aus den brandroten Blüten des Baumes auf uns herab.

In einem Sommer, in dem der Nektar und die Raupen ganz besonders lästig waren, band Kobus eine Plane über unserem Bett an den Zweigen fest. Die Raupen dachten sich jedoch augenblicklich eine Kriegslist aus, um dennoch unser Bett mit uns teilen zu können. Sie ließen sich auf die Plane fallen, krochen zum Rand, beugten sich hinüber, um die Position des Bettes zu eruieren, und stürzten sich dann in einem schrägen Winkel hinunter. Eine andere Erklärung fällt mir wirklich nicht ein. Jedenfalls trugen die Raupen den Sieg davon, und im nächsten Sommer machten wir uns gar nicht erst die Mühe, die Plane aufzuspannen.

Trotz der lästigen Aktivitäten der Baumbewohner war es immer noch besser, im Freien zu schlafen als im stickigen Haus.

Eine weitere Geißel des Sommers waren die Frösche. Sie stellten sich im Frühling ein, ließen sich im Fischteich nieder und blieben bis zum Ende des Sommers da. Wir hatten nichts gegen die Frösche an sich, wohl aber gegen ihre nächtlichen Chorgesänge, die so laut waren, dass eine normale Unterhaltung nicht möglich war. Kobus und ich mussten uns gegenseitig anbrüllen, um uns miteinander zu verständigen.

Es kam auf das Gleiche heraus, ob wir drinnen oder draußen schliefen. Der Fischteich erstreckte sich bis an die Terrasse, nahm die ganze Länge ihrer Vorderseite ein und reichte fast bis in unser Schlafzimmer. Und so dröhnte das Quaken der Frösche durch den ganzen Raum. Die einzige Möglichkeit, sich ein bisschen vor dem Lärm zu schützen, hätte darin bestanden, mit geschlossenen Schiebetüren im Haus zu schlafen, aber dann wären wir vor Hitze erstickt.

Der Froschchor setzte sich aus Mitgliedern verschiedener Spezies zusammen, die in allen möglichen Stimmlagen quakten. Es gab Bässe, Baritone, Tenöre, Altisten, Countertenöre und Mezzosoprane. Sie trugen ein Stück mit zweifachem Rhythmus vor – der eine langsam, der andere lebhaft –, der dröhnend und tremolierend den Hintergrund für eine monotone Melodie bildete. Die Melodie bestand aus einer ununterbrochenen Wiederholung von Crescendos und Diminuendos. Es war kaum möglich einzuschlafen, wenn die Frösche uns ein Fortissimo in die Ohren quakten.

Schließlich nickten wir dann doch ein – mit zusammengebissenen Zähnen und geballten Fäusten –, aber wir schliefen niemals lange. Irgendwann verstummten die Frösche plötzlich und alle auf einmal, und die ungewohnte Stille ließ uns aus dem Schlaf fahren. Zunächst empfanden wir die Konzertpause als himmlisch, und wir spürten, wie Kiefer und Fäuste sich entspannten. Selbst die Hunde seufzten auf vor Erleichterung. Aber dann fiel uns plötzlich ein, dass die Frösche nur eine kleine Atempause einlegten und der Friede nicht von Dauer sein würde. Angespannt warteten wir darauf, dass der Chor seine Gesangsvorführung fortsetzte. Und nach kurzer Zeit tat er genau das. Die Wiederholungsvorstellung begann mit einigen basso-profundo-Krächzern – ich glaube, das war der Dirigent, der sagte:»Und nun alle zusammen! Sehr laut!« Und presto! Schon war die abscheuliche Oper wieder in vollem Gang.

Wir versuchten mehrfach, den Chor umzusiedeln. Bewaffnet mit einer Taschenlampe, einem Fischernetz und einem Wassereimer stürzten wir uns auf die Sänger. Wir fingen jeden Einzelnen von ihnen ein, warfen sie in den Eimer, schleppten sie zum Fluss hinunter und kippten die ganze Gesellschaft ins Wasser.

Aber Frösche lassen sich nicht so leicht vertreiben. Sie sind deprimierend stur. Innerhalb von zwei oder drei Stunden war unser Chor vollzählig zurück. Und trotz ihrer erschöpfenden Wanderung das steile Hochufer hinauf setzten sie sofort da wieder ein, wo sie aufgehört hatten, als wir ihre Vorstellung unterbrachen.

Mit der Zeit wurden wir schlauer und änderten unsere Taktik. Wir luden die Frösche in Kobus' Pick-up und fuhren sie einige Kilometer weit den Fluss hinunter, bevor wir sie aussetzten. Danach konnten wir dann einige Tage in himmlischem Frieden schlafen. Bis ein neuer Chor seinen Einzug hielt. (Oder war es vielleicht doch der alte?) Die Mitglieder trafen einzeln oder in kleinen Gruppen ein und begannen jeder für sich allein mit den Proben für die große Aufführung. Sowie das Ensemble wieder vollzählig war, leiteten wir die nächste Deportationsaktion ein.

Im Jahr 1986 baute Kobus einen großen Swimmingpool unter den schattigen Bäumen des vorderen Gartens. Es war das Beste, was uns in Mahlangeni je passiert ist. Sich glühend heiß in ein ganzes Becken voll kaltem Wasser fallen zu lassen ist ein Gefühl wie im Himmel. Es ist, wie wenn ein Fieber nachlässt, wie wenn man einen riesigen Durst stillt, wie wenn man wieder zum Leben erwacht, nachdem man zu lange in einem warmen Ofen gebacken worden ist. Je länger man im Wasser bleibt, desto besser – das Wasser kühlt einen schließlich durch bis ins Innerste. Wenn man sich gründlich und ausgiebig im Pool abgekühlt hat, bleibt die Körpertemperatur eine ganze Weile normal, und man kann sich wieder an seine Arbeit machen und sich dabei wie ein Mensch fühlen und freundlich bleiben.

Am Abend stürzten wir uns in den Pool und trockneten uns nicht ab, bevor wir uns hinlegten. Es half wirklich. Wenn man lange genug im Wasser blieb, um sich bis in die Knochen durchzukühlen, und sich dann nass auf das Bett legte, war die Körpertemperatur so weit reduziert, dass man tatsächlich eine ganze Nacht lang wunderbar schlafen konnte. Vorausgesetzt natürlich, dass die Frösche vorher deportiert worden waren. Kobus baute eine etwa vierzig Zentimeter hohe Mauer um den Swimming Pool, um die Frösche fern zu halten. Zunächst hielt die Mauer auch die ägyptischen Gänschen fern, aber als sie größer wurden, versuchten sie, den Pool für sich zu erobern. An manchem heißen Nachmittag, wenn ich friedlich für mich allein auf der Wasserfläche trieb, stürzte plötzlich eine Gans aus dem Himmel und landete mit lautem Klatschen direkt neben mir, so dass ich vor Schreck fast ohnmächtig wurde. Dann schwamm die Gans um mich herum und fixierte mich mit bösen Blicken, die zu sagen schienen: »Das ist jetzt *mein* Pool. Verstanden?«

Zudem hinterließen die Gänse den Pool nicht immer so, wie sie ihn vorgefunden hatten, und hinterher mussten wir ihn wieder reinigen. Kobus meinte, die einzige Möglichkeit, den Gänsen klar zu machen, dass der Pool uns gehörte, bestünde darin, sie jedes Mal anzuschreien, wenn sie versuchten, ihn für sich zu beanspruchen. Das taten wir, und es funktionierte. Nicht, dass wir eigensüchtig wären, aber schließlich hatten sie den Fischteich und den ganzen Fluss zum Schwimmen. Der Swimmingpool trug ganz erheblich zur Lebensqualität in Mahlangeni bei. Sich an einem heißen Sommerabend im kühlen Wasser treiben zu lassen und dabei auf die Stimmen des Buschs zu lauschen und hoch droben die Sterne glänzen zu sehen, das ist – um Kobus zu zitieren – ein Erlebnis, das die ganze Lebenseinstellung eines Menschen verändern kann. Bevor wir den Pool hatten, war die Stimmung im Sommer oft dermaßen aufgeheizt, dass wir uns gegenseitig den Löwen zum Fraß vorwerfen wollten. Aber seit wir den Pool hatten, erschien uns das Leben sehr viel lebenswerter, und unsere sommerlichen Wutanfälle wurden merklich abgekühlt.

April und Mai waren in Mahlangeni die Monate, die wir am meisten liebten. Die Tage und Nächte wurden kühler, die Frösche hörten auf zu quaken, die Schlangen verzogen sich, Maden und Insekten verschwanden, und die Elefanten wurden freundlicher. Die Tage des sommerlichen Wahnsinns waren vorbei, und eine Stimmung heiterer Schönheit und Ruhe legte sich über das Land.
Die Savannen wurden gelb, die Mopaniwälder entfalteten ihre herbstliche Pracht in goldenen und bronzenen Farben, und der Himmel nahm ein tieferes, sanfteres Blau an. Zur Zeit des Zwielichts funkelte der Fluss rubinrot im sanften Nachglühen der Sonne, und die rauchblaue Färbung der lang anhaltenden Dämmerung verlieh der magischen Stunde einen mystischen Hauch.
Und während der Sommer in die glücklichen Tage des Herbstes überging, erwachte der gute Wille wieder zum Leben, und die Würde des Menschen nahm wieder ihren Platz in unserem Dasein ein. Ich wünschte mir immer, dass diese Jahreszeit des glücklichen Lebens ewig dauern würde.

Im Juni wurden die Nächte plötzlich so kalt, dass man unter einer Decke schlafen musste. Die frühen Morgenstunden waren frisch, und man musste einen Pullover tragen, bis es am späteren Morgen wieder wärmer wurde. Die Wintertage waren mild bis warm, und die durchschnittliche Tageshöchsttemperatur betrug 26 °C. Die kühle Luft wirkte so belebend, dass man vor Energie fast platzte und den ganzen Tag vor Lebensfreude lachte. Dann vergaß man, dass man sich gewünscht hatte, der Herbst möge ewig dauern.

Wenn die Pfannen und Bachbetten, die nur in der Regenzeit mit Wasser gefüllt waren, langsam austrockneten, wurde das Flussufer vor unserem Haus zu einem beliebten Treffpunkt für viele Wildarten, auch für die großen Pflanzenfresser wie Elefanten, Büffel und Giraffen. Ein Rudel Hyänenhunde ließ sich gelegentlich sehen, und fast jede Nacht konnte man Löwen in der näheren Umgebung brüllen hören, manchmal so nah, dass das Haus erzitterte.

Die Bäume und Büsche, die ihre Blätter im Winter abwerfen, wurden kahl, das Gras wurde abgeweidet, das erstaunliche Gewirr der Sommervegetation verschwand, und man konnte nach allen Richtungen frei in den Busch sehen. Zu dieser Jahreszeit war es wunderbar, zu zelten, zu wandern und zu reiten. Die Winterlandschaft mit ihren blassgelben Savannen und kahlen Wäldern unter einem azurblauen Himmel hatte eine strenge, klassische Schönheit.

Obwohl der Winter gewöhnlich die schönste Jahreszeit im Park ist, kann das Winterende manchmal eine Zeit des Hungers für die Tiere sein. Wenn der Spätsommer die normale Niederschlagsmenge bringt, wächst genug Gras, um die Tiere den ganzen Winter über zu ernähren. Aber wenn die Regenfälle dürftig waren, werden im August die ersten Kahlstellen im Veld sichtbar.

In den Sommern von 1986 bis 1989 war die Niederschlagsmenge unter dem Durchschnitt geblieben. Wir erlebten zunehmend verheerende Trockenperioden, und bis zum Juli 1989 waren buchstäblich alle Grasflächen verschwunden. Dann kamen die Augustwinde und bliesen durch die dürren Wälder und über die kahlen Ebenen, so dass auch noch die letzten vertrockneten Grasbüschel zu Staub zerfielen. Die Erde

lechzte nach Regen, und von Tag zu Tag wurde die Lage der Grasfresser bedrohlicher.

Eines Abends sahen wir zwei Buschböcke vor unserem Zaun stehen und hungrig in den grünen Garten starren.(Unser Rasen blieb das ganze Jahr über grün, weil wir Wasser aus dem Fluss heraufpumpten, um ihn zu bewässern.) Wir öffneten das Vordertor für die Tiere und hofften, dass sie hereinkommen würden. Das taten sie auch, und sie weideten die ganze Nacht über auf unserem Rasen.

Von diesem Tag an ließen wir das Tor jeden Abend offen. Zuerst waren es nur die beiden ersten Buschböcke, dann drei und schließlich sechs, die jede Nacht in unserem Garten grasten. Wenn sie alle im Garten waren, schlossen wir das Tor, um zu verhindern, dass ihnen in der Nacht marodierende Löwen folgten. Obwohl Janna und Wolfie, die ja Hütehunde waren, die Buschböcke liebend gern gehütet hätten, untersagten wir es ihnen, und die braven Hunde verstanden und ließen sie in Ruhe. Früh am Morgen öffneten wir das Tor und ließen die Tiere hinaus.

Je länger die Dürre anhielt und ihren Zoll unter den Tieren forderte, umso größere Sorgen machten wir uns. An einem Nachmittag sahen wir eine Warzenschweinfamilie vor dem Zaun stehen und sehnsüchtig in den Garten schauen. Nach einiger Zeit gesellte sich ein kleines Rudel abgemagerter Impalas zu ihnen. Wir hofften, dass die Warzenschweine und Impalas den Buschböcken durch das Vordertor in den Garten folgen würden, aber zu unserem Kummer taten sie es nicht. Sie fürchteten sich zu sehr vor dem Geruch nach Menschen und Hunden. Die Buschböcke dagegen hatten den größten Teil ihres Lebens in unserer Nähe verbracht und waren deshalb an unseren Geruch gewöhnt.

Auch am folgenden Abend erschienen die Warzenschweine und Impalas, und schließlich lief ein wagemutiger Impala hinter den Buschböcken her in den Garten, aber die anderen folgten ihm nicht. Ich versuchte, das Problem zu lösen, indem ich ihnen Futter aus dem Gemüsegarten brachte. Jeden Abend erntete ich zwei oder drei Körbe voll Salat, Spinat, Karotten, Tomaten und anderes Gemüse und schüttete alles für die Impalas und Warzenschweine vor den Zaun. Am Morgen war das Gemüse immer verschwunden.

Zum Glück war unser Gemüsegarten sehr groß, und wir pflanzten genug Gemüse, um den Winter über damit auszukommen und um für die heißen Sommermonate etwas zum Einzufrieren zu haben. Ich wusste, dass ich unsere kostbaren Sommervorräte an die hungrigen Tiere verfütterte, aber das war mir egal. Ihre Lage war zu verzweifelt.

Als sich die Dürre immer länger hinzog, schwanden auch die Kräfte unserer Flusspferde sehr schnell dahin. Wir konnten den Anblick ihrer abgemagerten Gestalten kaum ertragen, wenn sie am Abend aus dem Fluss stiegen, um nach Futter zu suchen.

Eines Morgens ging ich in den Gemüsegarten, schnitt alle noch vorhandenen Kohlköpfe ab und lud sie in einen Schubkarren. Dann fuhr ich sie das Hochufer hinunter und über den Sandstreifen und entleerte meinen Karren am Wasser. Ich wusste, dass mein Versuch, die Flusspferde vor dem Hungertod zu retten, vergeblich war, aber ich hielt es auch nicht aus, sie leiden zu sehen und nichts zu tun.

Ich konnte sie nicht dabei beobachten, wie sie die Kohlköpfe fraßen, aber am späten Nachmittag waren sie verschwunden. Das war mir allerdings auch kein rechter Trost, weil ich wusste, dass meine Hilfe nicht ausreichte und zu spät kam.

Kobus und ich saßen bei Sonnenuntergang im Garten, als wir sahen, wie

sich ein Flusspferdbulle durch das Trockenbett auf das Hochufer zu-
schleppte. Er sah unendlich müde aus. Dann blieb er einfach stehen und
brach zusammen.

Wir saßen beide sehr still da und sprachen kein Wort. Ich wusste, dass
Kobus ebenso verzweifelt war wie ich.

Die Flusslandschaft war öde und dürr, der Fluss nur noch ein schmales,
schlammiges Rinnsal. Wir saßen im schwindenden Licht und warteten
darauf, dass die Dunkelheit die traurige Landschaft vor unseren Blicken
verhüllte. Es erschien uns alles so sinnlos.

Kobus saß still neben mir und blickte zum Horizont. Gerade setzte ich
an, ihm zu sagen, was ich empfand, als er plötzlich die Hand hob, nach
Südosten deutete und sagte: »Sieh nur, Blitze.«

Ich wandte mich um und schaute. Bald zuckte ein ferner Blitz im Zickzack über den Horizont. Der Ruf einer gefleckten Eule ertönte, und die
süße Melodie schien einige Augenblicke lang in der Abendstille zu
schweben. Ein sanfter Windhauch strich durch den Garten, und bald
wurde der Himmel im Südosten ununterbrochen von fernen Blitzen erhellt.

Wir wussten, dass der Regen nun bald kommen musste. Vielleicht noch
nicht in dieser Nacht, vielleicht nicht einmal am nächsten Tag, aber
bald.

Am folgenden Abend war der ganze südliche Himmel beständig von
Blitzen erhellt. Später in dieser Nacht grollte ferner Donner durch den
Busch, und wir konnten den Regen schon riechen. Er kam am folgen-
den Morgen. Aber er prasselte zu hart herunter, hörte zu plötzlich wie-
der auf und verflüchtigte sich zu schnell in der ausgetrockneten Erde.
Doch es war wie ein Versprechen.

Sicher war nun die Zeit gekommen, in der die Natur alles wieder gut-
machen würde.

Und so war es auch. Am Morgen des 22. Oktober ging die Sonne nicht
auf, und der dunkle Himmel schien sich in Wasser aufzulösen. Der Regen fiel den ganzen Tag lang sanft und stetig und hielt bis tief in die
Nacht hinein an. Noch vor Tagesanbruch begann der Himmel sich
wieder zu klären, und der neue Morgen war in Sonnenschein gebadet.
Die feuchte Landschaft funkelte in der Sonne, und der süße Duft der

nassen Erde war überall zu riechen. Den ganzen Tag lang lag eine magische Stille in der Luft, als hielte die Erde den Atem an, während sie die Leben spendende Feuchtigkeit einsaugte.

Im Schülerwohnheim verbrachten Sandra, Karin und ihre Freunde den Nachmittag damit, das umgebende Veld zu durchstreifen und in den schlammigen Pfützen herumzuplanschen. Sie hatten die Welt seit langer Zeit nicht mehr so nass gesehen, und der Anblick erfüllte sie mit Staunen und Freude.

Hettie ging ganz alleine spazieren und hatte das Pech, sich zu verirren. Meine buscherfahrenen Töchter verirrten sich nie und waren überzeugt, dass so etwas nur sehr dummen Menschen passierte. An diesem Nachmittag wanderte Hettie in die Wälder im Nordosten des Wohnheims, watete barfuss durch schlammige Pfützen und folgte den Fährten, die allerlei kleine Tiere auf dem nassen Boden hinterlassen hatten. Sie war achtzehn Jahre alt, eine brillante Schülerin im letzten Highschooljahr, begabt mit einer leidenschaftlichen Liebe zu Musik, Dichtung und Märchen. Sie wanderte ihren Träumen nach in die nebelige Waldlandschaft hinaus und streifte immer weiter durch den Busch, ohne daran zu denken, wo sie sich befand. Erst als die Sonne plötzlich hinter einer schwarzen Wolke verschwand und es zu tröpfeln begann, wurde ihr klar, dass sie sich viel weiter vom Schülerheim entfernt hatte, als sie es vorgehabt hatte. Sie wandte sich um und machte sich eilig auf den Rückweg. Als sie eine ganze Weile marschiert war und das Wohnheim noch immer nicht auftauchte, wusste sie, dass sie in die falsche Richtung gegangen war.

In den gleichförmigen Mopaniwäldern in diesem Teil des Parks gab es keine einprägsamen Landmarken, und ein Wanderer, den sein Richtungssinn im Stich ließ, befand sich in echten Schwierigkeiten.

Hettie beschloss, so lange zu warten, bis die Sonne wieder hinter den Wolken hervorschaute und sie die Richtung genauer bestimmen konnte. Der Himmel war inzwischen so bedeckt, dass sie fast zehn Minuten lang warten musste, bis die Sonne endlich hinter einem Wolkenrand hervorlugte. Sie stellte fest, dass sie in südöstlicher statt in südwestlicher Richtung gegangen war, und machte sich in der neuen Richtung auf den Weg.

Bald verschwand die Sonne endgültig hinter dicken Wolken, aber sie ging entschlossen in die Richtung weiter, die sie für Südwesten hielt.

Nach einiger Zeit bemerkte sie eine Anzahl von Geiern, die vor ihr auf einer Gruppe von Leucaena-Bäumen saßen. Sorgfältig untersuchte sie die Spuren auf dem Boden und versuchte, die Leucaena-Bäume im Halbkreis gegen den Wind zu umgehen. Als sie aber in der vorherigen Richtung weitergehen wollte, wurde sie unsicher. Die Sonne hielt sich hartnäckig hinter den Wolken verborgen, und sie konnte nichts anderes tun, als stur weiterzugehen, ohne sich von den Spuren einer Elefantenherde beirren zu lassen, die ihren Weg kreuzte.

Nachdem sie über eine Stunde lang weitergegangen war, stieß sie auf die Haupttouristenstraße zwischen dem Phalaborwa Tor und dem Letaba Camp. Vor Erleichterung den Tränen nah, setzte sie sich einfach neben die Straße.

Etwa zehn Minuten später hörte sie, dass sich ein Fahrzeug vom Letaba Camp her näherte, und stand auf, damit der Fahrer sie sehen konnte.

Er brachte seinen Wagen auch prompt neben ihr zum Stehen. Der Fahrer war ein junger Mann, der sehr überrascht war, sie hier zu finden.

»Hallo!«, sagte er. »Hast du ein Problem? Wo ist dein Auto?«

»Ich habe keins«, gab Hettie zurück. »Könntest du mich wohl mitnehmen?«

»Aber natürlich«, sagte der junge Mann. »Steig ein.«

Sie stieg in den Wagen, und als er sein Fahrzeug wieder auf die Fahrbahn lenkte, fragte der junge Mann: »Aber … wenn ich fragen darf, was machst du hier … ganz alleine im Busch?«

Es war Hettie sehr peinlich, es zugeben zu müssen, aber es blieb ihr nichts anderes übrig, als ihm zu erzählen, dass sie einen Spaziergang gemacht und sich verirrt hatte.

»Wirklich?«, rief er aus. »Das ist aber nicht gut. Hier gibt es wilde Tiere! Hast du das nicht gewusst?«

»Der Grund, warum ich mich verirrt habe«, erklärte sie, »war, dass es bewölkt war und ich die Sonne nicht sehen konnte.«

»Tja, das ist natürlich schlimm«, meinte er mitfühlend. »Aber du solltest

185

hier wirklich nicht draußen herumlaufen. Hier wimmelt es von wilden Tieren – Löwen, Leoparden, alles. Ehrlich, es ist furchtbar gefährlich.«

»Normalerweise verirre ich mich nicht«, versicherte Hettie.

Sie fuhren an einem Elefantenbullen vorbei, der neben der Straße weidete.

»Siehst du?«, sagte der junge Mann. »Verstehst du jetzt, was ich meine?«

Sie nickte.

»Wo bist du denn losgegangen?«, wollte er wissen. »Und wie weit bist du gelaufen?«

»Vom Wohnheim«, antwortete sie. »Und wie weit ich gegangen bin, weiß ich nicht.«

Er machte ein verdutztes Gesicht. »Was für ein Wohnheim? Und wo?«

»Es ist innerhalb des Parks«, erklärte sie. »Ganz dicht am Grenzzaun. Etwa zwei Kilometer nördlich vom Tor.«

Er wandte sich überrascht zu ihr um. »Du *wohnst* doch nicht etwa hier im Park, oder?«

»Doch, ich wohne hier«, gab sie zurück. »Aber es ist das allererste Mal, dass ich mich verirrt habe.«

Der junge Mann stellte ihr viele Fragen über ihr Leben im Park und meinte schließlich: »Ich habe vier phantastische Tage im Krügerpark verbracht, habe Löwen, Geparden, Hyänenhunde, Elefanten, einfach alles gesehen – aber das hier ist das Beste – ein hübsches Mädchen, das sich verirrt hat, mitten im Busch an der Straße!«

Als sie an der Abzweigung zum Schülerwohnheim ankamen, bat Hettie den jungen Mann etwas verlegen, sie in einiger Entfernung vom Wohnheim aussteigen zu lassen. Sie wollte nicht, dass ihre Freunde sie in einem Wagen vorfahren sahen und auf diese Weise erfuhren, dass sie sich verirrt hatte. Er tat, worum sie ihn gebeten hatte, und sie dankte ihm fürs Mitnehmen.

Dann schlenderte sie auf das Wohnheimgelände zu, als wäre nichts gewesen, und mit Ausnahme ihrer Schwestern erfuhr niemand, dass sie sich an diesem regnerischen Nachmittag im Busch verlaufen hatte.

Bald nach diesen ersten Regenfällen begannen Milliarden von Samen-körnern in der feuchten Erde zu keimen und bedeckten die Landschaft mit grünen Teppichen von frischen Trieben. Winzige, saftige Blättchen sprossen an den vorher kahlen Bäumen, und dann blühten an allen Ecken und Enden Unmengen von wilden Blumen in allen Farben auf. Der Busch war endlich wieder lebendig und gesund und strotzte vor neuem Leben und Wachstum.

HARMONIE DER WILDNIS

Am Weihnachtsabend 1990 erschien die Elefantenherde, zu deren Territorium Mahlangeni gehörte, um im Schilf am Flussufer zu weiden, wie sie es häufig tat. Die weit tragenden Kontaktrufe der Muttertiere grollten direkt in unser Schlafzimmer hinein. Stöhnend zogen wir uns die Kopfkissen über die Ohren. Es half aber alles nichts.

Ein Elefantenbaby begann mit schriller Stimme markerschütternd zu schreien, wie Elefantenbabys es eben tun, wenn sie ihren Willen nicht durchsetzen können. Als sein Gekreische immer wütender wurde, fingen auch ein paar von den anderen Elefantenkindern an zu quengeln. Die entnervten Mütter, Tanten und Großmütter stöhnten und grollten. Als die Mutter des unerträglichen Babys es nicht mehr aushielt, stieß sie einen durchdringenden Warnschrei aus. Aber der unmögliche kleine Teufel gab immer noch keine Ruhe. Also erhob die Mutter ihre Stimme zu einem unglaublichen, aus tiefster Kehle dringenden Trompetenton, von dem der Himmel widerhallte und der vermutlich noch in der nächsten Galaxie zu hören war.

Das war zu viel für die Nerven der Paviane, und sie begannen zu klagen und zu kreischen.

Daraufhin fingen unsere Hunde an zu bellen. Sie tolerierten fast alle Tiere, aber die Paviane in unserer Nachbarschaft reizten sie zur Weißglut, und wenn diese in eine Kreischorgie verfielen, konnte nichts – nicht einmal ein Brüller von Kobus – die Hunde davon abbringen, sich die Lungen aus dem Leib zu bellen. Irgendwo in der Gegend war eine Hyäne, und als die Hunde anfingen zu bellen, begann sie zu heulen. Ich weiß nicht warum. Sie tat es eben. Also heulte sie. Je lauter die Hunde bellten, umso lauter heulte auch die Hyäne. Die lautstarke Kakophonie verärgerte die Flusspferde, und sie beschwerten sich mit dröhnendem Gebrüll.

Bei diesem auf volle Lautstärke aufgedrehten Konzert war es uns unmöglich zu schlafen.

Die Elefanten zogen irgendwann weiter, aber unsere gestörten Nachbarn hörten bis in die frühen Morgenstunden nicht auf, zu kreischen, zu bellen, zu heulen und zu brüllen. Kurz vor Tagesanbruch schliefen wir endlich ein. Und dann kamen die beiden ägyptischen Gänse angeflogen und rissen uns mit ihrem heiseren Trompeten wieder aus dem Schlaf.

So geht es zu in der Natur.

Keine Sekunde lang herrscht Ruhe.

Teil 2
CROCODILE BRIDGE UND PRETORIUS KOP

LEB WOHL,
SÜSSE EINSAMKEIT

Im November 1990 erhielten wir die Nachricht von der Parkverwaltung, dass wir nach Crocodile Bridge, einer Rangerstation in der Südostecke des Parks versetzt werden sollten.

Ich konnte mir nicht vorstellen, Mahlangeni zu verlassen. Dieser Ort gehörte zu mir. Seine wilde Schönheit, seine Stimmungen, sein Zauber waren der Rhythmus meines Herzens. Wer würde ich sein, wenn wir fortzogen?

Und noch etwas machte mir Sorgen: Ich hatte mich so sehr an die Einsamkeit gewöhnt, dass ich menschenscheu geworden war.

Obwohl ich noch nie in Crocodile Bridge gewesen war, wusste ich, dass der südliche Teil des Parks erheblich dichter mit Menschen bevölkert war als der Norden. Kobus hatte mir berichtet, dass das Haus des Game Rangers am Ufer des Crocodile River läge und gar nicht weit vom dortigen Touristencamp entfernt sei. Er hatte mir auch erzählt, dass sich auf der anderen Seite des Flusses eine ganze Reihe von Farmen befänden. Was sollte ich mit all diesen fremden Leuten reden? Fremde erwarteten, dass man intelligent, unterhaltsam und amüsant war und auch sonst noch vieles, das ich vollständig vergessen hatte. Der Gedanke, in Crocodile Bridge mit Menschen in Berührung zu kommen, ließ mich nächtelang nicht schlafen.

Die Mädchen hielten auch nichts von der Aussicht auf einen Umzug. Sie waren in der Überzeugung aufgewachsen, es sei die natürliche Ordnung der Dinge, dass ihr Zuhause ein Ort der Freiheit und Weite war, fern ab von den Komplikationen und Einschränkungen, die die menschliche Gesellschaft mit sich bringt.

An einem verregneten Sommermorgen im Januar 1991 brachen wir auf. Als wir dem Ort Lebewohl sagten, der elf Jahre lang unser Zuhause gewesen war, musste ich an einen Satz aus einer Geschichte denken, die ich viele Jahr zuvor gelesen hatte.

Ich glaube, der Autor war de Maupassant, aber leider kann ich mich nicht mehr an den Titel des Buches erinnern und weiß nicht einmal mehr, worum es darin ging. Ich weiß nur noch, dass jemand in diesem Buch einen Ort verlassen musste, den er sehr liebte. Weil er die Vorstellung nicht ertragen konnte, dass er nie mehr dorthin zurückkehren würde, tröstete er sich mit dem Gedanken, dass der Ort ihm in seinen Erinnerungen für alle Zeiten gehören würde, und er sagte: »*Ici reste mon cœur.*« Hier bleibt mein Herz.

Dieser Satz ging mir an jenem verregneten Sommermorgen durch den Kopf, und ich begrub mein Herz in Mahlangeni. Während wir nach Süden fuhren, einem fremden neuen Zuhause entgegen, das fast vierhundert Kilometer weit entfernt lag, tröstete ich mich mit dem Gedanken, dass Mahlangeni mir in meiner Erinnerung für immer gehören würde.

Mit unserem lebenden Inventar, bestehend aus drei Pferden, zwei Hunden, zwei Schweinen und zwölf Zwerghühnern, müssen wir ausgesehen habe wie ein Wanderzirkus. Am liebsten hätte ich auch noch die drei Warzenschweine mitgenommen, aber das lehnte Kobus ab. Sie waren inzwischen selbstständig geworden und konnten alleine für sich sorgen.

Ich fuhr mit der inzwischen dreizehnjährigen Karin in meinem Jeep voraus und zog einen Pferdehänger. Hettie und Sandra, die neunzehn und achtzehn Jahre alt waren, folgten mit ihrem Vater in dessen Pickup, der einen Hänger für zwei Pferde zog. Die Hunde fuhren mit Karin und mir, die Zwerghühner und Schweine mit Kobus und den beiden älteren Mädchen. Der Regen ließ und ließ nicht nach, und die armen Tiere sahen entsetzlich unglücklich und verunsichert aus. Sie hatten noch niemals den Wohnort wechseln müssen, und sie verstanden einfach nicht, was los war und warum.

Und mir ging es genauso.

MELANCHOLIE

Der Regen verfolgte uns von den Mopaniwäldern im Norden bis in die Grassavannen der Zentralregion. Südlich von Satara, wo Marulawälder nass und schweigend aufragten, begann es endlich aufzuklaren. Als wir an den Lebombobergen entlangfuhren, wurde der Himmel wieder blau, und die durchnässte Landschaft unter uns funkelte im Sonnenlicht. Wir verließen das Bergland, überquerten den Sabie River und erreichten das Akazienbuschland, in dem es von wilden Tieren aller Art nur so wimmelte. Es war offensichtlich, dass der Süden des Parks nicht nur mit Menschen, sondern auch mit Tieren sehr viel dichter bevölkert war als der Norden.

Am späten Nachmittag kamen wir in Crocodile Bridge an. Das dortige Touristencamp ist eines der südlichsten des Parks, und die Haupttouristenstraße, die von Süden nach Norden durch die ganze Länge des Parks führt, beginnt oder endet, je nach Fahrtrichtung, an diesem Camp. Das Haus des Game Rangers liegt etwa einen Kilometer östlich des Crocodile Bridge Camps und ist über eine ungepflasterte Piste zu erreichen, die in der Nähe des Eingangs zum Camp von der Hauptstraße abzweigt.

Wir bogen in langsamer Fahrt in diese Piste ein und warteten gespannt darauf, dass unser neues Zuhause vor uns auftauchte. Der Weg schlängelte sich durch eine grasbewachsene Savanne, die mit Knotendorn, Marulabäumen und Akazien gesprenkelt war, und ich hatte den Eindruck, dass er direkt zu den Lebombobergen zurückführte. Aber nach ein paar hundert Metern gabelte sich die Piste, und dort, an der rechten Abzweigung, direkt am Ufer des Flusses, befand sich ein dicht bewaldetes, eingezäuntes Grundstück. Wir wandten uns nach rechts, und wenige Sekunden später fuhren wir durch die Einfahrt unseres neuen Heims.

Wir parkten unter einem riesigen Fuchsienbaum. Vom Autoabstellplatz aus blickte man in einen subtropischen Garten, in dem eine Affenherde unter einem Mkuhlubaum lagerte – sehr zum Ärger unserer beiden Hunde. Sie sprangen aus dem Jeep und jagten die ruhenden Tiere davon. Die Entrüstungsschreie der Affen erfüllten den Garten. Ein Schwarm von Baumhopfen antwortete mit hysterischem Keckern. Ein gepflasterter Fußweg führte durch eine Fülle von Büschen und Blumen zum vorderen Eingang des Hauses. Das Haus war im Farmhausstil erbaut und sah mit seinen altrosafarbenen Wänden und dem orangegelben Dach in dem üppig bewaldeten Garten ausgesprochen hübsch aus. Im ersten Moment war ich wirklich angetan von dem Anblick. Aber innerhalb weniger Minuten entdeckte ich eine ganze Reihe alarmierender Tatsachen.

Die erste davon war, dass die Sonne im Norden unterging, was mich sehr beunruhigte. Die zweite war, dass eine Speikobra vor der Haustür lag. Sie hob den Kopf, sah uns missbilligend an und verschwand in einem Blumenbeet neben dem Haus. Offensichtlich war sie eine ständige Bewohnerin des Gartens und mochte keine Eindringlinge.

Es zeigte sich, dass man durch die Haustür direkt in die Küche trat. Von der Küche aus kam man in ein Wohnzimmer, wo etliche Fledermäuse zwischen den hölzernen Balken herumflogen, die das Dach trugen. Zimmerdecken waren nicht vorhanden, und in allen Räumen waren Fledermäuse. Auch sie schienen ständige Gäste zu sein.

Es war ein interessantes Haus – alt, aber stabil gebaut und solide. Die Konstruktion aus vielfach gekreuzten, schweren Balken unter dem hohen Dach war ganz besonders reizvoll, wenn man über die Fledermäuse hinwegsah. Aber die Anordnung der Zimmer war ziemlich verwirrend, und je tiefer man in das Haus hineinging, desto dunkler wurden die Räume. Vor den meisten Fenstern befand sich eine mit Fliegengitter geschützte Veranda, und wo das nicht der Fall war, reichten die Büsche und Bäume des Gartens direkt bis an die Fenster heran, so dass kein Tageslicht in die Zimmer hereinfallen konnte. In dem dunklen Flur zwischen dem Wohnzimmer und den Schlafzimmern fand ich einen kleinen Tisch, auf dem ein Sprechfunkgerät und ein Telefon standen. Ein Telefon! Ich hoffte, dass niemand von mir erwarten würde, dass ich den Hörer abhob, wenn es klingelte.

Während Kobus und die Mädchen die Pferde, Schweine und Zwerghühner versorgten, ging ich in den vorderen Garten hinaus, von dem aus man den Crocodile River sehen konnte. Die Aussicht war hübsch, aber nicht so atemberaubend wie in Mahlangeni. Der Crocodile River bestand aus vielen Armen, die sich gurgelnd um schilfbedeckte Inseln herumschlängelten. Auch die Flussufer waren größtenteils mit Schilf bewachsen. Ich ging bis zum Ende des vorderen Gartens und hoffte, etwas mehr von der Landschaft auf der anderen Flussseite zu sehen zu bekommen, aber die Wälder am gegenüberliegenden Ufer waren so dicht, dass man nicht erkennen konnte, was dahinter lag das dachte ich jedenfalls, bis ich die alarmierendste Entdeckung von allen machte. Etwas weiter stromaufwärts konnte ich durch eine Lücke im Wald am anderen Flussufer etwas erkennen, das wie ein eingezäunter Garten aussah. Und genau dort stand in ebendiesem Moment *ein Mensch!*

Dieser Mensch tat nichts Bestimmtes. Er stand nur da und betrachtete anscheinend irgendeinen Busch. Ich konnte nicht erkennen, ob es sich um einen Mann oder eine Frau handelte – wir waren etwa dreihundert Meter weit voneinander entfernt. Ich starrte das beunruhigende Lebewesen mit morbider Faszination an. Nach einiger Zeit wandte sich der oder die Fremde um, sah mich und hob grüßend die Hand. Ich schaffte es gerade noch zurückzuwinken. Aber ich war restlos erschüttert. Ich hatte Nachbarn, die nah genug an unserem Haus lebten, um mir zuwinken zu können! Mein einziger Trost war, dass wir durch den Fluss voneinander getrennt waren.

Dann fiel mir auf, dass die Sonne immer noch im Norden unterging. Hier schien wirklich gar nichts zu stimmen. Aber ich machte ein tapferes Gesicht und ging, um nachzusehen, was meine Familie und die Tiere unterdessen machten.

Die Pferde, Schweine und Zwerghühner waren glücklich in ihrem neuen Quartier untergebracht, einer großen, eingezäunten Koppel in der hinteren Ecke des Grundstücks, und fraßen mit Appetit ihr Abendfutter, das aus Luzerne und Mais bestand.

»Geht die Sonne nicht an der falschen Stelle unter?«, fragte ich Kobus.

»Wo willst du sie denn untergehen sehen?«, fragte er zurück.

»Im Westen natürlich!«

»So?«

»Sie geht aber im Norden unter.«

Er wandte den Kopf zur Sonne und sagte:»Nein. Das ist Westen.«

In diesem Augenblick kam unser Möbelwagen an, und es blieb uns keine Zeit für weitere Diskussionen. Der Rest des Abends verging mit dem chaotischen Geschäft des Ausladens und Auspackens. Gegen Mitternacht fielen wir endlich restlos erschöpft ins Bett.

Etwa eine Stunde später wurden wir von einer Kakophonie von Schreien geweckt, die unmittelbar aus einem Alptraum zu stammen schienen. Ich möchte nicht näher beschreiben, was in dieser Nacht geschah, weil die Erinnerung daran zu schmerzlich ist. Kurz gesagt, ein Leopard hatte den Weg in unseren Garten gefunden (vielleicht war vergessen worden, die Tore ordentlich zu verriegeln) und hatte unsere geliebten Schweine Fritzie und Fiela umgebracht.

Das Erste, was am nächsten Morgen schief ging, war, dass die Sonne im Süden aufging. Ich verstand nicht, warum, und so bat ich die Mädchen, zum Touristencamp zu gehen und mir eine Karte des Parks zu kaufen. (Natürlich hatte ich eine, aber ich konnte mich nicht mehr erinnern, in welche Kiste ich sie gepackt hatte.) Hettie, Sandra und Karin sattelten ihre Pferde und ritten, von den Hunden begleitet, zum Camp hinüber – sehr zur Überraschung der anwesenden Touristen, ganz zu schweigen vom Campmanager und seiner Frau. Die Touristen griffen nach ihren Kameras und baten die Mädchen, sich mit ihren Pferden und Hunden fotografieren zu lassen. Der Campmanager griff nach dem Telefon.

Als das Telefon in unserem Haus klingelte, wusste ich zuerst nicht, was dieser ungewohnte Ton zu bedeuten hatte. Als mir endlich dämmerte, was es war, fürchtete ich mich so sehr davor, den Hörer abzuheben, dass ich stattdessen hinausrannte, um Kobus zu rufen. Bevor er das Telefon erreichte, hatte es aufgehört zu klingeln. Der Campmanager behalf sich damit, den Mädchen einen Brief mitzugeben.

Hallo Kobus und Kobie,

willkommen in Crocodile Bridge! Eure drei hübschen Mädchen haben im Camp für erhebliches Aufsehen gesorgt. Nicht, dass mich das stören würde, im Gegenteil, ich hoffe, dass sie uns möglichst oft besuchen werden.

Aber ich fürchte, dass auch ihre Pferde und Hunde sehr viel Aufmerksam-
keit bei unseren Gästen erregt haben, und deshalb fürchte ich, dass ich
euch daran erinnern muss, dass es nicht gestattet ist, Haustiere mit in die
Touristencamps zu bringen. Bitte kommt doch heute Nachmittag zu ei-
ner Tasse Tee bei uns vorbei. Meine Frau Mariaan und ich freuen uns
darauf, euch kennen zu lernen.
Viele Grüße,

Johan Schoerman

Ich schämte mich entsetzlich. Ich hatte die Vorschriften, die im Park
gelten, vollständig vergessen. In Mahlangeni hatten diese Vorschriften
keine Rolle gespielt, weil das nächste Touristencamp sechzig Kilometer
weit entfernt gewesen war. Und jetzt waren wir auch noch zum Tee
eingeladen.

Was sollte ich nur machen?

»Mach dir keine Sorgen«, sagte Hettie. »Darüber kannst du später nach-
denken. Sieh nur, wir haben dir ein kleines Geschenk mitgebracht.« Sie
reichte mir eine braune Papiertüte.

Darin fand ich die Karte, um die ich gebeten hatte, und … eine Schachtel Pralinen!

»Pralinen!«, rief ich aus. »Ja, so was!«

»Wir dachten, dass du die jetzt brauchen würdest«, meinte Sandra lächelnd.

Ich fühlte mich wie im Himmel. Niemals hatte ich mir träumen lassen,
dass der kleine Laden im Camp ausgerechnet Schokolade haben würde.
Wir hatten seit einer Ewigkeit nicht mehr in der Nähe irgendeines La-
dens gelebt. Vielleicht würde das Leben in Crocodile Bridge doch nicht
ganz so übel werden. Ich riss die Schachtel auf und teilte mir den Inhalt
mit meinen Töchtern. Und während der nächsten Minuten, während
wir alle Pralinen auf einen Sitz aufaßen, hatte ich die ganze Welt mit all
ihren Problemen vergessen. Unterdessen beschrieben mir die Mädchen
das Touristencamp. Verglichen mit anderen Camps war es klein, aber
sehr hübsch angelegt, mit zwanzig Chalets, die zwischen einheimischen
Bäumen und Büschen verstreut lagen. Der Laden war winzig und musste gleichzeitig als Empfang herhalten, aber er war gut ausgestattet mit

verschiedenen Konserven, alkoholfreien Getränken, Süßigkeiten, Keksen, Käse, Milch und Eiern.

Nachdem wir die Pralinen aufgegessen hatten, studierte ich die Karte des Krügerparks und stellte fest, dass der Crocodile River unzählige Kurven und Schleifen beschreibt. In der Südostecke des Parks verläuft er auf seiner Suche nach einem Durchlass durch die Lebomboberge in einem riesigen, U-förmigen Bogen. Unser Haus, so stellte ich fest, lag am westlichen Teil des U, und seine Vorderfront zeigte nach Osten, in Richtung Fluss. Das verkomplizierte die Dinge natürlich sehr. Der Fluss war die Südgrenze des Parks, und so hatte ich natürlich erwartet, dass sich unser Haus an seinem Nordufer befinden müsste. Das war zwar im Großen und Ganzen richtig, aber wegen der U-förmigen Schleife lag der Fluss von uns aus gesehen im Osten und nicht im Süden. In Mahlangeni stand unser Haus am Nordufer des Letaba, und der Fluss lag im Süden. Elf Jahre lang war die Sonne im Osten über dem Wasser aufgegangen und im Westen wieder im Wasser versunken. Hier in Crocodile Bridge ging die Sonne genau auf der gegenüberliegenden Seite des Flusses auf. Es war wirklich sehr verwirrend.

Ich ging hinaus, um zu versuchen, meinen Richtungssinn zu korrigieren, aber auf dem gepflasterten Weg vor der Küche begegnete ich der Speikobra. Ich erstarrte zu spät. Die Kobra spuckte ihr Gift nach mir und verschwand im Blumenbeet. Überrascht schaute ich die Giftspritzer an, die an meinem Bein herunterliefen, und dachte mir, dass ich wirklich Glück gehabt hatte, dass das Gift nur mein Bein und nicht meine Augen getroffen hatte. Als ich ins Haus zurückrannte, um das Gift von meinem Bein zu waschen, fing wieder das Telefon zu klingeln an. Ich blieb stehen und überlegte, was ich tun sollte. Wo waren Kobus und die Mädchen? Ich musste das Gift wirklich unverzüglich abwaschen. Mein Herz begann laut zu schlagen, aber das anhaltende Klingeln des Telefons war noch lauter und schien eine sofortige Reaktion zu erfordern. Hastig hob ich den Hörer ab und sagte, ohne zu fragen, wer am Apparat sei: »Bitte warten Sie einen Augenblick. Ich muss … ähm … mein Bein waschen.« Ich legte den Hörer auf den Tisch und rannte ins Badezimmer. Dort spülte und schrubbte ich mein Bein gründlich ab, dann setzte ich mich hin und weinte, weil ich nicht wusste, was ich mit dem Telefon machen und wie ich auf die Einladung des Campmanagers und seiner Frau reagieren sollte. Ich hatte Kopfschmerzen, und meine beiden geliebten Schweine waren tot. Das Haus war voller Fledermäuse, und die Sonne ging in der falschen Richtung auf und unter. Mir war übel, weil ich zu viele Pralinen gegessen hatte, und wir hatten Nachbarn auf der anderen Seite des Flusses. Ich sehnte mich nach Mahlangeni zurück.

DIE GROSSE ANPASSUNG

In den Tagen, bevor wir nach Crocodile Bridge gezogen waren, hatte ich versucht, mir vorzustellen, wie mein neues Heim wohl aussehen würde, und ich hatte mir eingebildet, dass das Haus nach Süden und zum Fluss hin ausgerichtet sein müsste. Offenbar hatte sich dieses Bild in meinem Kopf festgesetzt und ließ sich nicht mehr korrigieren. Gleichgültig, wie oft ich mich mit der Karte in der Hand in den Garten stellte und das Gesicht der aufgehenden Sonne zuwandte, um meinen Richtungssinn wieder in Ordnung zu bringen, es wollte mir einfach nicht gelingen. »Das da ist Osten«, sagte ich mir mit Nachdruck. Aber es half alles nichts. In meinem Herzen wusste ich, dass es Süden war. Mein Richtungssinn war unwiderruflich gestört, und schuld daran waren die Windungen des Flusses und der Mensch, der töricht genug gewesen war, das Haus auf die Westseite des U-förmigen Bogens zu stellen.

Wenn man im Buschland lebt, muss man jedoch ganz genau wissen, wo die Sonne auf- und untergeht, sonst kann man sich ganz fürchterlich verirren. Ich bin auf einer Buschveldfarm aufgewachsen, und solange ich denken kann, war es ungeheuer wichtig für mich, ein Gefühl dafür zu haben, wo Norden, Süden, Osten und Westen waren. Als nun in Crocodile Bridge der Süden plötzlich Osten und der Norden Westen wurde, kam es mir so vor, als hätten Sonne, Sterne, Mond und Erde und sogar die Schatten auf dem Boden sich um neunzig Grad gedreht. Solange ich dieses Problem nicht beheben konnte, fand ich keine Ruhe. Aber ich schaffte es einfach nicht.

Oft, wenn ich mit der Karte in der Hand im Garten stand und versuchte, meinen irregeleiteten Richtungssinn zu korrigieren, hatte ich das Gefühl, beobachtet zu werden. Und das Gefühl trog nicht – die Pavianherde, zu deren Territorium Crocodile Bridge gehörte, ließ mich nicht aus den Augen. Irgendwie machten die Tiere einen seltsam brütenden Eindruck auf mich. Sie hausten in einem Feigenbaum am Fluss, gleich hinter dem Südzaun unseres Gartens. (Eigentlich war es der Ostzaun, aber Sie wissen, was ich meine.) Tag für Tag saßen sie in ihrem Baum und beobachteten jeden Schritt, den ich tat. Sowie ich das Haus verließ, fühlte ich ihre Augen auf mir. Was hatten sie vor?

Als ich Kobus eines Tages erzählte, dass sich die Paviane wie eine Horde von Geheimagenten betrugen, die den Auftrag hätten, mich zu überwachen, lachte er und sagte, dass sie sich ausschließlich für die Hunde interessierten und nicht für mich.

Unser ganzer Garten war voller Obstbäume: Pawpaws, Mangos, Bananen, Marulas und Zitrusfrüchte. Meine beiden Hunde begleiteten mich auf Schritt und Tritt, und die Paviane beobachteten sie tatsächlich, um herauszufinden, wie ernst es ihnen damit war, die Obstbäume zu bewachen. Wolfie, der ein australischer Hütehund war, war ein treues, besonnenes Tier, das alle seine Pflichten sehr ernst nahm. Flenter, ein junger Staffordshire Bullterrier, war nicht nur ein Kämpfer, er brach auch mit Vorliebe Streit vom Zaun, und er misstraute allen wilden Tieren, ganz besonders den Pavianen. (Unser geliebter Hund Janna war nicht mehr bei uns. In unserem letzten Jahr in Mahlangeni erwischte ihn ein Krokodil am Ufer des Letaba.)

Die Paviane erwiesen sich als gute Beobachter, denn nach etwa einer Woche kamen sie übereinstimmend zu dem Schluss, dass man die Hunde ernst nehmen und die Obstbäume meiden musste. Ich war erleichtert, als sie endlich aufhörten, mich zu beobachten. Ich wünschte mir nur, dass all meine anderen Probleme sich auch einfach in Luft auflösen würden.

Eines Nachts, während unserer zweiten Woche in Crocodile Bridge, verschlangen zwei herumstöbernde Zibetkatzen (langbeinige, mittelgroße, katzenähnliche Tiere) alle meine Zwerghühner. Nur der Hahn kam mit dem Leben davon.

Ich war so erschüttert, dass ich mir schwor, nie wieder Zwerghühner zu halten. Der Hahn kam zu dem Schluss, dass es in Zukunft besser für seine Sicherheit sei, ein Hund zu sein. Deshalb verbrachte er die Nächte im Gartenhaus, wo die Hunde ihren Schlafplatz hatten, und setzte sich auf ein Regal direkt über ihre Köpfe. Er hörte auf zu krähen und entfernte sich auch tagsüber niemals weit von den Hunden. Seine Überlebensinstinkte erwiesen sich als wirksam, denn die Zibetkatzen ließen ihn in Frieden.

In der gleichen Woche beschloss ich eines Morgens, die Schlafmatten der Hunde zu säubern. Als ich eine der Matten aufhob, um sie auszuschütteln, fiel unsere Hauskobra heraus. Sie landete auf meinem Fuß, und der Fuß bekam einen solchen Schock, dass ich mir eine Bänderverletzung im Fußgelenk zuzog. Die Schlange machte, dass sie fortkam, und verschwand in ihrem Blumenbeet neben der Küche.

Dieses Blumenbeet war eigentlich sehr viel mehr als nur ein Blumenbeet – auch zwei Bäume, viele Büsche und diverse Kriechgewächse wuchsen darauf, und es war so verfilzt und zugewuchert, dass es ein idealer Aufenthaltsort für eine Schlange war. Außerdem beherbergte das Beet eine ganze Lebensgemeinschaft von Fröschen, Eidechsen und Geckos, so dass die Schlange einen reichlichen Vorrat an Nahrung direkt in ihrer Behausung hatte. Sie hatte es gar nicht nötig, außerhalb ihrer Wohnung auf die Jagd zu gehen. Aber sie kroch gerne ein bisschen herum, und so begegneten wir ihr oft auf dem gepflasterten Gartenweg vor der Küche.

Für eine Kobra war sie ein sehr seltsames Geschöpf. Gewöhnlich ist die Speikobra eine nervöse, äußerst reizbare Schlange. Aber unsere Kobra schien weder besonders reizbar noch aggressiv zu sein. Wenn man aus Versehen zu plötzlich auf sie zukam, hob sie den Kopf zum Angriff, aber wenn man dann sofort stehen blieb und sich nicht mehr rührte, sah sie einen eine Weile prüfend an und schlüpfte dann wieder in ihr Blumenbeet. Anscheinend hatte sie sich mit der Tatsache abgefunden, dass sie immer menschliche Nachbarn haben würde und ihr gar nichts anderes übrig blieb, als sich mit ihnen abzufinden. Ihre Einstellung deckte sich mehr oder weniger mit der unseren, die lautete: »Wir tun dir nichts, solange du uns nichts tust.« Folglich bewegten meine Familie und ich uns langsam und möglichst laut, wenn wir den gepflasterten Gartenweg entlanggingen, um die Schlange rechtzeitig darauf aufmerksam zu machen, dass jemand kam. Sie ging uns ebenfalls aus dem Weg, und so liefen weder sie noch wir Gefahr, unerwartet einen dramatischen Zusammenstoß zu provozieren.

Wolfie, der vorsichtige Hund, hielt stillschweigend einen gebührenden

Abstand von der Schlange. Der streitsüchtige Flenter hingegen versuchte oft, sie anzugreifen, aber die Kobra spuckte ihm jedes Mal Gift in die Augen. Als das zum ersten Mal passierte, schleppte Karin den Hund schleunigst zum nächsten Wasserhahn und hielt ihm das Gesicht unter das laufende Wasser, bis das ganze Gift herausgewaschen war. Beim zweiten Mal rannte Flenter von sich aus zum Wasserhahn und wartete darauf, dass einer von uns kam und den Hahn aufdrehte. Bei anderen Gelegenheiten, wenn wir nicht gesehen hatten, dass die Schlange nach ihm gespuckt hatte, heulte er vor der Küchentür, um uns darauf aufmerksam zu machen, dass er Hilfe brauchte. Sowie einer von uns ihn hörte, rannte er auf kürzestem Weg zum Wasserhahn und hielt in Erwartung der Erleichterung, die das kühle Wasser für seine brennenden Augen bringen würde, das Gesicht hoch.

Unsere Politik der gegenseitigen Rücksichtnahme wurde von der Schlange akzeptiert, aber nicht von den Fledermäusen in unserem Haus. Sie brachten uns fast um den Verstand.

Fledermäuse sind fliegende Säugetiere. Damit sind sie ziemlich einzigartig, aber sie sind keine besonders guten Flieger. Ihr Navigationssystem versagt oft und spielt verrückt. Wenn eine Fledermaus merkt, dass sie sich beim Anflug auf einen Landeplatz verschätzt hat, sucht sie sich mit Vorliebe einen Menschen für die Bruchlandung aus, am liebsten einen, der gerade schläft (und deshalb flach liegt und sich nicht bewegt). Manchmal misslingt auch noch die Bruchlandung, und die Fledermaus endet in einem Korb oder sonst einem Behälter, aus dem sie nicht mehr herauskann. Dann schreit sie so lange um Hilfe, bis man aufwacht. Kommt man ihr dann zu Hilfe (mit Mordgedanken im Herzen), sieht sie so Mitleid erregend aus, wenn sie einen anbettelt, ihr doch bitte herauszuhelfen, dass einem gar nichts anderes übrig bleibt, als es zu tun. Und wenn man sie dann vorsichtig heraushebt, beißt sie einen in die Hand.

Wenn es den Fledermäusen langweilig wird, was ziemlich häufig geschieht, fliegen sie in niemals endenden Kurven immer im Kreis herum. Die einzige Methode, sie daran zu hindern, jeden, sie selbst eingeschlossen, in den Wahnsinn zu treiben, besteht darin, sie vorübergehend zu anästhesieren. Dazu braucht man einen Tennisschläger. Man stellt sich an einem Punkt auf, wo man sicher sein kann, dass eine Kollision stattfinden muss, wenn man den Tennisschläger senkrecht in die Luft hält. Wenn man möchte, kann man sogar ein kleines bisschen nachhelfen. Wenn die Fledermaus dann bewusstlos ist, trägt man sie behutsam hinaus und lässt sie auf dem Rasen liegen, bis sie wieder zu sich kommt. An manchen Abenden lagen fast ein Dutzend bewusstlose Fledermäuse auf unserem Rasen, um sich wieder zu erholen.

Anfangs bemühten wir uns sehr, die Fledermäuse zu überreden, sich ein anderes Zuhause zu suchen. Aber sie ließen keinen Zweifel daran aufkommen, dass das Haus seit vielen Generationen ihren Familien gehört hatte und dass sie es um keinen Preis verlassen würden. Ich vermute, dass sie es für eine Höhle hielten. Das kann man ihnen nicht einmal verdenken. Das Innere des Hauses war dunkel und düster, und das Dach war nicht ganz dicht, so dass bei Regenwetter auch noch die nötige Feuchtigkeit für eine höhlenartige Atmosphäre hinzukam. Wir versuchten, sie mit einem Ultraschallgerät zu vertreiben. Aber das störte sie offensichtlich überhaupt nicht. Wir versuchten, sie mit Chlorgestank zu vertreiben, aber sie schienen es gar nicht zu bemerken. Wir versuchten, es ihnen so ungemütlich wie möglich zu machen, indem wir das elektrische Licht tage- und nächtelang ununterbrochen brennen ließen, in der Hoffnung, ihnen damit klar zu machen, dass unser Haus keine Höhle sei. Es half aber alles nichts, und die Fledermäuse blieben.

Kobus meinte, wir sollten die Angelegenheit von ihrer positiven Seite betrachten. Fledermäuse sind Insektenfresser, und sie fressen auch Mücken. So hatten wir unsere eigene Mückenvernichtungsstaffel.

Ende Januar kehrten Hettie und Sandra an ihre Universitäten in Johannesburg und Pretoria zurück und waren damit mehr als fünfhundert Kilometer von uns entfernt. Karin ging in der nächst gelegenen Stadt, Nelspruit, zur Schule, ein Weg von rund 120 Kilometern. Es fiel mir sehr schwer, mich von meinen Mädchen zu verabschieden, besonders von Hettie und Sandra, die bis zu den Ende März beginnenden Herbstferien fortbleiben würden. Zum Glück konnte Karin an den Wochenenden mit dem Schulbus nach Hause kommen, und das tröstete mich ein wenig. Kobus hatte sehr viel Arbeit und war nur selten zu Hause. So war ich unter der Woche viel allein und musste, ganz auf mich gestellt, mit der großen Anpassung zurechtkommen.

Eines Nachts, als Kobus auf einer Anti-Wilderer-Kampagne mit dem Zelt in den Lebombobergen unterwegs war, wurde ich von einem fürchterlichen Lärm geweckt. Nun ja, ich bin wohl nicht wirklich ganz aufgewacht, aber meine Reflexe reagierten. Und so polterte ich aus dem Bett, griff nach Taschenlampe und Pistole und rannte hinaus in die Dunkelheit. Erst zu spät fiel mir auf, dass ich in der Eile danebengegriffen und statt der Pistole einen leeren Kaffeebecher in der Hand hatte.

Die Hunde bellten, die Pferde wieherten, und ein Tor flog krachend auf. Irgendetwas knurrte auch, aber das nahm ich nicht richtig zur Kenntnis, weil ich zu drei Vierteln noch schlief und mit dem restlichen Viertel an nichts anderes als unsere drei Pferde denken konnte. Nur wenige Nächte zuvor hatte ein Leopard irgendwo in der Nähe geknurrt, worauf die erschreckten Pferde das Tor ihrer Koppel aufgebrochen hatten und blindlings in den dunklen Garten galoppiert waren. Eines davon war gegen eine Eisenkonstruktion geprallt und hatte sich eine hässliche Wunde an der Flanke geholt, an der wir immer noch herumdokterten.

Als ich nun auf die Quelle des Lärms zurannte, war der einzig klare Gedanke, den ich fassen konnte, dass ich die Pferde daran hindern musste, sich in der Dunkelheit noch einmal zu verletzen. Sie befanden sich bereits außerhalb ihrer Koppel und galoppierten am Ostzaun des Gartens entlang, direkt auf den Swimmingpool in der Südostecke zu. Ich rannte hinter ihnen her und schrie ihnen nach, sie sollten zurückkommen. Die Hunde sprangen neben mir her und bellten aus Leibeskräften. Die Batterien meiner Taschenlampe waren fast verbraucht, und der schwache Lichtstrahl konnte die tintenschwarze Nacht kaum erhellen. Auf der Außenseite des Zauns rannte auch etwas entlang, aber ich hatte keine Zeit, mir darüber Gedanken zu machen, denn die Pferde waren schon fast am Swimmingpool angelangt. Zum Glück schlugen sie im letzten Augenblick noch einen Haken und preschten nun durch den Garten auf die Rückseite des Hauses zu. Bevor ich ihnen nachlief, schleuderte ich den Kaffeebecher nach dem Tier, das da versuchte, durch den Maschendraht des Zauns zu brechen. Der Becher schlug mit einem klirrenden

Geräusch gegen den Drahtzaun, und ich hoffte, dass das den lästigen Räuber vertreiben würde.

Ich fand die zitternden Pferde hinter dem Haus wieder. Mit viel Mühe gelang es mir schließlich, sie zu beruhigen und wieder in ihren Stall auf der Koppel zurückzubringen. Ich dankte den beiden Hunden (die sich die Kehlen heiser gebellt hatten) für ihre treue Unterstützung und ging wieder ins Haus, um mir eine gute Tasse Kaffee zu machen.

Das Koffein bewirkte, dass ich endlich vollends aufwachte, und erst jetzt, als sich der Nebel meiner schlaftrunkenen Benommenheit hob, kam mir die Tatsache zum Bewusstsein, dass ich irgendwann ein Tier außerhalb des Zauns knurren gehört hatte – ganz wie einen Löwen. Aber ich schob den Gedanken beiseite und ging wieder ins Bett.

Als Kobus am nächsten Morgen nach Hause kam, erzählte ich ihm, dass die Pferde in der vergangenen Nacht wieder erschreckt worden waren und dass es wirklich schwierig gewesen war, sie wieder zu beruhigen und auf ihre Koppel zu bringen. Kobus versprach, mit dem Tor etwas zu unternehmen, damit die Pferde es nicht noch einmal aufbrechen konnten. Aber als Erstes ging er hinaus, um festzustellen, wodurch sie letzte Nacht so erschreckt worden waren. Kurze Zeit später kam er zurück und forderte mich auf, mitzukommen und selbst zu sehen, was er gefunden hatte.

Als Erstes zeigte er mir eine Löwenfährte, die an der Außenseite des Zauns entlangführte. Dann zeigte er mir die Stelle, wo sich der Löwe gegen den Zaun geworfen hatte, um hindurchzubrechen. Er hatte eine große Einbuchtung im Zaun hinterlassen.

Ich war entsetzt.

Kobus meinte, dass es ganz schön mutig von mir gewesen sei, in die Nacht hinauszulaufen, um die Pferde zu schützen. Deshalb erzählte ich ihm lieber nicht, dass ich noch halb im Schlaf gewesen war.

Ich brauchte eine ganze Weile, bis ich mich an die Tierpopulation in Crocodile Bridge gewöhnt hatte, aber das war nichts im Vergleich zu den Schwierigkeiten, die ich damit hatte, mich an die menschliche Gesellschaft anzupassen.

Im Gegensatz zu Mahlangeni liegt Crocodile Bridge an einer Straße, die zu vielen Orten führt. Skukuza ist nur neunzig Kilometer entfernt, und nach Lower Sabie sind es nur zwanzig Kilometer. Jenseits des Crocodile River gibt es eine ganze Reihe von Farmen, und das Dorf Komatipoort ist nur 12 Kilometer entfernt. Also hatte ich überall Nachbarn. Und ständig kamen Leute bei mir hereingeschneit, meistens um mit Kobus über Dinge zu reden, für die er beruflich zuständig war, aber häufig auch nur zu einem nachbarschaftlichen Besuch.

Meine Unfähigkeit, mir die Namen der Leute zu merken, wurde zu einem beständigen Alptraum für mich. Ich konnte mir nicht einmal die Gesichter merken. So viele Leute schienen mir völlig gleich auszusehen. Häufig kamen Fremde, um Kobus zu sprechen, wenn er nicht zu Hause war. Für mich war das eine Qual, weil ich grundsätzlich nicht wusste, ob ich den oder die Besucher bereits kennen gelernt hatte oder nicht.

Nachdem ich mich mehrfach zum Trottel gemacht hatte, indem ich mich Leuten vorstellte, die mich bereits kannten, kam ich zu dem Schluss, dass es am besten sei, jeden so zu begrüßen, als würden wir uns kennen. Wenn es sich dann herausstellte, dass sie Fremde waren, erklärten mir die Leute, dass wir uns noch nicht begegnet waren, und ich sagte einfach: »Oh, tut mir Leid. Ich habe Sie mit jemandem verwechselt, den ich kenne.« Das klang wenigstens so, als sei ich ein Mensch, der ein paar Leute kannte. Das war jedenfalls meine Strategie, und meistens klappte es auch ganz gut.

Außer, wenn ein Besucher, der sich nicht vorstellte (weil wir uns bereits kannten), mich bat, Kobus etwas von ihm auszurichten. Wenn Kobus dann nach Hause kam, hatte ich ein Problem. Dann konnte ich ihm nur sagen, dass jemand ihm ausrichten ließ, dass Elefanten auf seiner Farm seien, oder was auch immer. Dann bat mich Kobus, ihm die betreffende Person zu beschreiben, aber das Einzige, woran ich mich erinnern konnte, war der Ausdruck ihrer Augen. Also musste Kobus versuchen zu erraten, um wessen Farm es sich handelte, und sich dann aufmachen, um die Elefanten in den Park zurückzutreiben.

Natürlich drängte Kobus darauf, dass ich wenigstens versuchen sollte, mir die Namen der Leute einzuprägen. Ich erklärte ihm, dass ich mich ja bemühte, aber dass meinem Verstand allem Anschein nach das Namenserinnerungsprogramm abhanden gekommen sei. Er wollte wissen, wie denn das möglich sei. Ich musste ihn daran erinnern, dass ich während der Jahre, in denen wir in Mahlangeni gelebt hatten, außer meiner eigenen Familie kaum einen Menschen gesehen hatte. Während er ständig anderswo als zu Hause gearbeitet hatte und dabei mit seinen Kollegen und anderen Parkangestellten zusammengekommen war, war ich diejenige gewesen, die allein zu Hause geblieben war und nur wilde Tiere zur Gesellschaft gehabt hatte. Das hatte in meinem Unterbewusstsein die Überzeugung verankert, dass es nicht mehr nötig sei, die Namen von Menschen im Gehirn zu speichern.

Kobus zeigte kein Verständnis.

Schließlich gelang es mir, mir ein paar Namen einzuprägen, aber ich konnte mir nicht merken, zu welchen Gesichtern sie gehörten. Bei einer Schulveranstaltung in Nelspruit küsste ich zu Karins Entsetzen den Direktor, weil ich ihn mit einem unserer freundlichen älteren Nachbarn verwechselte, die jenseits des Flusses lebten. Bei der gleichen Veranstaltung stellte ich mich meinem Zahnarzt vor, der mir daraufhin versicherte, er würde nicht nur mich, sondern auch meine Zähne kennen.

Eines Tages kündigte Kobus mir an, dass ein guter Freund von ihm aus Skukuza am folgenden Tag bei uns vorbeikommen würde und dass er auch seine Frau mitbringen würde. Er erinnerte mich daran, dass ich das Ehepaar bei einer früheren Gelegenheit bereits kennen gelernt hatte.

Ich war bereit, sie zu empfangen. Ich backte sogar einen Kuchen. Als das Auto am nächsten Morgen vorfuhr, lief ich hinaus, legte mein Gesicht in herzliche Falten und umarmte sie beide. »Ich freue mich so, euch zu sehen«, plapperte ich los. »Kommt nur gleich herein. Ich habe einen Kuchen gebacken.«

Die Dame machte ein entgeistertes Gesicht. »Also ... Wie reizend von Ihnen«, stotterte sie, »aber ... Ich weiß nicht ...«

Der Mann sagte nur: »Hmm ...«

Mir dämmerte, dass sie die falschen Leute waren.

Kobus kam aus seinem Büro, schüttelte ihnen die Hände und stellte sich vor. Die Besucher erklärten, dass sie vom Wasserwirtschaftsamt kämen, den Zustand der Flüsse in unserer Gegend untersuchen sollten und einige Informationen von ihm bräuchten.

Kobus lud sie ein, in sein Büro zu kommen.

Die Dame lächelte mich mitleidig an. Vermutlich glaubte sie, dass ich so ausgehungert nach Gesellschaft sei, dass ich meine Tage damit verbrachte, Kuchen zu backen und darauf zu warten, dass mich jemand besuchte.

Ich versuchte, mich mit der Überzeugung zu trösten, dass mit der Zeit alles besser werden würde. Ich rechnete fest damit, dass meine Unsicherheit sich legen würde, wenn ich mich erst einmal daran gewöhnt hatte, mit vielen Menschen zusammenzukommen. Aber sie legte sich nicht. Im Gegenteil, sie wuchs mit jedem Fauxpas, der mir unterlief. Es ging nicht nur darum, sich Namen und Gesichter einzuprägen. Das ganze Spektrum sämtlicher sozialer Fähigkeiten war mir fremd geworden. Jedes Mal, wenn ich den Mund aufmachte, kamen die falschen Worte heraus. Aber dazu möchte ich lieber kein Beispiel geben. Manche davon sind so peinlich, dass ich am liebsten gar nicht mehr daran denken möchte.

In Crocodile Bridge ging einfach alles für mich schief. Das traf selbst für meine Lieblingsbeschäftigung zu – mit den Hunden spazieren zu gehen. Wenn Touristen mich im Busch mit meinen Hunden entdeckten, hielten sie ihre Autos an und besichtigten mich durch ihre Ferngläser. Dann gingen sie schnurstracks entweder zum Campmanager oder zum Game Ranger (Kobus), um mich anzuzeigen.

Kobus und ich hatten eine Unterredung, in der er mich darauf aufmerksam machte, dass ich mich unbedingt außerhalb der Sichtweite der Touristenstraßen halten müsse, wenn ich im Busch spazieren gehen wolle. Den Touristen war es strengstens untersagt, ihre Autos zu verlassen, und sie durften nur die gekennzeichneten Straßen benutzen. Wenn sie mich zu Fuß im Busch sahen, meinte Kobus, könnten sie auf die Idee kommen, dass es ungefährlich sei, dort spazieren zu gehen, und würden bald alle im Busch herumlaufen wollen. Und wenn irgendwelche Besucher totgetrampelt oder gefressen würden, würde man ihm die Schuld daran geben, denn als Game Ranger war er für die Sicherheit der Touristen verantwortlich, und es war auch seine Aufgabe, die Einhaltung der Vorschriften durchzusetzen. Ich erklärte Kobus, dass ich immer mein Bestes tat, mich von den Touristenplätzen fern zu halten, dass es aber sehr schwierig sei, die Orientierung nicht zu verlieren, wenn die Sonne am falschen Ort unterging.

Wieder zeigte er kein Verständnis. Aber er schenkte mir einen Kompass zum Geburtstag.

Auf der Farm, die unserem Haus gegenüber auf der anderen Seite des Flusses lag, lebte ein junges Ehepaar, Willem und Ilse van Aard. Der Garten, den man durch eine Lücke im Wald am anderen Ufer sah, war der ihre.

Obwohl Ilse und ich uns fast zwei Jahre lang nicht persönlich kennen lernten, winkten wir uns doch häufig über den Fluss hinweg zu.

Irgendwann kam ich darauf, dass es eigentlich doch ganz nett sei, eine Nachbarin zu haben, der man zuwinken konnte, obwohl sie mir manchmal fast wie ein Traumbild vorkam. (Auf eine Entfernung von dreihundert Metern ist es nicht ganz leicht zu erkennen, was wirklich ist und was nicht.) Ich hätte sie für ein Phantom halten können, wenn wir nicht gelegentlich miteinander telefoniert hätten. Sie rief mich zum Beispiel an, um mich zu bitten, meinem Mann etwas von ihrem Mann auszurichten. Oder ich rief sie an, wenn ich eine Auskunft von ihr brauchte, zum Beispiel, wo die nächste Bücherei oder ein Zahnarzt oder sonst etwas zu finden sei.

Manchmal sprachen wir auch über das Wetter oder die Dinge, die sich gerade in der Landschaft zwischen ihrem und meinem Haus ereigneten – wie zum Beispiel damals, als ein Marabu einen halben Tag lang am Ufer stand und ein Krokodil anstarrte, aus dessen Maul ein toter Fisch hing. Der Marabu, der genau wusste, dass das Krokodil den Rachen würde öffnen müssen, um den Fisch zu verschlingen, wartete auf diesen Augenblick, um ihm den Fisch aus dem Maul zu schnappen. Und das Krokodil, das ahnte, was der Marabu vorhatte, wagte es nicht, das Maul zu öffnen. So brachten sie den ganzen Nachmittag miteinander zu und sahen aus wie zwei frustrierte Standbilder. Schließlich wurde es so dunkel, dass wir sie nicht mehr erkennen konnten, und weder Ilse noch ich wussten, was bei der Sache herausgekommen war, denn am folgenden Morgen waren sie nicht mehr da.

Ein andermal jagte eine Elefantenmutter einen unschuldigen Büffel bis zum Horizont, weil sie sich einbildete, dass er ihr Kalb bedrohte. Ilse meinte, dass das Kalb wahrscheinlich vor Schreck geschrien hätte, weil das Wasser, das über seine Füße spülte, so kalt gewesen sei, und dass die Mutter das missverstanden und geglaubt hätte, der Büffel sei der Übeltäter. Aber ich glaubte, dass die Elefantenmutter sich ganz einfach abscheulich betrug, wie Elefantenmütter das gewöhnlich tun. Jedenfalls war es nett, sich mit jemandem über die Aussicht unterhalten zu können. Die Aussicht war ein so angenehm unverfängliches Thema.

EINE VERSTÄNDNISVOLLE FREUNDIN

Etwa sechs Monate nachdem wir nach Crocodile Bridge gezogen waren, wurde ein zweiter Game Ranger mit seiner Familie aus dem Norden in den Süden versetzt. Ranger Flip Nel, seine Frau Annette und ihre beiden Töchter waren sieben Jahre lang in Shingwedzi stationiert gewesen. Annette hatte die Einsamkeit und Stille der weiten Nordregion des Parks geliebt, und sie war in Shingwedzi ebenso glücklich gewesen wie ich in Mahlangeni. Als sie bei ihrem neuen Heim im Süden in Lower Sabie ankamen, brach Annette in Tränen aus. Ihr Haus lag praktisch unmittelbar neben dem Lower Sabie Camp und in Sichtweite der Touristenstraße.

Lower Sabie lag nur siebenunddreißig Kilometer von Crocodile Bridge entfernt, und ich freute mich darauf, Annette zur Nachbarin zu haben. Wir hatten uns immer gern gemocht, aber droben im Norden hatten uns mehr als hundert Kilometer getrennt. So hatten wir nicht viel voneinander gesehen.

Kurz nachdem Annette und ihre Familie in Lower Sabie eingezogen waren, fuhr ich eines Morgens hinüber, um ihr einen nachbarschaftlichen Besuch abzustatten.

Als ich in ihre Einfahrt einbog, kam sie aus dem Haus gelaufen, um mich zu begrüßen. Ich freute mich, dass sie noch genauso aussah wie früher: zierlich und wie eine kleine Zigeunerin, mit leuchtenden, braunen Augen und einem dicken Schopf lockiger, dunkelbrauner Haare.

»Ich bin gekommen, um dich hier im Süden willkommen zu heißen«, sagte ich.

»Wie lieb von dir«, gab sie zurück. »Aber ich glaube nicht, dass ich mich hier jemals zu Hause fühlen kann.«

»Das kann ich verstehen«, sagte ich mitleidig.

»Das wusste ich«, antwortete sie dankbar.

Wir gingen hinein und machten uns Kaffee, während sie mir erzählte, was für ein schreckliches Erlebnis sie an diesem Morgen gehabt hatte. Sie war im Nachthemd in den Garten gelaufen, um nach ihrer dreijährigen Tochter Narina zu sehen. Sie fand sie im Sand spielend in der äußersten Ecke des vorderen Gartens. Als sie zu ihr hinüberging, blickte sie auf und sah auf der Touristenstraße, weniger als hundert Meter von ihrem Haus entfernt, einen geparkten Wagen stehen. Die Touristen lehnten sich aus dem Autofenster und besichtigten sie durch ihre Ferngläser.

Ich konnte mir ein derart scheußliches Erlebnis kaum vorstellen und hatte großes Mitgefühl mit ihr. Ich erzählte ihr, dass mein Haus zwar wenigstens nicht in Sichtweite der Touristenstraße läge, dass ich dafür aber andere Probleme hätte: Rund herum waren Nachbarn, ständig platzten irgendwelche Leute bei mir herein, und alle hielten mich für einen Trottel, weil ich mich nicht erinnern konnte, wer sie waren.

Annette stimmte mir zu, dass das ein sehr deprimierender Zustand sei. Sie erzählte mir, dass Flip und sie an ruhigen Abenden die Leute im Touristencamp tatsächlich reden und lachen hören könnten.

Ich fand das ganz unerträglich. Dann schilderte ich ihr, wie die Touristen mich manchmal entdeckten, wenn ich mit den Hunden spazieren ging. Sie zeigte Mitgefühl und erzählte, dass ihr Hund unter nervösen Störungen litte, weil er nicht daran gewöhnt sei, dass so viele Menschen in der näheren Umgebung lebten.

Ihr Hund tat mir wirklich Leid.

Ich berichtete, dass ich ein Telefon im Haus hätte, und sie war schockiert.

Ich erzählte ihr auch, dass bei uns die Sonne im Süden auf- und im Norden unterging und dass eine Schlange im Blumenbeet neben der Haustür wohnte.

Sie meinte, dass sich das ziemlich schlimm anhörte, aber nicht so schlimm wie das Telefon.

Wir wollten uns gerade eine zweite Tasse Kaffee einschenken, und ich öffnete den Mund, um ihr anzuvertrauen, dass wir Fledermäuse im Haus hätten, als wir beide plötzlich senkrecht in die Höhe fuhren. Draußen hatte Annettes Hund Ngala ein frenetisches, schrilles Gebell angestimmt. So bellen Game-Ranger-Hunde nur, wenn gerade etwas ganz Furchtbares passiert. Wir stellten die Tassen auf den Tisch und hasteten hinaus, um zu sehen, was los war.

Drei junge, männliche Löwen rannten an der Außenseite des Zauns entlang. Ngala sauste auf der Innenseite mit und bellte sich die Kehle heiser. Die ausgelassenen jungen Löwen hatten nichts anderes im Sinn, als an den Hund heranzukommen und ihm eine Abreibung zu verpassen, und sie rannten am Zaun entlang, weil sie nach einer Möglichkeit suchten, in den Garten hineinzukommen. Sie rannten direkt auf das Tor zu, und das Tor war weit offen. (Die Leute, die im Park leben, machen ihre Gartentore untertags nur selten zu.) Etwa zehn Meter vom offenen Tor entfernt spielte die dreijährige Narina im Sand. Als sie die Löwen kommen sah, sprang sie auf die Füße und blieb wie angewurzelt stehen.

Annette schoss wie eine Rakete auf Narina und das offene Tor zu. Ich stürzte hinter ihr her, hielt aber bei meinem Auto an, das etwa zwanzig Meter vom Tor entfernt in der Auffahrt geparkt war. Ich riss die Wagentür auf und griff nach meiner Pistole. Annette hatte unterdessen das Tor fast erreicht, und auch die Löwen kamen gerade dort an. »Ich habe eine Pistole«, schrie ich hinter ihr her. »Ich komme!«

Die Löwen bremsten vor dem offenen Tor und starrten die kleine Frau, die so furchtlos auf sie zukam, neugierig an. Annette ergriff das Tor, schlug es vor den Nasen der überraschten Tiere zu und schob den Riegel vor.

Die Gefahr war vorbei.

Der Gärtner Abel kam mit einer Mistgabel angerannt und überschüttete die Löwen mit Beschimpfungen. Abels saftige Flüche zusammen mit Ngalas hysterischem Gebell wurden den Löwen zu viel, und sie machten, dass sie fortkamen.

Annette schloss Narina in die Arme, und wir gingen ins Haus zurück.

Narina, ein echtes Kind der Wildnis, war nur ein bisschen erschrocken, und sie beruhigte sich sofort, als ihre Mutter ihr ein Glas Milch und ein paar Kekse gab.

Annette und ich zitterten beide am ganzen Leib. Also taten wir etwas mehr Zucker in unseren Kaffee.

»Du warst wirklich mutig«, sagte ich. »Diese Löwen hatten so einen komischen Ausdruck in den Augen. Ich war zu Tode erschrocken.«

»Ich auch«, gab sie zu. »Aber als du mir zuriefst, du hättest eine Pistole, waren das in meinen Ohren die schönsten Worte, die ich jemals gehört hatte.«

Wir mussten beide lachen und fühlten uns gleich wesentlich besser.

Ich erzählte ihr von den Löwen, die einmal in der Nacht versucht hatten, an unsere Pferde heranzukommen.

Annette seufzte und meinte: »Die Löwen im Norden wären niemals dermaßen dreist gewesen.«

Ich wusste, was sie meinte. Die Löwen im Norden hatten mehr Respekt vor den Menschen, vermutlich, weil es dort weniger Menschen gab.

Wir waren uns einig, dass das Leben im Süden nicht leicht war.

Aber als ich an diesem Tag nach Hause fuhr, summte ich eine fröhliche Melodie vor mich hin. Vielleicht war das Leben doch nicht so übel – nicht, wenn man eine verständnisvolle Freundin hatte, mit der man über seine Probleme reden konnte.

DAS BUCH DER
HIOBSBOTSCHAFTEN

Crocodile Bridge war ein Ort, an dem fast ununterbrochen irgendetwas schief ging. Es gab dort einfach zu viele Menschen und Tiere, und sie gerieten ständig in Schwierigkeiten oder Konflikte miteinander – wie das bei einem so nervenaufreibenden Gedränge nur natürlich ist. Ich hatte nur den Wunsch, ruhig mein eigenes Leben zu leben und mich um das ganze Chaos nicht zu kümmern. Aber mein Leben gehörte mir nicht mehr. Es gehörte dem Telefon.

Ständig riefen Leute an, um irgendwelche unangenehmen Vorkommnisse zu melden oder sich über die Zustände zu beschweren. Und sie riefen fast immer dann an, wenn Kobus nicht zu Hause war, was meistens der Fall war. Deshalb legte ich ein dickes Buch für Nachrichten neben das Telefon.

Abgesehen von den Tieren, den Touristen und den Farmern – die alle ihre Probleme hatten – gab es noch eine weitere Katastrophenquelle, nämlich den Militärstützpunkt Nkomgoma zu Füßen der Lebomboberge, nahe an der Grenze zu Mosambik. Der Stützpunkt lag innerhalb des Parks und gehörte in Kobus' Zuständigkeitsbereich. Manchmal war der Stützpunkt ein Segen, denn wenn ein dringender Hilferuf einging und ich weder Kobus noch einen seiner Kollegen erreichen konnte, rief ich beim Militärstützpunkt an und bat die Soldaten um Hilfe. Auch für Kobus war der Militärstützpunkt nützlich, denn er bedeutete für ihn die Möglichkeit, Verstärkung anzufordern, wenn es darum ging, bewaffnete Wilderer dingfest zu machen oder Buschfeuer zu bekämpfen, besonders solche, die, wie es häufig geschah, über die Grenze aus Mosambik kamen und sich die Lebomboberge hinunterwälzten. Natürlich und berechtigterweise wandten die Soldaten sich deshalb auch an Kobus und mich, wenn sie bestimmte Probleme hatten. Ein Großteil ihrer Schwierigkeiten wurde durch die Fahrweise der jungen Soldaten verursacht.

Sie waren jung und sie waren Soldaten, und deshalb fuhren sie zu schnell. Immer wieder passierte es, dass ein Soldat mit seinem Laster zu rasant über die Brücke fuhr und in den Crocodile River hinunterstürzte. Von unserem Haus aus konnten wir das laute Klatschen hören. Dann rannten wir los, um die Soldaten aus dem Wasser zu ziehen (bevor die Krokodile sie erwischten) und ihre Wunden zu versorgen. Bei einem dieser Unfälle wurden zwei Soldaten ziemlich schwer verletzt, aber bei den anderen passierte zum Glück niemandem etwas Ernsthaftes. Die Trucks waren jedoch zertrümmert, und die Brücke selbst war schließlich so stark beschädigt, dass Kobus darauf bestand, dass die Armee für den Schaden aufkam und die Brücke selbst reparierte.

In anderen Fällen fuhren die Soldaten ihre Trucks gegen Bäume oder überschlugen sich auf den gewundenen Pisten. Hinterher schworen sie Kobus hoch und heilig, dass ihre Geschwindigkeit zum Zeitpunkt des Unfalls höchstens zwanzig Stundenkilometer betragen habe. Wenn sie gerade nicht damit beschäftigt waren, ihre Trucks zu Schrott zu fahren, verirrten sich die Soldaten im Gebirge, verursachten versehentlich Buschfeuer, wurden von Skorpionen gestochen, von Schlangen gebissen oder sonst wie von wilden Tieren verletzt. Wir halfen auf jede nur denkbare Weise.

So hatten alle Bewohner in der näheren und weiteren Umgebung ihre Probleme, und das Telefon sorgte dafür, dass mein Stresspegel immer im roten Bereich blieb.

Ich sehnte mich ständig und verzweifelt nach Mahlangeni – diesem fernen, verzauberten Ort, an dem kein Telefon meine Einsamkeit gestört hatte.

In der ersten Zeit in Crocodile Bridge war das Klingeln des Telefons für jeden von uns ein so ungewohnter Ton, dass es häufig keine sofortige Reaktion hervorrief. Wir sahen ein wenig überrascht auf und taten zunächst einmal gar nichts, bis wir endlich begriffen, was der Ton zu bedeuten hatte. Aber selbst dann noch zögerten wir, das Telefon abzuheben. Wir hatten uns so sehr an die Sprechdisziplin am Funkgerät gewöhnt, dass wir uns regelrecht darauf konzentrieren mussten, sie zu vergessen, wenn wir telefonierten. Am Funkgerät sprach man in kurzen Sätzen und sagte »Ende«, wenn man fertig war. Am Telefon vergaß ich oft, dass ich reden konnte, ohne erst darauf zu warten, dass der Gesprächspartner »Ende« sagte. So entstanden lange Gesprächspausen, weil ich auf ein Signal wartete, das niemals kam. Es verwirrte mich auch, wenn mein Gesprächspartner mich unterbrach. Am Funkgerät konnte das nicht passieren. Solange man auf die Sprechtaste drückte, kam nichts, was der Gesprächspartner sagte, bei einem an.

Irgendwann gewöhnten wir uns alle an das Telefon. Aber dann gingen alle anderen fort, und ich war diejenige, die damit alleine blieb.

Als ich mich erst einmal darauf eingestellt hatte, dass neun von zehn Anrufen Ärger bedeuteten, reagierte ich im Eiltempo und mit der gebührenden Angst im Herzen auf den Klingelton. Wenn das Problem ernst war und sofortiges Handeln erforderte, versuchte ich, Kobus anzufunken, und wenn er unerreichbar war, bemühte ich mich, einen anderen Game Guard aufzuspüren oder die Soldaten vom Nkongoma-Stützpunkt zu bitten, dem Anrufer zu Hilfe zu kommen. Wenn das Problem nicht so ernst war, dass sofort etwas geschehen musste, schrieb ich die Nachricht in das Buch der Hiobsbotschaften. Kobus tat mir oft wirklich Leid, wenn er nach einem (oder manchmal auch mehreren) harten Arbeitstagen nach Hause kam und eine ganze Liste aufgeregter Hilferufe auf ihn wartete.

Nachstehend folgen einige der Einträge für Mai 1992. (Damals hatte der Crocodile River gerade sehr wenig Wasser. Ständig überquerten Wildtiere den Fluss und brachen in die benachbarten Farmen ein.)

16. MAI

- Vier Elefanten fressen Orangen und Bananen auf der Ten Bosch Farm. Bitte abholen.
- 200 Büffel in den Zuckerrohrfeldern auf der Whiskey Creek Farm. Bitte schnell abholen.
- Tourist auf der Bume Road von Elefantenbullen bedroht. Rückwärts in Sumpfloch gefahren. Per Anhalter zum Camp zurück. Auto steckt noch im Sumpf. Bitte helfen.
- Vier Meter lange Python frisst Hühner auf der Hensville Farm.

17. MAI

• Willem van Aards Wasserpumpenmechaniker wegen eines angreifenden Büffels in Fluss gesprungen. Willem bittet um Abholung des Büffels.

• Warzenschweinfamilie plündert Messezelt am Nkongoma-Stützpunkt.

• Polizei von Komatipoort meldet Durchzug von drei Elefanten durch das Dorf – offensichtlich auf dem Weg zur Zollstation an der Grenze nach Swasiland (ohne Pässe, vermute ich).

18. MAI

• Zollbeamter an Grenze zu Mosambik berichtet, dass eine Gruppe von Mosambikanern ihm ein Geschenk im Jutesack gegeben hat. Hielt es für Brennholz. Stimmte nicht. War lebendes Krokodil. Wütet im Werkzeugschuppen herum. Bitte abholen.

• Tourist von Elefantenbullen auf der Bume Road bedroht. Rückwärts gegen Baum gefahren. Auto kaputt.

• Vier Meter lange Python frisst immer noch Hühner auf der Hensville Farm.

• Zwei Flusspferde haben sich am Bewässerungsdamm auf der Ten Bosch Farm niedergelassen. Bitte abholen.

• Große Büffelherde vor dem Rathaus in Komatipoort.

19. MAI

• Camp-Wächter Mabasa berichtet, dass Elefant in Touristencamp eingebrochen ist. Frisst gerade Feigenbaum. Heute Morgen auch Leopardenspuren im Camp.

• Warzenschweine immer noch im Messezelt im Nkongoma-Stützpunkt.

• Zwanzigköpfige Elefantenherde überquert Crocodile River beim

Zusammenfluss. Marschiert auf Border Country Inn zu. Besitzer will wissen, was er tun soll.
- Verwaltungsbeamter in Komatipoort bedankt sich für Entfernung der Büffel. Sind leider wiedergekommen.

20. MAI

- Camp-Wächter Mabasa berichtet Folgendes:
  1. Letzte Nacht wieder Leopard im Camp.
  2. Elefant heute Morgen wieder durch Ostzaun ins Camp eingebrochen. Zweite Hälfte des Feigenbaums gefressen.
  3. »Blöde Touristen« haben mit Orangen nach Elefanten geworfen.
- Soldaten haben versehentlich Buschbrand in Lebombobergen gelegt. Game Guards zum Löschen unterwegs.
- Vier Elefanten fressen schon wieder Orangen und Bananen auf der Ten Bosch Farm.

21. MAI

- Farmer in Hensville hat vier Meter lange Python gefangen und in einem Sack hierher gebracht. Befindet sich in deinem Büro.
- Tourist von Elefantenbullen auf der Bume Road bedroht. Rückwärts gegen hinter ihm fahrendes Auto geprallt. Beide Wagen kaputt.
- Soldaten melden, dass Warzenschweine anfangen, »bösartig« zu werden.
- Hyänenhunde haben Shangaanfrauen auf den Zuckerrohrfeldern von Whiskey Creek Farm gejagt. (Hä?)*

---

* Hyänenhunde jagen gewöhnlich keine Menschen. Wahrscheinlich sind sie den Frauen nur aus Neugier nachgelaufen.

22. MAI

- Fischzuchtexperten wurden beim Untersuchen von Larven von Krokodil eingeschüchtert. Bitten dich um Hilfe – wenn möglich morgen oder am Sonntag.
- Elefantenbulle greift Tourist auf Bume Road an. Tourist fährt in Sumpfloch (schon wieder). Auto steckt noch im Sumpf. (Du solltest mal mit diesem Elefanten reden!)
- Nkongoma-Soldaten hatten tätliche Auseinandersetzung mit den Warzenschweinen. Warzenschweine haben gewonnen.

23. MAI

- Polizei von Komatipoort meldet, dass drei Elefantenbullen auf der Straße zur Zollstation von Mosambik marschieren.(Vermutlich das gleiche Trio, das letzte Woche nach Swasiland emigrieren wollte.)
- Soldat hat sich mit Truck im Vurhami Creek überschlagen. (Bei 20 Stundenkilometern)
- Bume-Road-Elefant hat mit Rüssel große Beule in Kotflügel von Touristenauto geschlagen. (Bitte sprich mit diesem Elefanten!)
- Wieder zwei Flusspferde am Bewässerungsdamm auf der Ten Bosch Farm.
- Touristenauto im Gomondwane Bush mit Impalabock kollidiert, der anderen Bock über die Straße jagte. Autotür stark eingedellt. Bock sieht tot aus.
(PS: Dem Bock geht es gut. Ich habe nachgesehen. Er läuft etwas benommen im Gormondwane Busch herum und fragt sich wahrscheinlich, wo der andere Bock geblieben ist.)

24. MAI

- Elefant von der Bume Road hat Diplomaten aus Malawi mit Frau erschreckt. (!)

- Bericht von Camp-Wächter Mabasa:
  1. Weibliches Warzenschwein greift im Camp Touristen an, der es fotografieren wollte.
  2. Der Gärtner des Camps, Elias Sibuyi, hat Frau von Torhüter Simeon Sibela geschlagen. Sibuyi sagt, Sibelas Frau hätte ihn mit Funkgerät auf den Kopf geschlagen.
  3. Heute Morgen Schlange im Wäscheraum gefunden.

25. MAI

- Vier Elefanten fressen schon wieder Orangen und Bananen auf der Ten Bosch Farm.
- Sibelas Frau will dich sprechen.
- Noch mehr Touristen melden wild gewordenen Elefanten auf Bume Road. (!)
- Sibuyi will dich auch sprechen.
- Zwei Flusspferde haben Liebesaffäre am Bewässerungsdamm auf der Ten Bosch Farm. Verwalter bittet, sie zu entfernen, bevor sie sich vermehren.

26. MAI

- Camp Wächter Mabasa berichtet Folgendes: Pavian hat heute Morgen Antenne von Touristenauto abgebrochen, das vor Chalet Nr. 12 geparkt war. Mabasa hat Besitzer geweckt, um es ihm zu sagen. Laut Besitzer nicht sein eigener Wagen, sondern Leihwagen. Bittet um Brief von dir, in dem bestätigt wird, dass Übeltäter Pavian war. Den braucht er zur Vorlage bei Autoverleihfirma.
- Touristen berichten, dass ein umgestürzter Baum nicht weit vom Bach entfernt auf der Bume Road liegt und die ganze Straße blockiert. (Rate mal, wer das war!)
  (PS: Ich nehme jetzt keine Meldungen über diesen Elefanten mehr entgegen. Du solltest ihn deportieren.)

oben links: Der Findlingsprinz.
oben rechts: Mit zwei Monaten waren Leos Augen das Eindrucksvollste an ihm.
unten: Bild eines unschlagbaren Trios – Wolfie, Karin und Leo.

oben: Leo und Hettie spielen miteinander.
links: Reisen in königlichem Stil.
unten: Leo albert mit Sandra und Paul herum.

oben links: Wolfie lehrt Leo Herdenverhalten.
oben rechts: Eine herzliche Umarmung von Karin.
unten: Leo und Wolfie beobachten Paviane, die auf der anderen Seite des Zaunes sind.

Kobus und Leo (Foto von Daryl Balfour).

oben: Ich bereite Leo mit acht Monaten auf seinen ersten Jagdunterricht vor.
unten: Wolfie, Sandra, Karin und Kobus auf dem Shabeni.

oben links: Leo streunt auf dem Shabeni-Plateau herum.
oben rechts: Karin war Leos Lieblingsschwester.
unten: Eine besondere Bindung … (Foto von Daryl Balfour).

Vorwärts, Leo. Pamuzinda, 1994.

oben: Ausruhen mit Hettie, 1994.
unten: Die königliche Familie: Fat Cat, Leo und Happie, Pamuzinda, 1995.

- Einsamer Büffel wieder bei Willem aufgetaucht. Hat wieder Pumpenmechaniker gejagt.

27. MAI

- VERWUNDETER LÖWE: Auf der Badenhorst Farm angeschossen und zurück in Park geflohen. Zuletzt um 8.45 Uhr im Schilf am Nordufer 200 Meter stromabwärts von Elsje's Point gesehen.

LÖWENANGRIFF

Am 27. Mai verließen in den frühen Morgenstunden zwei Löwen den Park, überquerten den Fluss und brachen in die Badenhorst Farm ein, wo sie eine Kuh rissen. Der Farmverwalter Hennie Minnaar überraschte die fressenden Räuber und gab mehrere Schüsse auf sie ab, wobei er den einen tötete und den anderen verletzte. Der verwundete Löwe entkam und flüchtete in den Park zurück. Hennie Minnaar konnte nicht sagen, ob er das Tier tödlich getroffen hatte oder nicht.

Ich nahm den Anruf des Besitzers der Farm, Phillip Badenhorst, ein paar Minuten nach neun entgegen. Sofort versuchte ich Kobus anzufunken. Er hatte das Haus früh am Morgen verlassen, um nach dem Elefanten an der Bume Road zu sehen und ihm das Gesetz über Landfriedensbruch vorzulesen. Zum Glück befand er sich noch auf der Fahrt, als ich ihn anrief, und antwortete über sein Autofunkgerät. Er machte augenblicklich kehrt und kam nach Hause.

Nachdem er drei seiner erfahrensten Game Guards, Albert Maluleke, Wilson Ngobeni und Albert Malatyi nebst unserem Hund Wolfie zusammengetrommelt hatte, machte sich Kobus auf die Suche nach dem Löwen. Es war bereits das zweite Mal, seit wir in Crocodile Bridge lebten, dass ein Farmer einen Löwen angeschossen hatte. Ich regte mich furchtbar darüber auf. Es beängstigte mich auch, dass Kobus diese Tiere suchen musste. Einen verwundeten Löwen aufzuspüren ist ein lebensgefährliches Geschäft, ganz besonders in dichtem Schilf.

Kobus, die Game Guards und Wolfie trafen sich mit Hennie Minnaar am Elsje's Point, und Hennie führte sie zu der Stelle, wo der Löwe in den Park zurückgelaufen war. Kobus und seine Kollegen fanden die Spuren sehr schnell, und nachdem sie ihre Gewehre überprüft hatten, folgten sie der Fährte des verwundeten Tieres.

Wolfie arbeitete sich auf der Schweißspur durch das hohe Gras voran, und die Männer folgten schweigend.

Über zwei Stunden verfolgten sie die Fährte durch das Ufergebüsch, über Sandbänke und felsiges Terrain, durch hohes Gras und schließlich zu einem Dickicht aus hohem Schilf. Die Löwenfährte endete am Rand dieses Dickichts. Wolfie beschnüffelte die langen Schilfrohre, und Kobus untersuchte ein paar kleine Blutstropfen, die an den Blättern hingen.

Ständig an den Schilfrohren Witterung nehmend, drang Wolfie vorsichtig in das Dickicht ein. Kobus schlich hinter dem Hund her, gefolgt von den Game Guards Wilson Ngobeni und Albert Maluleke. Hennie Minnaar und der Game Guard Malatyi warteten am Rand des Dickichts.

Langsam drangen Kobus und seine beiden Kollegen tiefer in das Schilf ein. Alle ihre Sinne waren angespannt. Sie konnten nach keiner Richtung weiter als zwei Meter sehen. Eine unheimliche Stille lag in der Luft. Sie wussten instinktiv, dass der Löwe ganz in der Nähe war.

Auf einmal blieb Wolfie, der etwa zwei Schritte vor Kobus herging, abrupt stehen und brach in wütendes Gebell aus. Der plötzliche Lärm erschütterte die angespannten Nerven der adrenalingeladenen Männer. Man hörte das metallische Klicken der drei Sicherungshebel. Ein paar ewig erscheinende Sekunden lang blieben die Männer wartend stehen, die Gewehre im Anschlag, jeden Augenblick darauf gefasst, den Löwen auf sich zuspringen zu sehen. Aber nichts geschah.

Langsam schob Kobus mit dem Gewehrlauf die Schilfrohre vor sich auseinander. Und dann sah er den Löwen. Er lag etwa vier Meter entfernt von ihm flach auf dem Bauch, die Beine unter den Leib gezogen. Er machte einen ganz ruhigen Eindruck. Den Kopf konnte Kobus nicht erkennen. Er sah nur an der Art, wie der Bauch sich hob und senkte, dass das Tier schwer atmete. Er gab seinen Kollegen ein Zeichen, sich zurückzuziehen. Er wollte versuchen, sich dem Löwen in einem anderen Winkel zu nähern, der ihm vielleicht gestatten würde, das Tier und seine Verletzungen etwas genauer zu sehen. Sofern er nicht zu schwer verwundet war, wollte Kobus ihm die Chance geben, seine Verletzungen auszuheilen. Bevor er umkehrte, blickte Kobus noch einmal um sich und versuchte sich alle Einzelheiten des Schilfdickichts ganz genau einzuprägen.

Vorsichtig bewegten sich die Männer aus dem Dickicht heraus. Als sie sich wieder in offenerem Terrain befanden, suchte sich Kobus einen Punkt, von dem aus er das Schilfdickicht gut überblicken konnte, und überlegte, aus welcher Richtung er sich am besten hineinwagen sollte. Um festzustellen, wo genau sich der Löwe befand, warf er ein paar Steine in das Schilf, aber es erfolgte keine Reaktion. Dann wies er seine Kollegen an, auf der Lichtung zu warten und ihm mit ihren Gewehren Deckung zu geben.

Von Wolfie begleitet, drang er zum zweiten Mal in das Schilfdickicht ein. Er bewegte sich vorsichtig im Halbkreis um das Versteck des Löwen herum und suchte nach einer Stelle, die ihm einen etwas freieren Blick auf das Tier gestatten würde.

Die Ranger behaupten immer, dass ein Leopard keinen Laut von sich gibt, wenn er angreift, dass ein Löwe jedoch einen Warnlaut ausstößt, bevor er losspringt. Vielleicht hatte Kobus die Entfernung im dichten Schilf falsch eingeschätzt. Vielleicht hatte sich auch der Löwe weiterbewegt, aber sofern er das getan hatte, hatte er dabei kein Geräusch gemacht. Und er stieß auch keinen Warnlaut aus, bevor er angriff. Nur Wolfie warnte, wenn auch zu spät, mit wütendem Knurren.

Als das Tier vor ihm aus dem Schilf brach, sah Kobus nur einen gelben Schatten auf sich zufliegen. Die Kiefer des Löwen schlossen sich um sein rechtes Schienbein, gleich unterhalb des Knies. Kobus stürzte zu Boden, und das Gewehr flog ihm aus den Händen. Der Löwe ließ das Schienbein fahren und grub seine Zähne in den Oberschenkel über dem Knie. Kobus brüllte und trat mit dem freien Fuß nach dem Angreifer. Dieser ließ wieder los und packte ihn weiter oben am Oberschenkel. Dann schüttelte er sein Opfer, wie ein Hund eine Ratte abschütteln würde. Kobus schlug mit den Fäusten auf ihn ein. Als der Löwe wieder an anderer Stelle zubeißen wollte, schaffte es Kobus, ihm mit der linken Faust einen Schlag gegen den offenen Kiefer zu versetzen. Dabei riss er sich an einem der Fangzähne Fleisch und Sehnen zwischen Daumen und Zeigefinger auf. Der Löwe ließ plötzlich von ihm ab und rannte durch das Sumpfland davon.

Kobus sah, dass Wolfie immer noch neben ihm stand. Sein Fell war mit Blut bespritzt. Der Hund musste versucht haben, den Löwen von ihm wegzuziehen, aber Kobus hatte keine Erinnerung daran, was er oder die Game Guards während des Kampfes getan hatten. All seine Sinne waren nur darauf gerichtet gewesen, am Leben zu bleiben.

Als die Game Guards Kobus' Schreie gehört hatten, waren sie augenblicklich in das Dickicht hineingestürmt. Aber als sie den Löwen über ihm sahen, hatten sie nicht gewagt zu schießen, weil sie fürchteten, Kobus zu treffen. Sowie der Löwe von ihm abließ, kamen sie angerannt, um ihm zu helfen, waren jedoch von der Schwere seiner Verletzungen so entsetzt, dass sie nicht wussten, was sie tun sollten. Kobus sagte ihnen, dass er keine Schmerzen habe. Er zog sein Hemd aus und riss es in Streifen, um damit sein Bein abzubinden und die Blutung zu stoppen.

Hennie Minnaar, der Farmverwalter, rannte los, um seinen Truck zu holen. Als er zurückkam, halfen die Game Guards Kobus in den Truck, und Hennie fuhr ihn nach Komatipoort.

Die Game Guards holten Kobus' Truck und fuhren hinterher.

Kobus bat Hennie, dafür zu sorgen, dass ich benachrichtigt würde. Als Hennie am Farmhaus der Familie Badenhorst vorbeifuhr, rief er deshalb einem Jungen, der vor dem Haus stand, zu, er solle die Nachricht weitergeben.

Ich war an diesem Nachmittag gegen drei Uhr nach Komatipoort gefahren, um Karin und Laudene (Annettes ältere Tochter) an der Bushaltestelle abzuholen. Es war der Beginn eines langen Wochenendes, und beide Mädchen kamen für die vier freien Tage nach Hause. Kurz nachdem ich mit den Mädchen zu Hause angekommen war, traf Annette aus Lower Sabie ein, um ihre Tochter abzuholen.

Annette und ich tranken gerade eine Tasse Kaffee in der Küche und tauschten unsere Probleme aus, als das Telefon klingelte. Eine Alarmglocke schrillte in meinem Kopf, als ich losrannte, um den Hörer abzuheben.

»Mrs. Krüger?« Die Stimme klang zögernd. Es war die Stimme eines Jungen. »Ich ... muss Ihnen sagen«, stotterte er, »der Löwe ... er hat Ihren Mann angegriffen.«

Mir stockte der Atem.

»Wie schlimm ist es?«, fragte ich.

»Ich weiß es nicht«, sagte der Junge entschuldigend.

»Wo ist er … mein Mann?«

»In Komatipoort. Jemand hat ihn nach Komatipoort gefahren.«

»Ja«, sagte ich. »Vielen Dank.«

Ich legte den Hörer auf und lief in die Küche.

»Was ist passiert?«, wollte Annette wissen.

»Ich fahre nach Komatipoort«, erklärte ich. »Dieser verwundete Löwe …«

Ich brauchte den Satz nicht zu beenden. In ihren Augen stand sofortiges Verstehen.

»Also los«, sagte sie ruhig. »Ich fahr dich.«

Wir stürzten aus dem Haus zu Annettes Wagen. Karin, die sich mit Annettes beiden Töchtern im Garten aufhielt, sah mich und rief mir nach: »Mom! Wo willst du hin?«

Ich hatte ein schlechtes Gewissen, weil ich sie vollkommen vergessen hatte, und ging zu ihr hinüber. »Ich fahre nach Komatipoort«, sagte ich bedächtig. »Dein Vater ist von einem Löwen gebissen worden. Aber es ist nicht schlimm. Ich verspreche dir, dass ich dich anrufe, sobald ich dort bin.«

Ihre Augen weiteten sich vor Entsetzen. »Ich möchte mitkommen«, bat sie. »Nein«, sagte ich. »Ich möchte, dass du mit Laudene hier bleibst und auf Narina aufpasst.«

Karin widersprach nicht. Aber an ihren Augen konnte ich ablesen, dass sie sich verzweifelt wünschte mitzukommen. Ich war ganz krank vor Schuldgefühlen. Aber wenn Kobus schwer verletzt war, wollte ich nicht, dass sie ihn sah. Sie war erst vierzehn Jahre alt.

Annette fuhr sehr schnell und redete die ganze Zeit auf mich ein. Ich weiß nicht mehr, was sie mir erzählte, aber ihre Stimme hatte eine beruhigende Wirkung auf mich.

Zum ersten Mal, seit wir nach Crocodile Bridge gezogen waren, war ich dankbar, dass wir so nah an der Zivilisation lebten. Komatipoort war zwar nur ein winziges Dorf, aber es gab dort eine Klinik und einen Arzt, und es war nur zwölf Kilometer entfernt.

Das Erste, was ich sah, als wir bei der Klinik ankamen, war Wolfie, der vor der Tür stand, als müsse er das Gebäude bewachen. Sein Fell war blutbespritzt. Auch die drei Game Guards standen schweigend neben der Tür. Sie sahen verstört aus, und Game Guard Malatyi, der jüngste von den dreien, war in Tränen aufgelöst. Hennie Minnaar, der Farmverwalter, war ebenfalls anwesend. Ich nickte ihnen rasch zu und stürzte hinein, direkt zur Notaufnahme. Der ganze Fußboden war mit Blut, Schlamm und blutdurchtränkten Verbänden bedeckt.

Kobus lag auf dem Untersuchungstisch. Meine Augen flogen als Erstes zu seinem Gesicht und Kopf. Dort entdeckte ich keine Verletzungen. Erleichterung überflutete mich. Er hatte kein Hemd an, seine nackte Brust war zerkratzt und voller Blut und Schlamm. Mit Erleichterung stellte ich fest, dass auch Brust und Bauch unversehrt waren. Das ganze linke Bein jedoch war vom Fußgelenk bis zur Hüfte in dicke Verbände gewickelt.

Sein Gesicht war kalkweiß, aber er begrüßte mich mit einem Lächeln und versicherte: »Du brauchst dir keine Sorgen zu machen. Es geht mir gut.«

Der Arzt, Jan Maré, war noch damit beschäftigt, Kobus' rechte Hand zu verbinden, und fragte, ob Annette oder ich ihm helfen könnten, die Infusion zu legen, weil er dazu noch keine Zeit gehabt habe. Annette, die eine ausgebildete Krankenschwester war, schob gekonnt eine Nadel in die Armvene und stellte die Infusion ein.

Vorsichtig, um nicht auf dem blutverschmierten Boden auszurutschen, ging ich um das Bett herum und griff nach Kobus' unverletzter Hand.

Kurz darauf fuhr ein Krankenwagen vor der Klinik vor, und zwei Sanitäter kamen mit einer Trage herein. Nachdem der Arzt das Bein auf einer gepolsterten Schiene befestigt hatte, hoben sie Kobus auf die Trage und brachten ihn zum Krankenwagen. Ich kletterte ebenfalls hinein, um Kobus zum Krankenhaus in Nelspruit zu begleiten. Aber dann fiel mir plötzlich Karin ein. »Bitte warten Sie auf mich«, sagte ich zu dem Fahrer des Krankenwagens und kletterte wieder hinaus. »Ich muss noch schnell telefonieren.«

»Ich glaube nicht, dass wir warten sollten«, meinte der Arzt. »Jetzt kommt es wirklich auf jede Minute an«

Mein Herz stockte.

Ich streckte den Kopf in den Krankenwagen und rief Kobus zu: »Ich muss erst noch Karin anrufen. Aber ich werde mit meinem eigenen

Auto hinterher fahren.« In dem Moment fiel mir ein, dass ich mein eigenes Auto ja gar nicht da hatte. »Ich fahre mit Annette zurück und hole mein Auto«, fügte ich rasch hinzu. »Und ich bringe Karin mit. Wir sehen uns im Krankenhaus.«

»Nein«, sagte Kobus fest. »Tu das nicht.«

»Warum nicht?«, fragte ich entsetzt.

»Es ist zu weit nach Nelspruit.«

»Ich werde vorsichtig fahren«, versprach ich.

»Nein, das wirst du nicht«, widersprach er. »Du bist viel zu aufgeregt. Bleib heute Nacht zu Hause. Du kannst mich ja anrufen.«

Bevor ich noch etwas sagen konnte, schloss der Fahrer des Krankenwagens die Tür. Dann startete er den Wagen, schaltete die Sirene ein und schoss davon.

Annette stand neben mir. »Ich glaube, Kobus will wirklich nicht, dass du heute Abend noch nach Nelspruit fährst«, meinte sie.

Ich zögerte. Ich hatte so sehr das Bedürfnis, bei ihm im Krankenhaus zu sein.

»Es sind hundertzwanzig Kilometer«, gab Annette zu bedenken. »Und du weißt, wie gefährlich die Strecke durch das Gebirge in der Nacht sein kann.«

»Du hast Recht«, sagte ich nach einer Weile. »Also gut, ich fahre morgen.« Es schien mir keine besonders gute Idee zu sein, ausgerechnet jetzt einen Unfall zu riskieren.

Der Arzt wollte die Klinik gerade verlassen. »Sind Sie o. k.?«, fragte er mich. »Möchten Sie, dass ich Ihnen ein Beruhigungsmittel gebe?«

»Nein«, gab ich zurück. »Aber sagen Sie mir, wie es um Kobus steht. Besteht die Gefahr, dass er das Bein verliert?«

Er sah mir einen Augenblick lang in die Augen. Dann sagte er: »In Nelspruit gibt es einen sehr guten Chirurgen. Er wird das nicht zulassen, wenn er es verhindern kann.«

Wolfie leckte mir die Hand, und die Game Guards standen immer noch herum und beobachteten mich ängstlich. Ich umarmte Wolfie und wandte mich dann an die Game Guards, um ihnen für ihre Sorge und Hilfe zu danken. Corporal Albert Maluleke schien etwas auf dem Herzen zu haben, zögerte aber, mit der Sprache herauszurücken.

»Was macht Ihnen Sorgen, Corporal?«, fragte ich ihn.

»Wir konnten nicht schießen«, sagte er unglücklich. »Der Löwe war über ihm.«

Mir wurde klar, dass die Game Guards sich schuldig fühlten, weil sie Kobus nicht vor dem Angriff hatten schützen können.

»Corporal«, sagte ich. »Kobus hat Sie drei ausgewählt, ihn zu begleiten, weil er Vertrauen zu Ihnen hat. Er hat sich darauf verlassen, dass Sie Verstand genug haben würden, nicht auf einen Löwen zu schießen, der über ihm war, und damit zu riskieren, ihn selbst zu treffen.«

Sie sahen erleichtert aus.

»Malatyi«, fragte ich sanft. »Warum haben Sie vorhin geweint?«

Wieder stürzten ihm Tränen aus den Augen, und er war unfähig zu sprechen.

Corporal Maluleke antwortete an seiner Stelle: »Er ist jung. Er hat noch nie gesehen, wie ein Löwe einen Menschen angreift.«

Annette fuhr mich nach Hause, die Game Guards und Wolfie folgten in Kobus' Pick-up.

Als wir zu Hause ankamen, machte Annette für uns alle starken, süßen Tee.

Etwa eine Stunde später gelang es mir, eine Telefonverbindung zum Krankenhaus zu bekommen, und ich erfuhr, dass Kobus in stabilem Zustand dort eingetroffen war. Er befand sich bereits im Operationssaal und würde vermutlich noch einige Stunden lang dort verbleiben.

Ich überredete Annette, sich keine weiteren Sorgen um mich zu machen und nach Hause zu fahren, bevor es zu dunkel wurde. Sie machte sich widerstrebend auf den Weg, und ich musste ihr versprechen, sie über Funk anzurufen, sowie ich etwas Neues über Kobus erfuhr. Sie war eine so gute Freundin in allen Notlagen.

Karin und ich brachten den Rest des Abends damit zu, die Ereignisse zu bereden und in regelmäßigen Abständen beim Krankenhaus anzurufen. Karin war ein ausgeglichenes, sonniges Mädchen, dessen angeborene Fröhlichkeit sich in Stresssituationen schon oft als Segen für mich erwiesen hatte. Während dieses ganzen, langen Abends war ihre Gesellschaft tröstlich und entspannend für mich.

Als ich gegen halb zehn Uhr zum vierten Mal beim Krankenhaus anrief, war Kobus endlich aus dem Operationssaal heraus, und ich hatte Gelegenheit, mit dem Chirurgen zu sprechen. Er sagte, dass die Fleischwunden sehr schlimm seien, aber die gute Nachricht sei, dass offenbar keine Knochenbrüche vorlägen. Er hatte die Wunden gereinigt und das zerfetzte Gewebe weggeschnitten, und er behandelte Kobus mit hohen Dosen von grampositiven und gramnegativen Antibiotika, um einer Blutvergiftung vorzubeugen. Er war zuversichtlich, dass Kobus das Bein nicht verlieren würde.

Ich durfte auch mit Kobus sprechen, und obwohl es ihm nach der Anästhesie schwer fiel, zusammenhängend zu reden, schaffte er es, mir zu versichern, dass er keine Schmerzen habe und dass er sich auf eine ruhige Nacht freue. Er sprach auch kurz mit Karin.

Nach diesem Gespräch lächelten wir beide vor Erleichterung. Karin schlug vor, dass wir ihre älteren Schwestern anrufen und ihnen sagen sollten, was ihrem Vater passiert war.

Als Erstes riefen wir Hettie in ihrem Studentenwohnheim in Johannesburg an. Ich erzählte ihr so ruhig wie möglich, was geschehen war, aber ihr stockte der Atem, und sie ließ den Hörer fallen.

Als sie ihn wieder aufgehoben hatte, sagte sie: »O. k., Mom, mach dir keine Sorgen. Wir sehen uns morgen. Ich nehme den Bus nach Nelspruit.«

Ich war zu Tränen gerührt.

Ich beschloss, Sandra nicht anzurufen. Sie studierte Medizin und hatte uns vor ein paar Tagen angerufen, um uns zu sagen, dass ihr Professor allen seinen Studenten geraten habe, während des langen Wochenendes eine Arbeitspause einzulegen. Sandra hatte gefragt, ob sie die freien Tage zusammen mit vier Studienfreunden in unserem Strandhaus am Eastern Cape verbringen dürfe, und wir hatten unsere Zustimmung gegeben.

In der Hütte gab es kein Telefon, und die einzige Möglichkeit, sie zu erreichen, hätte darin bestanden, ein älteres Ehepaar anzurufen, das in der Nähe wohnte, und es zu bitten, zu unserem Strandhaus hinüberzufahren und Sandra meine Botschaft auszurichten. Aber ich scheute mich, Sandra ihre kurzen Ferien mit einer schlechten Nachricht zu verderben.

Ich wusste ja, was für Sorgen sie sich machen würde, und so beschloss ich, bis nach dem Wochenende zu warten.

Ich rief jedoch meine Eltern an. Das Gespräch mit ihnen beruhigte mich, so dass ich hinterher gefasst genug war, ein bisschen zu schlafen.

Karin und ich wollten am nächsten Tag früh aufstehen, um Kobus zu besuchen.

DIE TAGE DANACH

Früh am nächsten Morgen rief mich ein Sprecher der Rundfunkstation in Nelspruit an, um mich darauf vorzubereiten, dass die Löwengeschichte an diesem Tag in den Nachrichtensendungen gemeldet werden würde. Er wollte sich vergewissern, dass alle Familienmitglieder informiert waren. Überrascht fragte ich ihn, wie der Rundfunk von dem Vorfall erfahren habe. Er erklärte mir, dass die Rundfunkstation in Nelspruit sich regelmäßig beim Krankenhaus nach erwähnenswerten Ereignissen erkundigte, und fügte hinzu, dass eine Löwenattacke es wert sei, nicht nur in den Lokalnachrichten erwähnt zu werden, und dass die Geschichte bereits an das Büro in Johannesburg gefaxt worden sei.

Jetzt blieb mir keine Wahl, als Sandra zu benachrichtigen. Wenn sie die Geschichte im Radio hörte, würde ihr das ihre Ferien sehr viel mehr verderben als eine persönliche Nachricht von mir. Also rief ich Henk und Marie Jonker an, das Ehepaar am Eastern Cape, das in der Nähe unseres Strandhauses wohnte. Sie reagierten sehr verständnisvoll und versprachen, Sandra so gut wie möglich zu trösten.

Aber sobald Sandra die Nachricht hörte, stürzte sie zur nächsten Telefonzelle und rief im Krankenhaus in Nelspruit an. Kobus war sehr überrascht, einen Anruf von ihr vom Eastern Cape zu bekommen. Es gelang ihm aber mit viel Geschick, sie davon zu überzeugen, dass es ihm gut ging.

Meine Mutter hatte bereits Kobus' beide Schwestern informiert. Somit musste nur noch sein Bruder Cornelis benachrichtigt werden. (Kobus' Eltern lebten nicht mehr.)

Als ich die Nummer meines Schwagers wählte, schreckte ich vor dem Gedanken zurück, ihm von einem so entsetzlichen Ereignis berichten zu müssen. Er war sechzehn Jahre älter als Kobus und liebte seinen jüngeren Bruder sehr. Deshalb suchte ich nach einer Möglichkeit, die Worte »Löwe« und »angegriffen« abzumildern. Ich dachte immer noch angestrengt darüber nach, als meine Schwägerin Emilia den Hörer abhob, und in meiner Verwirrung sagte ich ihr, Kobus sei von einer Katze gebissen worden.

»Von was für einer Katze«, fragte sie.

»Ähm ... von einer ziemlich großen Katze«, stotterte ich.

Sie bestand darauf, genau zu erfahren, was für eine Katze das gewesen sei. Also sagte ich es ihr, erklärte ihr aber auch sofort, was für Verletzungen Kobus davongetragen habe, und versicherte ihr, dass es ihm gut gehe.

Sie wollte wissen, ob ich unter Schock stünde.

»Nein, natürlich nicht«, beteuerte ich. »Es geht mir ausgezeichnet.«

»Du machst aber den Eindruck, als wolltest du die Sache nicht wahrhaben.«

»Wirklich?«

»Du hast gesagt, dass eine Katze ihn gebissen hat.«

Ich erklärte ihr, dass ich nur versucht hätte, ihr die Sache möglichst schonend beizubringen.

Nachdem ich mit meiner Schwägerin gesprochen hatte, begannen die Farmer von der anderen Flussseite anzurufen, um sich nach Kobus zu erkundigen. Karin und ich hatten vorgehabt, bei Tagesanbruch nach Nelspruit zu fahren, aber als wir das Haus endlich verließen, war es schon nach acht.

Auf dem Weg zum Wagen sah ich den Game Guard Wilson Ngobeni aus dem Belegschaftsdorf herüberkommen. Er trug Kobus' Gewehr in der Hand und noch etwas, das wie ein Bündel schmutziger Lumpen aussah. Wilson hatte das Gewehr gereinigt und wollte es zu mir bringen, damit ich es im Gewehrschrank einschließen konnte. Als er Karin und mich kommen sah, ließ er das Lumpenbündel hinter ein großes Grasbüschel fallen. Dabei setzte er seinen Weg ohne Unterbrechung fort und tat so, als hätten die Lumpen niemals existiert. Später stellte ich fest, dass das Lumpenbündel Kobus' Hemd war – oder was davon noch übrig war, nachdem er es in Streifen gerissen und als provisorischen Verband benutzt hatte. Offenbar hatte Wilson Karin und mir den Anblick der blutdurchtränkten Streifen ersparen wollen. Ich war gerührt von so viel Rücksichtnahme.

Als Karin und ich gerade ins Auto stiegen, fuhr Game Ranger Flip Nel aus Lower Sabie (Annettes Mann) durch unsere Einfahrt und erzählte mir, dass er die Game Guards abholen wolle, die am Vortag bei Kobus gewesen waren. Er hoffte, mit ihrer Hilfe den verwundeten Löwen zu finden. Ich war Flip sehr dankbar, dass er sich um das verwundete Tier kümmern wollte.

Am späteren Vormittag kamen Karin und ich endlich im Krankenhaus an und sahen mit Erleichterung, wie gut Kobus aussah – bis eine Krankenschwester erschien, um ihm die Verbände zu wechseln. Kobus riet uns, nicht hinzusehen, aber ich hatte bereits etliche schwere Verletzungen gesehen und war in solchen Dingen niemals zimperlich gewesen. Also sah ich genau hin, als die Schwester die Schichten von Verbänden und Polstern entfernte.

In dem Moment, in dem die erste Wunde abgedeckt wurde, hörte ich, dass jemand erstickt nach Luft rang – ich selbst, wie sich herausstellte. Ein Sturm wirbelte mir durch den Kopf, und die Welt begann sich um mich zu drehen. Ich musste mich hinsetzen.

Es gibt keine Worte, mit denen man die Wunden zutreffend beschreiben könnte, die die Zähne eines Löwen einem Opfer zufügen können. Deshalb werde ich es gar nicht erst versuchen.

Kobus lachte mich aus, als er sah, wie entsetzt ich war. Er versicherte mir, dass er keine Schmerzen habe.

Anscheinend sind schwere Fleischwunden nur dann schmerzhaft, wenn sie sich entzünden. Dann ist der Schmerz allerdings unerträglich. Aber solange sich die Verletzung nicht infiziert, hat man kein Gefühl in dem zerstörten Gewebe.

Ironischerweise war es schließlich die sehr viel weniger schlimme Verletzung an der Hand, die sich als schmerzhaft erwies.

Wahrscheinlich war der Chirurg so sehr damit beschäftigt gewesen zu verhindern, dass die anderen Wunden sich entzündeten, dass er der Verletzung zwischen Daumen und Zeigefinger zu wenig Aufmerksamkeit geschenkt hatte. Also entzündete sie sich. Die Infektion wurde jedoch durch sofortige Behandlung schnell behoben, und damit ließ auch der Schmerz nach.

Kobus hatte nicht aufhören können, sich Sorgen wegen des verwundeten Löwen zu machen. Deshalb war er sehr erfreut, als er hörte, dass Flip und die Game Guards sich noch einmal auf die Suche nach ihm gemacht hatten. Er wusste, dass er ihn nur angegriffen hatte, weil er sich bedroht gefühlt hatte und sich verteidigen wollte. Er hatte großes Mitleid mit dem Tier und wünschte, dass es möglich wäre, ihm eine ebenso gute medizinische Versorgung und Pflege zukommen zu lassen wie ihm selbst.

Kurz nach Mittag wurde Kobus noch einmal zur Wundtoilette in den Operationssaal gefahren.

Am späten Nachmittag kam Hettie im Krankenhaus an. Sie war nicht, wie geplant, mit dem Bus gekommen, sondern mit einem Freund, der ein Auto besaß. Sie und ihr Freund, ein Studienkollege namens Haddon, verbrachten noch ein paar Stunden mit uns im Krankenhaus, und am Abend fuhren wir alle zusammen nach Hause.

Hettie, Haddon, Karin und ich verbrachten einen reizenden, friedlichen Abend miteinander und unterhielten uns über das Leben an der Universität, wo Hettie und Haddon Sprachen, Literatur und Philosophie studierten.

Am folgenden Tag fuhren wir wieder zum Krankenhaus.

Während des ganzen Tages hatte Kobus ununterbrochen Besuch: Reporter von den Medien, Kollegen und Freunde vom Park, sein Bruder und seine Schwägerin und die Farmer von der anderen Seite des Flusses mit ihren Familien. Ich machte mir Sorgen, weil Kobus so wenig zur Ruhe kam.

Am Abend sollte noch einmal eine Wundtoilette durchgeführt werden. Nachdem Kobus die vorbereitenden Medikamente erhalten hatte, wünschten wir ihm Glück, verabschiedeten uns und fuhren nach Hause.

Als wir dort ankamen, rief Flip Nel mich über Funk an und berichtete, dass es ihnen auch nach zweitägiger Suche nicht gelungen war, den verwundeten Löwen aufzuspüren. Schließlich hatte sich seine Spur zwischen den anderen Löwenfährten der Gegend verloren, und Flip nahm an, dass er sich wieder seinem Rudel angeschlossen hatte.

Ich rief Kobus im Krankenhaus an, um ihm das zu erzählen. Wir beide hofften, dass es dem Löwen gut ging und dass er sich bald wieder von seinen Verletzungen erholen würde.

Am Sonntag blieben Karin und ich zu Hause. Hettie und Haddon wollten gegen Mittag nach Johannesburg zurückfahren und unterwegs im Krankenhaus vorbeischauen.

Am frühen Morgen erschienen Corporal Maluleke und die Game Guards Ngobeni und Malatyi bei uns, um sich nach Kobus zu erkundigen. Sie informierten mich auch, dass etwa zweihundert Meter flussabwärts von unserem Haus ein Büffel von Löwen gerissen worden war.

Am selben Vormittag sah ich, dass Karin mit den Hunden am Flussufer entlang genau auf die fressenden Löwen zuging. Ich rief sie sofort zum Haus zurück.

Sie kam zögernd mit einem zwei Kilo schweren Vorschlaghammer in der Hand auf mich zu.

»Warum soll ich nicht zum Fluss gehen?«, fragte sie.

»Weil am Fluss ein Rudel Löwen beim Fressen ist. Und was willst du damit?« Ich deutete auf den Hammer.

»Das mit den Löwen weiß ich schon«, sagte sie. »Ich habe heute Morgen Geier gesehen. Aber ich möchte mein Baumhaus fertig machen.«

»Was für ein Baumhaus?«, fragte ich erschrocken.

Sie wandte sich um und zeigte auf einen riesigen Feigenbaum, der sich etwa hundert Meter stromabwärts über den Fluss neigte. »Ich habe vor zwei Wochen damit angefangen, es zu bauen«, erklärte sie, »und ich möchte es an diesem Wochenende fertig machen.«

»Aber die Löwen …! Wie kannst du auch nur daran denken, dorthin zu gehen?«

»Lieber Gott, warum sollten sie denn auf die Idee kommen, mich zu fangen? Sie haben doch schon einen ganzen Büffel. Außerdem habe ich die Hunde bei mir. Und«, fügte sie hinzu und hob den Vorschlaghammer, »das hier habe ich auch.«

Inzwischen hatten sich Hettie und ihr Freund Haddon zu uns gesellt. Haddon, der ein Stadtmensch war, starrte Karin ungläubig an. »Mir scheint«, sagte er zu ihr, »dass du den morbiden Wunsch hast, in die Fußstapfen deines Vaters zu treten.«

Wir lachten. Karin ließ seufzend den Hammer fallen. »O. k.«, sagte sie schließlich. »Dann baue ich mein Baumhaus eben nächstes Wochenende fertig.«

Ich war ihr sehr dankbar, dass sie Rücksicht auf meine Gefühle nahm. Die Löwen hätten sie vermutlich wirklich überhaupt nicht beachtet – sie waren viel zu sehr damit beschäftigt, ihren Büffel zu fressen. Aber nach dem Drama mit Kobus konnte ich den Gedanken nicht ertragen, dass sich ein weiteres Mitglied meiner Familie auch nur in die Nähe eines Löwen begab.

Die Parkverwaltung besaß ein Apartment in Nelspruit, das in Notsituationen von Angehörigen des Parkpersonals benutzt werden konnte. Ich telefonierte mit dem Personalbüro in Skukuza und erhielt die Genehmigung, in diesem Apartment zu wohnen, solange Kobus im Krankenhaus lag.

Am Montagmorgen fuhr ich wieder nach Nelspruit, brachte Karin in ihr Internat und mein Gepäck in das Apartment.

Es war schön, so nah am Krankenhaus zu sein. Aber es fiel mir schwer, in einer geschäftigen Stadt voller Menschen zu leben, und am Ende der Woche litt ich unter akuter Klaustrophobie. Die Ohren taten mir weh, weil ich nicht an ununterbrochenen, misstönigen Lärm gewöhnt war. Deshalb war ich sehr froh, als der Chirurg sich bereit erklärte, Kobus für einige Tage nach Hause zu lassen. Die Bedingung war jedoch, dass ich seine Pflege übernahm und in Abständen von wenigen Stunden seine Wunden reinigte und frisch verband. Dieser Gedanke beängstigte mich, aber in einer Stadt zu leben war noch schrecklicher, und so stimmte ich zu.

Zum Glück erschienen am Nachmittag Sandra und ihr Studienfreund Paul Meyer im Krankenhaus, um Kobus zu besuchen und das Wochenende mit uns zu verbringen. Ich forderte die beiden Medizinstudenten augenblicklich auf zuzusehen, wie die Schwester die Wundreinigungs- und Verbandsprozedur demonstrierte, damit sie am Wochenende die Pflegearbeiten übernehmen konnten.

Nachdem wir Karin im Internat abgeholt hatten, fuhren wir alle zusammen nach Hause.

Es war wunderbar, wieder zu Hause zu sein. Kobus hatte im Krankenhaus nicht richtig schlafen können und freute sich ganz besonders auf eine erholsame Nacht im eigenen Bett und im eigenen Haus.

Sandra und Paul erwiesen sich als Experten im Reinigen der Wunden.

Sie schrubbten sich die Hände mit einem Desinfektionsmittel ab und zogen sterile Plastikhandschuhe an, bevor sie die Wunden und die Instrumente berührten, die sie zum Spülen und Reinigen brauchten. Ich sah ihnen jedes Mal zu und hoffte, dass ich bis zum Sonntag in der Lage sein würde, die Aufgabe selbst zu übernehmen, ohne dabei fast in Ohnmacht zu fallen. Der schlimmste Teil der Prozedur bestand darin, eine mit Desinfektionsmittel gefüllte Gummispritze direkt in die Wunde einzuführen und die Lösung in das umgebende Gewebe zu spritzen.

Am Sonntagmittag mussten Sandra und Paul uns verlassen, und ich war sehr betrübt, sie abreisen zu sehen. Sie waren wirklich sehr hilfreich gewesen.

Danach war ich einige Tage lang rund um die Uhr Pflegerin eines von einem Löwen zerfleischten Opfers, und ich kann mit Stolz sagen, dass ich im Laufe der Zeit sehr geschickt darin wurde, die Wunden zu spülen und zu verbinden. Zum Spülen wurde EUSOL verwendet, und als unser Vorrat zur Neige ging, stellte ich sogar selbst welches her. Mir war wieder eingefallen, dass ich einmal gelesen hatte, dass EUSOL zu neun Teilen aus abgekochtem Wasser und zu einem Teil aus ganz gewöhnlichem Haushaltsbleichmittel bestand. Die Lösung war von Medizinstudenten an der Universität Edinburgh erfunden worden. Der Name EUSOL war die Abkürzung für Edinburgh University Solution.

Eines Tages, als ich gerade seine Wunden verband, erzählte mir Kobus, wie schwer es sei, ein Khakihemd zu zerreißen. Er sprach von dem Tag, an dem er von dem Löwen angegriffen worden war und sein Hemd in Streifen hatte reißen müssen, um seine Wunden damit zu verbinden. Wie sehr er auch gezogen hatte, der Stoff war einfach nicht gerissen. Hennie Minnaar hatte versucht, ihm zu helfen, aber das Einzige, was er erreicht hatte, war, dass die Ärmel abgerissen waren. Also hatte Kobus es noch einmal versucht. Er meinte, dass es ihm niemals gelungen wäre, das Hemd zu zerreißen, wenn sein Adrenalinspiegel nicht so ungeheuer hoch gewesen wäre.

Meiner Meinung nach sollten die Hersteller von Khakiuniformen bedenken, dass ein Game Ranger bei dem Versuch, sein Hemd in Streifen zu reißen, verbluten könnte.

Am Ende der Woche brachte ich Kobus wieder ins Krankenhaus. Es war Zeit für die Hauttransplantationen.

Am 22. Juni, nach mehreren Operationen und fast einen Monat nach dem Unfall, wurde Kobus endgültig aus dem Krankenhaus entlassen. Als wir zu Hause ankamen, ging er sofort ins Bett und schlief fast ohne Unterbrechung mehr als achtundvierzig Stunden durch. Als er endlich aufwachte, erklärte er, es ginge ihm besser als jemals während all der Wochen nach der Löwenattacke. Er wollte wissen, was es zum Mittagessen gäbe, und sah richtig begeistert aus, als ich ihm sagte, dass ich Minestrone gemacht hätte. Er stand sogar auf und ging in die Küche, um die Suppe zu probieren.

Als wir im Wohnzimmer saßen und unsere Suppe löffelten, stieß Kobus einen zufriedenen Seufzer aus und sagte: »Du kannst dir gar nicht vorstellen, wie wohl ich mich fühle.«

Ich betrachtete sein blasses, unrasiertes Gesicht, die dunklen Ringe unter seinen Augen, sein verstrubbeltes Haar und die unordentlichen Verbände, die von der Hüfte bis zum Fußgelenk um sein Bein herumhingen.

»Es freut mich, dass du dich wohl fühlst«, sagte ich lächelnd. »Aber du siehst wirklich nicht danach aus.«

Er sah mit gerunzelter Stirn auf seine sich ablösenden Verbände herunter. Nach einiger Zeit wickelte er sie ab und besichtigte sein Bein. Trotz der gelungenen Hauttransplantationen waren die Narben groß und hässlich.

Immer noch sein Bein betrachtend, meinte Kobus: »Damit würde ich vielleicht nicht gerade den ersten Preis bei einer Mr. Pretty Legs Wahl gewinnen. Aber das macht nichts, solange ich damit laufen kann.«

»Wusstest du«, fragte ich ihn, »dass tatsächlich die Gefahr bestand, dass du das Bein verlierst?«

Er nickte. »Ja, der Chirurg hat es mir gesagt.«

Wir betrachteten das vernarbte Bein noch eine Weile und waren uns einig, dass es ihn zwar bei einer Mr. Pretty Legs Wahl nicht allzu weit bringen würde, dass es aber in jeder anderen Hinsicht ganz bestimmt ein preiswürdiges Bein war.

WIR PFLEGEN EINEN SERVAL

Ende Juni, eine Woche, nachdem Kobus aus dem Krankenhaus entlassen worden war, brachte uns ein Farmer einen sehr unglücklichen jungen Serval in einem Drahtkäfig. Nach einem Brand auf den Zuckerrohrfeldern auf seiner Farm und in den angrenzenden Ufergehölzen hatte er das verlassene Kätzchen mit einer verletzten Pfote am Fluss gefunden.

Das Kätzchen, ein etwa drei Monate altes Weibchen, fauchte und knurrte uns an und schlug mit seinen scharfen kleinen Krallen nach jedem, der versuchte, es anzufassen.

Es brach mir fast das Herz, es so verängstigt zu sehen. Ich öffnete die Käfigtür und griff nach der entsetzten kleinen Katze, ohne auf den bösen Prankenschlag zu achten, der blutige Schrammen an meinem Arm hinterließ. Ich hob sie aus dem Käfig, drückte sie fest an mich und trug sie in ein ruhiges Zimmer. Dort setzte ich mich mit ihr nieder und hielt sie lange fest im Arm, bis ich fühlte, wie der kleine Körper sich entspannte. Als sie sich einigermaßen beruhigt hatte, setzte ich sie vorsichtig ab, ließ sie allein im Zimmer und schloss die Tür hinter mir.

Nach einer Weile kam ich wieder und brachte ihr ein Schüsselchen mit warmer Milch und etwas rohes Hackfleisch mit Ei. Sie versteckte sich unter dem Bett und war immer noch zu verängstigt, um zu fressen. Deshalb ließ ich sie wieder allein und gab ihr Zeit, sich in ihrer neuen Umgebung zurechtzufinden.

Der Serval ist eine große Katze, kleiner als ein Gepard, aber sehr viel größer als eine Hauskatze, sehr schmal gebaut, mit einem dementsprechend kleinen Kopf, großen, ovalen, aufrecht stehenden Ohren und überlangen Beinen. Das gelbliche Fell ist mit schwarzen Flecken, Bändern und Streifen sehr lebhaft gezeichnet.

Ein junger Serval von drei Monaten ist zu alt, um noch zahm zu werden, aber zu jung, um allein in der Wildnis zu überleben. Wir wussten das,

und wir konnten nur hoffen, dass es uns gelingen würde, dem Kätzchen Trost und ein vorübergehendes Refugium zu geben, bis es alt und kräftig genug sein würde, in die Wildnis zurückzukehren.

Die verletzte Pfote war stark geschwollen und schien sehr wehzutun. Deshalb rief ich die Tierklinik in Skukuza an.

Dr. Cobus Raath kam zu uns ins Haus, und nachdem er das verängstigte Kätzchen anästhesiert hatte, stellte er fest, dass die Pfote gebrochen war, und machte einen Gipsverband.

Als die kleine Katze wieder aufwachte, war sie außer sich über den ungewohnten, schweren Gips und betrug sich noch wilder als zuvor.

Es war ganz offensichtlich, dass es lange dauern würde, bis das kleine Tier sich mit der Gefangenschaft abfand.

Sie schien das selbst zu spüren, und ein Ausdruck von unendlichem Elend lag in ihren Augen.

Die Winterferien begannen, und die Mädchen kamen nach Hause. Sie legten sich stundenlang vor das Bett, unter dem sich die kleine Katze Tag und Nacht versteckt hielt, redeten beruhigend auf sie ein und versuchten, sie dazu zu bewegen, uns zu trauen und als Ersatzfamilie zu akzeptieren.

Nach langer Zeit wurde sie ein kleines bisschen zahmer und gestattete uns, die Hand nach ihr auszustrecken und ihr das Fell zu streicheln.

Als die gebrochene Pfote geheilt und der Gipsverband entfernt worden war, begann sie, sich mehr für ihre Umgebung zu interessieren. Sie wanderte durch das Haus und inspizierte sämtliche Zimmer. Noch immer misstraute sie uns allen und gestattete uns nur einen sehr losen Kontakt mit ihr. Wir respektierten ihre Wünsche und hielten uns zurück, hoben sie niemals auf, berührten sie nur selten, streichelten sie mit ausgestrecktem Arm, und auch das nur, wenn sie es uns gestattete.

Eines Abends im August, als sie schon fast zwei Monate lang bei uns war, sprang sie mir plötzlich in den Schoß, als ich gerade lesend im Wohnzimmer saß. Diese Geste war eine so wunderbare Überraschung für mich, dass ich zu Tränen gerührt war. Ich streichelte ihr den Kopf, und sie legte sich in meinen Schoß und begann zu schnurren.

Im September kam Hettie für zwei Wochen nach Hause, und die kleine Katze beschloss, in ihr Schlafzimmer zu ziehen, wo sie fast den ganzen Tag zusammengerollt auf Hetties Bett lag oder mit ihren Teddybären spielte. Hettie saß still neben ihr und lernte für ihre Examen.

Obwohl die kleine Katze gut fraß, gesund aussah und während des Tages einen zufriedenen Eindruck machte, war sie nachts ruhelos. Oft saß sie auf dem Fensterbrett an einem offenen Fenster und starrte sehnsüchtig durch das Fliegengitter in den dunklen Garten hinaus. Sie war schließlich ein Nachttier, die Stimmen und Gerüche der Nacht lockten sie, und sie sehnte sich danach, so zu leben, wie es in ihrer Natur lag.

Es war an der Zeit, sie freizulassen.

Sie war etwa sechs Monate alt, als ich das Fliegengitter für sie öffnete. Leise und ein wenig zögernd verschwand sie augenblicklich in der Nacht.

»Auf Wiedersehen, lieber kleiner Serval«, sagte ich leise und betete zum Gott aller wilden Lebewesen, er möge gut zu ihr sein.

Zu meiner Überraschung und ungeheuren Freude kam sie früh am nächsten Morgen zurück, sprang durch das Fenster herein, das ich für sie offen gelassen hatte, und lief schnurstracks in Hetties Zimmer. Dort rollte sie sich auf dem Bett zwischen Hetties Teddybären zusammen und schlief ein.

Bis sie fast acht Monate alt war, sprang sie nun jeden Abend durch das offene Fenster hinaus und kam am Morgen wieder zurück.

Dann rief ihre Servalnatur sie immer weiter hinaus in den Busch, und sie kam nur noch ein- oder zweimal in der Woche zu einem kurzen Besuch, einer guten Mahlzeit oder einem stillen Ruhetag zurück, an dem sie ihren Mut und ihre Entschlossenheit sammeln konnte, sich zu ihren Artgenossen zu gesellen und das Leben zu führen, für das sie geboren war.

Schließlich verließ sie uns endgültig und kam nie wieder zurück.

Ich hoffe, dass sie bei ihren Artgenossen Frieden und Glück gefunden hat.

DAS KÖNIGLICHE
FINDELKIND

An einer Felsformation in der Nähe eines Flusspferdbeckens im Crocodile River, etwa acht Kilometer flussaufwärts vom Touristencamp, gibt es einen Platz, an dem die Touristen ihre Autos abstellen und zum Wasser hinuntergehen können, um die Flusspferde anzusehen. Ein Game Guard steht dort jeden Tag auf Posten, um die Besucher zu begleiten und zu schützen.

Am Abend des ersten Dezember 1992 wurde Kobus von Camp-Wächter Daniel Mabasa, der an diesem Tag Dienst am Flusspferdbecken gehabt hatte, gemeldet, dass ein kleines Tier den ganzen Tag lang irgendwo am felsigen Ostufer des Beckens geweint habe. Schon am Vortag habe er das gleiche Maunzen gehört.

Kobus bat Daniel, das Weinen nachzumachen. Er versuchte es, und Kobus nahm an, dass es die miauenden Töne entweder eines Leoparden- oder eines Löwenbabys gewesen sein müssten. Er fürchtete, dass das junge Tier in Not sein könnte, und ging zum Flusspferdbecken, um nach ihm zu suchen.

Er ließ seinen Truck auf der nahe gelegenen Piste stehen, und als er den felsigen Abhang am Ostufer hinaufkletterte, hörte er das jammervolle Weinen eines verlassenen kleinen Tieres, das nach seiner Mutter rief. Er folgte dem Maunzen und erreichte einen breiten Felsvorsprung, der zu einer Höhle unter einem Felsblock führte. Er wartete eine Weile und lauschte aufmerksam nach Geräuschen, die auf die Anwesenheit der Mutter des Babys schließen ließen. Als er einigermaßen sicher sein konnte, dass das Tier alleine war, ging er über den Felsvorsprung und griff in die Höhle.

Er fand ein winziges Löwenbaby.

Die Nabelschnur war noch da und war noch nicht einmal trocken – das Löwenbaby konnte nicht älter sein als zwei oder drei Tage. Seine Stimme war heiser vom vielen Weinen. Kobus wusste, dass es sterben würde, wenn er es in der Höhle lassen würde.

Er nahm das kleine Tier in die Arme, wickelte es in sein Hemd und trug es den Abhang hinunter zu seinem Truck. Dann rief er mich über Funk an.

»Ich habe ein Löwenbaby gefunden, das von seiner Mutter verlassen worden ist«, teilte er mir mit. »Was soll ich tun?«

Ich wusste, was die Frage zu bedeuten hatte. Er fragte mich, ob ich bereit sei, die Pflegemutter des Löwenbabys zu werden.

Einen kurzen Augenblick lang dachte ich: Ich, die Mutter eines Löwen? Ich bin doch nur ein harmloser, verletzlicher Primat.

Aber ich sagte: »Bring es her.«

In dem Augenblick, in dem ich das armselige kleine Bündel sah, das so verzweifelt nach seiner Mutter schrie, vergaß ich, dass ich ein verletzlicher Primat war, und wurde zur Löwenmutter.

Das Baby war dehydriert und unterkühlt, wie verlassene Fleischfresserbabys es gewöhnlich sind. Wir badeten es in warmem Wasser und trockneten es mit einem dicken Handtuch ab. Dann füllte ich eine sterilisierte Babyflasche mit einer Mischung aus homogenisierter Milch und Glukose. Ich fürchtete, dass das Baby zu schwach sein könnte, um zu trinken, aber sobald es mir gelungen war, den Schnuller in sein Schnäuzchen zu praktizieren, begann es zu saugen und konnte anscheinend gar nicht genug bekommen.

Das Löwenbaby wusste nicht, ob es unsere Anwesenheit tröstlich oder erschreckend finden sollte. Kaum hatte es zu Ende getrunken, begann es zu fauchen und versuchte tapfer, uns anzuknurren. Wenn es knurrte, verzog sich sein ganzes Gesicht in wild aussehende Falten.

Wir wickelten den kleinen Kerl in eine Decke und brachten ihn in einem gepolsterten Karton in unser Schlafzimmer. In der Hoffnung, dass er es bequem hatte und nun erst einmal eine Weile schlafen würde, ließen wir ihn dort zurück und gingen in die Küche, um zu Abend zu essen. Aber sobald er merkte, dass er alleine war, fing er jämmerlich zu maunzen an. Also holten wir ihn und stellten ihn in seinem Karton dicht neben uns auf. Er war augenblicklich getröstet.

Obwohl seine Augen noch geschlossen waren, schien er unsere Anwesenheit sehr genau zu spüren. Wenn wir ihn berührten oder aufhoben, knurrte er, aber wenn wir ihn allein in einem Zimmer ließen, wimmerte er und schrie nach uns.

Er war sehr schwach und müde, aber er verbrachte eine friedliche Nacht in seinem Karton neben unserem Bett.

Früh am nächsten Morgen machten sich Kobus und vier seiner Game Guards auf die Suche nach der Mutter des Löwenbabys. Den ganzen Tag lang durchkämmten sie die Umgebung der Höhle, in der das Baby geboren worden war, aber sie fanden keine Spur von der Löwin. Kobus fragte sich, warum sie ihr Junges wohl verlassen hatte. Vielleicht war sie zum Jagen auf eine der angrenzenden Farmen gegangen und abgeschossen worden.

Unterdessen begann der kleine Löwe, sich bei uns einzugewöhnen, und verschlief die meiste Zeit zwischen den Mahlzeiten. Nach seiner ersten Nacht bei uns knurrte er uns nicht mehr an und legte das Gesicht nicht mehr in zornige Falten.

Da es gegen die Vorschriften des Parks verstieß, wilde Tiere in Gefangenschaft zu halten, brauchten wir eine Sondergenehmigung, um das Löwenbaby aufzuziehen. Also fuhr Kobus nach einigen Tagen nach Skukuza, um mit dem Direktor für Naturschutz und Forschung, Dr. Willem Gertenbach, zu sprechen. Zwar waren wir im Laufe der Jahre Pflegeeltern einer ganzen Reihe von Waisen und Findelkindern gewesen, aber dafür hatten wir keine Genehmigung gebraucht, weil sie Arten angehört hatten, die sich als erwachsene Tiere problemlos wieder an ihre natürliche Lebensweise anpassen konnten. Obwohl sie von Menschen aufgezogen worden waren, waren alle unsere vorherigen Pflegekinder nach einiger Zeit mit Erfolg in die Wildnis zurückgekehrt.

Das Problem mit den großen Fleischfressern ist, dass sie, wenn sie von Menschen aufgezogen worden sind, unfähig sind, in der Wildnis zu überleben, wenn nicht ein entsprechendes Rehabilitationsprogramm für sie durchgeführt werden kann. Ein männlicher Fleischfresser braucht zudem ein Jagdterritorium, das noch nicht von anderen Fleischfressern der gleichen Spezies besetzt ist. Da Löwen Rudeltiere sind, brauchen sie auch noch Jagdgefährten, mit denen sie gemeinsam ihr Territorium verteidigen können. Einen von Menschen aufgezogenen Löwen auszuwildern oder sonst einen geeigneten Ort zu finden, an dem er leben kann, kann eine schwierige Angelegenheit sein.

Aber darüber würden wir uns später Sorgen machen. Zunächst einmal brauchten wir die offizielle Genehmigung, das Löwenbaby zu behalten.

Kobus versicherte Dr. Gertenbach, dass wir uns der Problematik unseres Vorhabens voll bewusst seien und dass wir unsere Verantwortung nicht leicht nähmen. Nach reiflicher Überlegung und einem Gespräch mit dem Chef des Parks erteilte uns der Direktor die Erlaubnis, das Löwenbaby aufzuziehen. Somit war unserem königlichen Findelkind das Recht zugestanden worden zu leben.

Leider erwiesen sich seine ersten Lebenswochen als Überlebenskampf. Obwohl er sehr viel trank, nahm er nicht richtig zu, und nach einer Woche begannen ihm die Haare auszugehen. Wir glaubten, dass dies auf äußerliche Parasiten zurückzuführen sei, und fuhren mit ihm in die Tierklinik in Skukuza. Dr. Dewald Keet gab dem Löwenbaby eine Spritze gegen Parasiten und spritzte ihm außerdem Vitamin A. Die Spritzen nahm der kleine Bursche nicht weiter übel, aber als der Tierarzt seine Ohren untersuchte, schrie er sich die Seele aus dem Leib über die unwürdige Behandlung.

Trotz unserer Bemühungen besserte sich der Zustand unseres Pfleglings nicht. Er wurde immer schwächer, verlor noch mehr Fell, und sein Bauch war unnatürlich aufgebläht. Ich verstand nicht, warum. Er schien ununterbrochen Hunger zu haben, obwohl ich ihn alle zwei bis drei Stunden fütterte. Er trank sehr hastig und schlug dabei ungeduldig mit den Vorderpfoten nach der Flasche. Erst im Nachhinein wurde mir klar, warum er so ungeduldig mit seiner Flasche war: Gleichgültig, wie viel er trank, er konnte seinen Hunger nicht stillen.

Eines Morgens, als er etwa zweieinhalb Wochen alt war, wachte er so schwach und krank auf, dass er nicht einmal herumkriechen konnte. Sein kleiner Bauch war unmäßig aufgeschwollen, aber trotz der akuten Beschwerden, die er haben musste, jammerte und klagte er nicht. Kobus und ich sahen hilflos zu, wie das Löwenbaby versuchte aufzustehen und es nicht schaffte. Es brach uns fast das Herz zu sehen, wie stoisch er sein Schicksal akzeptierte.

Wieder fuhren wir die neunzig Kilometer nach Skukuza, um mit ihm zum Tierarzt zu gehen. Diesmal diagnostizierte Dewald Unterernährung und gab dem kranken Baby eine Steroid-Injektion. Außerdem gab er mir einen wissenschaftlichen Artikel über die Zusammensetzung von Löwenmilch mit.

Nachdem ich diesen Artikel gelesen hatte, hatte ich ein so schlechtes Gewissen und war so entsetzt über meine eigene Dummheit, dass ich ganz krank davon war. Weil Löwenbabys nur zwei- oder dreimal in vierundzwanzig Stunden gesäugt werden, damit der Mutter genügend Zeit zum Jagen bleibt, enthält Löwenmilch sehr viel mehr Protein und Fett als Kuhmilch. Ich hatte unser Baby mit normaler pasteurisierter Kuhmilch gefüttert, und obwohl ich Glukose, Vitaminsirup und Lebertran beigemischt hatte, war die Mischung hoffnungslos unzureichend gewesen. Der aufgetriebene Bauch des Löwenbabys ließ auf vergrößerte, blutunterlaufene Nieren schließen, ein sehr ernster Zustand, der bei unterernährten Jungtieren häufig zum Tod führt.

Das Rezept für Löwenmilch, das von dem Tierernährungswissenschaftler Dr. De Waal entwickelt worden war, bestand aus Puppylac-Pulver (einem im Handel erhältlichen Hundemilchersatz in Pulverform), das in Vollmilch aufgelöst und mit Eigelb und Sahne angereichert wurde. Diese Mixtur erschien mir unglaublich gehaltvoll, aber sobald ich das Löwenbaby damit fütterte, trank es langsamer und schien weniger ungeduldig mit seiner Flasche zu sein.

Leider verschwanden die schrecklichen Symptome der Unterernährung nicht sofort, und das Löwenbaby blieb noch mehrere Tage lang sehr schwach und krank. Die Mädchen, die für die Sommerferien nach Hause gekommen waren, teilten sich mit mir die Aufgabe, den Kleinen im Arm zu halten und zu trösten. Er war ein so lieber kleiner Kerl, der niemals jammerte. Wir hofften, dass er mit mehr Ausdauer um sein Leben kämpfen würde, wenn er spürte, dass er geliebt wurde.

Und so war es auch.

Nach etwa einer Woche zeigten sich die ersten Anzeichen seiner Genesung, und unser kleiner Patient begann sogar zu spielen. Auf dem Rücken liegend, hielt er uns den Bauch entgegen, um gekitzelt zu werden, und schlug dabei mutwillig mit den Vorderpfoten nach uns. Langsam nahm er zu, an den Kahlstellen auf seinem Körper wuchs wieder neues Fell, und er wurde zu einem pummeligen, fröhlichen, gesunden kleinen Löwenbaby.

Seine Augen hatten sich am vierten oder fünften Tag seines Lebens geöffnet (und wie reizend sah er mit diesen großen, offenen Augen aus!), aber bis er etwa vier Wochen alt war, waren sie mit einem blauen Film bedeckt. Solange er nicht richtig sehen konnte, stieß er ungeschickt gegen sämtliche Gegenstände, als er begann, das Haus zu erforschen. Als der blaue Film endlich verschwand, wurden seine schönen, rostfarbenen Augen zu seinem auffallendsten Merkmal.

Die Mädchen tauften ihn Leo.

VON EDLER HERKUNFT

Trotz meiner langjährigen Erfahrung als Pflegemutter (für eine Zebramanguste, einen Honigdachs, ein Zwerghuhn, ein Eichhörnchen, drei Warzenschweine, zwei Buschhasen, eine Sumpfeule und einen Serval) war ich nicht auf die Intensität der Gefühle und das Ausmaß der inneren Beteiligung gefasst, die mit der Aufzucht eines Löwen verbunden sind. Ein Löwenbaby ist das friedlichste und unabhängigste aller jungen Lebewesen. Es jammert nie, ist niemals unzufrieden, schreit nicht nach seiner Flasche, fordert keine Zuwendung und verlangt nichts von seiner Pflegemutter, als nur zu wissen, dass sie irgendwo in der Nähe ist. Gelegentlich suchte Leo vielleicht nach mir, und wenn er mich gefunden hatte, sah er mich mit einem Ausdruck vollkommener Zufriedenheit an, als wollte er sagen: »Ach, da bist du ja! Wie schön.«

Oftmals, wenn mein Löwenbaby mich mit seinen riesigen, ausdrucksvollen Augen ansah, fragte ich: »Was möchtest du denn, Leo. Was kann ich für dich tun?« Dann wurde sein Blick sanft und zärtlich, und seine Augen schienen zu sagen: »Ich wollte nur wissen, wo du bist.«

Wie könnte man ein Geschöpf nicht lieben, das mit den Augen spricht und vom Leben nichts anderes erwartet, als zu wissen, dass es eine Mutter hat?

Obwohl Leo ein absolut zufriedenes Baby war, fehlte es ihm keineswegs an Temperament. Er besaß ein großes Talent zu einem Leben voll überschäumender Freude, und in seinen wachen Stunden spielte er bis zur vollkommenen Erschöpfung.

Er besaß eine ganze Menge Spielzeug: einen mitgenommenen Teddybären, einen Ball aus Wolle, eine alte Stoffpuppe, einen Tennisball, eine leere Kaffeedose und eine Stoffente. Er liebte alle diese Dinge leidenschaftlich, und sowie er aufwachte, rannte er sofort zu dem Korb, in dem sie aufbewahrt wurden. Oft stürzte er sich so eilig und ungeschickt in seinen Korb, dass dieser umfiel und samt ihm davonrollte.

Die meisten Tierbabys respektieren oder fürchten instinktiv alle anderen Tiere, die größer sind als sie selbst. Nicht so Leo. Er trug das Wissen in sich, dass er der König unter ihnen war, betrachtete alle anderen Tiere entweder als untergeordnete Wesen oder als bewundernde Fans und behandelte sie dementsprechend.

Als er sechs Tage alt war, zeigten wir ihn unseren Hunden, und er hielt es für völlig selbstverständlich, dass Hunde Löwen von Natur aus lieben. Die Hunde fürchteten sich instinktiv vor dem Geruch des Löwenbabys und wichen zurück. Aber als sie sahen, wie winzig und harmlos er war, näherten sie sich vorsichtig und leckten ihn zur Begrüßung von oben bis unten ab. Damit war bewiesen, was das Löwenbaby sowieso schon gewusst hatte: Hunde lieben Löwen!

Die Pferde waren über den Anblick und Geruch des kleinen Lebewesens, das wir da zu ihnen brachten, zunächst sehr erschrocken. Aber nach einiger Zeit näherten sie sich vorsichtig, betrachteten das Löwenbaby mit der für Pferde typischen Zurückhaltung und kamen zu dem Schluss, dass es ihnen recht sein sollte, wenn in Zukunft ein Löwe zu unserem Haushalt gehörte, solange nicht von ihnen erwartet wurde, ihn zu lieben.

Als Leo fünf Wochen alt war, wurden wir von Kobus' Bruder und seiner Frau eingeladen, das Neujahrsfest mit ihnen auf ihrer Farm bei Lydenburg zu feiern. Wir wollten Leo natürlich nicht allein zu Hause lassen. Also packten wir ihn, seine Flaschen, seine Nahrung, seine Schlafkiste samt Kissen und Decke und seine geliebte Spielente ins Auto und fuhren los.

Leo verbrachte den größten Teil der dreistündigen Fahrt entweder auf meinem Schoß oder auf dem von einem der Mädchen und nuckelte zufrieden an einem Finger. (Er war ein unverbesserlicher Fingerlutscher.)

Als wir auf der Farm ankamen, trug ich Leo zum Grillplatz, wo die Familie versammelt war. Nachdem alle Familienmitglieder ihn bewundert und in den Arm genommen hatten, setzte ich ihn neben meinem Stuhl ins Gras.

Ein arrogant aussehender kleiner Dackel kam aus dem Haus herausgetrabt. Als er den kleinen Löwen im Gras entdeckte, kam er augenblicklich unter wütendem Gebell auf ihn zugerannt. Ich wollte Leo schon

retten, aber dann sah ich zu meiner Überraschung, dass der Angriff des hysterischen Dackels ihn völlig kalt ließ. Er saß ruhig und fröhlich da und ließ ihn auf sich zukommen. Kaum war der Hund nah genug herangekommen, hob Leo die Pranke. Ein rascher, wohl gezielter Hieb – und der Hund machte auf dem Absatz kehrt und flüchtete sehr viel schneller zum Haus zurück, als Dackel gewöhnlich rennen.

Der dumme Dackel hatte Leo vermutlich für einen fremdartig aussehenden Hund gehalten und den Schock seines Lebens bekommen, als ihm klar wurde, dass er einen Löwen vor sich hatte.

Leo saß immer noch genau da im Gras, wo ich ihn hingesetzt hatte, und sah würdevoll und wie immer vollkommen zufrieden um sich. Natürlich wusste er, dass Löwen – wie alle königlichen Hoheiten – niemals hysterisch werden.

Zwei Truthennen und ein paar Hühner kamen herbei, um das Löwenbaby zu inspizieren. Obwohl sie offensichtlich nicht begriffen, dass Leo ein Löwe war, musste aus Urzeiten noch irgendeine Erinnerung in ihnen vorhanden sein, die sie Gefahr wittern ließ, denn sie umkreisten ihn lange in sicherer Entfernung mit vorgestreckten Hälsen und klappernden Augendeckeln und berieten sich aufgeregt über den seltsamen Besucher. Leo saß da wie ein Prinz und betrachtete seine Bewunderer mit wohlwollender Miene.

Als er müde wurde, gab ich ihm die Flasche und bettete ihn mit seinem Kissen, seiner Ente und seiner Decke in seine Kiste. Das schien das Geflügel davon zu überzeugen, dass Leo ein menschliches Baby sei. Sie verloren das Interesse an ihm und gingen wieder ihren alltäglichen Geschäften nach.

Als wir am nächsten Tag wieder nach Hause kamen, erkannte Leo sein Heim sofort wieder und war so glücklich, wieder zu Hause zu sein, dass er eine volle Stunde lang im ganzen Haus herumtollte und hüpfte und in allen Räumen nachsah, ob auch noch alles so war, wie er es verlassen hatte. Er war ein sehr kluger kleiner Bursche. Er wusste, dass ein Löwe in sein eigenes Territorium gehört.

Als Leo etwa sechs Wochen alt war, erwachte sein Jagdinstinkt, und seine Spielsachen wurden zu seiner Übungsbeute. Er benutzte jede Deckung, die er nur finden konnte, und schlich sich an ein Spielzeug an, das ungeschützt und allein irgendwo am Boden lag, wartete geduldig auf den richtigen Augenblick und stürzte sich dann auf sein ahnungsloses Opfer. Die Kaffeedose jagte ihm einen gehörigen Schrecken ein, denn anstatt an dem bösen Prankenschlag, den er ihr versetzte, zu verenden, rollte sie angriffslustig auf ihn zu. Das Betragen der Büchse verwirrte ihn, und so beschloss er, sie zu ignorieren und sich lieber auf seine anderen Spielsachen zu konzentrieren. Als er sie alle mit Erfolg erlegt hatte, versuchte er es noch einmal mit der Kaffeedose, aber sie spielte nicht richtig mit. Also sah er sich nach einer lohnenderen Beute um und entdeckte bald eine Unmenge von möglichen Opfern: Kissen, Bücher, Körbe, Schuhe, Handtücher und anderes mehr.

Bis zum Alter von zwei Monaten war Leo ein Hauslöwe. Ins Freie wagte er sich nur in Begleitung eines Familienmitglieds. Zum Glück war es ganz einfach, ihn stubenrein zu bekommen. Mit der Reinlichkeit aller Katzen verrichtete er seine großen und kleinen Geschäfte am liebsten außerhalb des Hauses. Als er älter wurde und dazu keine Ermutigung mehr von uns brauchte, lief er durch die Terrassentür hinaus, wenn er ein natürliches Bedürfnis verspürte, und benutzte die Gänseblümchen, mit denen die Terrasse eingefasst war, als Toilette. Wenn man bedenkt, dass er das Haus niemals alleine verließ, außer wenn er mal musste, war das wirklich sehr brav von ihm. Die Gänseblümchen gingen schließlich ein, aber wenigstens blieb das Haus frei von Löwenexkrementen.

Als er etwa drei Monate alt war, begann er, immer häufiger selbständig hinauszugehen und den Garten zu erforschen. Aber er blieb nach wie vor immer in der Nähe des Hauses. Da er zu einer Spezies territorialer Raubtiere zählte, die ihr Territorium gegen ihre Konkurrenz verteidigen müssen, besaß er das angeborene Wissen, dass sich ein Löwe innerhalb der Grenzen des von seiner Familie verteidigten Gebiets halten muss. In das Territorium eines fremden Rudels hineinzustolpern konnte ungesund sein, zumal die dominanten Männchen einen Eindringling ganz gewiss nicht freundlich begrüßen würden. Und so hielt Leo es für klug, nah beim Haus zu bleiben, bis er gelernt hatte, wo die Grenzen seines heimischen Jagdreviers lagen.

Als er sich nun immer häufiger im Garten aufhielt, kam er auf die Idee, dass Hunde und Menschen hervorragend als Übungsbeute geeignet seien. Das Blumenbeet der Schlange neben der Küchentür wurde zu seinem liebsten Versteck, wenn er sich auf die Lauer legen wollte. Das war natürlich ein hervorragend geeigneter Platz, so direkt neben dem gepflasterten Gartenweg – dem am häufigsten benutzten Zugang zur Küchentür. Und so wurde jeder arglose Mensch oder Hund, der das Haus ansteuerte oder verließ, entweder von einem Löwen angegriffen oder von einer Kobra bespuckt.

Leo hatte von klein auf ein ausgezeichnetes Gedächtnis. Die Menschen, die er liebte, vergaß er nie. Als Hettie und Sandra zu Beginn des neuen Semesters zu ihren Universitäten zurückkehrten, überlegten sie, ob er sich wohl später noch an sie erinnern würde. Er vergaß sie jedoch nie. Gleichgültig, wie lange sie fortblieben, er war immer überglücklich, wenn er sie wieder sah. Jeden Freitagnachmittag, wenn Karin nach Hause kam, stürzte er sich sofort in ihre Arme und begrüßte sie mit ausgiebigen Liebeserklärungen.

Annette verliebte sich unsterblich in Leo und gab sich alle Mühe, mich zu überreden, ihn gegen eines oder gar alle ihre persönlichen Besitztümer einzutauschen, ihren Ehemann eingeschlossen. Ich war natürlich nicht zum Tausch bereit, nicht einmal für ihren Gatten (er war ein wunderbarer Mann, aber ich hatte bereits einen), und so lehnte ich dankend ab. Sie trug ihr Schicksal mit stoischer Gelassenheit, aber sie kam oft mit Narina zu uns, um mit Leo zu spielen. Leo liebte Annette und

Narina sehr, und als er begann, andere Leute als Fremde zu betrachten, behandelte er sie immer als Familienmitglieder.

Oft, wenn Annette und ich bei einer Tasse Kaffe unsere Probleme austauschten, beschlichen und jagten Narina und Leo einander im ganzen Garten, bis sie beide vor Erschöpfung zusammenbrachen. Dann kletterte Narina auf den Schoß ihrer Mutter, um sich auszuruhen, und Leo auf den meinen, wo er begann, an meinem Finger zu saugen.

Immer wenn Leo müde und schläfrig wurde, brauchte er einen Finger, an dem er saugen konnte. Er hielt sich nicht damit auf, darum zu betteln. Er kletterte einfach auf den nächstbesten Schoß, packte die Hand des Besitzers, umklammerte sie mit den Vordertatzen und suchte sich einen Finger aus. Wenn er ihn erst einmal im Maul hatte, saß man fest. Eingeklemmt zwischen Zunge und Gaumen war der Finger sozusagen durch Saugkraft festzementiert. Jeder Versuch, ihn Leo zu entziehen, hatte zur Folge, dass sich seine rasiermesserscharfen Afterkrallen fester um die Hand schlossen. Die einzige Möglichkeit, seinen Finger wieder zu befreien, bestand darin, geduldig zu warten, bis er eingeschlafen war, und dann sorgfältig darauf zu achten, dass man Leo nicht weckte, wenn man ihn herauszog. Das war natürlich niedlich, aber auch ausgesprochen ärgerlich, besonders wenn es lange dauerte, bis er endlich eingeschlafen war, und man anderes zu tun hatte.

Annette schlug vor, ihm einen Schnuller zu kaufen, und ich war oft nahe daran, ihrem Rat zu folgen. Aber was, wenn er dann ein unverbesserliches Schnullerbaby würde? Das erschien mir für einen Prinzen doch sehr unpassend. Ich wollte Leo möglichst so erziehen, wie seine richtige Mutter es getan hätte. Da ich aber keine Löwin war, konnte ich mir nicht so recht vorstellen, was sie in dieser Situation getan hätte. Ich konnte nur versuchen, es zu erraten.

Aber eines wusste ich ganz genau: Sie hätte ihm keinen Schnuller gekauft.

259

EINE KÖNIGLICHE
KINDHEIT

Im Alter von vier Monaten war Leo ein ungestümer, liebevoller kleiner Löwe mit einer enorm ausgeprägten Persönlichkeit. Er hatte die spontane Fröhlichkeit eines Kindes, das niemals an seiner eigenen Anbetungswürdigkeit zweifelt. Er ließ sich mit Vorliebe umarmen und knuddeln und sprang oft vom Boden aus in unsere Arme, um uns liebevoll zu umklammern und uns das Gesicht abzulecken.

Aber er war nicht nur hinreißend, sondern auch verspielt und unermüdlich, und weil er ein Löwe war, konnte er nie der Versuchung widerstehen, uns zu beschleichen und anzuspringen. Wir gewöhnten uns an, ständig nervös über die Schulter zu schauen. Und wenn er irgendwo regungslos und geduckt am Boden kauerte und uns mit boshaft funkelnden Augen mutwillig anstarrte, machten wir uns schleunigst auf den Zusammenprall gefasst. Es war sinnlos wegzurennen – er war schneller als wir.

Anfangs war er reichlich grob und achtlos mit seinen Krallen, und unsere Arme und Beine waren oft übel zerkratzt.

In Ruhestellung sind die Krallen eines Löwen eingezogen. Nur bei gezielten Angriffen werden sie ausgefahren. Die rasiermesserscharfen Afterkrallen, das Gegenstück zu unseren Daumen, sind eine äußerst gefährliche Waffe. Zum Glück lernte Leo bald, seine Krallen unter Kontrolle zu halten und einzuziehen, wenn er mit uns spielte. Als er sechs Monate alt war und fähig, uns ernsthafte Wunden zuzufügen, war die Gefahr, von ihm verletzt zu werden, sehr viel geringer, als sie es gewesen war, als er noch jünger war.

Leo hatte ein sehr liebenswertes Wesen, und er zeigte niemals auch nur das geringste Anzeichen von Aggression gegen uns. Wenn er etwas tat, was wir nicht gut fanden, riefen wir ihn mit einem scharfen Befehl zur Ordnung. Das verstand er, und er versuchte, seinen Fehler wieder gutzumachen, indem er sich an unseren Beinen rieb und sanfte, betrübte Töne von sich gab. Als ich ihn einmal ziemlich heftig gescholten hatte, weil er die Wäsche von der Leine gerissen hatte, hatte ich anschließend beim Anblick des verletzten Ausdrucks in seinen Augen ein so schlechtes Gewissen, dass ich beschloss, nie wieder zornig auf ihn zu werden.

Mit fünf Monaten hatte er begriffen, dass der Zaun, der unseren Garten umgab, die Grenze des Territoriums seines Rudels darstellte, und er war begeistert von seinem fast 8000 qm großen, bewaldeten Spielplatz. Die vielen Bäume, Büsche und Blumenbeete boten eine Vielzahl von Deckungsmöglichkeiten für einen Löwen, dessen Lieblingsspiel darin bestand, auf ahnungslose Beute zu lauern – auf uns, die Hunde, unsere Besucher und jedes Wäschestück, das unbewacht auf der Leine hing.

Obwohl wir ihn, seit er drei Monate alt war, auf Spaziergänge mit in den Busch genommen hatten, wagte er sich niemals allein aus dem Garten, obwohl das Tor tagsüber immer offen stand. Unsere Besucher waren oft überrascht, dass wir das Tor offen ließen, und fragten uns, ob wir denn nicht fürchteten, dass der Löwe weglaufen könnte.

Leo hätte auf diese Frage bestimmt mit Unverständnis reagiert. Warum hätte er seine Familie und den Ort, wo er in Sicherheit war, verlassen sollen? Wo hätte er denn hingehen sollen?

Wenn Kobus einen oder zwei Tage zu Hause verbrachte, um seine Büroarbeit zu erledigen, kam Leo ständig in sein Büro hereingeplatzt, um ihn begeistert zu begrüßen und sich streicheln zu lassen. Oft, wenn Kobus mit einem Kollegen am Funkgerät sprach, war sein Kopf plötzlich und unerwartet zwischen zwei großen Pranken eingeklemmt, und sein Gesicht wurde mit Löwenküssen bedeckt. Seine Kollegen gewöhnten sich bald daran, dass sein plötzliches Schweigen am Funkgerät nichts anderes zu bedeuten hatte, als dass er gerade von einem liebevollen Löwen stranguliert wurde.

Anfangs hatte Leo des Nachts unser Schlafzimmer mit uns geteilt, aber als er drei Monate alt war, wurde ihm seine Schlafkiste zu eng, und er suchte nach einer besseren Schlafgelegenheit. Er entschied sich für das Gästebett auf der mit Fliegengitter geschützten Veranda und fand seinen neuen Schlafplatz so gemütlich, dass er seine Gewohnheit aufgab, im

Morgengrauen aufzustehen, um die Familie zu begrüßen. Stattdessen wälzte er sich auf den Rücken, die Pranken in die Luft gestreckt, und ließ sich die Morgensonne auf Brust und Bauch scheinen. Oft, wenn wir ihn wie einen faulen Prinzen ausgestreckt auf seinem Bett vorfanden, sah er uns an, als wollte er sagen: »Warum seid ihr denn schon auf. Es ist doch so schön, noch im Bett zu sein.« Wir hatten nichts dagegen, dass er auf dem Bett schlief. Wir hielten es sogar für eine hervorragende Idee, dass er ein Bett für sich alleine hatte und nicht versuchte, zu uns ins Bett zu kriechen. Aber zwei Monate später, als er etwa fünf Monate alt war, fand er heraus, dass es großen Spaß machte, an seiner Matratze herumzukauen. Und so zerstörte er sie. Als er anfing, auch die Matratzen von anderen Betten zu werfen, um damit zu spielen, wurde uns klar, dass es Zeit war, ihn daran zu gewöhnen, im Freien zu schlafen. (Zu diesem Zeitpunkt hatte er bereits etliche Kissen, Schuhe, Bücher und andere Wertgegenstände zerfressen und die Spuren seiner Zähne auf einigen Möbeln hinterlassen. Unserem Haus war allmählich anzusehen, dass es von einem Löwen bewohnt wurde.)

Wir holten eine große Holzkiste aus unserem Abstellraum und legten sie auf der Terrasse neben der Veranda auf die Seite. Darüber breiteten wir eine Plane, um die Kiste regendicht zu machen.

Die erste Nacht, die Leo aus dem Haus verbannt war, verbrachte ich zur Hälfte mit ihm in seiner Kiste. An zwei weiteren Abenden setzte ich mich eine Stunde lang zu ihm in die Kiste, dann wurde er seinem Schicksal überlassen. Nach kurzer Zeit stellte er fest, dass er ein Dämmerungstier war, das keine Kiste zu seinem Schutz brauchte, und er begann, seine Nächte auch bei Regenwetter unter freiem Himmel zu verbringen.

Eines Nachts, als gerade ein ziemlich heftiges Gewitter tobte, ging ich mit der Taschenlampe hinaus, um nach Leo zu sehen. Als ich ihn im Garten nirgends finden konnte, sah ich in seiner Kiste nach. Ich wollte nicht mit der Taschenlampe direkt in die Kiste hineinleuchten, um ihn nicht zu erschrecken, wenn er dort sein sollte. Deshalb ließ ich mich auf alle Viere nieder, rief seinen Namen und streckte den Kopf in die Kiste. Ich erhielt keine Antwort und dachte schon, dass er wohl doch nicht da sei. Aber plötzlich wurde ich von einer riesigen Pranke erfasst und in die

Kiste hineingezogen. Im nächsten Augenblick leckte eine äußerst raue Löwenzunge zur Begrüßung über mein Gesicht. Eine Löwenzunge ist wie Sandpapier. Leos Liebesbezeugungen trugen uns häufig Abschürfungen an Gesicht, Hals und Armen ein.

Leo hatte immer noch gerne Spielzeug, und so stopfte ich ein paar Jutesäcke mit Lumpen aus, band ein Seil daran und hängte sie an Bäumen auf. Sie erwiesen sich als ausgezeichnete Übungsbeute und taugten außerdem auch noch als Schaukeln.

Als Leo sechs Monate alt war, zeigten wir ihm einen alten Autoreifen. Wenn man den Reifen über den Boden rollen ließ, rannte Leo hinterher und versuchte, ihn mit halbkreisförmigen Prankenschlägen umzuwerfen. Wenn er den Reifen niedergerungen hatte, sprang er triumphierend darauf. Einmal, als ich den Reifen in unserem vorderen Garten bergab rollen ließ, wurde er so schnell, dass Leo ihn nicht einholen konnte. Er prallte gegen den Gartenzaun, wurde vom Maschendraht zurückgefedert und rollte direkt auf Leo zu. Im Glauben, dass der Autoreifen plötzlich zum Angriff übergehen und ihn jagen wolle, stieß Leo ein erschrecktes Grollen aus und flüchtete. Danach wollte er dem Autoreifen längere Zeit nicht mehr trauen und weigerte sich, hinterherzurennen, wenn jemand ihn für ihn rollte.

Je älter Leo wurde, desto größeren Wert legte er auf Rituale. Als er sechs Monate alt war, bestand er darauf, jedes Familienmitglied mehrmals am Tag mit einem zeremoniellen Kopf- und Wangenreiben zu begrüßen. Natürlich mussten wir uns zu diesem Begrüßungsritual auf die Knie niederlassen.

Aber das machte uns nichts aus.

Schließlich war er ein Prinz.

LEO UND WOLFIE

Eines Tages, als Leo und Flenter beide hinter einem Tennisball herrannten, war Leo der Schnellere, aber Flenter versuchte, ihm den Ball wegzunehmen. Daraufhin schlug Leo ihn spielerisch mit der Vorderpranke auf den Kopf. Das wiederum versetzte Flenter in Wut, und er stürzte sich auf den jungen Löwen. Überrascht und gekränkt von der aggressiven Reaktion seines Freundes, schlich Leo davon. Als er nach einiger Zeit wieder zurückkam, um sich mit Flenter zu versöhnen, wollte dieser nichts mehr mit ihm zu tun haben.

Tatsächlich begann Flenter, sich zu einem Problemhund zu entwickeln. Er hatte noch nie sehr viel für Wildtiere übrig gehabt, und je größer der Löwe wurde, desto weniger mochte er ihn. Als typischer Staffordshire-Terrier wollte er der Anführer des Rudels sein. Da sein Rudel nun aber aus einem australischen Hütehund und einem schnell wachsenden jungen Löwen bestand, war das nicht ganz einfach für ihn.

Mit Wolfie kam er zurecht, denn obwohl dieser viel größer und schwerer war als Flenter, war er doch keine Kämpfernatur und unterwarf sich lieber, als dass er einen Angriff provozierte. Aber Leo wurde nicht kleiner, und das bereitete Flenter Sorgen. Wie sollte er sein Rudel unter Kontrolle halten, wenn das jüngste Mitglied bereits doppelt so groß und stark war wie er selbst? (Und offensichtlich war auch kein Ende seines Wachstums abzusehen.) Außerdem hatte er den quälenden Verdacht, dass das Riesenbaby mit dem König verwandt sein könnte.

Der arme Hund war ratlos, und so ließ er seine Frustration an Wolfie aus. Bei jeder Gelegenheit griff er ihn an und forderte totale Unterwerfung von ihm. Aber gleichgültig, wie oft Wolfie sich auch unterwarf, Flenter war nie zufrieden.

Schließlich durfte Wolfie nicht einmal mehr mit Leo spielen. Flenter griff ihn sofort an.

Wolfie, der ein sanftes Tier war, das alle Konflikte zu vermeiden suchte, begann gedrückt herumzuschleichen und ging Flenter, so gut er konnte, aus dem Weg. Die Situation wurde langsam unerträglich, und wir wussten, dass wir etwas dagegen tun mussten.

Auf der anderen Flussseite gab es einen Farmer, Johan Boshoff, der eine besondere Vorliebe für Staffordshire-Terrier hatte. Er bewunderte ihren Mut, ihre Zähigkeit und Stärke und fand sie als Wachhunde und Kameraden unvergleichlich. Er besaß eine Staffordshire-Hündin und suchte nach einem Gefährten für sie. Immer wenn er zu uns kam, um etwas mit Kobus zu besprechen, spielte er eine Zeit lang mit Flenter. Eines Tages fragte er uns, ob wir wohl bereit wären, ihm den Hund zu verkaufen, Kobus und ich lehnten jedoch beide ab.

Aber als die Zeit verging und Flenters ständige Angriffe auf Wolfie untragbar wurden, überlegten wir es uns anders.

Obwohl Flenter keine anderen Tiere dulden wollte, liebte er Menschen und freundete sich leicht mit Fremden an. Wolfie hingegen verhielt sich allen wilden Tieren gegenüber freundlich, wollte aber von fremden Menschen nichts wissen. Er liebte nur seine eigene Familie. Wenn Besucher freundlich auf ihn zukamen, schaute er mit einem misstrauischen Glitzern in den Augen in die andere Richtung. Besonders ablehnend reagierte er, wenn ein Gast ihm den Kopf streichelte. Dann hob er die Oberlippe auf einer Seite und entblößte einen Eckzahn. Das war eine Warnung, die bedeutete:»Wenn du mir noch einmal zu nahe trittst, beiße ich dich.«

Wolfie war ein Hund, den man unter keinen Umständen weggeben konnte. Es wäre zu grausam gewesen.

Aber würde es Flenter auch so viel ausmachen? Er schien Johan Boshoff wirklich gerne zu haben.

Eines Morgens, nachdem Flenter Wolfie wieder einmal angegriffen und ihm ziemlich schwere Bisswunden zugefügt hatte, fragten wir Johan, ob er immer noch an dem Hund interessiert sei. Er war es, und er bot an, jeden Preis zu bezahlen, den wir haben wollten. Wir hatten natürlich nicht im Traum daran gedacht, unseren Hund zu verkaufen. Wir suchten nur nach einem guten Platz für ihn.

Und so gaben wir zum ersten Mal in unserem Leben einen Hund weg. Es war ein schwerer Entschluss für uns. Ich erinnere mich noch an den

Tag, an dem Johan kam, um ihn zu holen. Als er mit Flenter auf der Ladefläche seines Pick-ups zum Tor hinausfuhr, rief ich tränenüberströmt noch einmal nach meinem Hund und winkte ihm zum Abschied.

Aber Flenter war so eifrig damit beschäftigt, die Ladefläche des Pick-ups zu beschnüffeln, auf der Johans Staffordshire-Hündin ihren Geruch hinterlassen haben musste, und war so hingerissen davon, dass er nicht einmal aufsah, als ich zum Abschied seinen Namen rief.

Johan blieb mit uns in Verbindung, und so erfuhren wir, dass Flenter sich problemlos an sein neues Zuhause gewöhnt hatte und ausgesprochen entzückt von seiner neuen Freundin war.

Als Wolfie endlich begriff, dass Flenter nicht wiederkommen würde, hörte er auf, so gedrückt im Garten herumzuschleichen, und wurde wieder ein glücklicher, gelöster Hund, der die meiste Zeit lächelte. Und er freute sich, dass er nun wieder mit Leo spielen konnte, ohne dafür von Flenter angegriffen zu werden.

Schließlich wurde Wolfie Leos liebster und vertrautester Freund und Kamerad.

Wir wurden oft gefragt, wie intelligent Löwen im Vergleich zu Hunden seien.

Ich glaube, dass Hunde, was ihre Beziehungen zu den Menschen anbelangt, die intelligenteren Tiere sind. Sie können lernen, eine große Zahl menschlicher Worte zu verstehen und auf gesprochene Befehle richtig zu reagieren. Leo schien nur in sehr begrenztem Umfang die Fähigkeit zu besitzen, gesprochene Worte zu verstehen, aber seine Fähigkeit, die Körpersprache richtig zu interpretieren, war bemerkenswert. Er konnte gefühlsmäßig eine Vielzahl menschlicher Stimmungen und Emotionen deuten, und er konnte die charakterlichen Unterschiede zwischen den einzelnen Menschen erkennen.

Leo hatte zu jedem einzelnen Familienmitglied eine ganz besondere Beziehung.

Kobus war sein Vater und das dominante Männchen des Rudels. Leo liebte, respektierte und bewunderte ihn. Ich war seine Mutter, die er sehr liebte, aber nicht in gleicher Weise respektierte wie seinen Vater. Er vertraute mir und brauchte meine mütterliche Liebe und Fürsorge, aber wenn er gerade in boshafter Stimmung war, ärgerte und schikanierte er mich. Seinen Vater schikanierte er nie.

Karin war seine Lieblingsschwester, weil sie öfter zu Hause war als die anderen und weil sie mit ihrer sonnigen und ungestümen Art immer für eine Menge Spaß gut war.

Sandra war die Schwester, vor der er den meisten Respekt hatte. Er spürte die stille Entschlossenheit ihres Wesens, und obwohl er mit ihr spielte und sie ebenso herausforderte wie alle anderen, genügte ein strenger Blick oder ein scharfes Wort von ihr, um ihn augenblicklich wieder in einen folgsamen Löwen zu verwandeln.

Er hatte ein ausgeprägtes Gespür für Hetties leidenschaftliche Natur, und in seiner Reaktion auf ihre jeweilige Gemütsverfassung zeigte er ein erstaunliches Einfühlungsvermögen. Wenn sie fröhlich war, gebärdete er sich als übermütiger Clown, und die beiden spielten so hemmungslos miteinander, dass ich manchmal fürchtete, Leo könnte sie aus Versehen verletzen. (Tatsächlich passierten ein paar kleinere Unfälle, aber zum Glück niemals etwas Ernstes.) Wenn sie in wehmütiger Stimmung war, setzte er sich still neben sie und seufzte leise oder leckte ihr Gesicht und Arme, um sie zu trösten. Wenn sie melancholisch gestimmt war, hätte er sie niemals geärgert oder versucht, mit ihr zu spielen.

Sandras Studienkollege Paul Meyer war inzwischen zu einem regelmäßigen Gast bei uns geworden, der Sandra jedes Mal begleitete, wenn sie nach Hause kam. Obwohl er in der Stadt aufgewachsen war, fand er auf Anhieb großen Gefallen an unserem Lebensstil und entwickelte eine glühende Liebe zum Busch.

Für Leo war Paul der beste Bruder, den ein Löwe sich nur wünschen konnte. Er konnte nicht nur wunderbar wilde und raue Löwenspiele spielen, er entwickelte sogar ein Talent dafür, solche Spiele zu erfinden.

Wenn ich in den frühen Morgenstunden vom Trappeln menschlicher Füße geweckt wurde, die, gefolgt vom Tappen von Löwenpranken, durch das ganze Haus rannten, wusste ich, dass Paul und Leo wieder einmal Löwe und Gendarm oder Löwe und Räuber oder sonst etwas in der Art spielten. (Paul hatte gewöhnlich eine Wasserpistole zur Selbstverteidigung bei sich.)

Leo hatte auch eine ganz besondere Beziehung zu Wolfie. Wolfie war

sein vertrauter Kamerad und Freund, sein Lehrer und Mentor. Er respektierte ihn und verstieß niemals gegen die Spielregeln, die Wolfie für ihn aufgestellt hatte. Auch als Leo schließlich um volle hundert Kilo schwerer war als der Hund, betrachtete er diesen immer noch als das überlegene Tier.

Wolfie konnte manchmal sehr streng mit Leo sein, aber meistens war er unglaublich langmütig und gestattete ihm, ihm an Schwanz und Ohren herumzukauen und ihn in einem Ausmaß zu schikanieren und zu belästigen, wie es kein anderer Hund geduldet hätte. Leo rannte mit Vorliebe direkt hinter Wolfie her und versuchte, ihn mit einem Rundschlag seiner Vorderpranke umzuwerfen. Wolfie nahm überhaupt keine Notiz davon, dass ihm in regelmäßigen Abständen ein Hinterbein unter dem Leib weggeschlagen wurde, ging ernsthaft seinen eigenen Dingen nach, schnüffelte auf dem Boden herum und folgte der Fährte, die er gerade erkunden wollte. Nur manchmal, wenn das ständige Umgeworfenwerden seine Forschungspläne zu sehr behinderte, blieb er einen Augenblick lang stehen, wandte Leo den Kopf zu, entblößte einen Eckzahn und gab dem Löwen offensichtlich zu verstehen: »Mach das noch einmal, und ich beiße dich.« Dann fuhr Leo augenblicklich zurück und gab Ruhe.

Leo liebte Ausflüge in den Busch. Wann immer wir ihm einen Spaziergang oder eine Autofahrt ankündigten, leuchteten seine Augen auf vor Erregung. Weil er aber die Worte »fahren« und »gehen« nicht voneinander unterscheiden konnte, achtete er genau darauf, was Wolfie tat, um festzustellen, um was es sich handelte. Auf das Wort »gehen« hin lief Wolfie zum Tor, wenn es »fahren« hieß, sprang er auf den Truck. Dann tat Leo, was Wolfie ihm vormachte.

Leo schien zu begreifen, dass Wolfie viel von der menschlichen Sprache verstand, und so benutzte er den Hund als Dolmetscher. Es erwies sich als sehr nützlich, das Wolfie diese Rolle spielte. Wenn wir Leo einen bestimmten Befehl geben wollten, gaben wir ihn Wolfie, weil wir wussten, dass er gehorchen und Leo seinem Beispiel folgen würde.

Wolfie begriff durchaus, dass wir ihn als Dolmetscher benutzten, aber es machte ihm nichts aus. Er war ein verantwortungsbewusster Hund, der seine Pflichten sehr ernst nahm, und so unterstützte er uns nach bestem Vermögen, auch wenn diese Aufgabe gelegentlich sehr viel Geduld erforderte. Wenn Leo gerade nicht aufpasste, musste Wolfie das, was wir von ihm verlangten, mehrmals wiederholen, bis Leo endlich begriff, was er tun sollte.

Eines unserer liebsten Ziele für unsere Ausflüge am Sonntagnachmittag war Mpanamana, ein hübscher See zu Füßen der Lebomboberge. In diesem See wohnte eine Flusspferdfamilie, die bei unserem Anblick jedes Mal ein wildes Theater aufführte. Die Tiere tauchten und spritzten herum, hielten uns ihre aufgerissenen Rachen entgegen und stießen ein drohendes Gebrüll aus. Leo fand es herrlich, dazusitzen und zuzusehen, wie die Flusspferde sich gebärdeten.

Schwierig wurde es, wenn wir nach Hause fahren und Leo noch ein bisschen bleiben wollte. Wolfie, der treue, gehorsame Hund, befolgte den Befehl, auf den Pick-up zu springen, sofort, aber Leo tat so, als ob er nichts hörte.

Bis er etwa sechs Monate alt war, konnten wir ihn immer noch zum Wagen tragen, wenn er nicht hören wollte. Aber als er größer und schwerer wurde, machte er die Erfahrung, dass wir ihn sofort loslassen mussten, wenn er zu zappeln begann. Und so blieb uns nichts anderes übrig, als uns auf Wolfie zu verlassen, wenn wir Leo auf dem Truck haben wollten. Also forderten wir den Hund auf, noch einmal herunterzusteigen, Leo zu holen und wieder auf den Truck zu springen. Dann sprang Wolfie hinunter, ging zu Leo, sah ihm fest in die Augen, um seine Aufmerksamkeit auf sich zu lenken, drehte sich um, lief zum Truck zurück und sprang wieder auf die Ladefläche. Leo schien der Meinung zu sein, dass Wolfie einen guten Grund haben müsste, wenn er unbedingt wollte, dass er auf den Truck sprang. Und so folgte er ihm schließlich. Aber wenn Leo gerade schlecht aufgelegt war, musste Wolfie seine Vorführung mehrfach wiederholen, bevor Leo gehorchte.

Schließlich war der Hund so sehr an diese Prozedur gewöhnt, dass er, wenn er auf den Truck sprang und sah, dass Leo nicht folgte, wieder hinuntersprang, ohne auf einen Befehl von uns zu warten, und seine Vorführung so lange wiederholte, bis Leo endlich nachkam.

Während dieser Ausflüge in den Busch stellten wir auch fest, dass Leo Wolfie für seinen Mentor hielt.

Löwen haben zwar einen angeborenen Jagdinstinkt, aber sie werden nicht als fertige Jäger geboren. Diese Fähigkeit müssen sie erst von ihrer Mutter erlernen. Das Jagen ist eine feine und sehr schwierige Kunst, und eine Löwenmutter braucht bis zu zwei Jahren, um ihre Nachkommen zu erfolgreichen Jägern auszubilden.

Leo schien instinktiv zu wissen, dass es im Busch wichtige Dinge für ihn zu lernen gab. Aus irgendeinem Grund hielt er jedoch nicht Kobus oder mich für seine Lehrer, sondern Wolfie. Er schien fest davon überzeugt zu sein, dass der Hund derjenige war, der alles wusste, was ein junger Löwe lernen muss, um überleben zu können.

Aber das war ein Irrtum. Ein Hütehund wie Wolfie konnte einem Löwen nichts über die Jagd und das Überleben in der Wildnis beibringen. Und Wolfie hatte auch keine Ahnung, dass Leo von ihm eine Ausbildung erwartete. So lief er nach Hundeart in wildem Zickzack im Busch herum, schnüffelte am Boden und suchte sich alle Informationen zusammen, die unzählige Tiere dort hinterlassen hatten. Leo folgte ihm wie ein Schatten, aber anstatt am Boden zu schnüffeln wie ein Hund, beobachtete er konzentriert das Gesicht und die Körpersprache seines

Lehrers, in der Hoffnung, irgendeinen nützlichen Hinweis auf das geheime Wissen zu erhaschen, von dem er annahm, dass Wolfie es besitzen müsste. Wenn Wolfie mit Vehemenz begann, einen verlassenen Termitenhügel oder einen Erdferkelbau aufzugraben, stand Leo direkt vor ihm, betrachtete das eifrige Gesicht des Hundes mit einem Ausdruck vollkommener Verwirrung und schien zu fragen: »Häh? Was machen wir denn jetzt?«

Im Busch hatte Leo nun häufig diesen verwirrten Gesichtsausdruck. Er tat uns sehr Leid. Er brauchte dringend einen richtigen Lehrer.

Wolfie verfolgte und belästigte niemals ein wildes Tier, aber bei den wenigen Gelegenheiten, bei denen er plötzlich und unerwartet dicht vor einer Manguste, einem Warzenschwein oder sonst einem kleineren Tier stand, trieb er es ein Stück weit und ließ es dann in Ruhe.

Eines Tages steckte Wolfie die Nase in ein Erdloch, um festzustellen, wer sich dort drinnen befand, und herausgeschossen kam eine Warzenschweinmutter, gefolgt von drei Warzenschweinbabys. Wolfie fuhr hastig zurück und stieß rückwärts gegen Leo, der direkt hinter ihm stand. Der Hund konnte gerade noch rechtzeitig ausweichen, nicht aber Leo. Er sagte immer noch »Häh?«, als die Sau mit voller Wucht gegen ihn prallte. Sie machte auf dem Absatz kehrt und rannte, gefolgt von ihren schreienden Kindern, in die entgegengesetzte Richtung davon. Als Leo sich von seinem Schrecken über den Zusammenprall mit der Sau erholt hatte, sah er, dass Wolfie die Warzenschweine mit Feuereifer verfolgte. Er rannte hinterher, und weil er ein Löwe war, holte er sie sehr schnell ein. Unterdessen sauste Wolfie bereits neben der Warzenschweinfamilie

her, wie ein guter Hütehund es tut. Als eifriger Schüler tat Leo das Gleiche und rannte mit einem Ausdruck von freudigem Stolz im Gesicht ebenfalls neben den entsetzten Warzenschweinen her. Offensichtlich war er der Meinung, ein sehr guter Schüler zu sein.

Gemeinsam trieben der Hund und der Löwe die verängstigte Warzenschweinfamilie noch ein Stück weit, dann beschloss Wolfie großzügig, dass es nun genug sei, und brach die Verfolgungsjagd (oder Hütearbeit) ab. Gefolgt von Leo kam er zu uns zurückgetrabt. Wir lobten Wolfie jedes Mal, wenn er freundlich zu Tieren war und ihnen nichts tat. Bei dieser Gelegenheit blieb uns nichts anderes übrig, als auch Leo den Kopf zu streicheln, obwohl wir wussten, dass das nicht gerade dienlich für seine Ausbildung zum Jäger war.

Leo wurde zum Hütehund erzogen.

Das bereitete uns Sorgen. Er war bereits weit hinter seinem Lehrplan zurück. Es wurde Zeit, ihm die Dinge beizubringen, die seine Mutter ihn gelehrt hätte. Er würde niemals ein erfolgreicher Löwe werden, wenn er weiterhin glaubte, dass sein Fressen aus dem Kühlschrank kam und dass der Busch ein Ort sei, an dem man sich als Hütehund betätigen musste.

Das Problem war nur, wann und wie wir ihn unterrichten sollten. Kobus war als Game Ranger vierundzwanzig Stunden am Tag in Bereitschaft und das an jedem Tag der Woche, und er konnte schon von Glück reden, wenn er mehr als eine Stunde am Tag für Leo erübrigen konnte.

Es blieb wohl nichts anderes übrig, als dass ich die Ausbildung unseres Löwen in die Hand nahm. Kobus konnte mich dabei unterstützen, wann immer er Zeit dazu hatte.

EIN VERWIRRTER SCHÜLER

Im Norden und Westen von unserem Haus gab es zahlreiche Wildwechsel, denen ich gerne folgte, wenn ich mit Leo und Wolfie spazieren ging. Ich wusste, dass wir dabei den in unserer Gegend ansässigen Herden von Wasserböcken, Gnus, Kudus und Impalas begegnen würden, die auf dem Weg zum Fluss waren oder von dort zurückkehrten.

Ich hatte meine Freude an der Art, wie die Tiere stehen blieben und uns mit einem großen Fragezeichen im Gesicht anstarrten: »Was macht dieser Primat in Gesellschaft eines fetten Wolfes und eines Löwen?« Anfangs erschraken sie über den Anblick von Leo und flüchteten. Aber Leo verfolgte sie niemals, aus dem einfachen Grund, dass Wolfie es auch nicht tat. Er stand nur da und sah die Tiere mit seinem üblichen, verblüfften Gesichtsausdruck an. Bald kamen die Tiere zu dem Schluss, dass er ein sehr dummer Löwe sein müsse, und verloren ihre Furcht vor ihm.

Obwohl die Wildpopulation unserer Gegend sich daran gewöhnte, uns drei zusammen herumlaufen zu sehen, hörten die Tiere niemals auf, sich über uns zu wundern. Und während sie dastanden und uns anstarrten, gingen wir vorsichtig auf sie zu, bis wir fast nah genug für eine freundliche Unterhaltung an sie herangekommen waren. Dann standen wir alle da und bestaunten uns gegenseitig.

Ein männlicher Wasserbock gab oft seiner Neugier nach, kam sorglos auf uns zu, blieb kurz vor uns stehen und betrachtete uns mit verblüfftem Gesichtsausdruck. Manchmal stampfte er ungeduldig mit einem Huf auf den Boden, als forderte er eine Erklärung. Es machte mir Spaß, sein Erstaunen noch zu vermehren, indem ich mich zwischen Wolfie und Leo kauerte und die Arme um sie legte.

Die Impalas vergaßen manchmal, dass sie uns schon von früheren Begegnungen her kannten, und ergriffen die Flucht, wenn sie uns sahen oder rochen. Aber sobald sie merkten, dass wir sie nicht verfolgten, blieben sie stehen und starrten uns an, und das übliche Fragezeichen machte sich auf ihren Gesichtern breit.

Als ich fand, dass es Zeit sei, mit Leos Jagdunterricht zu beginnen, stellte sich mir ein moralisches Problem. Wie konnte ich, nachdem ich zuerst das Vertrauen der Antilopen gewonnen hatte, plötzlich mein Verhalten ändern und meinem Löwen beibringen, sie zu jagen? Das war nicht fair. Aber wie sonst sollte ich Leo das Jagen lehren? Da ich nun einmal keine Löwin war, wusste ich nicht so recht, wie man sich an Tiere anschleicht. An diese halbzahmen Antilopen heranzukommen würde jedenfalls erheblich leichter sein, als es bei ganz wilden Tieren, die mir nicht vertrauten, der Fall wäre.

Ich kam mir vor wie ein Verräter. Aber ich hatte nun einmal meine Pflichten als Löwenmutter, und so versuchte ich, mein Herz zu verhärten, und entschied mich für die Impalas als Opfer. Sie waren wenigstens weniger intelligent und sehr viel vergesslicher als die anderen.

Bei meiner ersten Unterrichtsstunde im Jagen ging ich folgendermaßen vor.

Es war am späten Nachmittag, und wir drei – Wolfie, Leo und ich – folgten einem Wildwechsel und hielten nach der Impalaherde Ausschau, die sich um diese Zeit auf dem Rückweg vom Fluss befinden musste. Als wir sie kommen sahen, duckte ich mich ins Gras und befahl Wolfie, das Gleiche zu tun. Er legte sich folgsam nieder, und Leo, sein gehorsamer Schatten, folgte seinem Beispiel. Die Herde kam in gemächlichem Tempo, zwischendurch immer wieder grasend, auf uns zu. Ich warf eine Hand voll Staub in die Luft, um die Windrichtung festzustellen. »Bleib hier!«, flüsterte ich Wolfie zu. Ich ließ einen gehorsamen Hund und einen verwirrten Löwen zurück und schlich mich in Richtung Fluss. Dabei achtete ich sorgfältig darauf, mich außer Sichtweite der Impalas zu halten. Ich bewegte mich vorsichtig im Halbkreis um die Herde herum, bis ich gegenüber von Wolfie und Leo stand und die Herde sich genau zwischen uns befand. Dann wartete ich, bis der Wind meinen Geruch zu den Antilopen trug. Wolfie und Leo lagen immer noch unsichtbar im hohen Gras versteckt. Einige der Impalas wandten sich um und schauten aufmerksam in meine

Richtung. Sie hatten meinen Geruch bemerkt. Ich sprang auf die Füße und schwenkte die Arme. Schnaubend vor Angst, ergriffen die Impalas die Flucht – direkt auf Leo und Wolfie zu. Ich rief Wolfie zu, sie zu jagen. Er schoss, gefolgt von Leo, aus seiner Deckung heraus. Die entsetzten Impalas stießen fast mit dem Hund und dem Löwen zusammen, und ich hoffte von ganzem Herzen, dass Leo einem angeborenen Instinkt folgen und eine Impala packen würde. Er tat es nicht. Er blieb einfach stehen und in seinem Gesicht mischten sich Unsicherheit und Erregung. Offensichtlich sagte ihm sein Instinkt, dass hier etwas sehr Bedeutendes geschah und dass er etwas Bestimmtes tun müsste, aber er hatte keine Ahnung was. Dann fiel sein Blick auf mich, und mit dem Ausdruck größter Freude schoss er mitten durch die Herde und fing mich!

Als ich zu Boden fiel, wurde ich einen Augenblick lang von instinktiver Panik erfasst, die natürlich vollkommen unbegründet war. Leo spielte nur und fand das neue Spiel ganz großartig.

Unterdessen kam Wolfie, der die Impalas zum Fluss getrieben hatte, wieder zurück, um nach Leo und mir zu sehen. Er fand uns im hohen Gras, wo ich verzweifelt versuchte, Leos spielerischen Angriffen zu entkommen. Wolfie muss sich wohl sehr über die ganze Aktion gewundert haben.

Mir wurde klar, dass es nicht ganz leicht werden würde, einem Löwen das Jagen beizubringen.

Und vermutlich würde ich dabei ein paar Blutergüsse und Kratzer davontragen.

Am späten Nachmittag des folgenden Tages warteten Leo, Wolfie und ich an der gleichen Stelle am Wildwechsel darauf, dass die Impalas vom Fluss zurückkämen.

Als sie vor uns auftauchten, kauerte ich mich ins Gras und befahl Wolfie, das Gleiche zu tun. Während wir drei still in unserem Hinterhalt warteten, wurde mir klar, dass ich keine Ahnung hatte, was ich nun tun sollte. Den Versuch vom vergangenen Tag noch einmal zu wiederholen erschien mir nicht sinnvoll, aber ein anderer Plan fiel mir nicht ein. Dann, als die ahnungslosen Impalas näher kamen, bemerkte ich, dass Leo etwas vorhatte. In geduckter Stellung zog er die Beine unter den Leib und machte sich ganz flach. Langsam glitt er über den Boden. Nach fünf oder sechs Metern hielt er an und blieb regungslos in geduckter Haltung liegen.

Mein Herz begann heftig zu schlagen.

Bald graste ein Bock fast in Sprungweite des Löwen.

Leo blieb bewegungslos, die Augen unverwandt auf den Bock gerichtet.

Wolfie und ich saßen ganz still, wagten kaum zu atmen und sahen nur zu und warteten. Der Impalabock hatte immer noch keine Ahnung von unserer Anwesenheit. Er graste und kaute, stampfte gelegentlich auf den Boden und zuckte mit dem kurzen, wolligen Schwanz.

Leo blieb nach wie vor geduckt liegen, die Augen fest auf den Bock geheftet.

Wir warteten … und warteten …

Die Spannung wurde unerträglich.

Worauf wartete Leo noch?

»Los, Leo!«, flüsterte ich in Gedanken. »Hol ihn dir!«

Mein Versuch mit der Telepathie funktionierte nicht. Es geschah nichts. Der ahnungslose Bock ging weiter. Leo stand auf, sah mich verstört an und schien zu sagen: »Bitte sag mir doch, was ich tun soll!«

Der Bock sah ihn und flüchtete.

Ich war den Tränen nah. Er war so nahe daran gewesen, und dann hatte mein armes Löwenkind nicht gewusst, was es tun sollte. Musste ich es ihm vormachen?

Zum ersten Mal, seit wir Leo adoptiert hatten, erkannte ich, dass ich als Löwenmutter versagte.

Ich war unendlich traurig.

Wenige Tage später ging ich mit Leo und Wolfie zum Fluss hinunter. Ich freute mich auf eine erholsame Stunde mit meinen beiden unterhaltsamen Begleitern und machte es mir im Sand bequem.

Das Flussufer war einer von Leos Lieblingsplätzen. Er liebte es, den feuchten Sand unter den Füßen zu spüren und die Gerüche und Stimmen der Flusslandschaft in sich aufzunehmen. Es machte ihm auch Spaß,

Wolfie umzuwerfen, wenn der Hund herumrannte und die unzähligen Fährten im Sand beschnüffelte.

Die sanfte Strömung des Flusses murmelte leise, und die Wasserfläche war voller Lichtflecken.

Langbeinige Graureiher lauerten mit langsamen Bewegungen den Fischen am gegenüberliegenden Flussufer auf, Kormorane und Silberreiher saßen mit ausgebreiteten Schwingen auf Felsblöcken, die aus der Wasserfläche hervorragten. Plötzlich erregte ein raschelndes Geräusch im hohen Schilf ein Stück weit flussaufwärts meine Aufmerksamkeit. Rasch sprang ich auf die Füße und befahl Wolfie, sich dicht an meiner Seite zu halten. Leo hielt die Nase in den Wind, dann sprang er davon und verschwand im Schilfdickicht.

Wolfie winselte leise.

»Nein«, sagte ich. »Du bleibst bei mir.« Ich stand still da und spannte alle Sinne an, um einen Hinweis auf das aufzufangen, was da in diesem rätselhaften Dickicht vor sich ging. Und wo war Leo? Was hatte er vor?

Wieder raschelte es im Schilf, aber nichts geschah. Die Zeit schien stillzustehen. Mein sechster Sinn befahl mir, mich aus dem Staub zu machen. Ich wandte mich um und rannte auf die Uferböschung hinter mir zu. Das Schilfdickicht auf der linken Seite begann wild zu schwanken. Eine Büffelherde kam herausgebrochen und donnerte über den Sand. Ich sprintete die Uferböschung hinauf. Als ich oben angekommen war, drehte ich mich um und sah, wie die Büffelherde flussabwärts raste, gefolgt von einem verspielten Löwen, der sie wie ein perfekter Hütehund vor sich hertrieb.

Nach einiger Zeit schickte ich Wolfie los, um Leo zurückzuholen. Wolfie sauste bellend die Uferböschung hinunter und über den Sand, um Leo zurückzurufen. Leo machte kehrt, kam auf den Hund zugesprungen und sah ungeheuer zufrieden mit sich selbst aus. Als er Wolfie erreichte, drückte er grüßend den Kopf gegen den des Hundes und erzählte ihm sein ganzes Abenteuer. Dann kam er die Uferböschung zu mir hinaufgelaufen, und sein Gesichtsausdruck schien zu sagen: »Hast du gesehen, wie ich die Büffel getrieben habe? War ich nicht großartig?«

»Komm mit«, hörte ich Karin an einem Spätnachmittag zu Leo sagen. »Du bist kein Hütehund, du bist ein Löwe. Und ich werde dir beibringen, wie man jagt.«

Dann sah ich die drei zum Tor hinausgehen, Karin, Wolfie und Leo. Ich fragte mich, wie sie ihre Aufgabe anpacken wollte.

Später, als es bereits zu dämmern begann, fing ich an, mir Sorgen um das Trio zu machen, und machte mich auf die Suche nach ihnen. Aber als ich zum Tor hinausging, sah ich sie auch schon kommen. Sie waren auf dem Heimweg. Wolfie kam auf mich zu getrottet, gefolgt von Leo, der versuchte, ihn umzuwerfen. Karin nahte mit steifen Schritten und schwang die Arme, so wie sie es immer tat, wenn sie verärgert war. Sie war von oben bis unten mit Staub bedeckt.

Ich ging ihr entgegen.

»Nun, wie ist es gegangen?«, fragte ich.

»Er ist so dumm«, gab sie zurück. »Ich habe eine perfekte Jagdgelegenheit für ihn inszeniert. Ich habe mich an ein paar schlafende Gnus angeschlichen und habe sie direkt auf ihn zugetrieben. Sie haben ihn nicht einmal gesehen. Sie sind fast mit ihm zusammengeprallt. Aber weißt du, was er gemacht hat? Er ist einfach an ihnen vorbeigerannt und hat mich gefangen!«

»Ich weiß genau, wie dir zu Mute ist«, sagte ich mitfühlend.

Einige Tage später konnte Kobus sich ein paar Stunden freimachen und beschloss, dass dies eine gute Gelegenheit sei, uns beim Jagdunterricht zu helfen.

Wir fuhren mit dem Pick-up los, Wolfie und Leo hinten auf der Ladefläche. Obwohl wir unterwegs vielen Tieren begegneten, hielt Kobus nicht an. Er suchte nach Perlhühnern. Sie sind so wirrköpfige Vögel, dass er sie für die geeignetste Übungsbeute für einen begriffsstutzigen Löwen hielt.

Nach etwa zehn Kilometern Fahrt stießen wir endlich auf einen großen Schwarm Perlhühner. Sie marschierten direkt vor uns auf der Piste entlang. Kobus lenkte den Wagen neben die Piste, fuhr ein paar Meter weit neben den marschierenden Vögeln her, fuhr wieder auf die Piste zurück und brachte den Pick-up mehr oder weniger mitten in der Prozession zum Stehen. Leo und Wolfie sprangen vom Truck und jagten hinter der vorderen Hälfte des Schwarms her. Die aufgeschreckten Vögel rannten mit vorgestreckten Hälsen auf ihren komisch kurzen Beinen die Straße entlang und erhoben sich immer wieder für kurze Strecken in die Luft. Leo hatte Spaß an der Jagd und hielt sie für ein neues Spiel. Dabei kam er nicht im Entferntesten auf die Idee, eines der Perlhühner zu fangen. Nach einiger Zeit beschloss Wolfie, zu uns zurückzukehren, und sein treuer Schatten Leo folgte seinem Beispiel.

Kobus und ich wandten uns um und schauten, wo die andere Hälfte des Schwarms abgeblieben war. Die Vögel standen direkt hinter uns und hatten die Vorgänge auf der Piste offenbar mit ebenso viel Interesse verfolgt wie wir. Aber als sie den Hund und den Löwen zurückkommen sahen, machten sie kehrt und flüchteten in die entgegengesetzte Richtung die Straße entlang. Wieder rannten Wolfie und Leo hinterher. Unterdessen kehrte die vordere Hälfte des Schwarms zum Schauplatz des Geschehens zurück, und als wir uns umwandten, sahen wir sie direkt hinter uns stehen und die Geschehnisse auf der Straße vor ihnen begaffen. Sobald Leo und Wolfie zurückkehrten, trieben sie die gegenwärtigen Zuschauer zum zweiten Mal die Straße hinunter. Unterdessen kehrte die andere Hälfte des Schwarms zurück, um zuzusehen, was vor ihnen auf der Straße passierte ... und so fort. Es war sehr unterhaltsam, aber die Ereignisse hatten sich zu einer endlosen Geschichte entwickelt. Deshalb riefen wir Leo und Wolfie nach einer Weile zum Truck zurück und fuhren nach Hause.

Am nächsten Tag fuhr Kobus noch einmal mit uns in den Busch und schoss ein Perlhuhn für Leo. Der Vogel hatte auf einem Baum gesessen, und als er herunterfiel, rannte Wolfie, von Leo gefolgt, darauf zu. Kobus befahl Wolfie, den Vogel liegen zu lassen, und der brave Hund überließ ihn dem Löwen. Leo brauchte eine ganze Weile, bis er begriff, dass das Perlhuhn tot war und dass er es haben durfte. Dann packte er den toten Vogel und rannte damit fort – niemand wusste wohin, nicht einmal Leo selbst. Als er nach einiger Zeit zurückkam, hing ihm das tote Perlhuhn immer noch aus dem Maul, und seine Augen fragten: »Was soll ich damit machen?«

Ich schlug Kobus vor, das Tier aufzuschneiden, damit Leo begriff, dass er es fressen konnte. Aber Leo erwies sich als äußerst besitzergreifend und erlaubte Kobus nicht, seine Beute anzufassen.

Als wir wieder nach Hause fahren wollten, musste Wolfie mehrfach auf den Truck und wieder hinunterspringen, bevor Leo gehorchte. Aber als er auf die Ladefläche springen wollte, schlug der Vogel gegen den Truck und fiel ihm aus dem Maul auf den Boden. Mit entsetztem Aufjaulen sprang Leo wieder vom Wagen, um seinen Vogel zu holen, und der arme Wolfie musste seine Aufspringvorführung noch mehrfach wiederholen, bevor ihm Leo mit dem Perlhuhn zwischen den Zähnen endlich folgte.

Als wir nach Hause kamen, brachte Leo den Rest des Tages damit zu, mit dem toten Vogel im Maul im ganzen Garten herumzurennen. Er warf ihn in die Luft und fing ihn wieder auf, wälzte sich darauf, kämpfte mit ihm und setzte sich sogar darauf. Schließlich begann der Vogel, sich in seine Bestandteile aufzulösen, und die überall verstreut liegenden Eingeweide, Federn und Gliedmaßen waren traurig anzusehen. Auch Leo selbst, in dessen Fell und Barthaaren Federn und Vogelteile hingen, bot einen abstoßenden Anblick. Pfui Teufel.

Gefressen hat er das Perlhuhn nicht.

EIN RÜPELHAFTER JUGENDLICHER

Am ersten Tag ihrer Frühlingsferien freute sich Karin auf einen erholsamen Nachmittag im Garten. Sie trug ein Buch, einen Kassettenrekorder und eine Decke hinaus und machte es sich im Schatten eines Baumes bequem.

Leo entdeckte seine Lieblingsschwester auf dem Rasen und sprang zu ihr hinüber. Dann stürzte er sich auf ihre Decke, zog sie unter ihr hervor und schleppte sie davon. Karin rannte hinterher und schrie den Löwen an, er solle ihre Decke wieder hergeben.

Ich saß mit einer Näharbeit im Haus und beobachtete die Komödie durch das Fenster.

Nach einiger Zeit kam Karin mit ärgerlichem Gesicht mit ihrer Decke zurück. Leo trottete hinter ihr her. Nachdem sie dem Löwen angedroht hatte, ihn zu ermorden, wenn er sich nicht anständig benähme, machte sie es sich wieder auf ihrer Decke bequem und begann, in ihrem Buch zu lesen. Leo legte sich still neben sie ins Gras und gab vor, ein sehr braver Löwe zu sein.

Nach einer Weile ließ er eine Pranke ganz langsam auf die Decke gleiten, dann folgte die zweite Pranke und dann, ganz allmählich, der ganze Körper. Karin streckte die Hand aus, um ihm den Kopf zu tätscheln. Im gleichen Augenblick schnappte er sich ihr Buch und ergriff damit die Flucht.

»He!«, schrie Karin und sprang auf die Füße. »Das Buch ist aus der Bibliothek! Ich werde Ärger kriegen!«

Ein paar Minuten später kam sie mit ihrem Bibliotheksbuch zurück, diesmal mit sehr ärgerlichem Gesicht und selbstverständlich mit Leo im Schlepptau. Er machte ein schuldbewusstes, fast bekümmertes Gesicht, als fände er seine eigene Ungezogenheit ganz unglaublich.

»Also gut«, knurrte Karin übellaunig und setzte sich wieder auf ihre

Decke. »Ich gebe dir eine letzte Chance. Aber wenn du es noch einmal wagst, mich zu stören, hau ich dir eins auf die Nase.«

Leos Gesicht wurde noch reuiger.

»Und sieh dir das an!«, fuhr sie fort und hielt ihm das Buch hin. Der Buchumschlag war von Löwenzähnen durchbohrt. »Wie soll ich das dem Bibliothekar erklären?«

Leo sah das Buch an, und sein Gesicht war zerfurcht von Selbstvorwürfen.

Karin wandte sich wieder ihrem Buch und ihrer Musik zu, Leo legte sich still neben sie und versuchte, ein braver Löwe zu sein. Eine ganze Weile gelang ihm das sogar.

Aber nach fünf Minuten wurde so viel Bravheit zu viel für ihn, und er fing an, Karin mit lauter Kleinigkeiten zu belästigen. Eine Pranke schob sich zentimeterweise vorwärts, bis sie schließlich auf ihrem Buch oder dem Kassettenrekorder lag. Karin schlug ihm die ungehorsame Tatze weg und murmelte Verwünschungen. Wieder versuchte Leo, eine Zeit lang brav zu sein, aber es fiel ihm schwer. Er konnte sich einfach nicht damit abfinden, dass sie lieber lesen wollte, als mit ihm zu spielen.

Plötzlich gewann sein Spieltrieb die Oberhand. Er sprang auf und stürzte sich auf sie, und als sie zur Seite rollte, um ihm zu entkommen, setzte er sich auf sie drauf. Karin versetzte ihm einen Schlag auf die Nase, und ein kurzer, heftiger Ringkampf begann, bei dem menschliche Gliedmaßen und Löwenbeine nach allen Richtungen durch die Luft flogen. Zum Schluss trug Karin den Sieg davon. Sie saß rittlings auf der Brust des Löwen und presste ihm die Vorderpranken über dem Kopf auf den Boden. Dann beugte sie sich vor, bis ihr Gesicht das seine fast berührte, und fauchte ihn an wie eine zornige Katze. Das war mehr, als Leo vertragen konnte. Er fing an zu jammern, als wollte er sagen: »Bitte fauch mich doch nicht so an. Das macht mir Angst.« Karin ließ ihn los, rollte sich wieder auf ihre Decke und fuhr fort, in ihrem Buch zu lesen. Leo war nun offenbar doch überzeugt, dass er gut daran täte, sich anständig zu benehmen. Er blieb friedlich neben ihr auf der Decke liegen und ließ sich von ihr streicheln.

Mit zehn Monaten war Leo ein hübscher Junglöwe mit einem starken, entschlossenen Charakter. Obwohl er stürmischer war als je zuvor, war er sehr gehorsam und schien zu begreifen, dass er sich unseren Wünschen fügen musste.

Wir versuchten unsererseits, ihn so wenig wie möglich einzuschränken und als Löwen und nicht als Haustier aufzuziehen. Zu seinem eigenen wie auch zu unserem Besten wollten wir, dass er so unfrustriert und ausgeglichen blieb, wie er war. Er war so anhänglich wie eh und je und wollte immer wieder so nah wie möglich bei uns sein, sich an uns lehnen oder auf uns sitzen. Jedes Mal, wenn die Mädchen nach Hause kamen, bestand Leo auf einem langwierigen Begrüßungsritual, bestehend aus Kopfdrücken und Wangenreiben, Umarmungen und Liebkosungen, begleitet von innigen Knurrlauten und Seufzern.

Noch immer drang er mit Vorliebe in Kobus' Büro ein, um sich umarmen und streicheln zu lassen, aber er war nun so groß, dass er fast den Schreibtisch umstieß, wenn er Kobus auf den Schoß sprang. Wenn Kobus gerade am Funkgerät sprach oder telefonierte, landete das Gerät auf dem Boden, ebenso wie alles andere, das gerade im Weg stand. Am Ende der begeisterten Begrüßung war das ganze Büro ein einziges Chaos.

Es bereitete ihm auch nach wie vor großes Vergnügen, uns zu jagen und anzuspringen, aber er war nun so groß, dass er uns dabei meistens umwarf. Also mussten wir ihm beibringen, darauf Rücksicht zu nehmen, dass wir bei weitem nicht so viel aushielten wie er. Schließlich begriff er, dass wir nicht mehr von ihm gejagt und angesprungen werden wollten, aber es verblüffte und verwirrte ihn. Es machte doch solchen Spaß. Warum sollte er es nicht mehr tun?

Er brachte es nicht über sich, ganz und gar auf sein Lieblingsspiel zu verzichten, aber er war bereit, es ein wenig zu modifizieren: Er schlich sich an uns heran und sprang los, aber er bremste rechtzeitig ab, um den Zusammenprall ein bisschen abzumildern. Er fing uns jetzt wesentlich »sanfter«, indem er uns mit seinen riesigen Pranken um die Taille fasste. Das machte uns nicht allzu viel aus, solange er nicht versuchte, uns zu einem spielerischen Ringkampf auf den Boden zu ziehen, was er allerdings häufig tat.

Er besaß einen ziemlich ärgerlichen Sinn für Humor: Immer wenn er jemanden in gebückter Haltung dastehen sah, schlich er sich von hinten an und schlug seine Zähne spielerisch in das Gesäß des Ahnungslosen oder versetzte ihm einen Stoß, der sein Opfer umwarf. Nach wie vor legte er sich am liebsten im Blumenbeet neben der Küche auf die Lauer, und weil er mit Vorliebe ausprobierte, wie Fremde auf seinen Angriff reagierten, musste ich allen Besuchern bis zum Parkplatz entgegengehen und sie sicher ins Haus geleiten. Zum Glück fungierte Wolfie als offizielle Hausglocke und bellte jedes Mal, wenn ein Besucher eintraf.

Ich arbeitete sehr gerne im Garten, aber als Leo sich auch für diese Tätigkeit zu interessieren begann, wurde die Sache schwierig. Er wollte mir natürlich nur helfen, aber unsere Vorstellungen gingen weit auseinander, und so sah ein frisch angepflanztes Blumenbeet am Ende mehr wie eine archäologische Ausgrabungsstätte aus.

Erschwerend kam hinzu, dass ich bei meiner Gartenarbeit häufig durch das Telefon unterbrochen wurde. Wenn ich losrannte, um den Hörer abzuheben, hielt Leo das für eine Aufforderung, mit mir Fangen zu spielen. Es kostete mich jedes Mal so viel Zeit und Kraft, mir den Löwen vom Leib zu schaffen, dass ich vollkommen außer Atem am Telefon ankam und kaum noch sprechen konnte.

An einem schönen Oktobermorgen, als ich gerade ein bisschen im Garten arbeiten wollte, klingelte plötzlich das Telefon. Wie üblich erwischte mich Leo, lange bevor ich das Haus erreichte. Nach einer kurzen, heftigen Schlacht gelang es mir, mich aus der Umklammerung des Löwen zu befreien. Ich ermahnte ihn streng, mich in Ruhe zu lassen, und versuchte zum zweiten Mal, das Haus zu erreichen.

Außer Atem kam ich bei dem gepflasterten Gartenweg an – und nahm aus den Augenwinkeln eine blitzartige Bewegung wahr, die mich augenblicklich erstarren ließ.

Die Kobra!

Sie richtete sich auf und fixierte mich mit kalten Reptilienaugen. Ich war ihr bereits viel zu nah. Während das Tier mich mit stählernen Augen musterte und das Urteil über mich erwog, stand ich reglos da und betete, dass mein laut hämmerndes Herz die Schlange nicht so weit verärgerte, dass sie zu einem Schuldspruch käme. Leo war indessen offenbar der Meinung, dass ich nur deswegen stehen geblieben war, weil ich noch ein bisschen mit ihm spielen wollte. Gerade wollte die Schlange großmütig das Urteil »nicht schuldig« aussprechen und sich zurückziehen, als der Löwe mich von hinten packte, so dass ich stolperte und ins Gras fiel. Das jedoch missfiel der Schlange, und sie spuckte nach uns. Der Giftstrahl traf mein Bein. Ich stieß den Löwen von mir und sprang eilig auf die Füße, um den Schaden zu untersuchen. Das Gift lief an meinem Bein hinunter, direkt auf einen blutenden Kratzer an meinem Fußgelenk zu. Mit erhobenem Fuß hüpfte ich zum nächsten Wasserhahn und schaffte es gerade noch, das Gift von meinem Bein zu waschen, bevor es in den Kratzer hineinlief.

Nach dieser Folge verrückter Schocks, die ich gerade durchgemacht hatte, schwirrte mir der Kopf, mein Herz hämmerte in unregelmäßigen Sprüngen, und – ich konnte es kaum glauben – das Telefon schrillte immer noch. Ich rannte ins Haus, griff nach dem Hörer und versuchte, meiner Stimme einen normalen Klang zu geben.

Zu meiner Überraschung hörte ich am anderen Ende der Leitung die Stimme eines lieben Freundes, Riaan Cruywagen.

Riaan und ich waren zusammen in die Schule gegangen und immer miteinander in Verbindung geblieben. Wenigstens einmal im Jahr schrieben wir uns.

An diesem Tag erzählte mir Riaan, während ich noch nach Atem rang, dass er anriefe, weil er etwas sehr Alarmierendes gelesen habe. Er sei am Vormittag beim Zahnarzt gewesen, und als er im Wartezimmer in einer alten Zeitschrift blätterte, sei er auf einen Artikel gestoßen, in dem von einem Game Ranger berichtet wurde, der den Angriff eines Löwen überlebt habe. Als er gelesen habe, dass dieser Game Ranger Kobus gewesen sei, sei er fast vom Stuhl gefallen. Er habe nach dem Datum der Zeitschrift geschaut und festgestellt, dass sie vom Juni 1992 sei. Dann sei ihm eingefallen, dass er zu dieser Zeit gerade im Urlaub gewesen sei und deshalb nichts von dem Ereignis gehört habe. Dennoch, sagte er, sei es ihm entsetzlich unangenehm, und er hoffe, dass ich ihn nicht für schrecklich gefühllos gehalten habe, weil er mir nicht sein Mitgefühl ausgesprochen und sich nach Kobus erkundigt habe.

Ich wollte ihm gerade erklären, dass er sich keine Sorgen machen solle. Der Unfall läge lange zurück, aber wenn er noch jemandem sein Mitgefühl aussprechen wolle, dann solle er es mir aussprechen – ich sei gerade von einem Löwen *und* einer Kobra angegriffen worden. Aber natürlich konnte ich nicht von ihm erwarten, das zu glauben, und so bat ich ihn nur, sich keine Gedanken mehr zu machen, es sei meine eigene Schuld, dass er nichts von dem Unfall erfahren habe. Ich hätte ihm schreiben sollen und hätte das auch vorgehabt, aber die Zeit sei mir einfach davongelaufen.

Wir hatten eine nette Unterhaltung miteinander, und ich erzählte ihm auch von dem jungen Löwen, den wir gerade aufzogen. Irgendwann während dieses Gesprächs hörte ich Wolfie draußen bellen, aber ich achtete nicht darauf. Erst als ich den Hörer auflegte, hatte ich plötzlich das Gefühl, ein wichtiges Signal ignoriert zu haben. Und dann fiel es mir siedend heiß ein – die Hausglocke. Ich hastete hinaus, um die Besucher vor dem Löwen zu warnen.

Zu spät. Leo hatte sich bereits einen Soldaten gegriffen, und sie rangen miteinander auf dem Rasen.

Die Soldaten vom Nkongoma-Stützpunkt wussten alle über unseren Löwen Bescheid, aber dieser hier war ein frisch eingetroffener Rekrut, und nach seinem entsetzten Gesichtsausdruck zu urteilen, war er nicht vorgewarnt worden. Ich eilte ihm zu Hilfe und zog Leo von ihm herunter.

»Es tut mir schrecklich Leid ...«, stotterte ich. »Sind Sie o. k.?«

Er rappelte sich auf und versicherte, dass alles in Ordnung sei.

Er war noch sehr jung, kaum aus dem Teenageralter heraus. Ich bewunderte seine Haltung und sagte ihm das auch.

Er gab zu, dass der Anblick des anstürmenden Löwen tatsächlich ein Schock für ihn gewesen sei. Aber zum Glück habe der Löwe sich zunächst auf den Hund gestürzt, und nachdem er den nicht gefressen habe, habe er seine Lage bereits ein bisschen günstiger beurteilt.

Ich wollte ihn zu einer Tasse starkem, süßem Tee einladen, den er sicher dringend nötig hatte, aber er lehnte ab und sagte, dass er so schnell wie möglich zum Stützpunkt zurückmüsse. Er sollte einen Brief von seinem vorgesetzten Offizier für Kobus abliefern. Als er mir das mitteilte, stellte er fest, dass der Brief nicht mehr da war. Er blickte suchend um sich und entdeckte den Umschlag zwischen den Blättern eines Buschfarns im Blumenbeet. Als er sich bückte, um ihn aufzuheben, wollte ich ihn gerade noch warnen - aber es war auch diesmal zu spät. Leo rempelte ihn von hinten an, und die Kobra hob den Kopf aus dem Buschfarn. Zum Glück entschied sich die Schlange für den Rückzug und verschwand unter den Blättern einer Monsterpflanze. Ich griff rasch nach dem Umschlag und schickte den Soldaten unter weiteren Entschuldigungen fort, bevor noch Schlimmeres passierte.

Es konnte kein Zweifel daran bestehen, dass wir in Zukunft mehr für die Sicherheit unserer Besucher tun mussten. Ich beschloss, ein Warnschild neben dem gepflasterten Gartenweg aufzustellen:

VORSICHT LÖWE UND GIFTSCHLANGE

Aber das klang mir dann doch etwas zu dramatisch. Vielleicht würde es sich besser anhören, wenn ich schrieb:

VORSICHT BLUMENBEET

Aber ich war mir nicht ganz sicher.

IN SEINER EIGENEN WELT

Wir machten oft den Versuch, Leo andere Löwen zu zeigen – aus respektvoller Entfernung, versteht sich. Aber bis er elf Monate alt war, bekam er niemals einen anderen Löwen zu Gesicht.

Das war jedoch nicht unsere Schuld. Wir waren im Busch mehrfach auf Löwen gestoßen, und sowie wir sie sahen, hatten wir versucht, Leo auf sie aufmerksam zu machen. Aber anstatt in die Richtung zu schauen, in die wir deuteten, sah er dümmlich den zeigenden Finger an. Einige Male hatten wir sogar seinen Kopf ergriffen und in die Richtung gedreht, in die er schauen sollte, aber er rollte die Augen nach oben und schaute uns an.

Oft, wenn Löwen in der Nacht dicht bei unserem Haus brüllten, lief ich mit einer Taschenlampe in den Garten, um zu sehen, wie Leo reagierte. Gewöhnlich saß er dann aufgerichtet da und lauschte, nicht mit allzu großem, aber doch wenigstens mit etwas Interesse. Dann legte ich meinen Arm um ihn und fragte: »Hast du das gehört, Leo? Das sind deine Artgenossen! Verstehst du, was sie sagen?«

Aber Leo gähnte oder leckte mir das Gesicht oder legte sich auf den Rücken, um sich streicheln zu lassen. Er fand das Gebrüll ja ganz interessant, aber *so* interessant nun auch wieder nicht.

Das bereitete mir Kopfzerbrechen. Wusste Leo, dass er ein Löwe war? Und wenn nicht, für was hielt er sich dann? Für einen Hund? Oder für einen Menschen? Ich wollte unbedingt, dass er erfuhr, dass er ein Löwe war. Es erschien mir ungeheuer wichtig. Aber wie sollte ich ihm das beibringen?

Ich dachte an die Tage zurück, als er noch ein Baby gewesen war, und ich konnte nicht umhin zu glauben, dass er damals näher als jetzt daran gewesen war zu begreifen, dass er ein Löwe war. Konnte es sein, dass seine lange Verbindung zu uns die Ursache für das langsame Verblassen seiner Instinkte war? Schaltete die Tatsache, dass er uns voll und ganz als seine Familie akzeptierte, alles angeborene Wissen aus? Wenn es so war, dann war es wirklich sehr wichtig, dass wir uns ernsthaft darum bemühten, ihn mit anderen Löwen zusammenzubringen.

An einem späten Nachmittag kam Kobus nach Hause und sagte mir, dass er am Vurhami Creek, nur zwei Kilometer von unserem Haus entfernt, ein ruhendes Löwenrudel gesehen habe. In der Hoffnung, unserem Löwen nun endlich ein paar Artgenossen zeigen zu können, riefen wir Wolfie und Leo und fuhren augenblicklich mit dem Truck los.

Als wir dort ankamen, lagen die Löwen noch immer etwa hundert Meter stromaufwärts vom Fahrdamm auf einem offenen Sandstreifen am Bach. Kobus parkte den Truck auf dem Fahrdamm, und wir stiegen leise aus. Wolfie und Leo sprangen von der Ladefläche, und wir befahlen ihnen, dicht bei uns zu bleiben. Kobus griff nach seinem Gewehr, überprüfte das Magazin und hängte sich die Waffe über die Schulter. In der Fahrerkabine lag auch noch ein R4-Gewehr, und ich beschloss, es ebenfalls mitzunehmen, nur für den Fall, dass Leo beschützt werden musste.

Wir kletterten den Fahrdamm hinunter in das sandige Bachbett. Zwei von den Löwen sahen uns kommen, blieben jedoch liegen und hoben nur die Köpfe, um uns zu mustern. Sie hatten vermutlich erst vor kurzem eine gute Mahlzeit gehabt und waren satt und träge.

Wir gingen langsam auf sie zu und versuchten dabei, uns möglichst selbstverständlich und entspannt zu bewegen, um ihnen mit unserer Körpersprache zu signalisieren, dass wir keine bösen Absichten gegen sie hegten.

Wolfie und Leo hielten sich dicht an unserer Seite. Leo folgte uns nur zögernd und hielt die Augen misstrauisch auf die Löwen geheftet. Wolfie war gleichmütig wie immer.

Es war sehr still, nur der Sand knirschte unter unseren Füßen. Der Vurhami war ein hübscher Bach mit einer Reihe ganzjährig mit Wasser gefüllter Tümpel, einem breiten, sandigen Bett und hohen, dicht bewachsenen Uferböschungen.

Alle Löwen waren nun wach und sahen uns aufmerksam entgegen. Das Rudel bestand aus fünf Tieren (so glaubten wir jedenfalls zu diesem Zeitpunkt): einem erwachsenen Männchen, zwei erwachsenen Weibchen und zwei Jungtieren, die nur wenige Monate älter als Leo zu sein schienen.

Je näher wir an sie herankamen, umso unruhiger wurden sie. Eine Zeit lang war ihre Verblüffung über den Anblick eines jungen Löwen in Begleitung zweier Menschen und eines fetten Wolfs jedoch stärker als ihre Angst vor uns, und wir konnten ziemlich nah an sie herankommen, bevor sie die Flucht ergriffen.

Ich wollte Leo gerade fragen, wie ihm die Löwen gefallen hätten, als wir plötzlich unmittelbar links von uns ein entsetzlich lautes Brüllen hörten, das die Stille des Nachmittags zerriss. Als wir herumfuhren, brach eine Löwin aus dem dichten Ufergebüsch hervor und sprang auf uns zu. Instinktiv rissen Kobus und ich die Büchsen hoch, lösten die Sicherungshebel und zielten. Ich stand direkt hinter Kobus. Wolfie warf sich der Löwin entgegen. Im gleichen Augenblick tauchten drei Löwenbabys aus dem Nichts auf und flüchteten die Uferböschung hinauf. Die Löwin wandte den Kopf, um zu sehen, wo ihre Jungen hinrannten. Wolfie preschte hinter ihnen her die Böschung hinauf. Mit wütendem Aufbrüllen drehte die Löwin sich wieder zu uns um und fuhr wie ein blitzschneller, gelber Schatten zum zweiten Mal auf uns los. Diesmal kam sie sehr nah an uns heran. Dann machte sie auf einmal kehrt und rannte hinter Wolfie und ihren Jungen her.

Kobus rief Wolfie zurück, aber der Hund brauchte keine Extra-Einladung und kam die Böschung heruntergebrochen. (War er hinter den Jungen hergerannt, um die Löwin von uns abzulenken?)

Die Löwin und ihre Jungen verschwanden über den oberen Rand der Böschung. Kobus und ich ließen die Gewehre sinken und waren ungeheuer erleichtert, dass wir keinen Schuss hatten abgeben müssen.

Wir sahen uns nach Leo um. Er war nicht da. Als wir uns umdrehten und zum Fahrdamm zurückschauten, sahen wir ihn auf die Ladefläche des Pick-ups springen. Er hatte die Strecke zwischen uns und dem Truck selbst für einen Löwen in Rekordzeit zurückgelegt.

Amer Kerl. Seine erste Begegnung mit seinen Artgenossen war nicht gut gelaufen.

Als wir wieder beim Truck ankamen, streichelten und umarmten wir Leo und versuchten, ihm zu erklären, dass Löwen nicht immer so aggressiv seien. Die Löwin hatte uns ja nur angegriffen, um uns von ihren Jungen fern zu halten. Leo rieb seine Wangen an uns und teilte uns auf seine Weise unter Grunzlauten und Stöhnen mit, was er persönlich von dem Abenteuer hielt. Ich wusste, dass er uns sagen wollte, dass er sich noch nie in seinem Leben so gefürchtet habe.

Ein paar Tage nach unserer abenteuerlichen Begegnung mit der Löwin hörte ich, wie Kobus mit seinen Kollegen Tom und Brian über den Vorfall sprach. Sie hatten anscheinend keine Ahnung, dass ich in der Nähe war, sonst hätten sie sich vermutlich etwas gewählter ausgedrückt.

KOBUS: Und dann war die Hölle los – eine Löwin schoss aus dem Dickicht und griff uns an, und *direkt* hinter meinem Rücken hörte ich, wie Kobie den Sicherungshebel ihres Gewehrs löste …
BRIAN: NEIN!
TOM: AU WEIA!
KOBUS: Ich war so erschrocken, dass mir die Luft wegblieb …
BRIAN: @*%#
TOM: Oh Gott! Was für ein Alptraum!
KOBUS: Eingeklemmt zwischen zwei aufgeregten Frauenzimmern, beide mit so viel zerstörerischem Potenzial …

An diesem Punkt beschloss ich, mir diesen Unsinn nicht länger anzuhören, und begab mich außer Hörweite.

Leo war fast zwölf Monate alt (und wog fast hundert Kilo), als es ihm endlich dämmerte, dass er stärker war als seine Eltern. Er hatte erstaunlich lange gebraucht, um das zu merken, aber als es ihm endlich klar war, wuchs sein Selbstvertrauen dadurch so sehr, dass er anfing, Nashörner und Elefanten zu ärgern.

An einem späten Nachmittag, als wir von einem Ausflug nach Mpanamana heimkehrten, stießen wir auf einen Nashornbullen, der gleich neben der Straße weidete. Wie gewöhnlich hielten wir, um Leo und Wolfie Gelegenheit zu geben, das Tier zu bewundern, aber zu unserer

Überraschung sprang Leo vom Truck und griff das Nashorn spielerisch an. Mit einem entsetzten Schnarchen fuhr der Bulle herum, senkte den Kopf und griff seinerseits an – das gefährliche Horn auf Leo gerichtet. Wir hielten den Atem an. Zum Glück begriff Leo augenblicklich, dass er das spitze Ende des Nashorns meiden musste. Er sprang zur Seite und sauste in Achtern um das Nashorn herum, bis der Richtungssinn des Tieres restlos durcheinander gebracht war. Bald wurde dem herumwirbelnden, hornschwingenden Bullen schwindlig, und er musste erst einmal stehen bleiben, um seine Orientierung wieder zu finden. Leo sprang davon und lud das Nashorn mit wehendem Schwanz und komischer Körpersprache zu einer Hetzjagd ein – und der Bulle folgte der Einladung. Leo verschwand in einem Dickicht. Das Nashorn raste an ihm vorbei. Als es die Bremse zog und sich fragte, wo der Löwe abgeblieben sei, tauchte Leo wieder auf. Und so fing das ganze Spiel mit dem Schwindlig-Tanzen zum Auftakt wieder von vorne an. Endlich hatte das Nashorn keine Lust mehr. Ohne den lästigen Löwen noch weiter zu beachten, begann es wieder zu grasen. Leo versuchte mit allen Mitteln, das Tier dazu zu bewegen, noch ein bisschen weiterzuspielen, aber das Nashorn hatte genug und machte sich in den Busch davon.

Leo lief hinter ihm her. Wir versuchten, ihn zurückzurufen, aber er beachtete uns nicht und marschierte mit seinem neuen »Freund« immer tiefer in den Busch hinein. Es wurde bereits dunkel, und wir wollten heimfahren. Kobus startete sogar den Motor, um Leo zu signalisieren, dass wir ohne ihn fahren würden. Es half nichts. Wir riefen wieder, aber wir wussten, dass Leo nicht einmal seinen eigenen Namen verstand, wenn er gerade in selbstherrlicher Stimmung war.

Wir hatten keine besondere Lust, Wolfie hinter ihm herzuschicken – das Nashorn könnte auf die Idee kommen, seinen Frust an dem Hund auszulassen. Nach einiger Zeit begannen wir, uns Sorgen zu machen, und so stießen wir zu dritt ein Stück weit in das Knotendorndickicht vor. Von Leo und dem Nashorn war keine Spur zu entdecken. Es wurde bereits so dunkel, dass wir nicht mehr allzu viel sehen konnten, und so blieb uns am Ende nichts anderes übrig, als unseren treuen Hund nach dem Löwen auszuschicken.

»Wolfie, bitte hol Leo«, baten wir ihn, und er rannte los.

Nach etwa einer Viertelstunde kam der grandiose Hund mit dem ungezogenen Löwen im Schlepptau zurück.

Wir fanden, wie schon so oft, dass Wolfie eine Goldmedaille verdient hätte.

Von diesem Tag an konnte Leo niemals der Versuchung widerstehen, Nashörner und Elefanten zu ärgern, und wir hielten nie mehr an, wenn wir solchen Tieren im Busch begegneten, sondern versuchten, so schnell wie möglich an ihnen vorbeizukommen.

Immer wieder, wenn wir von Elefanten auf der Straße aufgehalten wurden, sprang Leo vom Truck und fing an, sie zu ärgern. Ich starb jedes Mal fast vor Schreck, wenn so ein brüllender, trompetender Riese auf mein Löwenbaby zuraste. Aber Leo hüpfte leichtfüßig aus dem Weg, rannte im Zickzack herum und ärgerte und verwirrte die Elefanten so lange, bis sie endgültig genug hatten und weiterzogen.

Leo amüsierte sich offenbar königlich dabei, und Wolfie musste jedes Mal sehr viel Überredungskunst aufbieten, um ihn dazu zu bewegen, wieder auf den Truck zu springen. Sicher hoffte Wolfie oft ebenso sehr wie wir, dass wir unterwegs keinen Elefanten und Nashörnern begegnen würden.

An einem heißen Novembermorgen beschlossen Sandra und Paul, die ihre Sommerferien zu Hause verbrachten, zum Angeln zu gehen.

»Kommt mit, Leo und Wolfie!«, riefen sie. »Wir gehen angeln.«

Leo ging mit Begeisterung mit zum Angeln, aber weil er sprachlich ein bisschen schwer von Begriff war, meinte er, sie hätten ihn zum Joggen aufgefordert, und so sagte er nein danke. Es war ein viel zu heißer Tag, als dass ein träger Löwe hätte joggen mögen. Und er kannte Paul und Sandra: Sie würden ohne Pause bis zum Vurhami Creek und zurück joggen. Warum sollte ein Löwe für so etwas sein Morgenschläfchen unterbrechen?

»Nun komm schon«, drängte Sandra. »Hinterher tut es dir Leid, wenn du nicht mitkommst.«

Leo hob den müden Kopf vom Boden, sah sie zum Dank für ihre Fürsorge liebevoll an, lehnte die Einladung jedoch weiterhin ab. Er hatte wirklich keine Lust zum Joggen.

Schließlich gingen sie ohne ihn los.

In unserem Ostzaun gab es kein Tor, das vom vorderen Garten aus direkt zum Fluss führte. Man musste durch das hintere Tor hinausgehen und ganz um den West- und Südzaun herumlaufen, um den Fußweg zu erreichen, der zum Flussufer hinunterführte.

Plötzlich drangen ferne Geräusche aus der Richtung, in der der Fluss lag, in Leos Schlaf. Er öffnete ein Auge und sah gerade noch, wie drei Gestalten über den Rand der Böschung verschwanden. Lieber Gott! Sie gingen zum Angeln!

Mit überraschtem Grunzen sprang er auf, lief zum Ostzaun und jammerte hinter ihnen her, sie sollten auf ihn warten. Unterdessen waren sie aber bereits die Böschung hinuntergegangen, und das Rauschen des Flusses übertönte Leos Geschrei.

»Auh-wu! Auh-wu!«, heulte Leo.

Aber sie kamen nicht zurück. Er lief zum hinteren Tor und heulte wieder. Nichts geschah. Das Tor war nicht einmal dem Fluss zugewandt. So nahm er allen Mut zusammen und ging hinaus (etwas, das er niemals ohne Begleitung tat), rannte am Zaun entlang, um die Südecke und auf den Fluss zu – und blieb stehen. Sicher war es viel zu gefährlich für einen Löwen, sich ganz allein noch weiterzuwagen! Also blieb er stehen und schrie sich die Seele aus dem Leib. Er wollte doch so gerne mit zum Angeln!

Als ihm klar wurde, dass niemand kommen würde, um ihn zu holen, beschloss er, sich bei seinen Eltern zu beschweren.

»Auh-wu! Auh-wu!«, heulte er und rannte zum Haus zurück.

Kobus kam aus seinem Büro, und ich kam aus dem Haus gelaufen, um zu nachzusehen, warum unser armer Löwe so jämmerlich schrie.

»Leo«, fragten wir ihn, »was ist denn los?«

Er kam sofort zu uns gelaufen und klagte uns unter Grunzen und Stöhnen sein Leid.

Der Game Guard Albert Maluleke, der im Garten damit beschäftigt war, sein Gewehr zu reinigen, erzählte uns die ganze Geschichte und erklärte uns, dass die Kinder und Wolfie zum Angeln gegangen seien und Leo die Aufforderung mitzukommen missverstanden habe.

»Sei doch kein solches Baby, Leo«, sagte ich. »Du kannst doch allein zum Fluss gehen!«

»Auh-wu! Au-wu!«, klagte er.

»Aber du spielst doch sogar mit Elefanten und Nashörnern«, erinnerte ich ihn. »Vor was solltest du dich denn fürchten?«

Er sah mich mit großen, unschuldigen Augen an, die zu sagen schienen: »Ich weiß nicht so genau. Aber ich glaube, ich bin noch zu klein, um alleine so weit von zu Hause wegzugehen.«

Am Ende gingen Kobus und ich mit ihm zum Fluss. Als wir die Uferböschung hinunterstiegen, entdeckte Leo die Kinder und Wolfie am Wasser, lief auf sie zu und beschwerte sich lautstark über ihre mangelnde Rücksichtnahme auf seine Gefühle. Paul schenkte ihm einen Fisch, und so verzieh er ihnen.

Leo war ein eifriger Angler – nicht, dass er selbst geangelt hätte, aber er saß still neben Paul und Sandra, die Augen fest auf die Schnur geheftet. Wenn ein Fisch herausgezogen wurde, sprang er auf, bereit, nötigenfalls zu helfen. Wenn seine Hilfe nicht gebraucht wurde, untersuchte er den Fisch fachmännisch mit Augen und Nase. Er wusste ganz genau, dass er nur schauen und riechen, aber nicht probieren durfte. Aber er durfte den Fang bewachen, und wenn ein Fisch zu entkommen versuchte, beförderte er ihn mit einen Prankenschlag wieder dahin zurück, wohin er gehörte. Seine Mühe lohnte sich natürlich, denn zum Schluss wurde er mit einem reichlichen Anteil am Fang belohnt. Manchmal, wenn er glaubte, dass niemand hinsah, öffnete er rasch das Maul, für den Fall, dass ein Fisch hineinspringen wollte. Aber er hätte niemals offen einen Fisch geklaut.

Was sein eigenes Futter und die Nahrung seiner Familie anbelangte, hielt sich Leo an einen angeborenen Verhaltenskodex. Er machte niemals einen Versuch, sich an unserer Nahrung zu vergreifen, und er erwartete auch nicht von uns, dass wir mit ihm teilten, wenn wir aßen. Andererseits war er mit seinem eigenen Futter sehr besitzergreifend und duldete niemanden außer mir in seiner Nähe, während er fraß. Der Grund, warum er nur mir traute, war vermutlich, dass immer ich diejenige war, die ihn fütterte.

Kobus schoss gelegentlich eine Impala für Leo, aber das meiste Fleisch für unseren Löwen kam von der Forschungsabteilung des Parks. Wenn die Tierärzte ein Untersuchungsobjekt brauchten, baten sie Kobus, es für sie zu schießen, und weil sie für ihre Forschungszwecke nur den Magen und manchmal die Lunge brauchten – gewöhnlich suchten sie nach Anzeichen von Tuberkulose und anderen Krankheiten –, stifteten sie den Rest des toten Tieres für Leo.

Angebaut an unsere Gästehütte im Garten gab es eine kleine Küche, die wir als Metzgerei für Leos Fleisch benutzten. Dort konnte ein totes Tier die Nacht über aufgehängt werden. Am nächsten Morgen zerteilten wir es und verstauten es in Leos Tiefkühltruhe (die von meinen Eltern gestiftet worden war). Wir konnten uns den Luxus nicht erlauben, Leo ein ganzes Tier als Festmahl zu überlassen. Er allein hätte es nicht auf einen Sitz vertilgen können, und so wäre eine Menge Fleisch verdorben.

Unsere Methode, kein Fleisch verkommen zu lassen, trug dazu bei, dass Leo niemals leer ausging. Es gab jedoch immer wieder Zeiten, in denen die Vorräte zur Neige gingen, und wenn Kobus dann nicht zu Hause war und keine Impala schießen konnte, musste ich am Markt in Komatipoort Hühner für Leo kaufen. Für ihn war ein ganzes rohes Huhn jedes Mal etwas ganz Besonderes.

Eines Tages fuhr ein Armeelaster vom Nkongoma-Stützpunkt an unserer Einfahrt vor. Zwei Soldaten kamen zu mir ins Haus und erzählten mir, dass sie mit ihrem Truck gerade einen Impalabock angefahren hätten. Der Bock war bei dem Zusammenprall getötet worden. Sie entschuldigten sich wegen des Unfalls und fragten, ob sie uns das tote Tier für unseren Löwen überlassen könnten.

Leos Fleischvorrat war zu diesem Zeitpunkt gerade sehr zusammengeschrumpft, und ich hatte schon daran gedacht, nach Komatipoort zu fahren und ihm Hühner zu kaufen. Deshalb war ich über diese unerwartete Fleischlieferung natürlich sehr erfreut. Ich bat die Soldaten, das tote Tier vor der Tür zu Leos Küche abzuladen und mir zu helfen, es drinnen aufzuhängen.

Sie erklärten, dass sie den Bock bereits abgeladen hätten und dass der Löwe schon begonnen hätte, daran zu fressen. Ich dachte mir, dass Leo auf diese Weise wenigstens einmal erfuhr, wie es war, ein ganzes totes Tier für sich alleine zu haben. Andererseits würde eine Menge Fleisch verderben, wenn ich nicht versuchen würde, wenigstens einen Teil davon zu retten. Es war ein sehr heißer Tag, und wenn das Fleisch draußen liegen blieb, würde es bald zu stinken anfangen und ganze Schwärme von Schmeißfliegen anlocken.

Ich ging, um mir ein Bild von der Situation zu machen. Als Leo uns kommen sah, umklammerte er seine Beute, legte die Ohren an und knurrte die Soldaten warnend an. Ich schlug ihnen vor, sich zurückzuziehen und erst einmal außer Sichtweite zu warten. Als ich vorsichtig auf Leo zuging, zeigte er nicht das geringste Zeichen von Aggressivität gegen mich.

Karin, die für das Wochenende nach Hause gekommen war, kam aus dem Haus. Ich rief ihr zu, sie solle mir ein großes Küchenmesser bringen.

Als sie mit dem Messer wieder erschien, reagierte Leo mit Nervosität auf ihre Anwesenheit, und ich sagte ihr, sie solle lieber nicht näher kommen. Der Rasen war mit einer dichten Hecke eingefasst, die von der Stelle, an der Leo lag und fraß, nur eine Armeslänge entfernt war. Ich bat Karin, leise von der anderen Seite an diese Hecke heranzukriechen. Ich wollte ein großes Stück Fleisch für Leo abschneiden, und wenn er gerade nicht hinsah, sollte sie versuchen, den Rest des Impala zu fassen und in die Hecke hineinzuziehen.

Ich musste mich rittlings auf den Bock setzen, um ihn zerlegen zu können. Leo glaubte vermutlich, dass ich an dem Festmahl teilnehmen wollte, aber er hatte nichts dagegen. Schließlich war ich seine liebevolle Mutter, die niemals zulassen würde, dass ihr Kind hungern musste. Er hatte bereits an mehreren Stellen des toten Tieres zu fressen begonnen und konnte sich offenbar nicht entscheiden, wo er anfangen sollte. Ich schlitzte den Bauch des Bockes für ihn auf, und er stürzte sich sofort auf die Eingeweide. Damit war er für einige Zeit beschäftigt, und ich machte mich daran, ein ganzes Hinterbein für ihn abzuschneiden.

Bald richtete sich sein Interesse auf das Hinterbein, an dem ich herumschnitt, und er wollte davon kosten. Als ich das Bein endlich ganz von dem übrigen Tierkörper abgetrennt hatte, kaute Leo glücklich darauf herum. Karin streckte den Arm durch die Büsche, hinter denen sie in Deckung lag, und begann, den Rest des Bocks langsam zu sich heranzuziehen. Er war jedoch so schwer, dass ich ihr dabei helfen musste. Ganz langsam zogen wir den toten Bock auf die Hecke zu. Leo drehte den Kopf und bemerkte, dass seine Beute ihre Position verändert hatte. Dann sah er mich mit einem Gesichtsausdruck an, der zu sagen schien: »In Ordnung. Nimm dir etwas davon, wenn du möchtest.«

Also zogen wir den toten Bock von Leo fort. Gemeinsam hoben wir ihn auf einen Schubkarren und fuhren ihn zu Leos Küche. Die Soldaten kamen und halfen uns, ihn im Inneren aufzuhängen.

Leo schien nichts dagegen zu haben, dass ein großer Teil seiner Beute verschwunden war. Sein Bauch war bereits so voll, dass ihm das Atmen schwer wurde.

Bis Leo ein Jahr alt war, hatte seine Nahrung vorwiegend aus Impalas, Hühnern und gelegentlich einer Antilope bestanden, die abgeschossen werden musste. Am 28. November, dem Tag, den wir für Leos Geburtstag hielten, baten die Tierärzte des Parks Kobus, ihnen einen Büffel zu schießen. Sie wollten Stichproben in einer bestimmten Herde machen, die auf Tuberkulose untersucht werden musste. Auf diese Weise erhielt Leo zu seinem Geburtstag zum ersten Mal Büffelfleisch.

Ein Büffel ist ein unglaublich großes Tier. Als wir sahen, dass nur etwa ein Drittel des Fleisches in die Tiefkühltruhe passen würde, verschenkten wir den Rest an unsere Game Guards und die Belegschaft des Touristencamps.

Der tote Büffel war so riesig, dass wir ihn nicht in Leos Küche unterbringen konnten. Deshalb wurde er an einem eisernen Haken an einem hohen Ast des Mkuhlubaums an unserem Grillplatz aufgehängt. Leo sah staunend zu, wie Kobus und die Game Guards den riesigen Tierkörper in den Baum hinaufhievten.

Gewöhnlich häuteten wir die für Leo bestimmten Tiere nicht ab, sondern schnitten sie nur in löwengerechte Stücke, damit er zu einer ausbalancierten Löwennahrung kam. Diesmal musste aber wenigstens der Teil abgehäutet werden, der für das Belegschaftsdorf bestimmt war.

Leo beobachtete die Prozedur des Abhäutens und Zerteilens mit großem Interesse. Er war sich nicht sicher, ob der Büffel Kobus oder den Game Gards gehörte, aber wie auch immer, er akzeptierte die Tatsache, dass er nicht für ihn war, und war ein außerordentlich wohlerzogener Zuschauer. Irgendwann bot Kobus ihm die Eingeweide an. Leo nahm das großzügige Geschenk dankbar an und rannte damit in eine entfernte Ecke des Gartens, wo er sein Festmahl ungestört genießen konnte.

Es waren die besten Eingeweide, die er je gefressen hatte, und nachdem er sie vertilgt hatte, kam er zurück, um das weitere Geschehen zu beobachten – nur für den Fall, dass noch einmal etwas für ihn abfallen sollte. Kobus gab ihm ein Stück Leber, das Leo mit großer Dankbarkeit entgegennahm. Bald darauf war er wieder zur Stelle – nur für den Fall …

Am Ende dieses Tages hing ihm der Bauch praktisch bis zum Boden. Und so war er an seinem ersten Geburtstag ein sehr satter und glücklicher Löwe.

Früh am nächsten Morgen sah Leo, dass ein großes Stück der Büffelhaut von einem niedrigen Ast des Mkuhlubaums herunterhing. Die Haut war für einen Löwen leicht zu erreichen, aber wem gehörte sie? Leo rannte zu Kobus' Büro und schrie: »Auh-wu! Auh-wu!«

Kobus kam aus seinem Büro heraus, um nachzusehen, was Leo wollte. Dieser führte ihn zu dem Baum und zeigte ihm die Büffelhaut.

»Möchtest du die Haut haben?«, fragte Kobus.

Leo rieb sich an Kobus' Beinen und stieß sanfte, bittende Knurrlaute aus.

»O. k.«, sagte Kobus. »Du bist so ein braver Junge. Du darfst sie haben.« Er griff in den Baum, zog die Haut herunter und gab sie dem Löwen.

Leo war überglücklich. Er brachte den Rest des Tages und den Großteil der folgenden Woche damit zu, die Büffelhaut durch den ganzen Garten zu schleifen, damit zu kämpfen, sich darauf zu wälzen, sich darauf zu setzen und sie stolz jedem zu zeigen, der zufällig vorbeikam.

Wir fragten uns, warum ihn die Büffelhaut so glücklich machte. Spielte er Theater und versuchte sich und allen anderen einzureden, dass er den Büffel ganz allein erlegt hätte? Jedenfalls gebärdete er sich wie jemand, der stolz eine Trophäe vorzeigt. Wir alle spielten mit und taten so, als ob wir ihm glaubten. Nur Wolfie ließ sich von Leos grotesker Geschichte nicht beeindrucken.

Auch im Alter von einem Jahr waren Leos große, rostfarbene Augen sein fesselndstes Merkmal. Sie waren ausdrucksvoll und intelligent, und man konnte seine Stimmungen, seine Gedanken und sogar seine Fragen so deutlich von ihnen ablesen, dass ich niemals einen Zweifel hatte, was er mir sagen oder mich fragen wollte, wenn er mich ansah. Nur wenn Leo zum Himmel aufsah – was er oft tat –, wusste ich nicht, was in ihm vorging. Neugierig zu wissen, was es dort oben zu sehen gab, blickte ich ebenfalls hinauf. Dann entdeckte ich gewöhnlich einen Vogel, meistens in großer Höhe, der ruhig seine Kreise am blauen Himmel zog. Offensichtlich hatte Leo außerordentlich scharfe Augen. Aber warum schaute er so zum Himmel auf? Taten wilde Löwen das auch?

Manchmal fragte ich ihn:»Leo, an was denkst du, wenn du so zum Himmel schaust?«

Dann wandte er sich zu mir um, richtete seine Augen voller Liebe und Vertrauen auf mich und schien zu sagen:»Ich träume nur – so wie du es auch manchmal tust.«

Angesichts der Erkenntnis, dass eine so tiefe Bindung zwischen einem Löwen und einem Menschen möglich war, mischten sich Staunen, Freude und Trauer in meiner Brust.

SANDRAS HOCHZEIT

Ein paar Monate, nachdem Paul und Sandra angefangen hatten, sich regelmäßig zu verabreden, machten sie die erstaunliche Entdeckung, dass Pauls Mutter und ich an der Universität Zimmergenossinnen gewesen waren. Nachdem wir beide geheiratet und in weit voneinander entfernte Orte gezogen waren, hatten wir den Kontakt miteinander verloren. Ich hatte nicht einmal gewusst, dass sie einen Sohn namens Paul hatte, und sie hatte auch nicht gewusst, dass ich eine Tochter hatte, die Sandra hieß. Und – es klingt fast wie ein Märchen – Pauls Mutter heißt ebenfalls Sandra. Ich hatte meine zweite Tochter nach meiner damals besten Freundin genannt.

Natürlich waren wir beide ganz überwältigt von dieser Entdeckung unserer Kinder. Bald darauf setzte sie sich ins Auto und kam aus Lichtenburg in der Nordwestprovinz angereist, um mich zu besuchen.

Die Erneuerung unserer Freundschaft war ein solcher Erfolg, dass wir beschlossen, so bald wie möglich ein richtiges Familientreffen zu organisieren.

Zu Beginn ihrer Universitätslaufbahn hatten Paul und Sandra Medizin studiert. Nach zwei Jahren hatten jedoch beide beschlossen, umzusatteln – Paul auf Veterinärmedizin und Sandra auf Ernährungswissenschaft. Obwohl ihr zweijähriges Medizinstudium ihnen in ihren neuen Fächern einen gewissen Vorsprung verschaffte, hatten sie beide noch mehrere Studienjahre vor sich. So lange wollten sie jedoch nicht mit ihrer Hochzeit warten, und so redeten sie mit uns und baten uns um Erlaubnis, am Ende ihres dritten Universitätsjahrs zu heiraten. Natürlich gaben wir unsere Zustimmung und unseren Segen dazu.

Als Pauls Familie im Juli 1993 zu ihrem versprochenen Besuch anreiste, feierten wir die Verlobung.

Die Hochzeit wurde auf den 11. Dezember festgesetzt. Die Kinder wünschten sich ein einfaches, kleines, ländliches Fest, und Paul schlug vor, es in unserem Garten abzuhalten. Kobus hielt ein Hochzeitsfest im Garten ebenfalls für eine großartige Idee. Aber Sandra (junior) meinte, dass sie keine Lust habe, während der Trauung von einem Löwen angesprungen zu werden. Paul versprach, sie mit seiner Wasserpistole zu verteidigen, aber Sandra hielt das für unglaublich albern, und außerdem wollte sie auch nicht, dass die Gäste während der Trauung von Leo angesprungen würden. Hettie wies darauf hin, dass Pauls Vater Arzt sei und eventuelle Verletzungen sofort an Ort und Stelle behandelt werden könnten. Dennoch hielt auch sie eine Hochzeit im Garten für nicht durchführbar. Schließlich war da ja auch noch die Kobra.

Ich stellte mich auf Sandras Seite. Mir hätte es auch nicht gefallen, wenn unsere Gäste, statt auf die Predigt zu achten, ständig nervös über die Schultern geschaut und sich Sorgen gemacht hätten, wo wohl der Löwe gerade sei.

So wurde beschlossen, dass die beiden in der malerischen kleinen Steinkirche in Komatipoort getraut werden sollten.

Die Zuckerrohrfarmer auf der anderen Flussseite besaßen eine Gemeinschaftshalle am Südufer des Crocodile River, und wir fragten sie, ob wir diese Halle für den Empfang mieten könnten. Die Farmer boten uns großzügig an, sie kostenlos zu benutzen. Die Halle stand in einem schönen Garten, der von Buschland umgeben war und einen herrlichen Blick auf den Fluss und den dahinter liegen Park bot.

Sandra und Paul stellten selbst die Einladungskarten her und verschickten sie an Verwandte und enge Freunde. Alles in allem erwarteten wir fünfzig bis sechzig Gäste. Meine gute Freundin Annette bot an, den Hochzeitskuchen zu backen, für die Blumen zu sorgen und die Empfangshalle gemeinsam mit ihrer Schwester Lien, die eine unglaublich gute Hand mit Blumen hatte, in ein Märchenland zu verwandeln.

Die kirchliche Trauung sollte um fünf Uhr nachmittags stattfinden, der Empfang etwa eine Stunde später.

Wir hielten einen Familienrat ab, um über das Menü zu reden, und einigten uns auf gegrilltes Fleisch, gemischten Salat, hausgebackenes

Brot (Pauls Mutter bot großzügig an, es herzustellen) und ein Biskuitdessert mit Schokolade. Pauls Vater erklärte sich freundlicherweise bereit, für die Getränke zu sorgen.

Sandra wollte die Nachspeise machen, Hettie und Karin sollten am Morgen des Hochzeitstages die Salate herstellen. Meine Aufgabe sollte es sein, das Brautkleid zu nähen.

Ich nähte nicht sehr gerne, und ich konnte es auch nicht besonders gut. Ich tat es nur, weil ich drei Töchter hatte und das Gehalt eines Game Rangers nicht hoch genug ist, um große Ausgaben für Kleidung zu gestatten. Zum Glück war Sandras Geschmack schlicht und einfach, um nicht zu sagen streng. Der Schnitt, den sie sich für ihr Brautkleid ausdachte, war ganz und gar unkompliziert. Dennoch kostete es mich unendlich viel Zeit und Nervenkraft, das Kleid zu machen. Ich wollte unbedingt, dass es perfekt sein sollte.

Anfang Dezember fingen wir im Ernst mit den Hochzeitsvorbereitungen an.

Alles lief glatt, bis zwei Tage vor der Hochzeit.

Ab dann begannen die Dinge, etwas weniger glatt zu laufen.

Die Quecksilbersäule stieg auf 44 ° im Schatten. Ich konnte mit meiner Näharbeit nicht weitermachen, weil meine Hände glitschig vom Schweiß waren und ich befürchtete, Flecken auf dem Satin zu hinterlassen. Das Brautkleid war fast fertig, aber nicht ganz. Ich beschloss, zu warten bis es dunkel wurde und die Kühle der Nacht für die Arbeit zu nutzen.

Ich selbst hatte für die Hochzeit auch noch nichts anzuziehen. Zum Glück hatte meine Mutter mir einmal einen Koffer voll hübscher Kleider gegeben, die sie selbst getragen hatte, als sie noch jung war. Ich öffnete den Koffer und fand ein schönes, dunkelblaues Kleid aus einem glatten, seidigen Material. Es war hochgeschlossen und hatte lange Ärmel was bei der glühenden Hitze nicht in Frage kam. Aber das sollte kein Problem sein. Ich würde die Ärmel und den Kragen abschneiden, ein paar kleine Änderungen vornehmen, *et voilà!*

Hettie fand ein fliederfarbenes Kleid aus weichem Satin im Koffer und beschloss, es zur Hochzeit zu tragen. Sie sah umwerfend darin aus. Das blasse Lila brachte ihr seidig blondes Haar und ihre blauen Augen wunderbar zur Geltung. Auch Karin probierte ein paar Kleider aus dem Koffer an, fand aber, dass diese altmodischen Sachen für ihr Alter (sechzehn) ziemlich unpassend waren. Also hob sie ihr ganzes Geburtstagsgeld von ihrem Sparkonto ab und kaufte sich einen kurzen, weißen Chiffonrock mit einem dunkelblauen, seidig glänzenden Leinenoberteil dazu. Es war das erste Mal, dass sie sich selbst etwas zum Anziehen kaufte. (Alles, was sie besaß, war entweder geerbt oder von mir genäht). Sie sah phantastisch damit aus, und ich war sehr stolz darauf, dass sie so viel Geschmack bewies.

Alle meine Töchter würden bei der Hochzeit so wunderschön aussehen – schon der Gedanke daran trieb mir Tränen in die Augen. Noch nie hatte meine ganze Familie sich für irgendeinen Anlass so aufwendig gekleidet.

Ich wartete auf den Abend, um mich wieder an meine Näharbeit zu machen. Außer den letzten Stichen an Sandras Kleid mussten auch noch die Änderungen an meinem eigenen Festgewand gemacht werden.

Kurz vor Einbruch der Dunkelheit brachte ein plötzliches Gewitter einen fürchterlichen Sturm, der einen großen Korallenbaum in unserem Garten entwurzelte. Er stürzte auf die elektrischen Leitungen und schnitt uns von der Stromversorgung ab! Ich konnte nicht weiternähen.

Kobus und die Game Guards brauchten fast den ganzen folgenden Tag dazu, den gestürzten Baum in transportable Stücke zu zersägen und abzufahren.

Kurz vor Mittag hatten wir wieder Strom, aber das Thermometer zeigte auch an diesem Tag über 40 ° an.

Pauls Eltern, seine beiden Brüder, seine Schwester und seine Schwägerin trafen gegen Mittag ein, und Leo versuchte, sie alle anzuspringen. So hatten wir alle Hände voll zu tun.

Um zwei Uhr nachmittags erschien ein Filmteam von der BBC. Sie wollten eine Dokumentation für ein Programm mit dem Titel *The Really Wild Show* drehen. Die Regisseurin, Joanna Sarsby, hatte uns ein paar Tage zuvor von London aus angerufen und um die Erlaubnis gebeten, unseren jungen Löwen für ihre Dokumentation zu filmen. Kobus hatte ihnen mitgeteilt, dass wir uns aus verschiedenen Gründen scheuten, unseren Löwen irgendwelcher Publicity auszusetzen. Einer der Gründe sei, dass das Aufziehen von Löwen in einer Familie für den Park ein sehr sensibles Thema sei. Joanna erklärte, dass die Diskussion über das Aufziehen von Löwen durch Menschen das Thema des Programms sei, besonders die Frage, ob man sie wieder auswildern könne, oder ob man nach andern geeigneten Lebensmöglichkeiten für sie suchen müsse. Sie fügte hinzu, dass das Programm nur in England ausgestrahlt würde. Kobus bat sie dennoch, sich mit dem Chef des Parks in Verbindung zu setzen und seine Genehmigung einzuholen. Das hatte sie getan, und die Genehmigung war erteilt worden. So rief sie uns noch einmal an und fragte, ob das Team am 10. Dezember, einen Tag vor Sandras Hochzeit, kommen könne. Leider war dies für sie das einzig mögliche Datum, aber sie versprach, uns höchstens zwei Stunden lang aufzuhalten.

Natürlich waren wir neugierig zu erfahren, wie das Fernsehteam von Leo erfahren hatte. Es stellte sich heraus, dass Joanna von einem Freund von unserem Löwen erzählt worden war, der es von einem Kollegen gehört hatte, der es von Gareth Patterson erfahren hatte. (Gareth Patterson ist der junge Engländer, der in Kenia mit George Adamson zusammengearbeitet hatte, bevor dieser von Wilderern umgebracht worden war, und der Adamsons verwaiste Löwenbabys adoptiert und an einen sicheren Ort in Botswana gebracht hatte. Er ist berühmt für sein Verständnis und seine Liebe für die Löwen und seine hingebungsvolle Arbeit für den Naturschutz. In Afrika ist er als »der Löwenmann« bekannt.)

Ich fragte mich, wie Gareth Patterson von unsrem Löwen erfahren haben könnte.

Die Antwort auf diese Frage erhielten wir am gleichen Nachmittag. Ich erhielt einen Telefonanruf und war augenblicklich fasziniert vom britischen Akzent und der melodischen Stimme des Anrufers. Als er mir sagte, er sei Gareth Patterson, war ich verblüfft. Ich erzählte ihm, dass wir überlegt hätten, wie wir mit ihm Verbindung aufnehmen könnten, dass wir es aber, ehrlich gesagt, für unmöglich gehalten hätten, Kontakt mit einer mystischen Person aufzunehmen, die irgendwo in der Wildnis in Botswana lebte.

Gareth erzählte mir, dass er von Pretoria aus anriefe und dass er gerade vom gleichen BBC Filmteam interviewt worden sei, das sich nun auf dem Weg zu uns befände. Er berichtete, dass er von einem Bekannten von unserem Löwen gehört habe, der es von einem Freund erfahren habe, der kürzlich auf einem Besuch im Krügerpark einen Game Ranger kennen gelernt habe, der von unserem Löwen gesprochen habe. Auf diese Weise werden in Afrika Neuigkeiten verbreitet.

Der Grund für seinen Anruf, sagte Garreth, sei, dass er sich nach unseren Plänen für Leos Zukunft erkundigen wollte. Ich antwortete ihm, dass wir aus genau dem gleichen Grund gehofft hatten, Kontakt zu ihm aufnehmen zu können – um über Leos Zukunft zu reden. Wir brauchten Hilfe. Gareth teilte mir mit, dass er sich jetzt bereits auf dem Rückweg nach Botswana befände, versprach aber, sich gleich zu Beginn des neuen Jahres wieder bei uns zu melden.

Nun zurück zum Tag vor der Hochzeit.

In dem Augenblick, in dem das Filmteam eintraf, verwandelte sich Leo in ein boshaftes Monster.

Während Kobus und ich versuchten, uns vorzustellen, sprang er nacheinander jedes einzelne Mitglied der vierköpfigen Mannschaft an. Sie kamen gerade von der Letaba-Ranch, einem Rangerstützpunkt nördlich von Gazankulu, wo sie drei andere von Menschen aufgezogene Löwen gefilmt hatten – träge, gesittete, erwachsene Tiere, die in einem großen, eingezäunten Gehege in der Nähe des Rangerhauses gehalten wurden. Die Leute waren überrascht (oder vielleicht auch entsetzt), als sie feststellten, dass unser Löwe nicht nur frei herumlief, sondern sich auch noch ganz abscheulich benahm. Schon während wir ihnen die »Verhaltensmaßregeln« zu erklären versuchten – nicht bücken, nicht niederkauern, nicht wegrennen, als Gruppe zusammenbleiben, Blickkontakt mit dem Löwen vermeiden –, verstießen sie mehr oder weniger gegen sämtliche Regeln. Und so hatte Leo einen großartigen Tag. Joanna sah, dass er auf sie zukam, versuchte wegzurennen, wurde von ihm um die Taille gepackt und zu Boden geworfen. Während Kobus damit beschäftigt war, Joanna zu retten, beugte sich der Tontechniker über seine Ausrüstung, und Leo rempelte ihn von hinten an. Der Kameramann, der gerade seine Kamera aufstellte, bückte sich ebenfalls, erhielt einen Stoß gegen die Kehrseite und wurde umgeworfen.

Pauls Familie war klug genug, im Haus zu bleiben und das Ganze durch die Fenster zu beobachten. Als Paul sah, dass Kobus und ich es schwer hatten, Leo unter Kontrolle zu halten, wollte er uns zu Hilfe kommen. Als Leo seinen Lieblingsbruder kommen sah, stürzte er sich auf ihn. Paul, der ein hervorragender Sportler ist, rannte um das Haus herum. Leo folgte ihm auf den Fersen. Als er gerade um die letzte Ecke bog und wieder in unser Gesichtsfeld kam, holte Leo ihn ein und riss ihm die Shorts herunter, so dass seine grüne Unterwäsche sichtbar wurde. Der Kameramann war begeistert, aber Paul hatte die Nase voll. Er ließ sich ohnehin nicht gerne fotografieren, und er hatte nicht die geringste Lust, in grünen Unterhosen im britischen Fernsehen aufzutreten. Also flüchtete er ins Haus zurück.

Unterdessen hatte sich Leo im Blumenbeet versteckt. Ein paar Sekunden später tauchte er als gelber Blitz wieder auf und landete auf mir. Ich fiel flach auf den Rücken, und als Leo sich auf mich setzte, um mich am Aufstehen zu hindern, richtete der Kameramann sein Objektiv auf mich. Ich war so wütend, dass ich Leo am liebsten ermordet hätte, aber ich wollte nicht, dass unsere britischen Besucher das merkten, und ich wollte auch nicht, dass sie merkten, dass ich keinerlei Kontrolle über den Löwen hatte. Sie hätten mir sicher nicht geglaubt, wenn ich ihnen versichert hätte, dass Leo sich in seinem ganzen Leben noch nie so unmöglich aufgeführt hatte. Kobus zog Leo von mir herunter, versetzte ihm einen Schlag auf das Hinterteil und sagte ihm seine Meinung auf Afrikaans.

Joanna wollte, dass der Sprecher Chris Kobus und mich interviewte. Aber jedes Mal, wenn Chris mit dem Mikrofon in der Hand auf Kobus zuging, sprang Leo einen von beiden an. Schließlich kämpfte Kobus den Löwen nieder, und während er ihn zu Boden drückte, brachte er es fertig, ein paar Worte ins Mikrofon zu sagen.

Chris begann das Interview mit den Worten: »Kobus, dies ist ja nun nicht gerade ein Kuscheltier. Fließt da nicht hin und wieder ein bisschen Blut?«

Wie auf ein Stichwort befreite sich Leo aus der Umklammerung. Kobus begann gerade zu antworten: »Nun ja, Chris, aber …« Bevor er den Satz beenden konnte, lag Chris flach auf dem Rücken und Leo über ihm.

Kobus eilte herbei, um ihn vor dem Löwen zu retten, der anscheinend fest entschlossen war, dem Sprecher zu beweisen, dass er ganz bestimmt *kein* Kuscheltier war.

Wenigstens schoss der Kameramann, während er gerade nicht selbst angegriffen wurde, ein paar hochdramatische Aufnahmen von unserem »rüpelhaften Hausgenossen«, wie Joanna ihn nannte. Joanna erklärte, dass sie gerne noch ein paar Aufnahmen machen würde, auf denen Leo mit unseren Töchtern spielte. Also kamen Hettie und Karin heraus, aber sie baten Sandra, im sicheren Haus zu bleiben. Sie wussten, dass Leo in einer unmöglichen Gemütsverfassung war, und hielten es für keine besonders gute Idee, ihre Schwester an ihrem Hochzeitstag mit Löwenkratzern bedeckt in die Kirche gehen zu lassen.

Hettie und Karin versuchten, Leo zu besänftigen, aber dieser stürzte sich auf Karin und warf sie krachend zu Boden. Karin versuchte aufzustehen, aber er war viel zu grob mit ihr. Ich bat den Kameramann abzubrechen und wollte Karin gerade zu Hilfe kommen, als Paul mit seiner Wasserpistole aus dem Haus gerannt kam. Nachdem er Leo von Karin heruntergezogen hatte, spritzte er dem Löwen eine Ladung Wasser ins Gesicht. Der Kameramann brachte seine Kamera wieder in Schussposition, aber Paul wollte auch nicht im britischen Fernsehen zu sehen sein, wie er gerade einen Löwen mit einer Wasserpistole anspritzte. Also rannte er mit Leo auf den Fersen hinter das Haus, wo er außer Reichweite der Kamera war. Dort jagte er Leo herum, bis beide erschöpft waren und Leo sich entkräftet ins Gras fallen ließ. Ich war Paul wirklich dankbar für seine Hilfe.

Während Leo sich ausruhte, konnte Chris endlich sein Interview mit Kobus und mir durchführen. Es lief aber nicht gut für mich, denn ich war vollkommen erledigt und sah vermutlich mit meinen schweißdurchtränkten Kleidern und Haaren ganz unbeschreiblich aus. Ich konnte kaum noch zusammenhängend denken und beschrieb Leo als »sanftes und anhängliches Tier«, was die Zuschauer natürlich unmöglich glauben konnten, wenn sie die Bilder sahen.

Gegen fünf Uhr nachmittags brachen die Filmleute auf, und Leo verwandelte sich augenblicklich wieder in einen wohlerzogenen Löwen.

Vielleicht hatte er mit seinem unmöglichen Betragen allen Fremden mit Kameras klar machen wollen, dass er ernst genommen werden wollte.

Gott sei Dank hatte Leo bei Pauls Familienmitgliedern nicht das Gefühl, nicht ernst genommen zu werden. Außerdem hielten sie sich alle an die »Regeln«, und so ließ er sie in Ruhe.

Spät an diesem Abend, als alle anderen zu Bett gegangen waren, setzte ich mich wieder an meine Näharbeit. Mit Sandras Kleid wurde ich gegen Mitternacht fertig, mit dem meinen etwa eine Stunde später.

Als ich endlich restlos erschöpft zu Bett ging, fiel mir ein, dass am nächsten Morgen unsere ersten Gäste eintreffen würden, und obwohl wir im Camp Chalets für sie gebucht hatten, würden sie vermutlich alle zu unserem Haus kommen wollen, um uns zu begrüßen.

Ich hatte keine Lust, noch einmal einen ganzen Tag lang Besucher vor Leo schützen zu müssen. Kobus würde fast den ganzen Vormittag lang unterwegs sein, Essen, Getränke, Eis, Besteck und anderes mehr zur Empfangshalle transportieren und die Grillfeuer vorbereiten. Paul würde ihm helfen und die Stereoanlage für die Musik in der Halle installieren. Und ich selbst hatte vor der Trauung um fünf Uhr nachmittags noch eine Million Dinge zu erledigen. Also dachte ich mir einen Plan aus, wie ich Leo bewegungsunfähig machen könnte.

Am nächsten Morgen stand ich bei Tagesanbruch auf und ging in Leos Küche. Dort holte ich rund fünfzehn Kilo Büffelfleisch aus der Tiefkühltruhe, zusätzlich zu der Fünf-Kilo-Portion, die ich am Tag vorher herausgenommen hatte. Gewöhnlich bekam Leo seine Tagesration am Abend, aber an diesem Tag hatte ich andere Pläne für ihn.

Ich rief ihn zu mir und bot ihm die aufgetaute Portion zum Frühstück an. Dann trug ich die gefrorenen Stücke auf die Veranda und legte sie vor ein Ostfenster, wo die Sonnenhitze sie schnell auftauen würde.

Um neun Uhr rief ich Leo zu einem zweiten Frühstück und gab ihm ein Stück Fleisch, das fast, aber nicht ganz aufgetaut war. Leo war zwar überrascht, schon wieder eine unplanmäßige Mahlzeit zu erhalten, aber er hatte absolut nichts dagegen und trug das Fleisch glücklich im Maul davon.

Nach einer Weile konnte ich beobachten, wie er sich wunderte, dass sein Essen so kalt war. Er schlug mit der Pranke danach und betrachtete es mit gerunzelter Stirn. Schließlich drehte er es um. Es wurde nicht besser. Es war immer noch kalt. Er warf es in die Luft und untersuchte es hoffnungsvoll, als es wieder herunterkam. Immer noch nicht gut. Es war genauso kalt wie beim Abheben. Dann setzte er sich darauf. Das mag wie eine hervorragende Idee erscheinen, aber Leo setzte sich oft auf Dinge – uns eingeschlossen –, wenn er nicht wusste, was er tun sollte. Ich vermute, dass er sich auf das Fleisch setzte, um zu verhindern, dass es davonlief, während er über die Sache nachdachte. Jedenfalls beschleunigte er damit den Tauvorgang, und bald schon konnte er seine Extraration mit Genuss vertilgen.

Um zehn Uhr gab ich ihm das restliche Fleisch, und um elf, als unsere ersten Gäste eintrafen, war er so voll gefressen, dass er sich kaum noch bewegen konnte. Er ließ sich neben seinem übergroßen Bauch ins Gras plumpsen und lag für den Rest des Tages flach. Natürlich fürchteten sich unsere Gäste vor dem Löwen und machten einen großen Bogen um ihn. Aber als sie feststellten, dass er halb im Koma lag, holten sie ihre Kameras und schossen Dutzende von Fotos von dem voll gefressenen, friedlichen Tier.

Eine Hochzeit zu organisieren ist eine gigantische Arbeit, die die Eigenheit hat, sich ständig zu vervielfachen und am laufenden Band neue, kleine Aufgaben hervorzubringen. Meine Familie und ich waren bis etwa eine Stunde vor Beginn der Trauung stramm beschäftigt. Als ich endlich in der Kirche saß, war ich so müde, dass ich kaum noch zusammenhängend denken konnte. Aber in dem Moment, in dem die herrliche Melodie aus Wagners Lohengrin ertönte und Sandra am Arm ihres Vaters die Kirche betrat, wurde ich von so jubelnder Freude erfasst, dass meine Müdigkeit vergessen war. Mit ihrem leuchtend roten Haar und ihrem strahlenden Lächeln war Sandra die schönste Braut, die ich je gesehen hatte. Und Kobus sah in seinem dunklen Anzug so gut aus, dass ich hätte weinen können. Ich hatte ihn seit einer Ewigkeit nicht mehr in einem Anzug gesehen, und Karin, die ihren Vater in ihrem ganzen Leben noch nicht im Anzug gesehen hatte, glaubte im ersten Augenblick an einen Irrtum. Hätte er denn nicht in Khakiuniform auftreten müssen?

Die Predigt war ebenso bewegend wie amüsant und handelte davon, dass Glaube und Liebe Mut und Entschlossenheit stärken. Zum Beweis dieser Theorie nannte der Pfarrer den Bräutigam, der es fertig gebracht habe, die Hand der Tochter eines Game Rangers zu gewinnen, »eines Game Rangers«, so sagte der Pfarrer, »der als grimmiger Hüter seiner Töchter bekannt ist und der außerdem auch noch einen Löwen besitzt«. (Ich persönlich glaube, dass weder Gebete noch leidenschaftliche Liebe dem jungen Mann Mut gegeben hatten, sondern seine Wasserpistole.) Als wir zu dem Teil der Zeremonie kamen, wo die Ringe gewechselt werden sollten, trat der junge Sohn meiner Schwester, Kobus Frick, mit seiner Geige zu dem Paar und spielte Andrew Lloyd Webbers wunderschönes Lied »Love Changes Everything« für sie. (Später erfuhr ich, dass Hettie ihren Vetter heimlich zu dieser glänzenden Einlage überredet hatte.) Der junge Virtuose spielte die Melodie so erhebend, dass er den Augenblick damit verzauberte. Pauls Mutter berührte meine Hand, um mir zu zeigen, wie bewegt sie war, und als ich den Kopf wandte, um sie anzulächeln, fiel mein Blick auf Pauls Vater, der neben ihr saß und über dessen Wange eine Träne lief.

Nach der Trauung stiegen alle Gäste in ihre Autos und fuhren hinter uns her nach Norden zum Dorf hinaus zu der mitten im Busch gelegenen Empfangshalle.

Annette und ihre Schwester Lien hatten die Halle wirklich in ein Märchenland verwandelt. Blaue und grüne Tischtücher, Dutzende von blauen und grünen Kerzen, blaue und grüne Luftballons und überall ganze Massen von Laub und Blumen. Mit dieser Fülle blauer und grüner Farbtöne hatten sie eine kühle Waldatmosphäre geschaffen – genau das, was man bei der herrschenden Hitze brauchte.

Als alle Gäste auf ihren Plätzen saßen, brachte Pauls ältester Bruder einen Toast auf das Paar aus, dann hielt Paul eine nette, kurze Begrüßungsansprache. Danach gingen die Gäste mit ihren Gläsern hinaus in den Garten, um sich an dem Zauber eines Sonnenunterganges über dem Buschveld zu erfreuen und den Duft des Fleisches auf den Grillfeuern zu genießen. Ein sanfter Wind wehte von den Lebombobergen herunter, spielte in den Zweigen der Bäume und brachte willkommene Erholung von der Hitze des Tages. Am gegenüberliegenden Flussufer nahm eine

Warzenschweinfamilie ein Schlammbad, und ein einsamer Fischadler schwebte im Tiefflug über den Busch. Seine durchdringenden Schreie hallten durch die Landschaft. Von den bewaldeten Hügeln im Westen des Flusses ertönte das erregende Geheul einer Hyäne, und überall stimmten Vögel ihren Lobgesang zum Ende des Tages an. Die Sonne versank in einem karmesin- und magentaroten Farbenrausch hinter den Hügeln. Die Dämmerung senkte sich herab, und der süße, vibrierende Ruf eines Ziegenmelkers leitete die Abendserenade ein.

Die Luft über dem Buschveld ist sauerstoffreicher als andere Luft. Und je mehr Sauerstoff Menschen einatmen, desto hungriger werden sie. Ich weiß nicht, warum das so ist, aber es ist eben so.

Sowie das Fleisch fertig war, stürzten sich die mit Sauerstoff angereicherten Gäste auf das Büfett und häuften sich hausgemachtes Brot, würziges Grillfleisch und eine Vielzahl köstlicher Salate auf die Teller. Nachdem sie sich zum zweiten und dritten Mal genommen hatten, stöhnten sie vor Befriedigung und Schläfrigkeit, aber dennoch bedienten sie sich reichlich mit Sandras köstlicher Schokoladenspeise.

Als alle satt und glücklich waren, trugen Paul und seine Brüder die Tische und Stühle aus der Halle auf die Terrasse hinaus. Ein Kassettenrekorder wurde eingeschaltet, und Tanzmusik tönte aus den Lautsprechern in die Halle.

Paul und Sandra eröffneten den Tanz mit überraschend viel Stil. Sie glitten in perfektem Einklang mit der Musik und perfekter Harmonie miteinander über das Parkett und brachten es fertig, Würde und Temperament miteinander zu verbinden. Ich war fasziniert. Wo hatte dieses erstaunlich schöne Paar so zu tanzen gelernt?

Die anderen jungen Leute strömten zu ihnen auf die Tanzfläche, und ein hinreißend aussehendes junges Mädchen stach mir ins Auge – schlank und anmutig mit seidig goldenem Haar – ah! Das Gesicht kannte ich doch! Hettie!

Dann lenkte ein fröhliches, silbriges Lachen meine Aufmerksamkeit auf ein zweites, unglaublich reizendes Mädchen – es war Karin!

Wie kam ich nur zu so wunderschönen Kindern?

Weitere Gäste begannen zu tanzen, und die lächelnden Gesichter von Freunden und Verwandten flogen an mir vorbei – mein Bruder, meine

Schwester, ihre reizenden Familien, Pauls wunderbare Eltern, meine gute Freundin Annette, die Familie meines Mannes ... alle diese liebenswerten, wunderbaren Menschen waren von weit her gekommen, um die Hochzeit meiner Tochter zu feiern, und tanzten nun in diesem Märchenwald aus Zauber und Musik.

Es war unfassbar.

Wie konnte all das geschehen?

Ein großer, gut aussehender Mann kam auf mich zu und bat mich zum Tanz.

»Kenne ich Sie?«, fragte ich ihn.

»Ich hoffe doch«, antwortete er. »Ich bin dein Ehemann.«

»Ach ja«, sagte ich. »Der grimmige Game Ranger mit dem Löwen! Heute Abend ist es gar nicht so leicht, dich wieder zu erkennen. Der Anzug verändert dich.«

Wir tanzten und redeten und lachten, und unsere Herzen waren jung und fröhlich.

Auf der Terrasse aßen wir von dem Hochzeitskuchen und tranken Kaffee, blickten zu den Millionen Sternen auf und freuten uns über die samtige Nachtluft.

Dann tanzten wir weiter und feierten alles, was uns so beglückte: die Hochzeit, die wunderschöne Nacht, das Leben, das Universum und den ganzen Rest.

WIR ZIEHEN NACH WESTEN

Während unseres dreijährigen Aufenthalts in Crocodile Bridge war es Kobus gelungen, die Unterstützung der Regierung von Mosambik im Kampf gegen die Wilderei zu mobilisieren, und bis zum Ende des Jahres 1993 konnte das Wildererproblem an unserer Ostgrenze drastisch reduziert werden. Aus diesem Grund beschloss der Direktor für Naturschutz und Forschung, uns nach Pretorius Kop zu versetzen, einer Rangerstation im Südwesten des Parks.

Ich war mir nicht sicher, ob ich mich über diese Versetzung freuen sollte oder nicht.

Bei allem Wahnsinn des Lebens in Crocodile Bridge gab es einiges, das ich an diesem Ort liebte und das mir fehlen würde – die bezaubernde Landschaft zu Füßen der Lebomboberge zum Beispiel und die Vielfalt und Fülle von wilden Tieren in der Gegend. Und natürlich unser schöner, subtropischer Garten. Das hysterische Telefon würde ich natürlich nicht vermissen und die Fledermäuse auch nicht. Und dann kam mir der Gedanke, dass ich den schönen Garten vielleicht auch nicht so sehr vermissen würde. Manchmal, besonders in der Regenzeit, wucherte dort alles zu schnell und zu wild, so dass der Garten regelrecht erstickte und ich mich eingeengt fühlte. Ich liebe offene Landschaften, in denen man einen weiten Blick hat. Unser Garten war oft so dicht und zugewuchert, dass man nur bis zur nächsten Buschgruppe sehen konnte, die den Blick verstellte. Wir waren ständig damit beschäftigt, alles zurückzuschneiden und zu stutzen, um Platz zu schaffen, aber das Stutzen hatte nur noch heftigeres Wachstum zur Folge. Manchmal hatte ich das bedrückende Gefühl, dass die wild wuchernde Vegetation nach mir zu greifen versuchte. Einmal schlangen sich tatsächlich die langen Ranken einer Monsterpflanze um meinen Hals und versuchten, mich zu erdrosseln. Das, was ich an Crocodile Bridge am meisten vermissen würde, waren seltsamerweise zwei Menschen: meine Phantomnachbarin Ilse und mei-

ne verständnisvolle Freundin Annette. Offensichtlich hatte ich mich zu einer leicht veränderten Version meines früheren Selbst entwickelt, das so glücklich in der Einsamkeit von Mahlangeni gelebt hatte.

Annette und ich würden uns natürlich auch weiterhin gegenseitig besuchen, aber Pretorius Kop war fast hundert Kilometer weit von Lower Sabie entfernt. Wir würden uns nicht allzu oft sehen können.

Im Januar 1994, etwa vier Wochen nach Sandras Hochzeit, zogen wir um. Alles in allem fiel es mir nicht schwer, mich von Crocodile Bridge zu trennen. Wir hatten dort gute Zeiten und glückliche Momente erlebt, aber im Ganzen gesehen hing mein Herz immer noch an Mahlangeni.

An dem Tag, an dem der Möbelwagen kam, fütterte ich Leo in bewährter Weise bis zum Umfallen, damit er die Möbelpacker nicht behelligte.

Alle Game Guards kamen zu uns herüber, um sich von Leo zu verabschieden, und es war deutlich zu erkennen, dass sie ihren vierbeinigen Freund sehr vermissen würden. Kobus machte von jedem von ihnen ein Foto mit Leo und versprach, ihnen die Bilder zu schicken, sowie sie entwickelt waren.

Unsere Kinder verbrachten gerade alle zusammen ihre Ferien am Eastern Cape, und so machten Kobus und ich uns alleine mit Leo und Wolfie auf den Weg. Wir brachen am Abend auf, um möglichst keinen Touristen auf der Straße zu begegnen. (Sie hätten nicht verstanden, warum wir einen Löwen und einen Hund zusammen auf der Ladefläche unseres Pick-up spazieren fuhren.)

Es wurde eine schwierige Fahrt. Leo bestand darauf, wie ein Herrscher auf dem Dach der Fahrerkabine zu liegen. Seine Vorderpranken hingen über den oberen Rand der Windschutzscheibe herunter, sein Schwanz baumelte vor dem Heckfenster.

Wir hatten zahlreiche Bäche zu durchqueren, und jedes Mal, wenn die Straße eine steile Uferböschung hinunterführte, begann Leo vom Dach über die Windschutzscheibe zu rutschen. Dann streckte ich den Arm durch das rückwärtige Fenster, ergriff seinen Schwanz und hängte mich mit meinem ganzen Gewicht daran, damit er nicht herunterfiel. Wenn wir bergauf fuhren, klammerte sich Leo an der Halterung der Dachantenne fest. Wir fürchteten, dass die Antenne abbrechen würde, und befahlen ihm, vom Dach herunterzukommen, aber er wollte nicht hören.

Schließlich weckte die nächtliche Fahrt seine Raubtierinstinkte. Jedes Mal, wenn wir neben der Straße ein Augenpaar aufleuchten sahen, sprang er vom Truck – vom Dach auf die Kühlerhaube und von dort auf die Piste direkt vor die Stoßstange –, und Kobus musste mit aller Kraft auf die Bremse treten, um ihn nicht anzufahren. Dann verschwand Leo in der Dunkelheit, und uns blieb nichts anderes übrig, als geduldig zu warten, bis er von seinem Ausflug zurückkam. Es half nichts, ihn zu rufen – er war in selbstherrlicher Stimmung. Und wir wollten nicht das Risiko eingehen, Wolfie hinter ihm herzuschicken. Hunde waren für nächtliche Räuber eine leichte Beute.

Am Mitomeni Creek stießen wir auf zwei Geparden, die neben der Straße standen, und Leo sprang sofort wieder vom Truck. Er hatte noch niemals einen Geparden persönlich kennen gelernt und brannte darauf, die Bekanntschaft der beiden zu machen. Aber die scheuen Tiere warfen nur einen Blick auf den König und ergriffen die Flucht.

Also rannte Leo hinter ihnen her.

Wir warteten … und warteten … und warteten …

Als er nach rund zwanzig Minuten endlich wiederkam, befahl Kobus ihm unter Androhung aller Höllenstrafen, auf den Truck zu springen und dort zu bleiben. Aber mit einem schwierigen Passagier, der zufällig ein Löwe ist, kann man nicht allzu viel machen.

Pretorius Kop war etwa zweieinhalb Stunden weit von Crocodile Bridge entfernt, aber dank Leos Eskapaden zog sich die Fahrt mehr als vier Stunden lang hin, und so erreichten wir unser Ziel erst spät in der Nacht. Der Chief Game Guard von Pretorius Kop, Sergeant Sambo, hatte auf uns gewartet, und als wir vor unserem neuen Heim vorfuhren, riss er das Tor für uns auf und salutierte zackig. Wir stiegen aus dem Wagen, um dem Sergeanten die Hand zu geben und ihm zu danken, dass er auf uns gewartet hatte. Leo und Wolfie sprangen von der Ladefläche, aber Leo warf nur einen Blick auf das neue Haus (oder schnüffelte kurz), fand, dass es kein sicherer Aufenthaltsort für einen Löwen sei, und sprang gleich wieder auf den Truck zurück.

Sergeant Sambo hatte bereits von unserem Löwen gehört, und obwohl er sich in respektvoller Entfernung von ihm hielt, bemerkte er augenblicklich, dass Leo nicht besonders mutig war.

Er berichtete uns, dass der Manager des Touristencamps, Pieter du Plessis, erfahren habe, dass unser Möbelwagen erst am nächsten Tag eintreffen würde. Deshalb habe er zwei Betten samt Bettzeug und Handtüchern für uns herübergeschickt. Wir dankten dem Sergeanten, und nachdem Kobus das Programm für den nächsten Tag mit ihm durchgesprochen hatte, sagten wir ihm gute Nacht.

Der kluge Wolfie begriff augenblicklich, dass dieser Ort unser neues Zuhause werden würde. Also machte er sich sofort daran, alles zu markieren, was markiert werden musste.

Aber Leo hatte seine ganze Selbstherrlichkeit vergessen und blieb ängstlich auf dem Truck.

»Nun komm schon, Leo«, rief ich ihm zu. »Sei kein solches Baby. Komm und sieh dir dein neues Zuhause an!«

Er sah mich mit verwirrtem Gesichtsausdruck an und schien zu sagen: »Hier riecht es nach fremden Menschen und Hunden. Ich fürchte mich vor ihnen.«

»Sie sind alle fortgegangen«, tröstete ich ihn. »Nur ihr Geruch ist noch da, und der wird auch bald verschwinden.«

Leo wusste nicht, ob er mir glauben sollte oder nicht.

»Vertrau mir, Leo«, drängte ich. »Dies hier gehört jetzt alles uns.«

Er sprang vom Truck und rannte so eilig zu Wolfie, dass er fast mit ihm zusammengestoßen wäre. Für den Rest der Nacht und den ganzen folgenden Tag wich er nicht von der Seite des Hundes. Offensichtlich vertraute er darauf, dass sein Freund ihn vor gefährlichen Fremdlingen beschützen würde, obwohl dieser Freund fast hundert Kilo weniger wog als er selbst.

Die Nachtluft war frisch und würzig und voller Grillenkonzerte und Froschserenaden. Wir folgten einem gepflasterten Weg, der durch den dunklen Garten zum Haus führte.

Wir öffneten die Eingangstür und standen in einem geräumigen Wohnzimmer. Alle Räume im Haus waren riesig. Aber was uns am meisten freute, war, dass eindeutig keine Fledermäuse vorhanden waren. Nie wieder würden wir ihren idiotischen Bruchlandungen ausweichen müssen. Alle Räume hatten große Fenster, durch die man ungehindert in die Welt hinausblicken konnte. Wir freuten uns darauf, wieder Tageslicht im Haus zu haben und nicht mehr in dunklen Räumen über alles Mögliche zu stolpern.

Wolfie klopfte an die Haustür. Er wollte wissen, wie das Haus von innen aussah. Also forderten wir ihn und Leo zu einer kurzen Besichtigungsrunde durch das leere Haus auf. Wolfie schnüffelte jedes Zimmer gründlich ab, aber Leo misstraute den fremden Menschengerüchen und hatte nichts anderes im Sinn, als möglichst nah bei dem Hund zu bleiben. Anschließend holte ich ihre Schlafmatten vom Truck und breitete sie auf der vorderen Terrasse aus. Leo war so erleichtert über den Anblick und Geruch seiner vertrauten Matte, dass er sich augenblicklich darauf setzte, um zu verhindern, dass sie davonlief. Aber Wolfie hatte nicht die geringste Lust herumzusitzen – der ganze Garten musste noch untersucht werden. Und so rannte er los. Leo rief hinter ihm her, er solle zurückkommen, aber Wolfie achtete nicht auf ihn. Schließlich kam Leo zu dem Schluss, dass der Hund vermutlich ein besserer Bodyguard sein würde als seine Schlafmatte, und so sprang er auf und lief hinter ihm her.

Kobus und ich aßen die Sandwiches und tranken den Kaffee, den ich für uns eingepackt hatte. Dann duschten wir und gingen schnurstracks ins Bett. Es war ein langer Tag gewesen.

Aber trotz meiner Erschöpfung konnte ich nicht schlafen. Ich lag wach, betrachtete die Sterne und die dunklen Silhouetten der Bäume durch die Schlafzimmerfenster und überlegte, wie Haus und Garten wohl bei Tageslicht aussehen würden.

Eine Schleiereule rief aus einer großen Palme vor dem Schlafzimmer. Bald antwortete eine zweite. Ich hatte den Ruf der Schleiereule immer geliebt. Er ließ mich an verlassene Orte denken, wo nichts anderes hauste als der Wind, der Mond, die Sterne und die Schleiereulen. Endlich machten die hypnotischen Töne eines fernen Froschkonzerts mich schläfrig, aber als ich gerade in den Schlaf sinken wollte, hörte ich ein faszinierendes Miauen. Ich konnte mir nicht vorstellen, von was für einem Tier dieses Miauen kam, und so weckte ich Kobus und fragte ihn danach.

Eine Weile lagen wir still da und lauschten. Wieder war der seltsame, miauende Ruf zu hören und wurde bald von einem zweiten beantwortet.

»Ginsterkatzen«, sagte Kobus.

Ginsterkatzen! Ich war ganz aufgeregt. Sie waren zierliche, scheue Geschöpfe, die wie eine Kreuzung aus Hauskatze und Manguste aussahen. Ich hatte nicht gewusst, dass sie so melodische Stimmen hatten.

Ich stand auf und streckte den Kopf aus dem Fenster. Und als ich den süßen, klagenden Rufen lauschte, erfüllte es mich mit großer Freude, dass ich in meinem neuen Zuhause mit einer Ginstekatzenserenade begrüßt wurde.

Am nächsten Morgen lief ich noch vor Tagesanbruch hinaus, um zu sehen, ob die Sonne am richtigen Ort aufgehen würde. Es kam mir seltsam vor, dass sich kein Fluss vor dem Haus befand, und im ersten Augenblick kam ich mir verloren vor. Aber ich erinnerte mich an die Strecke, die wir am vergangenen Tag zurückgelegt hatten – erst nach Westen, dann nach Nordwesten und zuletzt nach Norden. Mein Gefühl sagte mir, dass Osten ein Stück weit rechts hinter mir sein musste. Also wandte ich mich um. Im blassen Dämmerlicht konnte ich ein breites, bewaldetes Tal erkennen, und am Horizont darüber zeigte sich ein roter Streifen am Himmel.

Eine Welle der Erleichterung überflutete mich.

Nach drei Jahren der Verwirrung stand die Sonne endlich wieder da, wo sie hingehörte.

VERZAUBERTE TAGE

Das Touristencamp bei Pretorius Kop ist eines der ältesten und schönsten im Park. Über hundert Chalets stehen reizvoll verteilt unter prachtvollen Bäumen auf Rasenflächen voller Schatten und Lichtflecken. Wilde Blumen und Singvögel sind im Überfluss vorhanden, und kleine, eifrige grüne Meerkatzen klettern oft auf den Zäunen herum. Die Umgebung ist grün und schön. Im Sommer ist das Tamboekie-Gras hoch, und Sichelbusch, Marula und Kiaat-Bäume stehen in vollem Laub. Im Frühling sind die Korallenbäume mit blutroten Blüten beladen, die wilden Birnen blühen schneeweiß, und die Glyzinien tragen himmelblaue Blütentrauben.

Eine der hervorstechendsten Baumarten der Gegend ist der Silberblattbaum, dessen Zweige reizvolle Muster bilden. Oft wachsen sie waagrecht aus dem Stamm heraus und neigen sich an den Spitzen. Die langen, silbergrauen Blätter wachsen in Büscheln an schlanken Zweigen. Diese anmutigen Bäume kommen in großer Zahl in sandigen Gebieten und an den Hängen von Tälern vor. Im Hochsommer, wenn die Bäume mit Trauben von rosafarbenen Früchten beladen sind, sind die Bäume nicht nur silbern, sondern auch rosa.

Ebenfalls typisch für die Umgebung von Pretorius Kop sind die Granitkoppies, die aus den bewaldeten Ebenen herausragen. Ihre felsigen Wände sind mit Feuerranken, Bauhinia und Geißblatt bewachsen, Felsenfeigen senden lange Wurzeln aus, die sich um die Felsblöcke schlingen und in alle Ritzen eindringen. Die Koppies haben hübsche Namen in Tsonga: Shabeni, Manungu, Shitungwane, Matupa, Mlaleni.

Unser altrosafarbenes Haus sah aus wie eine Scheune. Von außen war es quadratisch und schmucklos, aber innen war es hübsch und sonnig, mit vielen großen Fenstern, durch die man in den bewaldeten, fast 8000 qm großen Garten blickte. Dieser hatte nicht den subtropischen Charakter des Gartens in Crocodile Bridge – er war weiter und offener, und die Vegetation wirkte nicht so aggressiv. Vom vorderen Garten aus sah man nach Norden, wo ein Marulawald aufragte. Im Osten lag ein Tal voller Silberblattbäume, im Westen erstreckte sich Buschland mit Buschweiden, Marulabäumen und Akazien. An der Außenseite des Südzauns führte eine ungeteerte Straße entlang. Dahinter lagen die Häuser der beiden Trail Ranger des Camps, hinter diesen die des Camp Managers und des übrigen Personals. Das Touristencamp schloss sich an das Belegschaftsdorf an.

Den ganzen ersten Tag im neuen Heim verbrachte Leo damit, Wolfie wie ein Schatten zu folgen.

Als die Game Guards unserer Rangerstation kamen, um Kobus zu begrüßen, fanden sie einen riesigen Löwen vor, der versuchte, sich hinter einem mittelgroßen Hund zu verstecken. Deshalb hielten sie ihn natürlich für etwas zurückgeblieben. Der einzige Grund, warum Leo an diesem Tag so ängstlich wirkte, war jedoch, dass er noch nicht wusste, wo die Grenzen seiner Sicherheitszone verliefen.

Wolfie dagegen wusste ganz genau, wo die Grenzen waren, und so brachte er den größten Teil des Tages damit zu, jeden Zaunpfosten, jedes Nebengebäude, jeden Baum und jeden Busch zu markieren. Leo vertraute in diesen Dingen auf Wolfies überlegenes Wissen, wich nicht von seiner Seite und passte gut auf.

Am frühen Nachmittag kletterte eine Horde grüner Meerkatzen über den Südzaun des Gartens und stieg auf einen Mangobaum. Als ich sah, dass die Eindringlinge sich mit unseren Mangos voll stopften, ging ich zu dem Baum und drohte ihnen an, dass ich meinen Hund rufen würde, wenn sie nicht augenblicklich machten, dass sie fortkämen. Sie schauten durch die Blätter auf mich herunter und riefen mir Beschimpfungen entgegen.

»Hört mal zu«, sagte ich ihnen, »ich habe auch noch einen Löwen. Wenn ihr nicht sofort verschwindet, rufe ich meinen Hund *und* meinen Löwen.«

Sie glaubten mir kein Wort und betrugen sich weiter sehr unverschämt gegen mich.

Ich wandte mich zum Haus um und rief in dem Ton nach Wolfie, in dem ich nur rufe, wenn ich ihn wirklich dringend brauche. Der Hund und sein Schatten kamen um die Hausecke gerannt. Wolfie wusste sofort, wo die Eindringlinge steckten, und stürzte sich, von seinem Schatten gefolgt, auf den Baum. Einen Augenblick lang waren die Affen beim Anblick des Löwen sprachlos vor Schreck. Dann fielen sie alle gleichzeitig lauthals schreiend aus dem Baum und sausten in halsbrecherischer Geschwindigkeit auf den Zaun zu. Einige von ihnen waren so erschrocken, dass sie nicht mehr wussten, wo der Zaun war, und sinnlos im ganzen Garten herumrasten. Wolfie und Leo hatten sehr viel Spaß daran, die hysterischen Delinquenten aus dem Garten zu jagen.

Am Ende des Tages war Leo überzeugt, dass der ganze, von Wolfie markierte Garten das neue Territorium seiner Familie darstellte. Deshalb beruhigte er sich und hörte auf, den Hund so zu bedrängen. Wolfie war spürbar erleichtert, als der Löwe ihm endlich wieder mehr Platz zum Atmen ließ.

Als die Game Guards am nächsten Morgen bei uns erschienen, fanden sie einen sehr viel selbstbewussteren Löwen vor, der ihnen durch den Garten bis zu Kobus' Büro folgte. Sie beschleunigten ihre Schritte und sahen nervös über die Schultern. Als Kobus aus dem Büro herauskam, um sie zu begrüßen, warf Leo sich auf ihn und umklammerte ihn liebevoll. Einige der Game Guards hielten das einen Augenblick lang für einen Angriff, und sie kamen heran, um Kobus notfalls zu helfen. Kobus war gerührt von ihrer Loyalität, und er sagte ihnen schleunigst, dass das nur Leos Art sei, ihn zu begrüßen. Dann erklärte er ihnen ganz genau, wie sie Leo unter Kontrolle zu halten hätten. Er ermahnte sie, niemals vor dem Löwen davonzulaufen, wenn er spielen wollte, sondern stehen zu bleiben und ihn mit befehlender Stimme zur Ordnung zu rufen. Er riet ihnen auch, sich mit einem Stock zu bewaffnen, wenn sie den Garten betraten. (Wenn man einen Stock in der Hand hat, bekommt dadurch die Körpersprache mehr Autorität.) Man brauchte nur einen dünnen Zweig zu schwingen und »Nein, Leo!« zu rufen, dann wich er auch schon zurück.

Obwohl die Game Guards eine ganze Weile Leo gegenüber misstrauisch blieben, lernten sie alle sehr bald, ihn auf die richtige Weise unter Kontrolle zu halten, und hatten ihn schließlich ausgesprochen gerne.

In Pretorius Kop hatten wir einen Gärtner namens Aaron. Leo mochte den Mann gern. Anscheinend meinte er, dass Aaron und er sehr viel miteinander gemein hätten, weil sie beide gerne in der Erde herumwühlten. Er lief mit Vorliebe hinter Aaron her und schaute, ob er ihm vielleicht helfen könnte. Aber Aaron fand es durchaus nicht lustig, seine Arbeit gemeinsam mit einem Löwen zu verrichten. Eines Tages, als Leo es einfach zu weit trieb, ergriff Aaron einen Schubkarren und stürmte damit auf ihn los. Der Löwe bekam einen fürchterlichen Schrecken und rannte um sein Leben. Danach fürchtete er sich entsetzlich vor dem Schubkarren und wagte sich nicht mehr in seine Nähe. Wenn Aaron ihn nun dabei erwischte, dass er sich an der Flora vergriff, nahm er sich den Schubkarren und verjagte ihn damit. Dann kam Leo unter lauten Hilferufen zum Haus gerannt und beschwerte sich bitterlich über den Schubkarren. Ich musste ihm erklären, dass Schubkarren normalerweise überhaupt nicht aggressiv sind – nur wenn Löwen im Garten Schaden anrichten.

Am Rand des Marulawaldes, direkt vor unserem Nordzaun, war ein kleiner Teich, zu dem verschiedene Antilopenarten häufig zum Trinken kamen. Anfangs fürchteten sie sich sehr vor Leo, aber als sie merkten, dass er nicht wusste, dass sie essbar waren, verloren sie alle Furcht vor ihm.

Eines Tages erschien eine Pavianherde, um sich an den reifen Marulafrüchten im Wald gütlich zu tun. Als sie die heruntergefallenen Früchte unter den Bäumen aufsammelten, wurden sie von Wolfie entdeckt, der ein warnendes Bellen ausstieß, vermutlich, um ihnen mitzuteilen, dass er nun der Boss in der Gegend sei und dass es zu seinen Pflichten gehörte, den Garten pavianfrei zu halten. Die Paviane sahen auf, und als sie den Hund stehen sahen, murmelten sie vor sich hin. »Was für ein unangenehm aussehender Hund. Wir sollten seinen Garten lieber meiden.«

Unterdessen wachte Leo auf, der gerade ein Schläfchen getan hatte, und wollte wissen, warum Wolfie so bellte. Er stand auf, um nachzusehen, und stellte fest, dass der Hund am Nordzaun stand und die Paviane nicht

aus den Augen ließ. Er beschloss, hinüberzugehen und sich zu ihm zu gesellen.

Als einer der Paviane aufsah, entdeckte er Leo und schrie: »*Was ist denn das? Ein Löwe?*«

Im Handumdrehen war die ganze Herde unter entsetztem Geschrei die Marulabäume hinaufgerast.

Wolfie bellte noch einmal gebieterisch.

Leo sagte nur: »Hä?«

Ich beobachtete sie von der Veranda aus und beschloss, meine Kamera zu holen und ein paar Aufnahmen von Leo und Wolfie zu machen, wie sie die Paviane musterten.

Alle Paviane saßen nun in den Marulabäumen und waren so mit Krakeelen beschäftigt, dass sie mich nicht einmal bemerkten, als ich aus dem Haus trat und zum unteren Ende des Gartens ging. Meine Kamera hatte ein Zoom, und so blieb ich in einiger Entfernung von Leo und Wolfie stehen, in der Hoffnung, ein paar nette Schnappschüsse zu bekommen, auf denen zu sehen war, wie ihre unterschiedlichen Empfindungen sich in ihren Gesichtern spiegelten. Wolfie hatte offensichtlich eine sehr schlechte Meinung von den hysterischen Clowns, Leo dagegen dachte anscheinend angestrengt über den Grund für ihr Verhalten nach.

Nach einiger Zeit bemerkten die Paviane, dass der Löwe überhaupt nichts tat. Er stand nur da und staunte sie an. Vielleicht wusste er nicht, wie er über den Zaun kommen sollte? Dieser Gedanke beruhigte sie etwas, und bald wurden sie wieder ein bisschen mutiger. Sie stießen trotzige Schlachtrufe aus und hüpften auf den Ästen herum. Einige der größeren Männchen stellten ihre Muskelkraft zur Schau, indem sie kleine Äste abbrachen und zu Boden warfen.

Der Kriegstanz samt Muskelschau vertiefte Leos Verwirrung noch um einiges.

Wolfie fand das Säbelrasseln nach einiger Zeit einfach zu albern und beschloss, sich das nicht weiter anzusehen. Er zog sich auf seinen liebsten Siestaplatz neben Kobus' Büro zurück. Leo gab den Versuch auf herauszufinden, was eigentlich los war, und ließ sich zu einem Schläfchen ins Gras fallen.

Das Paviankonzert verlor an Lautstärke, und das Kriegsgeschrei machte nervösem Geschnatter Platz. Ich klappte meine Kamera zu und wollte gerade wieder ins Haus zurückkehren. Aber dann sah ich Leo auf dem Rücken liegen und hatte das dringende Bedürfnis, zu ihm hinüberzugehen und ihn ausgiebig zu umarmen.

Ich vergaß ganz, dass die Paviane nicht verstehen würden, was ich da tat. In dem Augenblick, in dem sie bemerkten, dass ich auf den Löwen zuging, ertönte ein entsetztes und ungläubiges Gemurmel aus den Reihen der Zuschauer. Was dachte sich dieser dumme Primat dabei, sich einem Löwen zu nähern? Bald wurde ihr Geschrei ohrenbetäubend. Ich wusste nicht, ob sie mich warnen wollten oder ob sie aus reinem Entsetzen reagierten, wie eine Horde Teenager, die sich einen Horrorfilm anschaut.

Leo lag immer noch auf dem Rücken, als ich bei ihm ankam, und als ich mich neben ihn setzte, legte sich eine riesige Pranke um meinen Hals und zog meinen Kopf liebevoll an seine Brust. Die Paviane wurden so hysterisch, dass einige von ihnen ihre Stimmen verloren und nur noch wimmern konnten. Ich bin überzeugt, dass viele von ihnen die Augen zumachten, um nicht mit ansehen zu müssen, wie ich von dem Löwen verschlungen wurde.

Nach einiger Zeit taten mir meine entsetzten Zuschauer Leid, und ich stand auf, um ihnen zu zeigen, dass ich noch am Leben war. Ich winkte ihnen sogar zu. Manche von ihnen schrien und wimmerten einfach weiter. Vielleicht hatten sie die Augen immer noch geschlossen. Andere hörten auf zu schreien und stießen alle möglichen seltsamen Laute aus. Vermutlich sagten sie sich, dass dies alles nur ein verrückter Traum sein konnte – im wirklichen Leben war so etwas doch ganz einfach unmöglich.

Die beiden Trail Ranger auf der anderen Straßenseite, Bryan Haveman und Bruce Leslie, freundeten sich schnell mit Leo an und lernten, ihn unter Kontrolle zu halten, was sehr wichtig war, weil sie häufig in Kobus' Büro kommen und etwas mit ihm besprechen mussten. Aber abgesehen von den beiden Trail Rangern und den Game Guards hielten sich unsere Nachbarn lieber in respektvoller Entfernung. Sie traten jedoch oft an den Zaun und hofften, den Löwen zu Gesicht zu bekommen. Und Leo, der es genoss, bewundert zu werden, schritt zum Zaun hinüber und gönnte seinen Fans gnädig das Privileg seiner königlichen Gesellschaft.

Wir wollten nicht, dass die Touristen erfuhren, dass wir einen Löwen hatten. Deshalb baten wir unsere Nachbarn, niemandem im Touristencamp etwas davon zu erzählen. Wenn die Leute anfingen, zu unserem Haus zu strömen, um den Löwen zu besichtigen, würde ich ständig damit beschäftigt sein, die Besucher vor Leo zu schützen. Obwohl die meisten Menschen vernünftig und intelligent sind, gibt es immer den einen oder anderen, der verrückte Dinge tut und der sich vielleicht nicht darüber im Klaren ist, dass auch ein zahmer Löwe gefährlich werden kann. Es muss nicht erst betont werden, dass jeder, der nicht sehr geübt im Umgang mit Löwen ist und weiß, wie man sie unter Kontrolle hält, lieber nicht versuchen sollte, mit ihnen zu spielen. Er könnte dabei ums Leben kommen.

Allerdings war es nicht immer leicht, den Löwen vor den Touristen zu verstecken.

Wenn Kobus bei Anbruch der Dunkelheit noch nicht zu Hause war, setzte sich Leo ans Tor und rief nach ihm. Obwohl er noch nicht in voller Lautstärke brüllen konnte, waren seine Rufe doch über eine ziemlich weite Entfernung zu hören und drangen auf alle Fälle bis ins Touristencamp. Ich befürchtete, dass ängstliche Touristen neugierig werden könnten, woher die Rufe kamen. Deshalb lief ich hinaus und versuchte, Leo dazu zu überreden, etwas anderes zu tun. Zum Glück schienen die Touristen, die Leos Rufe hörten, niemals genau feststellen zu können, woher das Gebrüll kam. Vermutlich glaubten sie, dass sie einen wilden Löwen im Busch brüllen hörten.

Die Straßen der Gegend stellten uns vor ein weiteres Problem: Die Patrouillenwege und die Touristenstraßen kreuzten sich an einigen Stellen, so dass es schwierig für uns war, den Touristen aus dem Weg zu gehen, wenn wir Leo und Wolfie auf eine Fahrt in den Busch mitnahmen. Meistens fuhren die Touristen erst einmal an uns vorbei, bevor die Tatsache bis in ihr Bewusstsein vordrang, dass sich ein Löwe auf der Ladefläche unseres Pick-ups befand. Aber sowie sie den erstaunlichen Umstand registriert hatten, traten sie auf die Bremse und fuhren mit Höchstgeschwindigkeit rückwärts, um noch einen Blick auf uns zu erhaschen. Gelegentlich meldete jemand die ungewöhnliche Begegnung beim Dienst habenden Tourismusbeamten im Camp. Und der gute Mann, der uns vor der Neugier der Besucher schützen wollte, versicherte ihnen, dass er nichts von einem solchen Löwen wisse und dass er keine Ahnung habe, wie er auf die Ladefläche eines Pick-ups käme. Ein verblüffter Tourist meldete dem Beamten, dass er einen Hund und einen Löwen zusammen auf dem Fahrzeug eines Game Rangers gesehen habe, und er wollte wissen, wie so etwas möglich sei. War der Löwe auf den vorbeifahrenden Pick-up gesprungen? Und wenn es so sein sollte, warum hatte er dann den Hund nicht gefressen?

Das Tal mit den Silberblattbäumen wurde mein liebstes Ziel für meine Spaziergänge mit Leo und Wolfie. Zwar gab es im Tal selbst keine Touristenstraße, wohl aber oberhalb der Anhöhe am anderen Ende des Tals. Deshalb achtete ich sorgfältig darauf, immer rechtzeitig umzukehren, bevor wir sie erreichten.

Aber eines Tages, als wir den Kamm am anderen Ende des Tals schon fast erreicht hatten und gerade kehrtmachen wollten, entdeckte Leo irgendetwas Interessantes und sauste los, um es zu inspizieren – direkt auf die Touristenstraße und das Motorengeräusch eines sich nähernden Fahrzeugs zu. Voller Angst, dass er überfahren werden könnte, rannte ich hinter ihm her und versuchte, ihn zurückzurufen. Die Straße war nach meiner Schätzung noch etwa vierzig bis fünfzig Meter entfernt, aber ich hatte mich getäuscht.

Leo hatte gerade die Straße überquert und jagte hinter einer Zebraherde her, und die begeisterten Touristen traten auf die Bremse, um den Löwen zu bewundern, als ich in meiner Dummheit aus dem Dickicht gebrochen kam, direkt vor ihrer Nase über die Straße stürmte und hinter dem Löwen herbrüllte. Als ich meinen Irrtum bemerkte, war es zu spät, um noch etwas an der Situation zu ändern, und so rannte ich einfach weiter, verschwand auf der anderen Straßenseite wieder im Busch und betete, dass die Leute ihren Augen nicht trauen würden. Zum Glück meldeten sie den Vorfall nicht. Vielleicht hielten sie das Ganze für eine Wahnvorstellung. Vielleicht scheuten sie sich auch, jemandem zu erzählen, dass sie gesehen hätten, wie eine Frau und ein fetter Hund einen Löwen verfolgt hätten. Wer hätte ihnen das glauben sollen?

Alles in allem ist mir unser erster Sommer in Pretorius Kop als eine Reihe verzauberter Tage in Erinnerung geblieben. Ich liebte mein neues Heim und seine Umgebung. Und vielleicht war mir auch klar, wie wichtig es war, jeden köstlichen Augenblick zu genießen, denn mein königliches Findelkind näherte sich dem Erwachsenenalter, und ich würde nicht mehr allzu lange eine Löwenmutter sein.

DER LÖWENMANN

Gareth Patterson rief Ende Februar wieder an und erkundigte sich, wie lange Kobus und ich Leo noch behalten wollten. Ich erzählte ihm, dass wir uns am liebsten niemals von ihm trennen würden, dass dies aber gegen die Vorschriften des Parks verstieß und dass wir bereits einen förmlichen Brief vom Chef des Parks erhalten hatten, in dem er nach unseren Zukunftsplänen für Leo fragte.

Gareth entschuldigte sich, dass er nicht schon früher angerufen habe – seine Arbeit in Tuli im Buschland von Botswana habe ihm keine Zeit gelassen. Aber nun, so sagte er, sei Leo seine erste Priorität, und er würde ihn gerne so bald wie möglich kennen lernen. So verabredeten wir einen Termin für einen Besuch.

Ein paar Tage darauf fuhr ich zum Flughafen nach Skukuza. Als ich vor dem Flughafengebäude stand und die zweimotorige Turboprop-Maschine hereinkommen sah, überlegte ich, ob ich Gareth wohl auf Anhieb erkennen würde. Ich hatte ihn bisher noch nicht persönlich kennen gelernt.

Unter den rund dreißig Passagieren, die aus dem Flugzeug stiegen, war ein junger Mann, dessen schulterlanges, blondes Haar wie eine Löwenmähne aussah. Er hatte den leichtfüßigen, anmutigen Gang eines Menschen, der während des größten Teils seines Lebens zu Fuß geht. Und während die meisten anderen Passagiere stur geradeaus schauten, als sie auf das Flughafengebäude zugingen, ließ der blondmähnige junge Mann die Augen über den umgebenden Busch schweifen. Er trug ein loses T-Shirt, Shorts und Sandalen. Ein winziger, abgewetzter Koffer war sein einziges Gepäckstück.

Ich ging auf ihn zu und fragte: »Gareth?«

Er wandte sich zu mir um, lächelte zögernd und fragte seinerseits: »Leos Mutter?«

Ich nickte und lächelte zurück. Seine angelsächsischen Gesichtszüge und sein englischer Akzent waren auffallend.

»Wie haben Sie mich erkannt?«, wollte er wissen.

»Wie kann man Sie nicht erkennen?«, fragte ich.

Auf der Rückfahrt redeten wir über tausend Dinge, und als wir zu Hause ankamen, waren wir bereits alte Freunde.

Als wir aus dem Auto stiegen, kam Wolfie gelaufen, um uns zu begrüßen. Aber Leo sah, dass ich nicht alleine war, und hielt sich fern.

Gareth nickte Wolfie zur Begrüßung respektvoll zu. Natürlich war Wolfie sehr beeindruckt von diesem wohlerzogenen jungen Mann, der den Anstand besaß, ihm nicht zu nahe zu treten und ihm nicht den Kopf zu tätscheln.

Leo saß neben dem Fischteich in einem Blumenbeet (wobei er Aarons Veilchen platt drückte) und beobachtete uns ruhig.

»Er ist ein sehr schönes Tier«, murmelte Gareth mir zu.

Abgesehen von einem kurzen, forschenden Blick, vermied Gareth jeden Blickkontakt mit Leo und beachtete ihn nicht weiter. Er respektierte das Recht des Löwen, selbst über den Abstand zu einem Fremden zu entscheiden.

Hettie und Karin, die beide für das Wochenende zu Hause waren, machten uns Sandwiches und Tee, und wir trugen alles in den Garten. Leo kam herüber und ließ sich in einiger Entfernung von uns ins Gras fallen. Gareth beachtete ihn immer noch nicht. Obwohl Leo so tat, als ob der Besucher ihn überhaupt nicht interessierte, beobachtete er ihn heimlich und wunderte sich vermutlich über diesen eigenartigen Menschen, der ihm so seltsam vertraut vorkam.

Später machten wir zu viert mit Leo und Wolfie einen Spaziergang im Tal. Während wir ins Gespräch vertieft durch den Busch wanderten, bemerkte ich, dass Gareth gewohnheitsmäßig auf die Fährten am Boden achtete. Als wir eine frische Elefantenfährte kreuzten, ließ er den Blick automatisch über die Umgebung schweifen. Es war schön, einen Besucher zu haben, der sich im Busch genauso verhielt wie wir selbst.

Als wir etwa einen Kilometer weit gegangen waren, blieb Leo, der ein paar Schritte vor uns herlief, plötzlich stehen, wandte sich um und sah Gareth an. Gareth blieb ebenfalls stehen und sah Leo an. Als der Löwe auf ihn zuging, streckte ihm Gareth den Arm entgegen. Leo inspizierte und beroch den ausgestreckten Arm, dann leckte er ein paar Mal freundlich darüber und rieb seine Flanke kurz an Gareths Beinen. Es war eine förmliche, aber herzliche Begrüßung und ein deutliches Zeichen, dass Gareth akzeptiert war.

Kobus kam am späten Nachmittag nach Hause. Nach dem Abendessen trugen wir alle unseren Kaffee in den Garten und verbrachten den Abend mit Gesprächen über Leos Zukunft.

Gareth erzählte uns, dass er ursprünglich daran gedacht habe, Leo mit in das Buschland von Tuli zu nehmen, sich aber inzwischen anders entschieden habe. Abgesehen von dem ständig schlimmer werdenden Wildererproblem in der Gegend, wurden die Löwen auch von den Farmern an den Grenzen geködert und gejagt. Anstelle von Tuli schlug Gareth deshalb den Save Valley Naturschutzpark im Südosten von Simbabwe vor.

Das Save Valley, ein riesiger privater Naturschutzpark, der eine halbe Million Hektar Land umfasste, war von einer Gruppe von Großgrundbesitzern gegründet worden, die dort das gesamte Spektrum der früheren Wildbestände, Löwen eingeschlossen, wieder heimisch machen wollten. Eine Methode, Löwen in einem bestimmten Gebiet anzusiedeln, bestand darin, wilde Löwen aus stabilen Populationen einzufangen und in dem neuen, fremden Territorium freizulassen. Diese Methode war für die Löwen mit starkem Stress verbunden. Gareth hatte bewiesen, dass man das Ansiedeln von Löwen in einem Naturschutzgebiet auch auf andere Weise bewerkstelligen konnte: Von Menschen aufgezogene Waisen und andere benachteiligte Tiere konnten durch einen Rehabilitationsprozess erfolgreich den Übergang zu einem selbstständigen, »wilden« Leben schaffen.

Das Save Valley schien in idealer Weise für ein solches Projekt geeignet zu sein, und Gareth schlug vor, das Komitee der Landeigentümer um Erlaubnis zu bitten, ein »künstliches« Löwenrudel in dem Naturschutzpark anzusiedeln. Dieses Rudel würde aus Leo und zwei oder drei weiteren verwaisten, von Menschen aufgezogenen Löwen bestehen. Sofern er die Erlaubnis zu dem Projekt erhielt, wollte Gareth etwa zwei Jahre mit den Löwen verbringen und ihnen das Jagen und alles Übrige beibringen, was nötig war, um in der Wildnis zu überleben. Sowie sie selbstständig waren und ihre Vertrautheit mit den Menschen abgelegt hatten, wollte er sich allmählich zurückziehen und schließlich ganz verschwinden. Das »künstliche« Rudel konnte dann der Grundstock für künftige Löwengenerationen im Naturschutzpark werden.

Gareths Vorschlag erschien uns vernünftig. Die Tatsache, dass es im Save Valley bislang keine Löwenpopulation gab, bedeutete, dass Leo und sein Rudel aus verwaisten Tieren nicht mit anderen Löwen um ihr Jagdterritorium würden kämpfen müssen.

Während des restlichen Abends unterhielten wir uns über unzählige gemeinsame Interessen. Gareth war besonnen, sprachgewandt und gebildet. Seine Erzählungen über seine Arbeit und sein Leben in Afrika waren voller Leidenschaft, Spannung und Humor und zeugten von seiner tiefen Liebe zur Wildnis und seiner vollständigen Hingabe an die Erhaltung der Tierwelt.

Früh am folgenden Morgen fand ich Gareth und Wolfie gemeinsam auf einer Gartenbank sitzend vor. Gareth schrieb Notizen in ein Buch, während Wolfie einfach nur dasaß, sein Territorium überblickte und seinem neuen Freund Gesellschaft leistete.

Ich war verblüfft. Mein ernsthafter, zurückhaltender Hund hatte sich tatsächlich mit einem Fremden angefreundet!

Leo kam herüber und ließ sich in einiger Entfernung von Gareth ins Gras fallen. Gareth stieß ein grollendes Geräusch aus, das wie der Begrüßungslaut eines Löwen klang. Leo hob den Kopf und sah Gareth mit einem Gesichtsausdruck an, der zu sagen schien: »Oh! Du sprichst ja Löwisch. Wie nett!«

Später an diesem Tag fuhr ich Gareth zum Flughafen zurück, und es tat mir sehr Leid, dass er nicht länger bei uns bleiben konnte. Er versprach, mit uns in Verbindung zu bleiben und uns zu benachrichtigen, sowie er etwas Neues vom Save Valley Naturschutzpark hörte.

EIN DENKWÜRDIGER HERBST

In den Herbstferien kamen unsere Kinder nach Hause, und wir nutzten unsere liebste Jahreszeit dazu, all die Dinge zu tun, die man tun soll, wenn der Busch so leuchtend und schön ist Als Erstes begleiteten wir Kobus auf eine Patrouillenfahrt, die uns am Nwaswitshaka Creek entlangführte. Ich saß mit Kobus in der Fahrerkabine, während die übrigen Familienmitglieder – Hettie, Paul, Sandra, Karin, Leo und Wolfie – es sich auf der Ladefläche des Pick-ups bequem gemacht hatten. Es war ein prachtvoller Tag, der Himmel zartblau und die Landschaft pastellfarben. Selbst die wilden Tiere wirkten sanft und pastellfarben. Der Nwaswitshaka schlängelt sich durch Wälder, Sümpfe und Savannen und legt einen Weg von mehr als fünfzig Kilometern zurück, bevor er sich in den Sabie River ergießt. Er führt meist nur in der Regenzeit Wasser, aber er hat zahlreiche Tümpel, die das ganze Jahr über mit Wasser gefüllt sind, und so sind immer sehr viele Tiere in seiner Nähe unterwegs. An jenem prachtvollen Herbsttag bekamen wir fast alles zu sehen – von seltenen Vögeln bis hin zu schwarzen Nashörnern.

Eigentlich bin ich nicht sonderlich scharf darauf, schwarze Nashörner (eigentlich Spitzmaulnashörner) zu sehen zu bekommen. Die weißen (eigentlich Breitmaulnashörner) sind mir lieber. Sie sind dumm und freundlich. Schwarze Nashörner hingegen sind dumm und aggressiv. Sowie ein schwarzes Nashorn etwas sieht, das ihm fremd vorkommt, dreht es vollkommen durch. Wenn es dann herumfuhrwerkt, hat man keine Ahnung, ob es einen angreifen wird oder nicht – es gibt seine Absichten durch nichts zu erkennen. Wahrscheinlich hat das Nashorn, dumm wie es ist, selbst keine Ahnung, was es vorhat. Wenn ein schwarzes Nashorn angreift, ist es unmöglich zu entscheiden, in welche Richtung man flüchten soll. Wenn es erst einmal losrennt, rennt es überallhin. Es ist sehr kurzsichtig, deshalb rast es blindlings in alle Richtungen

und verlässt sich auf seine Schnelligkeit, seine Wendigkeit und seine Fähigkeit, innerhalb von Sekunden die Richtung zu ändern, bis es mehr oder weniger an jedem Punkt in der Landschaft einmal gewesen ist und alles niedergewalzt hat, was niedergewalzt werden musste.

Wenn man einem schwarzen Nashorn begegnet, tut man gut daran, sich nicht von ihm sehen zu lassen. Wenn es einen dennoch sieht und durchdreht, tritt man am besten das Gaspedal durch und verschwindet am Horizont.

Aber eigentlich muss man auch nicht gleich in Panik verfallen. Meistens kann man sich einen guten Vorsprung sichern, weil das Nashorn so lange dazu braucht, sich über seine eigenen Absichten klar zu werden.

Zum Glück gibt es relativ wenige schwarze Nashörner im Park. Aber leider leben die meisten davon in der Gegend von Pretorius Kop.

Wegen der weißen Nashörner braucht man sich dagegen gar keine Sorgen zu machen. Sie sind so dumm und freundlich, dass man ihnen im Vorbeifahren fast den Kopf tätscheln kann.

Aber das sollte man vielleicht doch nicht tun, denn wenn man aus Versehen ein schwarzes Nashorn für ein weißes hält, dann hat man ein *großes* Problem.

Der Unterschied zwischen einem schwarzen und einem weißen Nas-

horn besteht nicht in ihrer Farbe – sie sind beide grau –, sondern in ihren Fressgewohnheiten und der Form ihres Mauls. Das schwarze Nashorn sucht sich ganz bestimmte Pflanzen und hat eine längliche Oberlippe, die über die Unterlippe herunterhängt, was ihm ein beleidigtes Aussehen gibt. Das weiße Nashorn weidet das Gras richtig ab und hat eine breite, quadratische Oberlippe, mit der es so aussieht, als würde es lächeln. Seinen Namen verdankt es einer Verwechslung. Ursprünglich wurde es »wide-lipped«, Breitlippennashorn genannt. Aber daraus wurde fälschlich »white-lipped«, Weißlippennashorn, und schließlich einfach weißes Nashorn. Als man dann noch eine zweite Nashornart entdeckte, wurde diese einfach schwarzes Nashorn genannt.

Das schwarze Nashorn ist natürlich nicht schwarz, sondern nur ein bisschen dunkler grau als das andere. Es ist auch kleiner als das weiße. Es wiegt bis zu zwei Tonnen, während das weiße dreieinhalb Tonnen wiegen kann. Aber wenn man nicht sehr geübt darin ist, Gewichte aus großer Entfernung zu schätzen, ist diese Information nicht allzu hilfreich, wenn man den schwarzen Nashörnern aus dem Weg gehen möchte.

Vielleicht sollte man sich lieber auf die Form des Mauls konzentrieren – obwohl auch das schwierig sein kann, wenn das Nashorn gerade in die andere Richtung schaut. Oder wenn es ein weißes Nashorn ist, das ein beleidigtes Gesicht macht, anstatt zu lächeln. Oder wenn es ein schwarzes Nashorn ist, das Grimassen schneidet, anstatt beleidigt zu schauen. (Ein schwarzes Nashorn lächelt nie – vielleicht ist es nützlich, das zu wissen.)

Wie dem auch sei, als wir an jenem schönen Herbsttag schwarze Nashörner entdeckten, wusste ich sofort, dass es schwarze Nashörner waren, weil sie vollkommen durchgedreht waren. Sie waren zu dritt, und als sie eine Zeit lang herumgesprungen waren, kamen sie wie Dampfwalzen auf uns zugerast. Auf halbem Weg gerieten sie in Verwirrung und verloren die Orientierung. Also machten sie eine akrobatische Kehrtwendung und donnerten etwa ebenso weit in eine andere Richtung davon. Aber gleich darauf rannten sie mit Höchstgeschwindigkeit – und das sind bei einem Nashorn fünfundvierzig Stundenkilometer – wieder auf uns zu. Kobus musste mit dem Truck sehr geschickt manövrieren, um ihnen auszuweichen. Eine Zeit lang preschten sie dümmlich neben uns her und überholten uns schließlich. Also drosselten wir das Tempo. Nach etwa einer Minute dämmerte ihnen die Erkenntnis, dass sie von ihrem Ziel fortrannten und nicht darauf zu. Also machten sie noch einmal eine Kehrtwendung, und als sie auf uns zugestürmt kamen, musste Kobus noch einmal eine scharfe Kurve fahren, um nicht von ihnen gerammt zu werden. Sie schossen direkt an uns vorbei und verloren uns endgültig aus den Augen.

Ich war sehr erleichtert, dass sie nicht noch einmal kamen. Aber der Rest meiner idiotischen Familie fand, dass es sehr lustig gewesen sei, und hoffte, dass wir auf unserem Weg noch mehr schwarzen Nashörnern begegnen würden.

Zum Glück passierte das nicht.

Aber zu unserem Unglück hatten wir kurz darauf ein ganz fürchterliches Erlebnis, bei dem nicht nur ich mich zu Tode fürchtete, sondern alle anderen auch.

Wir fuhren in einen steilen Donga hinunter. Ich bemerkte, dass die Piste an der tiefsten Stelle zum Teil eingebrochen war, und ich machte Kobus darauf aufmerksam. Aber er meinte, ich sollte mir keine Sorgen machen.

Er kannte die ausgewaschene Stelle, behauptete er, und er würde den Truck darum herum manövrieren.

Als wir den Abhang zur Hälfte hinuntergefahren waren, erschien plötzlich eine Elefantenherde auf der anderen Seite des Donga und begann, die Piste zu überqueren. Das gefiel mir überhaupt nicht. Es waren Hunderte. Oder vielleicht auch um die fünfzig. (Elefanten haben die Tendenz, so auszusehen, als seien sie mehr, als sie tatsächlich sind.)

»Können wir nicht umkehren?«, fragte ich Kobus.

»Nein«, sagte er. »Aber mach dir keine Sorgen. Sie werden uns schon in Ruhe lassen.«

Als wir unten ankamen, brach der verbliebene Teil der Piste ein, so dass der Truck auf der Beifahrerseite über der ausgewaschenen Stelle hing. Ohne erkennbaren Grund kamen zwei Elefantenkühe den gegenüberliegenden Abhang hinuntergebrochen. Sie schrien vor Wut und stürmten direkt auf uns zu.

Zum ersten Mal in meinem Leben befand ich mich in einer gefährlichen Situation und hatte nicht die geringste Ahnung, was ich machen sollte. Und es blieb auch wenig Zeit, etwas zu tun. Ich wusste auch nicht, was ich meinen Kindern sagen sollte. Wenn ich ihnen zugerufen hätte, sie sollten vom Truck springen und fortrennen, wären die Elefanten vielleicht auf die Idee gekommen, auf sie loszugehen statt auf den Truck. Wenn ich ihnen gesagt hätte, sie sollten bleiben wo sie waren, wären sie auf alle Fälle in Gefahr gewesen.

Kobus hatte sein Gewehr ergriffen, die Tür aufgestoßen und war aus der Kabine gesprungen (er hatte zuerst bergauf krabbeln müssen, weil die Räder auf seiner Seite in der Luft hingen). Er hatte nicht mehr die Zeit, die Büchse zu laden und zu schießen, also brüllte er die Elefanten an – mit einer Stimme, die den Busch erbeben ließ. Ich hielt die Augen unverwandt auf die riesigen Gesichter der beiden Kühe gerichtet, die auf uns heruntergebrochen kamen. Die Entschlossenheit in ihren Augen versetzte mich in Panik. Der Adrenalinstoß weckte das dringende Bedürfnis in mir, *etwas zu tun* ... irgendwas! Aber was?

Die Mädchen lagen flach auf dem Bauch auf der Ladefläche des Trucks, die Arme über den Kopf gelegt. Karin wimmerte vor Angst – etwas, was ich in den sechzehn Jahren ihres Lebens noch nie von ihr gehört hatte. Sandra versuchte ihre kleine Schwester zu trösten und murmelte: »Es ist o. k., Karin, es ist o. k.« Paul griff durch das offene Rückfenster in die Fahrerkabine, holte den Patronengurt heraus und reichte ihn Kobus. All dies geschah in der gleichen Sekunde.

Ich starrte immer noch in die Gesichter der Elefanten, und Kobus brüllte immer noch auf sie ein. Sie waren vielleicht noch fünfzehn Meter von uns entfernt - etwa drei Sekunden trennten uns noch vom Zusammenprall -, als ich auf einmal sah, dass der entschlossene Ausdruck in ihren Augen einem Zögern Platz machte. Plötzlich blieben sie stehen. Kobus brüllte weiter aus Leibeskräften auf sie ein.

Nach ein paar Sekunden der Unentschlossenheit wandten sie sich ab und stiegen wieder den Abhang hinauf. Kobus prüfte hastig das Magazin seines Gewehrs und griff nach den Patronen, die Paul ihm hinhielt. Aber bevor er laden konnte, hatten die beiden Elefanten kehrtgemacht und rasten wieder auf uns zu, die Ohren fest an den Kopf gelegt, die Rüssel unter der Brust, schweigend und mit tödlicher Entschlossenheit. Kobus begann wieder zu brüllen.

Ich ertrug es nicht mehr, ihnen ins Gesicht zu sehen. Ich beugte mich vor, presste den Kopf auf die Knie und kreuzte die Arme über dem Kopf – die Haltung für einen Zusammenstoß. Und ich war überrascht und beschämt, mich selbst wimmern zu hören. Aber ich dachte wirklich nur an meine Kinder.

Vielleicht acht Sekunden, nachdem ich den Kopf auf die Knie gepresst hatte, wurde mir klar, dass der Zusammenprall längst hätte stattfinden müssen, und ich sah auf – direkt in die Augen der beiden Elefanten, deren Köpfe mein ganzes Gesichtsfeld ausfüllten. Sie waren stehen geblieben. An ihren Augen konnte ich erkennen, dass Kobus' donnerndes Gebrüll ihnen auf die Nerven ging. Sie traten einen Schritt zurück, blieben einen Augenblick lang stehen und musterten uns. Kobus, der immer noch brüllte, kam endlich dazu, sein Gewehr zu laden und anzulegen. Gott sei Dank erübrigte es sich zu schießen. Die beiden Kühe machten kehrt und marschierten die Böschung hinauf, um sich wieder der Herde anzuschließen. Irgendetwas war da oben los – die ganze Herde lief kreuz und quer durcheinander.

Aber wir hatten keine Zeit, darüber nachzudenken. Kobus befahl uns, vom Truck zu springen und die Böschung hinter uns hinaufzuflüchten. Auf meiner Seite konnte ich nicht hinausgelangen, weil sie über dem Grabenrand hing. Ich musste aufwärts über den Fahrersitz klettern, um hinauszukommen. Die Kinder sprangen von der Ladefläche und wir sprinteten alle zusammen die Böschung hinauf. Die Elefanten schrien und kreischten, aber wir nahmen uns nicht die Zeit zurückzuschauen, bis wir den oberen Rand der Böschung erreicht hatten.

Erst als wir uns auf dem Kamm einigermaßen in Sicherheit befanden, dachte ich an Wolfie und Leo. Wenn es um das Überleben geht, erlaubt das Gehirn keinen anderen Gedanken. Vielleicht hatte mein Unterbewusstsein gewusst, dass der Hund und der Löwe selbst für ihre Sicherheit sorgen würden, und hatte deshalb automatisch jeden Gedanken an sie abgeblockt.

Mit Erleichterung stellte ich fest, dass Wolfie bei uns war.

Aber nicht Leo.

Der Idiot befand sich oberhalb der gegenüberliegenden Böschung und ärgerte die Elefanten. Kein Wunder, dass sie so im Kreis herumliefen und vor Ärger kreischten.

Die Kinder erzählten uns, dass Leo von Truck gesprungen war, sowie er die beiden Kühe die Böschung hinunterbrechen sah, aber sie hatten keine Ahnung, was er danach getan hatte. Wolfie war offenbar von der Ladefläche gesprungen, als er Kobus aus der Kabine springen sah. Er war während des ganzen Alptraums tapfer an Kobus' Seite geblieben.

Wir alle redeten und lachten durcheinander – wir waren trunken vom Adrenalin.

Ich war die Einzige, die nicht lachte.

Ich schmollte.

Und ich bereitete eine Strafpredigt vor.

Jetzt würde ich meinem Mann gehörig die Meinung sagen.

Er war vollkommen heiser vom vielen Brüllen. Aber das würde ihm jetzt auch nichts helfen. Sowie wir allein sein würden, würde er seine Strafpredigt bekommen.

Irgendwann zogen die Elefanten weiter, und unser ungezogener Löwe kam zu uns zurückgelaufen. Er sah uns an, als wollte er sagen: »Ich habe solchen Spaß gehabt. Warum seid ihr nicht alle gekommen und habt mitgespielt?«

»Du bist vollkommen verrückt«, teilte ich ihm mit.

Als die Elefanten fort waren, gingen wir zu unserem stecken gebliebenen Truck zurück, und alle packten mit an, um ihn wieder auf festen Grund zu befördern – alle außer mir. Ich arbeitete an meiner Strafpredigt.

Als wir endlich weiterfahren konnten, war die Zeit für meine Predigt gekommen.

Ich begann damit, Kobus daran zu erinnern, dass ich sowohl vor der ausgewaschenen Piste am Grund des Donga als auch vor den Elefanten auf der anderen Seite gewarnt hatte und dass meine Warnungen nicht beachtet worden waren. Dann sprach ich von elterlicher Verantwortung und erklärte, dass ich als Mutter sämtlicher Kinder und Tiere auf der Ladefläche ein Recht hatte, ernst genommen zu werden, wenn ich auf eine gefährliche Situation hinwies. Ich fügte hinzu, dass Männer im Allgemeinen eine bedauerliche Neigung dazu hätten, das Urteil von Frauen über die Frage, was als gefährlich zu betrachten sei und was nicht, zu missachten, und dass es eine anerkannte Tatsache sei, dass weibliche Wesen einen stärkeren Überlebensinstinkt hätten als Männer. Ich betonte, dass Männer sehr viel bessere Chancen hätten, länger am Leben zu bleiben, wenn sie sich öfter auf die weibliche Intuition verlassen würden.

Ich sah, dass dieser Teil meiner Rede einen gewissen Eindruck gemacht hatte, und obwohl ich eigentlich noch nicht fertig war, beschloss ich, den Rest wegzulassen und durch ein langes, eisiges Schweigen zu ersetzen.

Aber bald darauf kamen wir an einem hinreißenden Honigdachs vorbei, der mit Vehemenz nach irgendetwas unter einem Baumstumpf grub. Er war so niedlich, dass ich vollkommen vergaß, dass ich mir geschworen hatte zu schweigen.

Ich bemerkte jedoch, dass mein unverantwortlicher Ehemann einen sehr gedämpften Eindruck machte, und so beschloss ich, ihm zu verzeihen.

Etwas später sagte ich ihm sogar, wie froh ich sei, dass er eine so gewaltige Stimme besaß, dass er selbst Elefanten damit in die Flucht schlagen konnte.

Den Rest der Herbstferien verbrachten wir damit, den Busch zu erforschen und sämtliche Koppies der Gegend zu erklettern. Obwohl es überall Koppies gab, waren sie weit voneinander entfernt, so dass jeder in einer besonderen, wunderschönen Landschaft stand und einen ungehinderten Blick nach allen Himmelsrichtungen bot. Wir waren uns einig, dass ein Aufenthalt auf einem Koppie eine jener erhebenden Erfahrungen war, die die ganze Einstellung eines Menschen zum Leben verändern konnte.

Kobus und die Kinder durchforschten die unter ihnen liegende Landschaft mit Feldstechern, zählten die wilden Tiere, die sie sichteten, und traten darüber in einen Wettstreit miteinander.

Wolfie, pflichtbewusst wie immer, kam seiner Aufgabe nach, durch die Umgebung zu patrouillieren und sämtliche Fährten auf dem Boden zu untersuchen.

Aber Leo und ich hatten ein vollständig anderes Programm, eines, das einer Klasse für sich angehörte. Wir saßen Seite an Seite da und taten nichts – nichts, als zu träumen und zuzusehen, wie die Welt sich drehte.

Eines Tages, gegen Ende der Ferien, erzählte uns Kobus von einem Koppie namens Matuba, den er bei einer Bestandsaufnahme aus der Luft gesehen hatte. Dieser Koppie, so sagte er, hatte etwas Faszinierendes an sich, und er wollte gerne hinfahren und ihn vom Boden aus erforschen.

Paul, Sandra und Karin wollten unbedingt mit, aber Hettie musste noch eine Hausarbeit für die Universität fertig machen, und weil das Semester bald beginnen würde, beschloss sie, zu Hause zu bleiben und ihre Arbeit zu erledigen. Ich hatte ebenfalls viel zu tun, und so entschied ich mich, bei Hettie zu bleiben.

Kobus ordnete an, dass auch Wolfie und Leo zu Hause zu bleiben hätten. Der Koppie, so erklärte er, bestand aus riesigen Felsblöcken und senkrechten Wänden, und er glaubte nicht, dass andere Tiere als Primaten in der Lage sein würden, bis auf den Gipfel zu gelangen.

Ich ermahnte sie, vorsichtig zu sein, und das versprachen sie.

Aber kaum waren sie am Koppie angekommen, war das Versprechen auch schon vergessen.

Vielleicht sollte ich zu ihrer Verteidigung sagen, dass Matupa ein seltsamer Ort ist. Bei seinem Anblick vergisst man manches. In dem Moment, wo man seiner ansichtig wird, nimmt er die gesamte Aufmerksamkeit in Anspruch und lässt keinen anderen Gedanken mehr zu. Matupa hat etwas an sich, das irgendwie nicht in den normalen Zustand der Dinge in diesem Teil der Welt passen will. Vielleicht ist der Koppie eigentlich für irgendeine andere Landschaft geschaffen, vielleicht sogar für einen anderen Planeten, und ist nur aus Versehen hier gelandet. Aber nicht nur seine äußere Form ist so eigentümlich, er hat auch eine fremdartige Atmosphäre. Er sieht so aus, als stünde er in seiner eigenen, vergessenen Welt.

Außerdem sieht er so aus, als müsste es dort spuken.

Der Sage nach soll der Geist eines Watusikriegers in den Höhlen des Matupa hausen. Was ein Watusikrieger in diesem Teil Afrikas zu suchen hatte, ist mir schleierhaft, weil die Watusi etwa dreitausend Kilometer nördlich des Matupa auf einem hügeligen Plateau in Burundi zu Hause sind. Ich kann mir nicht vorstellen, dass der Krieger sich hierher verirrt haben könnte. Kein Mensch kann sich *so* weit verirren. Er muss irgendeine Mission zu erfüllen gehabt haben. Vielleicht kam er auf der Suche nach dem verlorenen Koppie in diese Gegend.

Jedenfalls wird behauptet, dass der Geist des Watusi nachts seine Trommel schlägt und dass der dröhnende Trommelschlag aus den Höhlen zum Himmel emporsteigt und das Echo über die Landschaft rollt. Und in Vollmondnächten, so sagt man, sieht man den einsamen Krieger mit seinen Speeren auf dem Gipfel des Matupa stehen und über das Land zu seinen Füßen blicken.

Der Matupa ist eine Anhäufung gigantischer Felsblöcke, die unordentlich aufeinander gestapelt sind, wobei einige der größeren Brocken gefährlich auf kleineren Blöcken zu balancieren scheinen. Einige der kleineren Blöcke sind bereits unter dem Gewicht zusammengebrochen, so dass unzählige Spalten und Höhlen entstanden sind, die das ganze Gebilde eines Tages zum Einsturz bringen werden. Die Westseite des Matupa besteht fast ganz aus einer sechzig bis siebzig Meter hohen, senkrechten Granitwand. Die ganze Wand ist die Seitenfläche eines einzigen, riesigen Felsblocks. Dieser Felsblock hat einen breiten, flachen Gipfel – und auf dieser Fläche soll der Geist des Watusikriegers in mondhellen Nächten zu sehen sein.

Ich beschreibe den Matupa deshalb so genau, damit der Leser sich den Hintergrund des erschreckenden Abenteuers vorstellen kann, das Kobus und die Kinder an jenem Herbsttag erwartete, als sie auszogen, um den Koppie zu erkunden.

In erster Linie wollten sie natürlich einen Weg finden, auf dem man auf den Gipfel gelangen konnte. Nachdem sie den Koppie auf der Suche nach einem solchen Pfad ganz umrundet hatten, kamen sie zu dem Ergebnis, dass man es nur von der Ostseite aus versuchen konnte. Wenn man vorsichtig die aufeinander gestapelten Felsblöcke hinaufkletterte und sorgfältig darauf achtete, nicht in Risse und Spalten zu stürzen, konnte man einen Sims erreichen, der schräg aufwärts um die Nordseite des Matupa herumführte, bis er sich auf der Westseite des Koppie in etwa sechzig Metern Höhe zu einer kleinen Terrasse verbreiterte. Diese mochte vielleicht sechs Meter breit und acht Meter lang sein. Am Ostrand der Terrasse lag ein ovaler Felsblock, vermutlich ein abgebrochenes Stück des Hauptfelsens. Direkt hinter diesem Felsen befand sich, von dichtem Pflanzenwuchs verdeckt, der Eingang zu einer kleinen Höhle.

Natürlich konnten Kobus und die Kinder nichts von dieser Höhle wissen.

Sie erreichten die Terrasse von der Ostseite her. Paul ging mit dem Gewehr voran, Sandra und Karin gingen direkt hinter ihm. Kobus war ein paar Meter weit zurückgeblieben – er war stehen geblieben, um ein Schuhband zuzubinden, das sich gelöst hatte. Paul und die Mädchen blieben bei dem ovalen Felsen stehen und beschlossen, sich aufzuteilen. Sie wollten auf beiden Seiten um den Felsblock herumgehen und nachsehen, ob es darüber oder dahinter vielleicht einen weiteren Sims gab, mit dessen Hilfe sie weiter an dem Hauptfelsen hinaufklettern konnten. Sandra und Karin umrundeten die Westseite des ovalen Felsens, Paul wollte um die Ostseite herumgehen und stand plötzlich vor einer Löwin. Sie lag im dichten Buschwerk am Eingang der Höhle, in der sie natürlich ihre Jungen versteckt hatte.

Sie musste die Bergsteiger kommen gehört haben, hatte aber vermutlich beschlossen, sich still zu verhalten, in der Hoffnung, dass die Eindringlinge umkehren oder vorbeigehen würden, ohne sie und das Versteck ihrer Kinder zu entdecken. Aber als Paul fast über sie stolperte, änderte sie ihre Taktik.

Sie brüllte zornig auf, dass der ganze Koppie erbebte, und sprang auf Paul zu. Er ging hastig ein paar Schritte rückwärts – weiter konnte er nicht ausweichen, ohne die Felswand hinunterzustürzen. Er hatte nicht die Zeit, die Büchse zu spannen, aber er richtete sie trotzdem auf die Löwin und tat so, als ob sie gespannt sei. Zum Glück glaubte sie ihm – oder vielleicht war es auch seine Körpersprache, die ihn rettete.

Unterdessen war Kobus vorwärts gesprungen, wobei er sich die Haut an einem Bein vom Knie bis zum Fußgelenk an einem scharfen Felsen abschürfte. Aber das nahm er in diesem Augenblick gar nicht zur Kenntnis. Mit einem zweiten Sprung stand er neben Paul, riss ihm das Gewehr aus der Hand und befahl ihm, aus dem Weg zu gehen.

Unmittelbar bevor die Löwin losgebrüllt hatte, hatten die Mädchen sich eine Felsenfeige angesehen, die sich an die Felswand vor ihnen klammerte. Ihre obersten Äste reichten bis zum Gipfel hinauf, der sich etwa vier Meter über ihnen befand. Aber die Felswand war nach außen gewölbt, und die obersten Äste des Baumes waren ein bisschen von der konvexen Oberfläche weggebogen. Wenn man über diesen Baum auf den Gipfel klettern wollte, musste man sich nach hinten lehnen – eine ziemlich gefährliche Sache. Deshalb waren die Mädchen gerade zu dem Schluss gekommen, dass es keine gute Idee wäre, den Aufstieg über die Felsenfeige zu versuchen. Aber als die Löwin ihnen direkt in die Ohren brüllte, änderte sich ihre Meinung schlagartig. Drei Sekunden später befanden sie sich auch schon in den obersten Ästen des Baumes und krabbelten auf den Gipfel. Kobus forderte Paul auf, hinter den Mädchen herzuklettern.

Dann begann er, beschwichtigend auf die Löwin einzureden. Er erklärte ihr, dass er und seine Familie ihren Jungen nichts tun würden, und bat sie freundlich, sich in respektvoller Entfernung zu halten. Die Terrasse war nicht allzu groß, und es gab keine Möglichkeit, sie zu verlassen, außer auf dem Weg, den sie gekommen waren.

Aber die Löwin glaubte ihm nicht und machte ihm mit markerschütterndem Gebrüll klar, dass sie wünschte, dass alle Menschen ihr Territorium *augenblicklich* verließen.

Kobus teilte ihr mit, dass sie das nur allzu gerne täten, dass sie ihnen aber den einzig möglichen Weg versperrte.

Unterdessen untersuchten Paul und die Mädchen den Hauptfelsblock. Sie hofften, irgendeinen anderen Weg zu entdecken, auf dem man vom Matupa wieder hinunterkommen könnte, aber sie fanden keinen. Der einzige Weg hinunter war der, auf dem sie gekommen waren – an dem Höhleneingang vorbei, den die Löwin bewachte.

Kobus versuchte immer noch, der Löwin diesen Umstand zu erklären, aber sie war nicht zu Diskussionen aufgelegt. Von ihr aus sollten sie sich einen anderen Weg suchen, aber sie würde *niemanden* in die Nähe ihrer Kinderstube lassen. Um ihren Standpunkt klarzustellen, machte sie einen Scheinangriff auf Kobus. Ihr ärgerliches Brüllen klang donnernd über die Landschaft, und Kobus überlegte, was er tun könnte. Die Löwin zu erschießen war kein Ausweg. Schließlich musste man auch an ihre Jungen denken. Er schaute über die Schulter und betrachtete die senkrecht abfallende Felswand hinter seinem Rücken. Es war ausgeschlossen. Ein Versuch, dort hinunterzuklettern, kam überhaupt nicht in Frage.

Die Löwin machte einen zweiten Scheinangriff und kam diesmal erschreckend dicht vor Kobus zum Stehen. Er schaute noch einmal über die Schulter und fand die Felswand nicht mehr ganz so unüberwindlich. Tatsächlich schrumpfte der Abgrund von Sekunde zu Sekunde.

Nach einem dritten Scheinangriff entdeckte Kobus eine Möglichkeit, die Felswand hinunterzukommen und nach einem vierten kam ihm der Weg geradezu leicht vor.

Auf der Westseite des Felsens wurde die senkrechte Wand ziemlich weit an ihrem unteren Ende von einem Sims unterbrochen, der in nicht allzu steilem Winkel zum Boden hinunterführte. Hoch oben auf dem Sims wuchs ein Schakalbeerenbaum, dessen obersten Äste bis zu einem winzigen Felsvorsprung reichten, der etwa vier Meter unterhalb des westlichen Randes der Terrasse aus dem Felsen herausragte.

Wenn sie diesen Felsvorsprung erreichen könnten, dachte Kobus, könnten sie versuchen, in die Krone des Schakalbeerenbaumes zu klettern. Am schwierigsten würde es sein, auf den Felsvorsprung zu gelangen. Die einzige Möglichkeit, ihn zu erreichen, war zu springen – aber wenn man ihn verfehlte, würde man mindestens weitere fünfzig Meter tief fallen.

Kobus fragte Paul, ob er glaubte, dass er es schaffen könnte, auf den Felsvorsprung zu springen und dann in den Schackalbeerenbaum zu klettern. Wenn er das schaffen würde, wollte Kobus, dass er hinunterkletterte und nach irgendetwas suchte, was sich als provisorische Leiter verwenden ließ. Die sollte er dann auf den Felsvorsprung über dem Schakalbeerenbaum bringen. Kobus würde bei den Mädchen bleiben, um sie zu schützen, falls die Löwin auf die Idee kommen sollte, über die Felsenfeige hinter ihnen herzuklettern.

Paul kam die Felsenfeige heruntergeklettert und hastete zum Westrand der Terrasse. Er sah sich die darunter liegende Felswand an, entdeckte den Vorsprung und ließ sich vorsichtig so weit wie möglich von der Terrasse heruntergleiten. Dann ließ er los und landete, zum Glück mit heilen Knochen, auf dem schmalen Vorsprung. Er schaffte es auch, in den Schakalbeerenbaum zu klettern und in Rekordzeit zum Fuß der Felswand hinunterzusteigen.

Angetrieben vom lauten Gebrüll der Löwin hoch über ihm, wo seine junge Frau und ihre Familie in der Falle saßen, suchte er hastig nach einer provisorischen Leiter. Er fand einen etwa drei Meter langen Baumstamm, der so aussah, als könnte man daran herunterklettern. Irgendwie schaffte er es, damit auf den Schakalbeerenbaum und von dort aus auf den darüber liegenden Felsvorsprung zu steigen.

Kobus war sehr erleichtert, als er Paul rufen hörte, dass er eine Leiter gefunden habe. Die Löwin war am Ende ihrer Geduld und wirklich wütend.

Die Mädchen kamen die Felsenfeige hinuntergeklettert und liefen über die Terrasse. Unter dem donnernden Warngebrüll der Löwin ließen sie sich nacheinander über den Rand auf die Leiter hinunter, die Paul gegen die Felswand drückte.

Zum Glück ging alles gut, und nachdem sie den Felsvorsprung erreicht hatten, schafften sie es auch, in die Baumkrone zu klettern. Als die Mädchen in Sicherheit waren, war Kobus an der Reihe. Er sagte der Löwin auf Wiedersehen, und es war deutlich zu sehen, dass sie ebenso froh war, ihn gehen zu sehen, wie er darüber, sich von ihr zu trennen. Paul hielt den Baumstamm für Kobus fest, und wenige Augenblicke später kletterten sie alle den gottgesandten Schakalbeerenbaum hinunter und auf den sicheren Boden zurück.

Am Fuß der Felswand ruhten sie sich eine Weile aus und versuchten, ihren Adrenalinspiegel auf ein normales Maß zu reduzieren. Karin und Sandra brauchten ziemlich lange, um ihr Zittern unter Kontrolle zu bekommen. Aber sie behaupteten beide, dass dieses Zittern nicht vom Schock käme – Löwen könnten sie nicht mehr wirklich erschrecken –, sondern lediglich vom Adrenalinüberschuss. (Meine Töchter behaupten, dass ein Adrenalinüberschuss immer dann auftritt, wenn einem alle Instinkte sagen, dass man fliehen muss, man jedoch durch die Umstände daran gehindert wird.)

Auf dem Heimweg dachte Kobus an die Elefantenepisode, die wir zwei Wochen zuvor erlebt hatten – und an die Strafpredigt, die ihm seine Frau hinterher gehalten hatte. Er fürchtete, dass es nun gleich wieder eine Strafpredigt setzen würde, und legte den Kindern nahe, dass es nicht nötig sei, ihrer Mutter alle Details des Abenteuers mit der Löwin zu erzählen.

Als meine Familie heimkam und ich fragte, wie ihr Ausflug gewesen sei, war alles, was ich zur Antwort bekam: »Oh, danke, es war sehr schön.«

»Wie sieht denn der Koppie aus«, wollte ich wissen.

»Sehr schön«, sagte Sandra.

»Sehr schön«, stimmte Karin zu.

Gerade wollte ich sie um eine etwas farbigere Schilderung bitten, als mir plötzlich die frische Abschürfung an Kobus' Bein auffiel. »Sieh nur«, rief ich aus. »Du hast dich verletzt. Was ist passiert?«

Er betrachtete sein Bein mit erstaunt gerunzelten Brauen.

Karin antwortete an seiner Stelle: »Eine Löwin hat uns angebrüllt. Wahrscheinlich hat er einen Schrecken bekommen und sich deshalb das Bein aufgeschürft.«

»Eine Löwin?«, fragte ich überrascht. »Auf dem Koppie? Sie muss ihre Jungen dort versteckt haben. Hat sie euch angegriffen?«

»Oh ja«, sagte Sandra gleichmütig. »Es war sehr aufregend.«

»Wie nett«, meinte ich. »Schade, dass ich den Spaß verpasst habe. Und was ist heute sonst noch passiert?«

»Ach, eigentlich gar nichts«, antworteten sie.

Kobus, der die Unterhaltung mit angehaltenem Atem angehört hatte, traute seinen Ohren nicht und fragte sich, welchem Umstand er sein Glück verdankte. Hatte seine Frau die Bedeutung des Wortes »Löwin« nicht verstanden, oder was war los?

Natürlich hatte ich richtig verstanden. Aber die Bedeutung des Wortes hatte aufgehört, mich zu erschrecken. Als Löwenmutter wusste ich, dass Löwen nur gefährlich waren, wenn man sie nicht verstand. Und meine Familie verstand sie natürlich.

Wir waren eine Löwenfamilie.

Ein paar Monate später nahm Kobus mich zum ersten Mal mit zum Matupa und zeigte mir auch die Höhle, in der die Löwin ihre Jungen versteckt hatte. Erst in diesem Augenblick wurde mir klar, wie dramatisch das Abenteuer meiner Familie mit der Löwin an jenem Herbsttag gewesen war. Als ich über den Rand der Felsterrasse auf den winzigen Sims hinunterblickte und etwa fünfzig Meter tiefer die Erde liegen sah, war ich ehrlich schockiert. Aber gleichzeitig war ich auch von Bewunderung für den Erfindungsreichtum und die Standhaftigkeit meiner Familie erfüllt, die lieber einen Weg nach unten gesucht hatte, als die Löwin zu erschießen.

Am letzten Freitag der Herbstferien spielten Hettie und Leo ein bisschen zu stürmisch miteinander Fangen, und Leos Fangzähne bohrten sich unabsichtlich in Hetties linke Hüfte. Sie ließen eine saubere, aber sehr tiefe Stichwunde zurück.

Ich mischte einen Teil Haushaltsbleichmittel mit neun Teilen abgekochtem und gekühltem Wasser, füllte eine sterile Spritze mit der Lösung und spritzte sie in die Wunde. Diese Prozedur wiederholten wir etwa alle zwei Stunden. Am Sonntagabend war ich mir ziemlich sicher, dass die Wunde sauber war und sich nicht entzündet hatte. Dennoch ermahnte ich Hettie, den Universitätsarzt aufzusuchen, sowie sie in Johannesburg ankam, um doppelt sicherzugehen, dass alles in Ordnung war, und auch, um die Wunde nähen zu lassen. Aber Hettie weigerte sich und erklärte, sie wisse, dass die Wunde sauber sei, und sie habe keine Schmerzen. Sie wollte auch nicht genäht werden, ein Pflaster würde genügen. Und außerdem konnte sie sich nicht vorstellen, wie sie dem Universitätsarzt erklären sollte, dass sie von einem Löwen gebissen worden sei. Er würde das nicht verstehen.

Am letzten Ferientag packten wir einen Picknickkorb und stiegen auf den Shabeni, einen unserer Lieblingskoppies.

Wir hatten einen wunderschönen, ereignislosen Tag.

Und so endeten diese denkwürdigen Ferien ganz ohne Aufregung. Gott sei Dank.

BITTERSÜSSE ZEITEN

Als der Herbst zu Ende ging, kam Gareth noch einmal zu uns und brachte die Nachricht mit, dass das Komitee der Landeigentümer von Save Valley die Genehmigung erteilt hatte, ein von Menschen aufgezogenes Löwenrudel in dem Naturschutzpark anzusiedeln. Er hatte bereits eine Importgenehmigung für Leo beim National Parks and Wildlife Department von Simbabwe beantragt.

Gareth blieb drei Tage lang bei uns und verbrachte die meiste Zeit mit Leo, um ihn kennen zu lernen und sein Vertrauen zu gewinnen. Wenn für Leo die Zeit kommen würde, in seine neue Heimat überzusiedeln, wollten Kobus und ich ihn zusammen mit Wolfie begleiten und ein paar Wochen lang bei ihm und Gareth bleiben, um ihm die Umstellung zu erleichtern.

Nach Gareths zweitem Besuch kam mir die Realität der Notwendigkeit, Leo in sein eigenes Erwachsenenleben zu entlassen, voll zu Bewusstsein, und es gab Tage, an denen ich es kaum ertrug, daran zu denken. Ich wünschte mir verzweifelt, dass es möglich wäre, die Pläne noch um ein Jahr zu verschieben. Aber der Chef des Parks und seine Direktoren wurden bereits ungeduldig mit uns. Schon im April hatten wir einen zweiten offiziellen Brief von ihnen erhalten, in dem wir daran erinnert wurden, dass es gegen die Grundsätze des Parks verstieß, wenn ein Mitglied der Belegschaft einen Löwen hielt, und dass sie uns nicht gestatten konnten, Leo noch länger zu behalten. Sie wiesen darauf hin, dass man, wenn jemand verletzt würde, nicht nur uns die Schuld daran geben würde, sondern auch ihnen.

Ihre Befürchtungen waren natürlich nicht ganz unbegründet. Andere von Menschen aufgezogene Löwen hatten in der Vergangenheit tödliche Unfälle verursacht. Einer von George Adamsons Löwen hatte dessen Koch getötet, ein anderer aus Versehen ein Kind, mit dem er gespielt hatte. Allein in Südafrika waren in den letzten beiden Jahren fünf Fälle bekannt geworden, in denen entweder von Menschen aufgezogene oder halbzahme Löwen einen Menschen tödlich verletzt hatten.

Ich schrieb an den Chef des Parks zurück, dass wir gerade damit beschäftigt seien, die notwendigen Vorkehrungen zu treffen, um Leo nach Simbabwe zu bringen, und dass wir spätestens Ende Juni mit ihm abreisen würden. Ich versprach ihm, dass ich bis zu diesem Zeitpunkt die volle Verantwortung für die Sicherheit aller übernehmen würde, die unser Grundstück betraten.

Leo war nun ein riesiges, mächtiges Tier, das in der Lage war, einem Menschen schwere Verletzungen zuzufügen. Aber er war auch ein sehr sanfter Löwe, und ich glaubte nicht, dass er jemals jemanden verletzen würde. Dennoch konnte ich nicht garantieren, dass ich mit meiner Überzeugung Recht hatte. Und wenn etwas geschehen würde, das meinen Glauben widerlegte, wäre ich kaum in der Lage gewesen, mit der Last dieser Schuld zu leben.

Seit wir Leo adoptiert hatten, war ich nicht mehr von zu Hause fort gewesen, und nun, wo er so groß war, wusste ich, dass ich, solange er bei uns blieb, auch nicht mehr fortgehen konnte. Kobus war oft tagelang, manchmal sogar wochenlang nicht zu Hause, und so lastete die Verantwortung für die Sicherheit unserer Besucher meistens auf mir allein. Wenn ich ausnahmsweise einmal nach Nelspruit oder Hazyview fuhr, um ein paar dringende Einkäufe zu erledigen, postierte ich einen Game Guard vor unserem Tor und gab ihm die strikte Anweisung, während meiner Abwesenheit niemanden auf unser Grundstück zu lassen.

Obwohl er ausgeglichen und wohlerzogen war, machte es Leo immer noch Spaß, Leute zu beschleichen und zu erschrecken. Er packte sie sanft um die Taille und zog sie zu einem spielerischen Ringkampf zu Boden. Aber ein spielerischer Ringkampf mit einem Löwen konnte mit einem Unfall enden, besonders für kleine Kinder oder ältere Leute.

In den Tagen und Wochen nach Gareths zweitem Besuch verbrachte ich den Großteil meiner freien Zeit mit Leo, spielte mit ihm, umarmte ihn, redete mit ihm und erklärte ihm, dass er nun ein großer Junge sei und es an der Zeit sei, an seine Zukunft zu denken. Ich erzählte ihm, dass wir uns für ihn ein glückliches Erwachsenenalter mit einer richtigen, eigenen Löwenfamilie wünschten.

Aber ich war natürlich nicht ganz ehrlich mit ihm. Was ich mir wirklich wünschte, war, dass er sein Leben lang bei uns blieb. Denn ich war überzeugt, dass er bei uns immer glücklich und in Sicherheit sein würde. Nachts wachte ich oft auf und war traurig und ruhelos. Leo liebte und brauchte uns. Wie konnten wir auch nur daran denken, ihn im Stich zu lassen? Ich lief im Haus herum und suchte nach anderen Lösungen. Wir könnten alle zusammen an irgendeinen fernen Ort in der Wildnis ziehen, wo kein Mensch jemals hinkam, und dort für den Rest unserer Tage mit unserem Löwen ein glückliches Leben führen.

Aber wovon sollten wir leben?

Wir könnten Leo in irgendeinem entfernten Winkel des Krügerparks unterbringen, wo niemand etwas von ihm wissen würde. Dort würden wir ihn so oft wie möglich besuchen und oft tagelang mit ihm im Busch zelten.

Aber wovon sollte *er* leben? Er war weder in der Lage zu jagen noch, sich zu verteidigen. Im Gegensatz zum Save Valley, wo es bisher keine Löwenpopulation gab, wimmelte es im Krügerpark von Löwen – wilden Löwen, die ihr Territorium gegen Eindringlinge wie Leo verteidigen würden.

Es kam mir seltsam vor, dass der Löwe trotz all seiner Kraft von allen von Hand aufgezogenen Waisen der gefährdetste sein sollte, wenn er ausgewildert wurde.

Während all dieser langen, schlaflosen Nächte dachte ich oft an den Tag zurück, an dem Hettie uns verlassen hatte, um zur Universität zu gehen. Wir wohnten damals noch in Mahlangeni, mehr als sechshundert Kilometer von Johannesburg entfernt. Wir brachten sie zum Flugplatz nach Phalaborwa, und als ihr Flugzeug zum Start über das Flugfeld rollte, wäre ich am liebsten hinterhergerannt und hätte geschrien, die Maschine solle anhalten und mir mein Kind wiederbringen. Ich wollte dem Piloten – und allen anderen auch – erklären, dass alles nur ein Irrtum war. Sie war noch nicht bereit, in die Welt hinausgestoßen zu werden. Sie war doch nur ein Kind der Wildnis, war nicht vorbereitet auf das Leben in der Stadt ... Sie würde so verwirrt, so einsam, so verloren sein.

Aber wer hätte mir zugehört? Wer hätte mich verstanden? Nachdem sie abgereist war, konnte ich viele Tage lang nicht richtig schlafen und essen.

Und als im folgenden Jahr Sandra an der Reihe war, glaubte ich, besser darauf vorbereitet zu sein, nachdem ich das ganze Trauma schon einmal durchgemacht hatte. Aber harte Erfahrungen machen einen nicht stärker. Sie machen einen nur noch verletzlicher.

Ich sagte mir, dass die einzige Möglichkeit, mich auf die bevorstehende Trennung von Leo vorzubereiten, die war, auf meine Überzeugung zu bauen, dass schöne Erinnerungen die Zukunft erträglich machten. Und so sammelte ich alle wunderbaren Momente mit Leo und fügte sie dem Schatz meiner Erinnerungen hinzu. Auch blätterte ich meine Tagebücher durch, um mich zu überzeugen, dass ich alle kostbaren Erinnerungen der Vergangenheit festgehalten hatte.

Die folgenden Episoden aus den Monaten, die der Trennung vorangingen, gehören zu meinen liebsten Erinnerungen:

Im März dieses Jahres reiste Kobus nach Namibia, um eine Gruppe von Nashörnern zum Waterberg National Park zu bringen. Er war ungefähr zehn Tage lang fort, und Leo vermisste ihn sehr. Jeden Abend wartete er an unserer Toreinfahrt und rief nach Kobus. Als dieser endlich zurückkam, sprang Leo ihn an und warf ihn zu Boden. Er umklammerte seinen Kopf mit seinen riesigen Vorderpranken, leckte ihm das ganze Gesicht ab und ertränkte ihn fast in Löwenküssen.

Als Hettie für die Osterfeiertage nach Hause kam, hatte sie einen riesigen, rosafarbenen Teddybären unter dem Arm. Leo warf nur einen Blick auf den Teddy und verliebte sich in ihn. Während Hettie vom Auto zum Haus ging, lief der Löwe neben ihr her und bettelte sie an, sie solle ihm doch bitte den Bären überlassen.

Aber Hettie sagte: »Nein, Leo, es tut mir Leid, aber der Bär ist ein Geburtstagsgeschenk von einem lieben Freund.« Sie trug den Teddy in ihr Schlafzimmer und setzte ihn auf ihr Bett. Leo verbrachte die nächste Stunde vor ihrem Fenster, presste die Nase gegen das Fliegengitter und sah sehnsüchtig den rosafarbenen Bären an.

Ich beschloss, ihm selbst einen Teddy zu machen. Ich durchsuchte meinen Nähkoffer nach Stoffresten und Material zum Ausstopfen, bis ich genug hatte, um einen riesigen Bären zu machen. Allerdings wusste ich nicht, wie man einen Bären näht, und so machte ich stattdessen eine lebensgroße Stoffpuppe. Als ich damit fertig war, trug ich sie hinaus und zeigte sie Leo.

»Gefällt sie dir?«, fragte ich ihn und hielt ihm die Puppe hin.

Seine Augen sagten: »Sie ist wunderbar! Ich hätte sie zu gerne!«

»Sie gehört dir«, sagte ich ihm. »Komm und nimm sie dir.«

Er sah mich erst sehr überrascht, dann überglücklich an. Er stürzte sich auf die Puppe, drückte sie an sich, wälzte sich darauf, setzte sich darauf, warf sie in die Luft, fing sie wieder auf und rannte schließlich damit davon. Den Rest des Tages brachte er damit zu, im ganzen Garten herumzurennen, seine Stoffpuppe stolz allen Familienmitgliedern zu zeigen, sie Wolfie, Aaron und jedem, der zufällig vorbeikam, vorzuführen. Er war so stolz auf seine Puppe, dass jedermann glaubte, er sei ein bisschen verrückt geworden. Selbst im Schlaf drückte er sie an sich, und in den folgenden Tagen schleppte er sie auf Schritt und Tritt mit sich.

Eines Nachmittags, als wir im Tal spazieren gingen, stolperte Leo alle Augenblick über die Puppe, die er mit sich schleppte. Schließlich wurde es ihm zu anstrengend, mit uns Schritt zu halten. Er setzte die Puppe auf den Boden und sah sie böse an. Es sah so aus, als sagte er zu ihr: »Kannst du denn nicht selber laufen? Ich habe es satt, dich zu tragen.«

»Komm, Leo«, riefen wir. »Lass deine Puppe dort liegen. Du kannst sie auf dem Rückweg wieder einsammeln.«

Aber Leo sah uns bittend an.

»O. k.«, sagte Kobus mit einem Seufzer. »Ich werde sie dir tragen.«

Als wir weitergingen, fand ich den Anblick des grimmigen Game Rangers, der seinem Löwen eine Stoffpuppe nachtrug, ausgesprochen rührend.

Eines Tages band Karin ein drei Meter langes, rotes Band an einen Stock und forderte Leo auf, mit ihr Fangen zu spielen. Sie rannte im ganzen Garten herum und zog das Band hinter sich her. Leo sauste hinterher und versuchte, es zu erwischen. Aber es entkam ihm immer wieder.

Schließlich hatte er genug von dem Spiel und beschloss, nicht das Band, sondern Karin zu fangen. Als ihm das gelungen war, setzte er sich auf ihren Bauch. Karin lag flach auf dem Rücken und konnte sich nicht von ihm befreien, erstens weil sie so lachen musste und zweitens weil Leo sich nicht von der Stelle rührte. Sie hatte immer noch das rote Band in der Hand, und so kam sie auf die Idee, ihm die Zähne damit zu putzen. Leo zog ein komisches Gesicht. Die Putzerei gefiel ihm nicht besonders. Also rückte er ein bisschen zur Seite, und Karin konnte sich unter ihm herauswinden.

Mit achtzehn Monaten hatte Leo einen lustig aussehenden Mähnenschopf zwischen den Ohren. Eines Tages band ihm Karin ein rosafarbenes Band um den Schopf, damit er hübsch aussehen sollte. Sie war so begeistert von ihrem Werk, dass sie die ganze Familie zusammenrief, um Leos neue Frisur zu bewundern. Der arme Leo sah unglaublich dümmlich damit aus. Er schien zu wissen, dass das rosafarbene Band ihn aus einem edlen Löwen in einen albernen Teddybären verwandelt hatte. Ich machte mehrere Fotos von ihm als Teddybär, aber ich zeigte ihm die Bilder nie. Ich fürchtete, dass er bei ihrem Anblick einen Minderwertigkeitskomplex bekommen würde.

An einem Tag während der Herbstferien, als wir alle auf dem Gipfel des Shabeni saßen und einen wunderbaren Sonnenuntergang bewunderten, rannte Wolfie wie gewöhnlich herum und untersuchte sämtliche Fährten am Boden. Leo lief dicht hinter ihm her und hatte nichts anderes im Kopf, als den Hund umzuwerfen. Schließlich hatte Wolfie genug von Leos Eskapaden. Er fuhr herum und warnte ihn mit einem wütenden Knurren: »Mach das noch einmal, und ich beiße dich!« Leo wich augenblicklich zurück. Dann kam er zu uns gerannt, warf die Pranken um Pauls Schultern, drückte sein Gesicht an dessen Kopf und umarmte ihn lange und innig, als wollte er sagen: »Diesen Hund liebe ich nicht mehr. Ich liebe nur noch dich!«

WO KANN EIN
LÖWE LEBEN?

Im Mai rief uns Gareth vom Save Valley Naturschutzpark aus an. Er hatte sowohl mit dem für den Artenschutz zuständigen Mann als auch mit dem Landeigentümer gesprochen, der seinen Teil des Parks für das Löwenprojekt angeboten hatte. Alle anderen Vorbereitungen liefen gut. Lisa Hywood, die ein Rehabilitationszentrum für Tiere in Simbabwe leitete, hatte angeboten, weitere verwaiste Löwen für das Rudel ausfindig zu machen.

Kobus und ich machten uns daran, unsere Pässe in Ordnung zu bringen und eine CITES-Genehmigung für Leos Transport zu beantragen. (CITES ist die Abkürzung für Convention on International Trade in Endangered Species.) Außerdem beantragten wir eine Aufenthaltsgenehmigung für Wolfie bei den Behörden in Simbabwe.

Der Tierarzt kam aus Skukuza, um Leo und Wolfie die vorgeschriebenen Impfungen zu verpassen und die erforderlichen Gesundheitsbescheinigungen für sie auszustellen, in denen bestätigt wurde, dass sie frei von ansteckenden Krankheiten waren.

In der CITES-Genehmigung wurde es zur Bedingung gemacht, dass Leo in einem Käfig transportiert wurde. (Der Gedanke daran erschien mir fast unerträglich.) Kobus beauftragte eine Firma für Stahl und Umzäunungen namens MEPS, einen Käfig zu bauen. Die Firma führte den Auftrag großzügigerweise kostenlos aus. Ferner brauchten wir ein Fahrzeug, auf das wir den Käfig verladen konnten, und Kobus setzte sich mit der Nissan-Vertretung in Johannesburg in Verbindung. Sie waren so freundlich, uns leihweise einen 4 x 4 Patrol Truck zu überlassen – ebenfalls kostenlos. Wir waren sehr gerührt über die Unterstützung und Sympathie, die unser Projekt von Leuten wie diesen erfuhr. Ohne ihre Hilfe hätte Leos Transport nach Simbabwe uns für längere Zeit in Schulden gestürzt.

Der Stahlkäfig wurde geliefert, und wir stellten ihn auf unserer vorderen Terrasse auf. Die Tür ließen wir offen, weil wir hofften, dass Leo vielleicht neugierig werden und ihn untersuchen, vielleicht sogar hineingehen würde. Wenn er sich an den Käfig gewöhnte, würden wir ihn am Tag unserer Abreise nicht narkotisieren müssen, um ihn hineinzubekommen. Wir forderten Wolfie auf, in den Käfig zu gehen, was der brave Hund auch sofort tat. Dann versuchten wir, Leo zu überreden, Wolfies Beispiel zu folgen. Aber Leo weigerte sich. Ich versuchte, ihn mit einem schönen Stück Fleisch hineinzulocken, aber auch das klappte nicht. Er betrachtete den Käfig mit äußerstem Misstrauen. (Überflüssig zu sagen, dass ich ihm das nicht zum Vorwurf machte.)

Ende Mai kam ein Telefonanruf von Gareth, der alles noch sehr viel schwerer für uns machte. Das National Parks and Wildlife Department in Simbabwe hatte die Importgenehmigung für Leo verweigert. Zur Begründung gaben sie an, dass ihre neue Politik es nicht mehr gestattete, von Hand aufgezogene Löwen in ihren Parks freizulassen. Sie waren überzeugt, dass solche Löwen sowohl für die Belegschaft als auch für die Besucher der Parks eine Bedrohung darstellten. Gareth hatte ihnen ein Antwortschreiben gefaxt, in dem er erklärte, dass ein Teil seines Rehabilitationsprogramms darin bestünde, die Löwen vom Umgang mit Menschen zu entwöhnen. Während der zweijährigen Übergangszeit würde er den Löwen keinen Kontakt mit Menschen gestatten, außer mit ihm selbst – er würde ihnen regelrecht beibringen, vor Menschen zu fliehen, wie er es bei seinen Löwen in Tuli auch getan hatte.

Die Leute vom Parks Department dachten noch einmal darüber nach, teilten ihm jedoch mit Bedauern mit, dass sie sich außer Stande sähen, ihre Politik zu ändern.

Was sollten wir nun machen? Gareth war ebenso bekümmert wie wir. Aber er versprach, uns dabei zu helfen, eine andere Lösung zu finden.

Die folgenden beiden Wochen brachte ich damit zu, sämtliche Naturschutzparks in ganz Südafrika anzurufen, nur um zu erfahren, dass kein Provinzpark einen von Hand aufgezogenen Löwen nehmen würde. Ein paar private Parks hätten ihn gerne genommen, aber Gareth wusste über sie Bescheid und sagte mir, dass das die so genannten »Dosenlöwen«-Einrichtungen seien – Farmen, auf denen gezüchtete Löwen als Objekte für zahlende Jäger gehalten würden. Ich konnte kaum glauben, dass solche Unternehmen tatsächlich existierten. Allein der Gedanke, dass Menschen zum Spaß auf Löwen schossen, machte mir das Herz so schwer, dass ich mehrere Nächte lang nicht schlafen konnte.

Gareth führte mindestens ebenso viele Telefonate wie ich, nur um zum gleichen Ergebnis zu kommen: Der Status des Löwen im ganzen südlichen Afrika war so, dass ein verwaistes, von Menschen aufgezogenes Tier zur Heimatlosigkeit verdammt war.

Anfang Juni schickte uns der Chef des Krügerparks eine letzte Mahnung, dass es uns nicht länger gestattet werden könne, Leo zu behalten.

Als ich einen Anruf einer reizenden Dame namens Rita Miljo, der Gründerin von CARE (the Centre for Animal Rehabilitation and Education) in Phalaborwa erhielt, brach ich in Tränen aus. Sie sagte mir, dass sie von einem Platz mit dem Namen Löwen- und Gepardenpark im Norden von Simbabwe in der Nähe von Harare gehört habe. Der Name des Besitzers, so sagte sie, sei Vivian Bristow. Dort würden Löwen, Geparden und andere Tiere für Touristen und für Filmzwecke gehalten. Die Löwen und Geparden in dem Park seien größtenteils von Hand aufgezogene Waisen und ihre Nachkommen. Obwohl die Tiere genau genommen in Gefangenschaft gehalten würden, würden sie doch so frei wie nur möglich leben, nämlich in Familiengruppen in großen Buschveldgehegen. Soweit sie erfahren habe, würden Vivian Bristow und seine Familie gut für die Tiere sorgen. Rita nahm an, dass es kein Problem sein würde, die Genehmigung zu erhalten, Leo dorthin zu bringen, weil die Bristows ein gutes Verhältnis zum Parks Department von Simbabwe hätten.

Nachdem ich mit Rita gesprochen hatte, wählte ich die Nummer in Simbabwe, die sie mir gegeben hatte.

Vivian Bristow war am Apparat und sagte, dass er Leo mit Freuden nehmen würde. Er bot an, einen Truck zu schicken, um ihn abzuholen. Ich erklärte ihm, dass meine Familie und ich Leo gerne zu seinem neuen Zuhause begleiten würden und dass wir ihn deshalb lieber selbst bringen würden. Vivian bot uns großzügig die Gastfreundschaft seines Hauses für jeden Zeitraum an, den wir bei Leo verbringen wollten. Dann fragte er, wie viel wir für den Löwen haben wollten.

Ich war verblüfft. »Wie viel? Wie viel was?«, fragte ich.

»Für wie viel möchten Sie ihn verkaufen?«

Ich war entsetzt. Leo war schließlich nicht unser Eigentum. Er war frei geboren. Also antwortete ich: »Wir wollen ihn nicht verkaufen. Wir suchen nur ein sicheres Zuhause für ihn.«

Am Abend besprach ich die Idee mit Kobus, und er stimmte mir zu, dass dieser Platz die einzige Möglichkeit zu sein schien, die uns noch blieb.

So riefen wir beim Tuli Lodge in Botswna an und hinterließen eine Nachricht für Gareth, er möge sich bei uns melden. Ein paar Tage später rief er an, und ich erzählte ihm von Bristows Park. Gareth war sehr betrübt, dass seine eigenen Pläne für Leo gescheitert waren, aber er war auch erleichtert zu erfahren, dass wir schließlich doch noch ein sicheres Refugium für ihn gefunden hatten.

Vivian Bristows Frau Carol rief zwei Tage später an, um uns mitzuteilen, dass sie die Importgenehmigung für Leo erhalten habe und dass sie sie uns nach Skukuza faxen würde.

Während der nächsten Tage trafen Kobus und ich die letzten Reisevorbereitungen. Wir hatten es eilig fortzukommen, weil Kobus noch vor Ende Juni zurück sein musste, um an einem internationalen Kongress für Wildlife Management in Skukuza teilzunehmen.

Wir hätten gerne alle unsere Kinder mitgenommen, aber Paul, Sandra und Karin mussten gerade ihre Halbjahresexamen schreiben. Zum Glück würde Hettie schon früher – am 11. Juni – fertig sein. Nach etlichen Familiendiskussionen wurde deshalb beschlossen, am 13. Juni abzureisen und am 27. zurückzukommen. Hettie würde uns begleiten, die anderen Kinder würden Leo zu einem späteren Zeitpunkt besuchen.

Wenigstens hatte Leos neues Heim den Vorteil, dass es nicht nötig sein würde, ihn von Menschen zu entwöhnen, und dass man ihn deshalb jederzeit würde besuchen können.

Ich sorgte dafür, dass Karin am Morgen des 13. von Nachbarn zu ihrem Schulbus gebracht werden würde. Sie ging immer noch in das Internat in Nelspruit und stieg jeden Montagmorgen in Hazyview, einem fünfundzwanzig Kilometer entfernt liegenden kleinen Dorf, in den Bus.

Sandra und Paul kamen am Wochenende vor unserer Abreise nach Hause, um sich von Leo zu verabschieden. Als Sandra ihn an sich drückte und ihm sagte, dass sie sich darauf freue, ihn wieder zu sehen und seine Löwenfamilie kennen zu lernen, stellte ich dankbar fest, dass der Abschied von unserem Löwen nun doch nicht so traumatisch zu werden versprach, weil wir alle wussten, dass wir ihn wieder sehen würden.

PAMUZINDA

Am Montag, den 13. Juni, kam der Tierarzt, Dr. Cobus Raath, noch vor Tagesanbruch zu unserem Haus und narkotisierte Leo mit einer Ketamininjektion. Der Stahlkäfig befand sich bereits auf dem Truck. Wir hatten den Boden des Käfigs mit Sand bedeckt und die Schlafmatten der beiden Tiere darüber gebreitet. Es war Winter, Kobus hatte deshalb den ganzen Käfig mit einer Plane bedeckt und nur die Rückseite offen gelassen.

Als Leo eingeschlafen war, rollten ihn Kobus, der Tierarzt und zwei Game Guards behutsam auf ein Stück Segeltuch und hoben ihn in den Käfig. Wolfie sprang sofort hinterher, um seinen schlafenden Freund zu bewachen.

Karin, die bereits für die Schule angezogen war und darauf wartete, zum Bus gefahren zu werden, streichelte Leo zum letzten Mal den Kopf, drückte Wolfie zum Abschied an sich und trug ihm auf, gut auf ihren Löwen aufzupassen. Sie lächelte tapfer, aber ich wusste, wie unglücklich sie war, und sie tat mir entsetzlich Leid. Ich versprach ihr, sie von Simbabwe aus anzurufen und ihr zu berichten, wie es stand.

Nachdem Kobus, Hettie und ich uns von Karin verabschiedet und ihr viel Glück für ihr Examen gewünscht hatten, stiegen wir in den Truck und fuhren los.

Leo lag noch in festem Schlaf.

Aber nach ein paar Kilometern wachte er auf und regte sich furchtbar auf, weil er sich in einem Käfig wieder fand. Also hielten wir an und versuchten, ihn zu beruhigen und zu trösten. Aber immer schon nach wenigen Kilometern geriet er so in Panik, dass Wolfie zu heulen begann, um uns darauf aufmerksam zu machen, dass wir wieder anhalten und mit Leo reden mussten.

Wir hatten eine etwa zwölfhundert Kilometer weite Fahrt vor uns, und es war klar, dass wir ewig unterwegs sein würden, wenn wir alle Augenblick anhalten mussten, um Leo zu trösten. Deshalb entschloss sich Kobus, ihm eine Valiumspritze zu geben. Zum Glück beruhigte ihn das und machte ihn für den Rest der Fahrt relativ gelassen und schläfrig.

Am Nachmittag kamen wir an der Grenzstation Beit Bridge an, und nach einem mehrstündigen Aufenthalt am Zollbüro konnten wir endlich den Limpopo River überqueren und befanden uns in Simbabwe. Ich war überrascht, dass die Landschaft sich nicht sofort veränderte, wie ich es halb erwartet hatte. Noch immer beherrschten Baobab-Bäume das stille Buschveld, das sich bis in alle Ewigkeit auszudehnen schien. Als die Sonne unterging, hielten wir am Bubye River und versorgten unsere Tiere mit dem Futter, das ich für sie eingepackt hatte. Wir hielten uns nicht lange auf, weil wir immer noch fünfhundert Kilometer vor uns hatten.

Dann senkte sich die Dunkelheit herab, und es wurde kalt. Und je kälter es wurde, umso größere Sorgen machten wir uns um unsere beiden Tiere auf der Ladefläche des Trucks. Kobus hatte die Plane so befestigt, dass auf der Vorderseite des Käfigs, direkt gegenüber dem Rückfenster der Fahrerkabine, eine kleine Öffnung blieb, durch die wir hineinschauen und im Bedarfsfall nach den Tieren sehen konnten. Jede halbe Stunde fragte mich Kobus, wie es den beiden ging. Dann hielt ich meine Taschenlampe durch das Rückfenster und leuchtete in den Käfig hinein. Falls die Tiere sich fest zusammenrollten, um sich vor der Kälte zu schützen, sollten wir nach Kobus' Meinung nicht weiterfahren. Zum Glück taten sie das nicht. Zwar waren sie die meiste Zeit dicht aneinander gekuschelt, aber sie sahen nicht so aus, als seien ihre Muskeln ungewöhnlich angespannt.

Als wir uns dem Zentrum des Landes näherten, wurde es wirklich sehr kalt. Kobus hielt an und stieg aus dem Truck, um selbst nach den Tieren zu sehen. Ihre Nasen fühlten sich kalt an, aber sonst schien es ihnen gut zu gehen. Kobus überprüfte die Plane auf allen Seiten des Lasters, um sich zu vergewissern, dass sie auch wirklich winddicht war. Er entdeckte eine Stelle, an der die Plane nicht ganz bis an die Seitenwand des Trucks reichte, so dass ein Spalt entstand, der groß genug war, um eine Menge kalte Luft in den Käfig strömen zu lassen. Er zog seine Jacke aus, rollte sie fest zusammen und stopfte sie in den Spalt, der damit ausreichend ausgefüllt war. Überzeugt, dass Leo und Wolfie nun besser geschützt waren, setzten wir unsere Reise fort.

Nach etwa zwanzig Minuten leuchtete Hettie mit der Taschenlampe durch das rückwärtige Fenster und verkündete, dass die Jacke nicht mehr da sei. In der Meinung, dass der Wind sie fortgeblasen habe, wendete Kobus den Laster. Langsam fuhren wir bis zu der Stelle zurück, an der wir gehalten und nach den Tieren gesehen hatten, und hielten auf der Straße und am Straßenrand nach der Jacke Ausschau, fanden aber nichts. Das machte mir große Sorgen, weil es Kobus' einzige Jacke war und ich überzeugt war, dass er sie an den kalten Tagen, die vor uns lagen, dringend brauchen würde.

Schließlich gaben wir die Suche auf, aber bevor wir kehrtmachten, stieg Kobus aus, um noch einmal nach Leo und Wolfie zu sehen.

Er stellte fest, dass Leo die Jacke an sich gedrückt hielt.

Kobus bat den Löwen, ihm die Jacke wiederzugeben, damit er die Lücke wieder damit verstopfen konnte, aber Leo sagte:»Kommt nicht in Frage, die gehört jetzt mir.«

Gegen Mitternacht erreichten wir Harare und wandten uns nach Westen. Nach vierundzwanzig Kilometern fanden wir die Abzweigung zum Löwen- und Gepardenpark, und wenige Minuten später bogen wir in die Einfahrt zum Haus der Bristows ein.

Carol Bristol hatte auf uns gewartet, und sie kam aus dem Haus, um uns zu begrüßen. Wir entschuldigten uns, dass wir so spät kamen, aber sie versicherte, sie wisse sehr genau, dass es ein schwieriges Geschäft sei, mit einem Löwen zu reisen, und sie sei sehr froh, dass wir heil angekommen seien. Sie bot uns etwas zu Essen und zu Trinken an, aber wir lehnten ab. Wir waren müde und wollten nichts als schlafen.

Ich fragte, ob wir den Käfig öffnen und unsere Tiere herauslassen könnten, aber sie sagte, dass das leider nicht möglich sei. Sie hatte keinen Platz, wo man sie für die Nacht hätte unterbringen können. Ihre eigenen Hunde befanden sich im Garten, und man konnte nicht wissen, was Leo mit ihnen anstellen würde.

Ich war sehr enttäuscht, weil ich gehofft hatte, unsere Tiere sofort ausladen zu können. Sie waren von der langen Fahrt ebenso erschöpft wie wir.

Carol erklärte uns, dass Leos neues Zuhause nicht der Löwen- und Gepardenpark, sondern ein anderer, etwa sechzig Kilometer weiter westlich gelegener Park mit dem Namen Pamuzinda sein würde. Ihr Mann und ihr Sohn erwarteten uns dort, und sie würde gleich am nächsten Morgen mit uns dorthin fahren.

Das hatte ich nicht gewusst. Ich hatte geglaubt, wir hätten unseren Bestimmungsort bereits erreicht.

Carol berichtete, dass sie sich entschlossen hätten, im Pamuzinda-Park ein erstes Löwenrudel einzurichten. Bislang gab es dort keine Löwen, und es schien eine gute Idee zu sein, eine Löwenfamilie dort anzusiedeln. Das neue Rudel würde aus Leo und zwei Löwinnen namens Happie und Fat Cat bestehen.

Carol zeigte uns unsere Zimmer, und wir beeilten uns, ins Bett zu kriechen, um noch ein paar Stunden Schlaf zu bekommen.

Früh am nächsten Morgen weckte uns Carols Koch mit einer Tasse Kaffee. Wir standen rasch auf und bereiteten uns auf den letzten Teil unserer Reise vor.

Sowie ich angezogen war, lief ich zum Truck hinaus, um zu sehen, wie es Leo und Wolfie ging.

Die beiden Hunde von Carol bewachten den Laster und versuchten, meine Tiere einzuschüchtern. Wolfie beachtete sie nicht, aber Leo fauchte und knurrte durch die Gitterstangen seines Käfigs. Ich hatte noch nie gesehen, dass er andere Tiere bedrohte, und war von seiner Vorführung sehr beeindruckt. Obwohl Leo und Wolfie erleichtert waren, mich zu sehen, war deutlich zu erkennen, dass sie genug von dem Käfig hatten, und es brach mir fast das Herz, dass ich sie immer noch nicht herauslassen konnte. Ich redete ihnen gut zu und versprach ihnen, dass sie in weniger als einer Stunde aus dem Käfig heraus sein würden.

Nach einem eiligen Frühstück mit Carol machten wir uns auf den Weg.

Simbabwe ist ein schönes Land. Am vorangegangenen Tag hatten wir sehr wenig davon zu sehen bekommen, weil wir den größten Teil der Fahrt bei Dunkelheit zurückgelegt hatten. Nun, auf dem Weg nach Pamuzinda, konnten wir die Landschaft bei Tageslicht bewundern.

Aber mein Herz war nicht bei der Sache. Sosehr ich mich auch bemühte, mich auf die Landschaft zu konzentrieren, konnte ich doch an nichts anderes denken als daran, wie gestresst meine beiden Tiere nach mehr als vierundzwanzig Stunden im Käfig sein mussten und mit wie viel Sorge ich dem entgegensah, was Leo und uns bevorstand.

Nach einer Fahrt von fünfundvierzig Minuten kamen wir am Eingangstor von Pamuzinda an. Ein uniformierter Wachmann öffnete das Tor und grüßte stramm. Wir folgten einer ungeteerten Straße, die sich durch das malerische Buschland schlängelte. Nach einigen Kilometern erreichten wir die Stelle, wo das neue Löwengehege gebaut wurde.

Vivian Bristow, sein Sohn Graeme und der zweite Parkmanager Andy Cader erwarteten uns dort. Sie waren gerade damit fertig geworden, ein provisorisches Gehege für Leo zu bauen. Es lag direkt neben dem Hauptgehege, in dem Leo einmal mit seiner neuen Löwenfamilie leben sollte. Derzeit befanden sich drei Löwen im Hauptgehege. Das rund 60 000 Quadratmeter große Gehege war noch nicht ganz fertig, und so wurden die Löwen in einem provisorisch eingezäunten Teilstück gehalten.

Carol parkte ihren Wagen vor Leos Gehege. Jemand öffnete das Tor, wir fuhren hinein und hielten an. Dann beeilten wir uns, den Käfig zu öffnen und unsere müden Tiere herauszulassen. Sie brauchten keine Einladung und sprangen heraus. Leo war so glücklich, aus dem Käfig heraus zu sein, dass er zunächst einmal im ganzen Gehege herumsprang. Dann wurde ihm plötzlich klar, dass alles sehr fremd roch, und er blieb unvermittelt stehen, schaute sich nach Wolfie um und begab sich schleunigst zu seinem Leibwächter.

Die anderen drei Löwen wanderten zum Zaun ihres Geheges herüber und musterten Leo und Wolfie mit lebhaftem Interesse.

Wolfie beachtete sie wohlweislich nicht. Leo bemerkte sie eine ganze Weile nicht. Als er sie endlich entdeckte, ließ er sich flach ins hohe Gras fallen und tat so, als sei er nicht vorhanden. Kobus ging zu ihm hinüber, kauerte sich neben ihm nieder und versuchte, ihn zu ermutigen, die anderen Löwen doch einmal anzusehen.

Mit Kobus an seiner Seite fasste Leo etwas mehr Mut und hob den Kopf, um über das hohe Gras hinweg nach ihnen zu schauen.

Die drei Bristows und Andy Cader standen außerhalb des Geheges und sahen sich Leo an. Sie äußerten sich lobend darüber, was für ein schöner

Bursche er sei und wie ausgeglichen und gutartig er zu sein schien. Es beeindruckte sie auch sehr, dass er mit dem Hund offenbar so gut befreundet war.

Nach einiger Zeit erklärte Vivian Bristow, dass er, Graeme und Andy nun gehen müssten, weil sie gerade mit einem Filmteam aus Großbritannien beschäftigt seien, die einige ihrer Löwen für ihren Film benutzten. Der Drehort war nur wenige Kilometer entfernt, und Vivian lud uns ein, zu ihnen zu stoßen, wann immer wir Lust hätten. Carol fuhr zu ihrem Haus am Löwen- und Gepardenpark zurück, wo wir sie am Abend wieder sehen würden, denn wir sollten für die Dauer unseres Aufenthalts die Nächte weiterhin dort verbringen.

Ich konnte den Gedanken kaum ertragen, dass das Haus so weit von Pamuzinda entfernt war, denn das bedeutete, dass meine beiden Tiere in ihrem Gehege nachts alleine und sehr weit von uns entfernt sein würden. Am liebsten wäre es mir gewesen, wenn die Bristows mir und meiner Familie gestattet hätten, in Pamuzinda mit Leo und Wolfie zu kampieren. Ich sprach mit Kobus darüber, aber er lehnte diesen Gedanken ab. Wir hatten kein Zelt und nicht einmal Schlafsäcke dabei, und es wäre undankbar gewesen, die Bristows zu bitten, die Dispositionen zu ändern, die sie für uns getroffen hatten.

Nachdem die anderen fortgefahren waren, machten wir es uns in Leos Gehege bequem. Es war nicht besonders groß, vielleicht so um die 2000 Quadratmeter, aber ausreichend für eine vorübergehende Unterbringung. Es war mit hohem, gelbem Gras und ein paar Akazien bewachsen, und in einer Ecke befand sich ein kleiner, zementierter Teich, der mit Wasser gefüllt war.

Als ich mich ins Gras setzte, kam Leo zu mir und setzte sich fast auf meinen Schoß. Ich rutschte ein Stückchen zur Seite und legte einen Arm um ihn. Er stöhnte leise, und ich wusste, dass er nervös und unsicher war.

Nach einiger Zeit beschlossen Kobus und Hettie, einen Spaziergang zu machen und sich den Park anzusehen. Ich wollte bei Leo bleiben. So schmiegten Leo, Wolfie und ich uns in einer Ecke des fremden Geheges eng aneinander und versuchten, uns zu Hause zu fühlen.

Plötzlich stieß einer der anderen Löwen ein gewaltiges Gebrüll aus, und wir fuhren alle drei auf. Ich zog Leo fester an mich und erklärte ihm, dass er schon bald ebenso laut würde brüllen können.

Ein junges, blondes Mädchen tauchte aus dem Wald hinter dem Gehege auf und trat an den Zaun. Ich stand auf und ging auf sie zu, um sie zu begrüßen. Sie stellte sich als Julie Bristow vor, Graemes Frau. Sie zeigte in die Richtung, aus der sie gekommen war, und erzählte mir, dass ihr Haus nicht einmal einen Kilometer weit entfernt lag, und beschrieb mir, wie man dorthin kam. Sie fügte hinzu, dass wir jederzeit in ihr Haus kommen könnten, wenn wir etwas bräuchten – die Toilette, eine Tasse Tee oder was auch immer. Sie lud uns ein, um ein Uhr zum Mittagessen mit ihr und den anderen Mitgliedern des Bristow Clans in ihr Haus zu kommen.

Ich dankte ihr für ihre Gastfreundschaft, und wir plauderten eine Weile miteinander. Sie stellte eine Menge Fragen über Leo und beobachtete ihn durch den Zaun. Ich erzählte ihr, wie schwer es für uns war, uns von dem Löwen zu trennen. Eigentlich war es nicht meine Art, mit Fremden über meine persönlichen Nöte zu sprechen, aber ich wollte, dass Julie und alle anderen in Pamuzinda wussten, dass Leo uns vermissen würde und dass er Trost und besondere Aufmerksamkeit brauche würde, wenn wir abreisten.

Kobus und Hettie kehrten von ihrem Spaziergang zurück, und wir teilten uns eine Thermosflasche Tee. Danach beschloss Kobus, zu den Filmleuten hinüberzugehen und sich anzusehen, was sie machten. Hettie wollte lieber bei mir und den Tieren bleiben.

Leo hatte sich zum Schlafen unter die Akazie gelegt. Ich hatte lange bei ihm gesessen, und als ich aufstand, um die Glieder zu strecken, wachte er sofort auf, hob den Kopf und schaute, wo ich hinging. Aber als Hettie sich neben ihm ins Gras legte, war er wieder zufrieden, legte eine Vorderpranke auf ihre Schulter und ließ sie dort liegen.

Als ich Hettie und Leo so friedlich miteinander im Gras liegen sah, wurde ich plötzlich von unendlicher Wehmut erfasst. Ich hatte nur den einen Wunsch, diese beiden fragilen Geschöpfe für alle Zeit vor der rauen Wirklichkeit einer gleichgültigen Welt zu beschützen. Sie waren beide so vertrauensvoll, so voller Liebe, so verletzlich – das süße, warmherzige Mädchen, das immer ein Kind der Wildnis bleiben würde, verwirrt von den Komplikationen des Lebens an einer Universität in der Stadt; und der sanfte, anhängliche Löwe, der als Baby verlassen worden war und nun bald von seiner menschlichen Familie in einem fremden Land, weit entfernt von der Heimat seiner Kindheit, zurückgelassen werden würde. Das Leben erschien mir entsetzlich unfair, und Tränen brannten in meinen Augen.

Wolfie richtete sich mit gespitzten Ohren auf, und seine Augen folgten einer Bewegung, die er im Wald hinter dem Gehege wahrgenommen hatte. Ich wandte mich um und sah eine zweite junge Frau auf dem gewundenen Fußweg auf uns zukommen. Ich ging zum Zaun, um sie zu begrüßen.

Sie war Maria Cader, die Frau des zweiten Parkmanagers, Andy Cader. Sie war eine attraktive Frau, Anfang dreißig, mit kurzem, lockigem Haar und sanften braunen Augen. Sie erzählte mir, dass Andys und ihr Haus direkt neben dem von Julie und Graeme stehe, und bot uns ebenfalls Hilfe und Gastfreundschaft an. Ihre Augen wanderten zu Leo, und sie fragte, ob sie ins Gehege kommen dürfe. Ich war hocherfreut, dass sie fragte, und lief, um ihr das Tor zu öffnen. Leo war in sehr friedlicher Stimmung, und ich war mir sicher, dass er Maria nicht einmal anschauen, geschweige denn belästigen würde.

Maria begrüßte Wolfie und Leo kurz und ungezwungen, dann setzte sie sich mit Hettie und mir ins Gras. Ich bewunderte sie, weil sie die erste Person in Pamuzinda war, die den Mut besaß, Leos Gehege zu betreten, und das sagte ich ihr auch. Sie gab zu, dass sie Angst vor Leo hätte, versicherte aber, dass sie nicht die Absicht habe, ihn das merken zu lassen.

Maria blieb über eine Stunde lang und unterhielt sich mit Hettie und mir. Wir fanden es ausgesprochen erfreulich, mit ihr zusammen zu sein. Als ich ihr anvertraute, wie schwer es uns fiel, uns von Leo zu trennen, war sie sehr mitfühlend und versicherte mir, dass ihr Mann Andy Löwen sehr liebte und dass er viel Zeit mit Leo verbringen würde, sowie seine Arbeit beim Filmteam abgeschlossen sei. Sie erzählte, dass es Andys Aufgabe bei den Filmarbeiten sei, sich um die Löwen zu kümmern, die für den Film benutzt wurden.

Ich fragte Maria nach den drei Löwen im Hauptgehege. Sie sagte uns, dass die Löwin Happie sei, eine von Leos zukünftigen Frauen. Die beiden anderen waren männliche Tiere, eines davon bereits vierundzwanzig Jahre alt. Er hieß Trade und war vom Löwen- und Gepardenpark hierher gebracht worden, um seinen Ruhestand in Pamuzinda zu verbringen. Der andere hieß Samson. Er war nur vorübergehend hier, sozusagen als Ersatzmann für den Film. Nach Abschluss der Filmarbeiten sollte Samson zu seiner Familie im Löwen- und Gepardenpark zurückkehren. Fat Cat, Leos zweite zukünftige Frau, befand sich am Drehplatz. Sie war einer der Stars des Films.

Es war ganz besonders nett gewesen, sich mit Maria zu unterhalten, und ich war dankbar, dass sie uns besucht hatte. Sie versprach, am folgenden Tag wiederzukommen.

Mittags kamen Kobus und die anderen vom Drehplatz zurück, und wir gingen alle zusammen zum Mittagessen zu Julies Haus. Ich wäre am liebsten nicht mitgekommen. Ich wollte wirklich viel lieber bei Leo bleiben, aber ich wollte auch nicht undankbar erscheinen.

Am Ende war ich froh, dass ich mitgekommen war. Julies Essen war vorzüglich, und hinterher fühlte ich mich bedeutend besser.

Leo und Wolfie hatten offenbar ängstlich auf unsere Rückkehr gewartet und waren sehr erleichtert, uns wieder zu sehen.

Andy Cader brachte ein Stück Gnufleisch für Leo zum Mittagessen, und ich war sehr erfreut, dass er ohne Weiteres ins Gehege kam und ihm das Fleisch hinlegte. Leo beachtete das Fleisch nicht, blieb einfach liegen und tat so, als ob er auch Andy nicht bemerkt hätte.

Andy blieb eine Weile da und unterhielt sich mit uns, und wir hatten den Eindruck, dass er ein ebenso netter Mensch war wie seine Frau Maria. Außerdem schien er ein echter Löwenfreund zu sein. Er versuchte, mit Leo zu reden, aber dieser verstand kein Wort. Ich musste ihm erst erklären, dass Leo nicht zweisprachig war wie wir – er verstand nur Afrikaans.

»Kein Problem«, versicherte mir Andy. »Leo und ich werden bald eine gemeinsame Sprache finden. Er trat auf den Löwen zu, um ihm freundschaftlich auf das Hinterteil zu klopfen, aber Wolfie drängte sich entschlossen dazwischen. Dabei fixierte er Andy mit einem zahnigen Blick, der unmissverständlich sagte: »Untersteh dich, meinen Löwen anzufassen!«

Ich beeilte mich, Wolfie zu sagen, dass alles in Ordnung und Andy ein Freund sei. Aber dieser meinte, ich solle mir keine Sorgen machen. Das nächste Mal würde er daran denken, Wolfie um Erlaubnis zu fragen, bevor er Leo streichelte.

Schließlich verabschiedete sich Andy, um wieder zum Drehplatz zu gehen, und Kobus und Hettie beschlossen, ihn zu begleiten.

Ich blieb bei meinen Tieren.

Ich hob das Stück Fleisch auf, das Andy gebracht hatte, und trug es zu Leo hinüber. Aber dieser beroch es nur und wollte nicht fressen. Vielleicht war er zu nervös dazu, vielleicht störte ihn auch der fremde Geruch des Fleisches – er hatte noch nie Gnufleisch bekommen. Armer Leo. Alles war so anders: die Sprache, das Land, sogar das Futter.

Am späten Nachmittag erschien ein afrikanischer Mann und goss mit einer Gießkanne frisches Wasser durch den Zaun in Leos Tränke.

Ich wollte ihn gerade auf Tsonga begrüßen, aber dann fiel mir ein, dass die Leute in Simbabwe diese Sprache nicht verstanden. Ihre Muttersprachen, Shona und Sindebele, waren mir vollkommen fremd. Zum Glück verstand der Mann Englisch, und so unterhielten wir uns eine Zeit lang.

Er sagte mir, dass er noch nie einen Hund und einen Löwen zusammen gesehen hätte, und er wollte wissen, warum der Löwe den Hund nicht auffraß. Ich erklärte ihm, dass der Hund der Freund des Löwen sei. Er meinte, dass er an Stelle des Hundes dem Löwen ganz bestimmt nicht trauen würde. Er fügte hinzu, dass er an meiner Stelle dem Löwen auch nicht trauen würde, und drängte mich in meinem eigenen Interesse, aus dem Gehege herauszukommen, solange ich noch am Leben sei. Ich sagte ihm, dass ich die Mutter des Löwen sei und dass Löwen niemals ihre Mütter fräßen.

Er zuckte die Achseln und meinte: »O. k. Machen Sie, was Sie wollen. Aber denken Sie daran, dass ich Sie gewarnt habe. Also machen Sie mir keinen Vorwurf, wenn der Löwe Sie frisst.«

Ich dankte ihm für seine Sorge um mich und versprach, daran zu denken, ihm keinen Vorwurf zu machen, wenn der Löwe mich fraß.

Während des ganzen Tages kamen die Löwen im anderen Gehege immer wieder an ihren Zaun, um uns neugierig zu beäugen. Wolfie hielt es für das Beste, sie ganz und gar zu ignorieren, aber Leo hatte weiterhin große Angst vor ihnen und versuchte, sich im hohen Gras zu verstecken, wenn er sah, dass sie zu uns herüberschauten. Ich versuchte, ihm zu demonstrieren, dass ich keine Angst vor den Löwen hatte, aber er glaubte mir nicht. Also verließ ich Leos Gehege und ging zum Hauptgehege hinüber. Dort stellte ich mich an den Zaun und begann mit den fremden Löwen zu reden – nur um Leo zu zeigen, dass wirklich nichts dabei war. Die Löwen sahen mich mit gelinder Neugier an. Nach einiger Zeit kam die Löwin, Happie, ganz dicht an den Zaun, presste die Flanke an den Maschendraht und rieb Kopf und Schultern daran. Sie forderte mich zu einer Begrüßung nach Katzenart auf. Freudig überrascht trat ich ebenfalls an den Maschendraht, bückte mich und presste mich dagegen, um mit ihr Schultern zu reiben. Es war ein sehr ergreifender Augenblick.

Als Wolfie sah, dass ich mit der fremden Löwin Schultern rieb, stieß er ein warnendes Bellen aus – nur um ihr zu erkennen zu geben, dass er zusah und dass sie keine Tricks versuchen sollte. Die drei Löwen gaben ein seltsames, grollendes Geräusch von sich, als sie Wolfie bellen hörten. Offensichtlich waren sie nicht an Hunde gewöhnt und trauten ihm nicht über den Weg.

Alle drei Löwen waren in gutem Zustand und sahen ausgesprochen gesund aus, selbst der vierundzwanzigjährige Trade. Nur seine wackeligen Bewegungen verrieten sein Alter.

Ich ging zu Leo zurück und fragte ihn, ob er gesehen hätte, wie freundlich Happie gewesen sei. Aber er sah mich mit unglücklichem Gesichtsausdruck an, als wollte er sagen: »Ja, aber können wir jetzt nicht alle nach Hause fahren?«

Ich legte meine Arme um ihn und weinte.

Als es zu dämmern begann, kamen Kobus, Hettie und die anderen vom Drehplatz zurück, und Graeme Bristow lud uns zu einem Umtrunk in sein Haus ein. Ich lehnte ab. Wir würden Leo und Wolfie bald die ganze Nacht lang allein im Gehege lassen müssen, und ich wollte so lange wie möglich bei ihnen bleiben. Hettie bot an, mir Gesellschaft zu leisten, aber ich überredete sie, mit den anderen zu gehen und das nette Zusammensein nicht zu versäumen.

So saß ich zwischen Wolfie und Leo im hohen Gras. Gemeinsam sahen wir die Sonne untergehen. Die Dämmerung senkte sich über das Land, und wir lauschten den Stimmen des Buschs. Dann kam die Nacht – stockfinstere, tintenschwarze Nacht. Wir schmiegten uns noch enger aneinander.

Einer der Löwen im Hauptgehege begann zu brüllen. Es klang nach Samson. Dann stimmte ein anderer mit ein, vermutlich der alte Trade. Die beiden probierten anscheinend aus, wer von ihnen am lautesten brüllen konnte. Ihre donnernden Stimmen dröhnten über die Landschaft wie ein Erdbeben und brachten alles andere zum Schweigen. Meine beiden Tiere und ich fühlten uns sehr verletzlich. Ich legte meine Arme um sie und sagte ihnen, sie bräuchten sich keine Sorgen zu machen: Zwischen den Löwen und uns seien Zäune. Was mich jedoch beunruhigte, war, dass ich die Zäune nicht mehr sehen konnte. Was wäre, wenn sie sich in Luft aufgelöst hätten? In einer mondlosen Nacht in einem fremden Land war alles möglich.

Kobus und Hettie kamen mit dem Lastwagen, um mich abzuholen, und ich bat sie, noch ein bisschen länger bei Leo und Wolfie zu bleiben. Also setzten sich Kobus und Hettie zu uns ins hohe Gras. Kobus erzählte mir, dass er Leos zweite zukünftige Frau Fat Cat am Drehplatz gesehen hätte. Er sagte, sie sei nicht ganz so jung und hübsch wie Happie. Sie sei im mittleren Alter und sehr fett, aber alles in allem ein nettes altes Mädchen, sehr freundlich und anhänglich. Ich freute mich sehr, das zu hören. Vielleicht würde Fat Cat auf mütterliche Weise freundlich zu Leo sein. Schließlich meinte Kobus, dass wir nun besser gehen sollten, weil Carol Bristow uns zum Abendessen erwartete.

Ich fand es schrecklich, meine beiden Tiere allein in dem fremden Gehege zu lassen. Ich holte ihre Schlafmatten aus dem Truck und breitete sie dicht nebeneinander auf dem Grasstück aus, auf dem wir zusammen gesessen hatten. Wolfie schien zu verstehen, dass das bedeutete, dass sie die Nacht ohne uns im Gehege verbringen mussten. Ich erklärte ihm, dass wir zum Haus zurückmüssten, dass wir aber früh am nächsten Morgen wiederkommen würden, und ich bat ihn, gut auf Leo aufzupassen. Von Leo gefolgt, begleitete er uns bis zum Tor, und die beiden sahen sehr verloren aus, als wir das Tor hinter uns schlossen und ohne sie in den Lastwagen stiegen.

Beim Anblick der beiden Tiere, die am Tor standen und zusahen, wie wir fortfuhren, wurde mir das Herz schwer.

Später am Abend, nach dem Abendessen, sagte mir Kobus, dass Vivian Bristow sich Sorgen machte, weil ich so viel Zeit allein mit Leo in seinem Gehege zubrachte.

»Warum?«, fragte ich überrascht.

»Er ist besorgt um deine Sicherheit«, antwortete Kobus.

Der Gedanke versetzte mich in Zorn. Sah denn niemand, was für eine Bindung zwischen Leo und mir bestand?

Früh am nächsten Morgen fuhren wir nach Pamuzinda zurück und fanden Leo und Wolfie dicht nebeneinander auf ihren Schlafmatten sitzend vor. Ihre Ohren waren gespitzt, und sie horchten auf das Motorengeräusch unseres Trucks. Als sie uns kommen sahen, sprangen sie auf und rannten zum Tor, um uns zu begrüßen.

Und so verbrachten wir einen zweiten Tag mehr oder weniger auf die gleiche Weise wie den ersten. Kobus und Hettie gingen gelegentlich zum Drehplatz oder machten Spaziergänge im Park, ich blieb bei Leo und Wolfie.

Immer wenn Kobus bei uns im Gehege war, setzte er sich dicht am Zaun ins Gras und überredete Leo, zu ihm zu kommen. Dann ging Leo zögernd zu ihm hinüber und setzte sich neben ihn. Wenn die anderen Löwen merkten, dass sie beobachtet wurden, kamen sie an ihren Zaun geschlendert und sahen Kobus und Leo neugierig an. Um Leos Selbstbewusstsein zu stärken, sprach Kobus mit fröhlicher, ermutigender Stimme zu ihm über die Löwen. Gelegentlich stießen Trade oder Samson ein paar prachtvolle Brüller aus, und der arme Leo duckte sich neben Kobus tief ins Gras.

Dann sagte Kobus zu ihm: »Komm, Leo, du bist doch auch ein großer Junge. Brüll einfach zurück – ich weiß, dass du das kannst!«

Aber Leo sah Kobus an, als wollte er sagen: »Ich weiß nicht. Das sind richtige Löwen, und ich bin nur ein Hund.«

Wir aßen wieder bei Julie zu Mittag, und hinterher kam Andy mit uns, um sich ein bisschen mit Leo zu beschäftigen. Obwohl Wolfie ihm diesmal gestattete, neben Leo zu sitzen, behielt er ihn sehr genau im Auge.

Ich fragte, wie lange das Filmteam in Pamuzinda arbeiten würde, und er sagte, dass es noch ein paar Wochen dauern würde. Mir sank das Herz. Ich wollte, dass das Filmteam endlich verschwand, damit Andy und Leo mehr Zeit miteinander verbringen und beginnen konnten, eine Bindung zueinander zu entwickeln. Ich fragte Andy, ob es möglich sein würde, dass Leo zu Happie und Fat Cat in das Hauptgehege übersiedelte, bevor wir wieder nach Hause fuhren. Aber Andy verneinte. Ein von Menschen aufgezogener Löwe braucht gewöhnlich ziemlich lange, bis er begreift, dass er ein Löwe ist. Bevor Leo aber nicht wusste, dass er ein Löwe war, wäre es grausam, ihn zu den anderen ins Hauptgehege zu sperren. Er würde die ganze Zeit nichts anderes tun, als zu versuchen, sich vor ihnen zu verstecken.

Ich war den Tränen nah, versuchte aber, meine Enttäuschung zu verbergen. Ich hatte so gehofft, dass wir Leo noch glücklich mit seiner neuen Familie erleben würden, bevor wir abreisen mussten.

Andy bemerkte, dass Leo sein Gnufleisch noch immer nicht angerührt hatte, und versprach, ihm frisches Fleisch zu bringen, wenn er am späten Nachmittag vom Drehplatz zurückkam.

Der dritte Tag mit Leo verlief ziemlich ähnlich wie die beiden vorangegangenen Tage. Leo war immer noch nervös und unsicher, verbrachte die meiste Zeit schlafend und tat sonst nur wenig, außer sich an mich, Kobus oder Hettie zu schmiegen. Er versuchte immer wieder, sich auf unseren Schoß zu setzen, aber das war einfach nicht mehr möglich. Dafür war er mindestens zehnmal zu groß. Armer Leo. Offensichtlich versuchte er, uns zeigen, dass er immer noch ein Baby sei und sich nach Hause sehnte.

Später ging ich noch einmal zum Hauptgehege. Happie kam, um mich zu begrüßen, und rieb Schultern mit mir durch den Zaun. Ich streckte einen Arm durch den Maschendraht und streichelte ihr den Kopf. Das gefiel ihr, und sie gab glückliche Knurrlaute von sich.

Am vierten Tag fuhr Hettie mit Carol zu einem Einkaufsbummel nach Harare, während Kobus und ich den Tag so verbrachten, wie es inzwischen zur Routine geworden war: Ich blieb im Gehege bei Leo und Wolfie, während Kobus seine Zeit zwischen mir und den Tieren und

Ausflügen zum Drehplatz aufteilte. So hätte der vierte Tag weitgehend ebenso verlaufen können wie der dritte, wenn mir nicht gegen Mittag etwas Entsetzliches passiert wäre.

Wieder ging ich zum Hauptgehege hinüber, wieder rieb ich Schultern mit Happie durch den Zaun, streckte den Arm durch den Maschendraht und streichelte ihr den Kopf, und sie gab glückliche Knurrlaute von sich. Ich wandte mich um und schaute, ob Leo mir zusah – ich wollte, dass er erkannte, dass Happie ein ebenso freundlicher, harmloser Löwe war wie er selbst.

In diesem Augenblick schlug Happies Stimmung plötzlich um, und mit wütendem Aufknurren packte sie meine Hand. Ich riss den Arm zurück, aber mein Daumen steckte zwischen ihren Kiefern – fest eingeklemmt zwischen den oberen und unteren Schneidezähnen. Ich versuchte, nicht in Panik zu geraten, und hielt die Hand locker, in der Hoffnung, dass sie dann vielleicht loslassen würde. Aber ich spürte, wie ihre Zähne sich in den Knochen gruben. Ich rief nach Kobus, der sich in Leos Gehege befand.

»Geh weg von ihr!«, brüllte er mir zu. Er rannte bereits auf das Tor am anderen Ende von Leos Gehege zu.

Happie hob eine Pranke, und mir wurde klar, dass sie gleich ihre Krallen in meinen Arm schlagen würde.

»Weg von ihr!«, brüllte Kobus wieder und rannte auf mich zu.

Ich zerrte mit aller Kraft, die vordere Hälfte meines Daumens riss am Gelenk ab, und ich stürzte rücklings zu Boden. Da war Kobus auch schon neben mir und half mir auf die Füße.

»Mein Daumen ist ab«, sagte ich. Ich wollte die Wunde nicht sehen. Mit abgewandtem Gesicht streckte ich Kobus meine rechte Hand entgegen.

»Schnell in den Truck«, rief Kobus.

Ich bedeckte meine rechte Hand mit der linken, um sie nicht sehen zu müssen. Im Truck fand ich ein Handtuch und wickelte es, immer noch mit abgewandtem Gesicht, um die verletzte Hand.

Ich hatte keine Schmerzen. Ich stand nur unter Schock, und ich war fest überzeugt, dass ich auch keine Schmerzen haben würde, solange ich meinen Daumen (oder was davon noch übrig war) nicht anschauen würde. Es war tatsächlich so.

Kobus fuhr mich zu Julies Haus.

Er bat sie um ein Desinfektionsmittel und einen sterilen Verband. Julie lief sofort zu Marias Haus, um sie zu holen. Kobus forderte mich auf, mich hinzusetzen, und ich setzte mich an Julies Küchentisch.

Maria erschien mit ein paar Utensilien für erste Hilfe.

Kobus füllte eine Schale mit Desinfektionsmittel und tauchte meine Hand hinein. Julie hielt mir eine Tasse mit süßem Tee hin, aber ich lehnte ab. Ich zitterte unkontrollierbar und hätte die Tasse nicht halten können.

»Sie müssen den Tee trinken«, sagte Maria. »Für den Schock.«

Julie half mir, die Tasse zu halten, und ich schluckte den süßen Tee. Es half wirklich. Nach ein paar Minuten hörte ich auf zu zittern.

Kobus verband meine Hand und fragte Maria und Julie, in welches Krankenhaus in Harare er mich bringen sollte. Maria bot an, mit uns zu kommen. Sie kannte sich in Harare gut aus und würde uns den Weg zu dem Krankenhaus zeigen können, an das sie dachte.

Ich wollte nicht ins Krankenhaus. Ich wollte bei Leo bleiben. Wir hatten nur noch wenige Tage, die wir mit ihm verbringen konnten. Aber natürlich bestand die Gefahr einer Blutvergiftung. Ich würde mehr als nur den Daumen verlieren, wenn ich nicht ordnungsgemäß behandelt würde.

Ich entschuldigte mich bei Julie, dass wir ihre Küche voller blutdurchtränkter Sachen hinterließen.

Kobus, Maria und ich stiegen in den Truck und machten uns auf die neunzig Kilometer weite Fahrt nach Harare.

Ich hoffte, dass ich nicht lange im Krankenhaus würde bleiben müssen.

Leo und Wolfie taten mir Leid. Wir hatten sie allein in ihrem Gehege zurücklassen müssen, und sie hatten keine Ahnung, wohin wir gegangen waren und warum wir so plötzlich verschwunden waren.

Maria schlug vor, beim Haus der Bristows am Löwen- und Gepardenpark zu halten, damit ich mir alles holen konnte, was ich im Krankenhaus brauchen würde.

Das taten wir, und während ich meine blutverschmierten Kleider gegen saubere eintauschte, schrieb Maria schnell einen Brief an Carol und Hettie, in dem sie erklärte, wohin wir gefahren waren. Den Brief gab sie dem Koch und bat ihn, dafür zu sorgen, dass Carol und Hettie ihn sofort ausgehändigt bekamen, wenn sie aus Harare zurückkehrten. Dann fragte Maria Kobus, wie viel Geld wir bei uns hätten. Wir hatten ein paar hundert Simbabwedollars. Maria sagte uns, dass das Krankenhaus eine Kaution von rund sechstausend Dollar verlangen würde. (Das sind fast 700 amerikanische Dollar).

Wir waren entsetzt.

»Können wir ihnen das Geld denn nicht schicken, wenn wir wieder in Südafrika sind?« fragte Kobus.

Maria verneinte. Ich würde nicht in das Krankenhaus aufgenommen werden, wenn die Kaution nicht bezahlt würde. Aber sie versicherte uns, wir bräuchten uns keine Sorgen zu machen. Sie rannte los und fand einen von Vivian Bristows Sekretären. Er hatte Vivians Scheckheft in Verwahrung, in dem sich mehrere bereits unterzeichnete Schecks befanden. Einen davon reichte er uns. Maria versprach, Vivian die Sache mit dem Scheck am Abend zu erklären, und Kobus könne dann mit ihm ausmachen, wie er ihn später zurückzahlen würde.

Maria war ein Engel. Sie dachte an alles und kümmerte sich um alles, so dass ich mich einfach zurücklehnen konnte und an gar nichts denken musste.

Als wir wieder im Auto saßen, unterhielt sie uns mit lauter amüsanten Geschichten über das Leben in Pamuzinda.

Ich lachte viel.

Aber ich war unendlich traurig.

Einen Daumen zu verlieren war ja eigentlich gar nicht so schlimm.

Leo zu verlieren war schlimm.

IN EINEM KRANKENHAUS
IN HARARE

Maria führte uns zur Avenues Clinic in Harare. Die vorgeschriebene Kaution betrug 6250 Zim.$. Maria füllte den Scheck aus, machte jedoch in ihrer Eile einen Fehler.

Das Krankenhaus nahm den Scheck nicht an.

Maria versicherte wieder, wir bräuchten uns keine Sorgen zu machen. Sie hatte Freunde, die in Harare lebten, und sie fragte, ob sie den Truck haben könne, um damit zum Haus dieser Freunde zu fahren. Kobus bot seine Dienste als Chauffeur an.

Ich setzte mich in das Wartezimmer des Krankenhauses.

Mehrere Leute befanden sich bereits in dem Raum – Leute, die Shona sprachen. Als ich sie in ihrer mir so fremden Sprache reden hörte, fühlte ich mich dumm und unsicher. Dann hörte ich, wie eine Mutter in einer Sprache mit ihrem kranken Kind redete, die vertraut klang. Sindebele. Das klang fast wie Zulu. Die Mutter begann, ihrem Kind ein Lied vorzusingen, und ich konnte die Worte des Schlafliedchens mühelos verstehen. Die Mutter sah auf und bemerkte, dass ich sie anstarrte. Ich hatte sie nicht anstarren wollen, ich hatte mich nur auf den Text ihres Liedes konzentriert. Ich lächelte sie entschuldigend an, und sie lächelte zurück. Und auf einmal erschien mir das Leben nicht mehr ganz so schrecklich.

Kobus und Maria kamen mit einem unterschriebenen Scheck von Marias Freunden zurück.

Ich fragte mich, ob diese Freunde Heilige waren. Wie konnten sie so ohne weiteres eine so riesige Geldsumme an vollkommen fremde Leute verleihen – noch dazu an Ausländer?

Maria sagte wieder, wir sollten uns keine Sorgen machen. Kobus' Gesicht hatte ihren Freunden anscheinend gefallen, und sie hatten ihn als vertrauenswürdig eingestuft.

Ich wurde in die Unfallstation aufgenommen und an Dr. Gwatidzo verwiesen.

Im ersten Augenblick fürchtete ich, dass wir keine gemeinsame Sprache haben würden. Ich suchte mein Zuluvokabular zusammen und erklärte ihm, dass ich von einem Löwen gebissen worden sei. Ich hoffte, dass Zulu so viel Ähnlichkeit mit Sindebele hatte, dass er mich verstand. Aber Dr. Gwatidzo sprach fließend Englisch, ebenso wie fast das ganze übrige Krankenhauspersonal.

Ich wandte wieder den Kopf ab, als der Arzt den Verband von meiner Hand entfernte.

Er fragte, ob er mir eine Spritze gegen die Schmerzen geben solle, aber ich verneinte. Solange ich die Wunde nicht ansah, tat sie auch nicht weh. Er wollte wissen, was mit meinem Zeigefinger passiert sei.

»Was ist mit ihm?«, fragte ich.

»Auf einer Seite ist die Haut abgeschürft«, erklärte er. »War das auch der Löwe?«

Ich hatte keine Ahnung. Vielleicht hatte ich mir die Haut an einem Reißzahn abgeschürft, vielleicht aber auch am Draht des Zauns.

Der Arzt goss eine ganze Flasche Desinfektionsmittel über Daumen und Zeigefinger. Dann wickelte er wieder einen Verband um die Hand und beauftragte jemanden, mit dem Chirurgen zu sprechen und einen Operationsraum für mich zu bestellen.

Jemand antwortete, dass alle Operationsräume für den ganzen Tag ausgebucht seien.

»Dann buchen Sie einen für den Abend«, ordnete der Doktor an.

Kobus und Maria begleiteten mich in mein Zimmer, und als ich im Bett lag, drängte ich sie, nach Pamuzinda zurückzufahren. Ich wollte, dass Kobus den Rest des Tages mit Leo und Wolfie verbrachte.

Nachdem sie gegangen waren, lag ich da und dachte über Happie nach. Warum hatte sie mich plötzlich angegriffen? Was hatte ich falsch gemacht?

Ich konnte nicht aufhören, mir den Kopf zu zermartern. Und schließlich fiel mir die Antwort ein.

Unmittelbar bevor ich zum Hauptgehege gegangen war, um mich mit Happie anzufreunden, hatte ich Wolfie gestreichelt. Meine Hand musste also nach Hund gerochen haben. Zunächst hatte Happie den Geruch nicht wahrgenommen, weil ich den oberen Teil ihres Kopfes und ihren Hals gestreichelt hatte. Dann, als ich mich umdrehte, um zu schauen, ob Leo auch zusah, hatte meine Hand ihre Wange berührt. In diesem Augenblick hatte sie vermutlich den Hundegeruch an meiner Hand wahrgenommen und mich für einen Verräter gehalten – ein Hund, der so tat, als sei er ein Mensch.

Leo war an Wolfies Geruch gewöhnt, aber diese anderen Löwen nicht. Und offensichtlich konnten sie Hunde nicht ausstehen.

Ich war erleichtert, dass ich den Grund für Happies plötzlichen Stimmungsumschwung gefunden hatte. Zwar wusste ich nicht, wie ich sie davon überzeugen sollte, dass ich kein Hund war, aber darüber konnte ich mir später Sorgen machen.

Ich teilte mir das Zimmer mit drei anderen Patienten. Alle drei waren weiße, Englisch sprechende Frauen, die Staatsbürger von Simbabwe waren. Sie fragten, was mit meiner Hand passiert sei. Ich erzählte ihnen, dass mir ein Löwe den halben Daumen abgebissen hätte.

Zuerst schnappten sie nach Luft, dann lachten sie, und dann entschuldigten sie sich dafür, dass sie gelacht hatten.

Es war eine interessante Reaktion.

In unserer Abteilung gab es eine weiße Schwester. Sie reagierte auf die gleiche Weise – nach Luft schnappen, lachen, sich entschuldigen. Alle anderen Schwestern waren afrikanische Frauen, und keine einzige von ihnen hatte gelacht. Sie hatten nur mit Entsetzen und Mitgefühl reagiert.

(Später, als ich nach Hause kam und zur weiteren Behandlung in das Krankenhaus von Nelspruit eingeliefert wurde, erlebte ich genau die gleichen Reaktionen. Alle weißen Schwestern oder Patienten, die mich nach meiner Hand fragten, schnappten auf meine Antwort hin zunächst nach Luft und lachten dann. Schließlich entschuldigten sie sich, dass sie gelacht hatten. Die afrikanischen Schwestern und Patienten in meiner Abteilung dagegen waren ausschließlich entsetzt und äußerten nichts als ehrliches Mitleid.)

Dieser Unterschied in den Empfindungen ist sehr seltsam.

Ich habe darüber nachgedacht. Ich fand den Gedanken, dass ein Löwe jemandem den Daumen abbeißt, tatsächlich auch komisch. Vermutlich zeigt das, dass weiße Menschen einen etwas morbiden Humor haben.

Später am Nachmittag brachte mir eine Schwester ein Formular, das ich unterschreiben musste: die Zustimmungserklärung des Patienten zu einer Operation.

Wie sollte ich das Formular mit meiner daumenlosen, verbundenen Hand unterschreiben? Ich beschloss, es mit der linken zu versuchen.

Ich griff in meine Handtasche und wollte meine Lesebrille herausnehmen. Sie war nicht da. Die Schwester schaute im Nachtschränkchen nach. Dort war sie auch nicht. Also musste ich die Schwester bitten, mir die Stelle auf dem Formular zu zeigen, wo die Unterschrift hingehörte.

Das tat sie, aber ich musste feststellen, dass meine linke Hand keine Verbindung zum Gehirn hatte. Ich konnte damit nicht einmal den Kugelschreiber halten, geschweige denn meinen Namen schreiben.

»Ich geb's auf«, sagte ich der Schwester. »Diese Hand kann nicht schreiben.

»Macht nichts«, erwiderte sie. »Aber Sie müssen das Formular unterschreiben. Ein Kreuz genügt.«

»Zeichne ein Kreuz!«, befahl ich meiner linken Hand. Sie zeichnete eine wackelig aussehende, vierbeinige Spinne.

»Nicht da«, rügte die Schwester. »Hier.«

Ich hatte die Zeile für die Unterschrift um etwa eine halbe Seite verfehlt. Aber wo genau war sie?

»Bitte zeigen Sie es mir noch einmal«, bat ich die Schwester. Sie tat es, und endlich schaffte ich es, beinah am richtigen Fleck einen unsicher aussehenden Krakel hinzumalen

»Gutes Mädchen!«, lobte die Schwester.

Ich war erschüttert. Ich war zum Analphabeten geworden.

Für den Rest des Nachmittags fühlte ich mich als Analphabet und dazu unsicher und traurig.

In erster Linie traurig.

Eine Schwester kam, um meinen Puls zu fühlen. »Sie lächeln nicht mehr«, sagte sie. »Was ist los?«

Die Sache mit Leo hätte sie nicht verstanden. Deshalb erzählte ich ihr, dass ich meine Brille verloren hätte.

»Wo?«, fragte sie erschrocken. »Wann?« Sie nahm ein Formular aus einem Halter am Fuß meines Bettes und schrieb alles auf. Patient hat Brille verloren. Vermutlich in der Unfallstation. Ungefähre Zeit: Zwölf Uhr fünfzehn.

»Bitte machen Sie sich keine Sorgen«, bat sie mich. »Und bitte seien Sie nicht so traurig. Wir werden Ihre Brille ganz bestimmt gleich finden!« Sie eilte davon.

Ich war entsetzt. Ich hatte wirklich nicht die Absicht gehabt, einen solchen Aufstand wegen meiner Brille auszulösen.

Danach erschien alle zehn Minuten eine Schwester an meinem Bett, um mir zu berichten, dass das ganze Krankenhaus nach meiner Brille suche.

Die Unfallstation war durchsucht worden, ebenso der Empfangsschalter und sämtliche Lifte. Aber sie versicherten mir weiterhin, dass ich mir keine Sorgen machen müsste. Die Brille würde ganz bestimmt gefunden werden.

Ich hatte ein furchtbar schlechtes Gewissen. Und ich versuchte jeder Schwester, die zu mir kam, zu erklären, dass ich wirklich nicht die Absicht gehabt habe, ihnen so viel Mühe zu machen. Aber sie hörten gar nicht zu. Sie waren fest überzeugt, dass mir das Herz brach, weil ich meine Brille verloren hatte.

Ich zementierte ein Lächeln auf mein Gesicht.

Niemand würde mich je wieder mit trauriger Miene ertappen.

Endlich erschien die Stationsschwester selbst an meinem Bett und sagte mir, dass sie eine gute Nachricht für mich habe. Eine Patientin in der Station B habe angegeben, dass sie zur gleichen Zeit ins Krankenhaus aufgenommen worden sei wie eine Patientin mit einer verletzten Hand.

»Das müssen Sie gewesen sein«, sagte die Stationsschwester und deutete auf mich. »Und die Patientin in Station B sagt, bevor sie zur Unfallstation gegangen seien, hätten sie ihre Brille einer Dame in einem grünen Trainingsanzug gegeben.«

»Ach ja«, sagte ich. »Das war Maria. Sie und mein Mann haben mich hierher gebracht.«

»Möchten Sie, dass wir für Sie bei ihr anrufen?«, fragte die gute Stationsschwester?

Ich verneinte. Ich wusste, dass Maria gut auf meine Brille aufpassen und sie mir wiederbringen würde.

Alle lächelten und sahen glücklich aus. Ich dankte der Stationsschwester und allen anderen für ihre Mühe und bat sie, auch der aufmerksamen Patientin in Station B zu danken.

Nach etwa einer Stunde hatte ich genug davon, mit einem ewigen Lächeln im Gesicht im Bett zu liegen. Also beschloss ich, aufzustehen und einen Spaziergang zu machen.

Bei dieser Gelegenheit entdeckte ich die Beschriftung, die am Fußende meines Bettes angebracht war. Die Buchstaben waren so groß, dass ich sie auch ohne Brille lesen konnte.

Ich las: »Patientin: Mrs. K. Kruger. Behandelnder Chirurg: Mr. G. A. Vera.«

Mister Vera? Warum *Mister* und nicht Doktor? Meine Verletzung musste doch ganz bestimmt von einem Doktor behandelt werden. Ich geriet in Panik. Wie war es möglich, dass ein Chirurg kein Doktor war? Hatten sie in Harare einen Mangel an richtig ausgebildeten Chirurgen, oder was? Lieber Gott! Was konnte ein Mister schon darüber wissen, wie man eine Blutvergiftung verhindert? Was wäre, wenn er zu irgendeiner primitiven Methode greifen würde – wie zum Beispiel Amputation?

Ich kam zu dem Schluss, dass mir nichts anderes übrig blieb, als mich selbst davon zu überzeugen, dass dieser Mister Vera sein Metier beherrschte. Und die einzige Möglichkeit, das zu tun, bestand darin, im Operationsraum hellwach zu bleiben. Ich würde die Narkose verweigern.

Also suchte ich nach der Stationsschwester. Ich erzählte ihr, dass ich vergessen hätte, ihr mitzuteilen, dass ich eine Allergie gegen Narkosemittel hätte. Sie machte ein besorgtes Gesicht und kam mit mir in mein Zimmer, um diese Information in meine Akte einzutragen.

Mr. Vera kam am Abend um sieben Uhr dreißig zu mir und unterhielt sich eine Weile mit mir. Er schien ein sehr angenehmer Mann zu sein. Sein Akzent unterschied sich ein bisschen von dem des übrigen Krankenhauspersonals. Ich überlegte, ob er vielleicht aus irgendeinem anderen afrikanischen Land stammte, aus Tansania vielleicht, oder aus Kenia. Ich fragte ihn natürlich nicht nach seiner Ausbildung. Das wäre unhöflich gewesen und unfreundlich noch dazu.

Er fragte mich nach meinen allergischen Reaktionen auf eine Anästhesie, und ich stammelte etwas von anaphylaktischem Schock. Ich weiß nicht, ob er mir glaubte, aber er sagte, es sei schon in Ordnung. Wenn ich keine Narkose wollte, würde er eben mit örtlicher Betäubung arbeiten.

Das war gut. Ich konnte wach bleiben und mich vergewissern, dass mir niemand den Rest meines Daumens abhackte.

Endlich wurde ich in das Stockwerk mit den Operationsräumen gefahren. Eine Schwester erschien und teilte Mr. Vera mit, dass es noch nicht möglich gewesen sei, einen der OPs zu säubern, so dass keiner zur Verfügung stünde. Sie schlug vor, er solle einen der Warteräume benutzen. Das lehnte Mr. Vera ab. Er erklärte der Schwester, dass er einen sterilen OP haben wolle, und wenn er die ganze Nacht darauf warten müsse. Die Schwester versicherte ihm hastig, dass innerhalb von zwei Stunden ein solcher für ihn bereitstehen würde.

Also wurde ich wieder in mein Zimmer gefahren. Ich hatte nichts dagegen. Ich war erleichtert, dass Mr. Vera darauf bestanden hatte, in einem sterilen OP zu operieren.

Um neun Uhr dreißig an diesem Abend wurde ich endlich in einen sterilen OP gefahren.

Mr. Vera wickelte meinen Verband ab und anästhesierte die Hand mit vier Injektionen, von denen er ankündigte, dass sie schmerzhaft sein würden. Aber sie waren es nicht. Vielleicht stand meine Hand immer noch unter Schock. Sie lag auf einem sterilen Tisch neben dem Bett, und ich vermied es ängstlich, sie anzusehen.

Nach einiger Zeit brachte Mr. Vera ein Tablett mit Instrumenten und entnahm ihm eine Pinzette. Ich fragte ihn, was er damit vorhabe. Er erklärte mir, dass sich die Sehnen des Daumens zurückgezogen hätten und wieder hervorgezogen werden müssten. Ich konnte tatsächlich fühlen, wie die Sehnen wieder heraufgezogen wurden. Ein eigentümliches Gefühl. Dann nahm er eine Schere vom Tablett.

»Und was werden Sie nun tun?«, fragte ich ihn.

Er erklärte, dass er die abgerissenen Enden der Sehnen und anderes zerstörtes Gewebe abschneiden müsse, um eine Sepsis zu verhindern.

Allmählich bekam ich den Eindruck, dass Mr. Vera sein Metier sehr wohl verstand. Schließlich reinigte er die Wunde und griff dann nach einer Nadel. Er erklärte mir, dass er ein Stück Haut über das Ende des durchtrennten Knochens nähen würde, damit es abgedeckt sei. Auch das würde dazu beitragen, eine Blutvergiftung zu verhindern.

Ich fragte ihn, ob er es nicht für nötig hielte, auch ein Stück von dem durchtrennten Knochen zu entfernen.

Er entgegnete, dass er das normaler Weise tun würde, dass der Daumen aber ein sehr wichtiger Körperteil sei. Deshalb wolle er versuchen, so viel wie möglich vom Knochen zu retten und der Gefahr einer Knochensepsis lieber mit Antibiotika entgegenwirken. Wenn das nicht klappen sollte, würde er natürlich eine weitere Wundtoilette durchführen müssen. Aber zunächst einmal hielte er es für richtig, das Risiko einzugehen.

»Werden Sie mich mit Antibiotika für gram-positive und gram-negative Bakterien behandeln?«, erkundigte ich mich.

Er bejahte. Dann sah er auf und fügte hinzu: »Sie scheinen eine Menge über die Behandlung von Löwenbissen zu wissen.«

»Sie aber auch«, gab ich zurück. »Wo haben Sie Ihre Ausbildung gemacht?«

»In Oxford und Edinburgh«, erwiderte er.

»Aber dann sind Sie ja doch ein Doktor!«, rief ich aus. »Ich meine, ein richtiger Chirurg!«

Er grinste und bestätigte, dass er in der Tat ein richtiger Chirurg sei.

»Warum werden Sie dann mit ›Mister‹ und nicht mit ›Doktor‹ angeredet«, fragte ich.

Er erklärte mir, dass es eine britische Eigenart sei, einen Chirurgen mit »Mister« anzureden.

»Aber warum?«, wollte ich wissen.

»Ich nehme an, dass es eine Art von Tiefstapelei ist«, meinte er.

»Aber das ist doch dumm«, rief ich aus. »Erst studieren Sie viele Jahre lang, um Doktor zu werden, und dann studieren Sie noch einmal mehrere Jahre, um wieder ein Mister zu sein. Das ist doch unfair, oder nicht?«

Statt einer Antwort erzählte er mir die folgende Geschichte: Im Mittelalter hatten die praktischen Ärzte eine sehr schlechte Meinung von den

Chirurgen. Sie waren die Leute, die Leichen stahlen, um sie zu untersuchen und um ihr Geschick im Operieren an ihnen zu üben. Deshalb galten sie als schwarze Schafe der Zunft – als die »Metzger«. Und die praktischen Ärzte weigerten sich, sie als »Doktoren« zu bezeichnen.
Ich mochte Mr. Vera.
Und er war ganz bestimmt kein Metzger.

Früh am nächsten Morgen kamen Kobus und Hettie, um mich zu besuchen und mir Schokolade, Zeitschriften und meine Lesebrille zu bringen. Ich war überglücklich, sie wiederzuhaben.
Kobus erzählte mir, dass er sich einen Scheck von Vivian Bristow geliehen habe, um damit seine Schulden bei Marias Freunden zurückzuzahlen. Er würde das Geld an Vivian zurückgeben, sowie wir wieder in Südafrika wären.
Ich war sehr erleichtert zu wissen, dass diese vertrauensvollen Fremden ihr Geld wieder zurückbekommen hatten.
Ich fragte, wie es Leo und Wolfie ging.
Kobus meinte, es ginge ihnen gut. Andy hatte am vergangenen Nachmittag eine junge Löwin namens Sheila zu Leos Gehege gebracht. Sie war einer der Stars in dem Film, der gerade gedreht wurde, etwa ein Jahr alt und sehr zahm. Andy hatte angenommen, dass Leo sich vor ihr nicht ganz so fürchten würde wie vor den anderen Löwen, weil sie so viel kleiner war als er. Leider hatte Sheila sich wegen Wolfie geweigert, Leos Gehege zu betreten, und Andy hatte sich nur mit ihr an den Zaun gestellt und Leo gerufen. Zuerst hatte Leo so getan, als ob er sie nicht sähe. Aber nach einer Weile hatte seine Neugier gesiegt, und er war näher gekommen. Er hatte sich an den Zaun gesetzt, immer wieder vorsichtige Blicke auf die junge Löwin geworfen und sie gelegentlich angefaucht, nur für den Fall, dass sie zweifelhafte Absichten gegen ihn hegen sollte. Trotzdem hatte Andy das Gefühl, dass der Besuch gut gelaufen sei, und hatte angekündigt, dass er Sheila nun jeden Nachmittag zu einem Besuch zu Leos Gehege bringen würde.
Ich war hocherfreut über diese Neuigkeit.
Am späten Nachmittag zeigten weitere Untersuchungen und Röntgenaufnahmen, dass meine Hand immer noch frei von Sepsis war. Ich fragte

Mr. Vera, ob ich aus dem Krankenhaus entlassen werden könnte. Er meinte, es sei ihm lieber, wenn ich noch einen oder zwei Tage bleiben würde. Ich erzählte ihm von Leo und fügte hinzu, dass mir nur noch wenige Tage mit ihm blieben. Mr. Vera hatte Verständnis und erklärte sich bereit, mich noch am Abend desselben Tages unter der Bedingung zu entlassen, dass ich mich sofort wieder bei ihm meldete, wenn ich irgendein Anzeichen von Sepsis vermuten sollte. Außerdem bat er mich, mir einen Termin für einen Besuch bei ihm in drei Tagen geben zu lassen.

VORWÄRTS, LEO

Leo war am nächsten Morgen so erleichtert und glücklich, mich wieder zu sehen, dass es mir fast das Herz brach. Wie sollte ich es nur fertig bringen, ihn in wenigen Tagen zu verlassen?

Er hörte gar nicht wieder auf, unter betrübtem Seufzen sein Gesicht an dem meinen zu reiben, als wollte er fragen: »Wo bist du gestern und vorgestern gewesen? Du hast mir so gefehlt!«

»Ich habe dich auch vermisst«, versicherte ich ihm und drückte ihn lange an mich.

Später kamen Maria und Julie, um sich nach meiner Hand zu erkundigen und ein bisschen mit uns zu plaudern.

Nach dem Mittagessen erschien Andy, um Leo zu besuchen, und ich stellte fest, dass Leo in seiner Gegenwart nun schon sehr viel entspannter war und ihm sogar gestattete, ihn zu streicheln.

Kobus erzählte Andy, dass Leo mit Begeisterung auf der Ladefläche unseres Pick-ups spazieren fuhr, und fragte, ob wir mit ihm eine Fahrt durch den Park unternehmen dürften. Andy versicherte, dass wir das selbstverständlich gerne tun könnten, und versprach, ebenfalls Ausfahrten mit Leo zu unternehmen, sowie seine Arbeit mit dem Filmteam abgeschlossen sei.

Sobald Andy gegangen war, befahl Kobus Leo und Wolfie, auf den Truck zu springen. Wolfie folgte der Aufforderung mit Begeisterung, aber Leo sprang ihm ein wenig zögernd nach. Er war sich nicht ganz sicher, ob er dieses fremde Land schon jetzt erforschen wollte, und schmiegte sich dicht an Wolfie. Aber nach einiger Zeit beruhigte er sich ein bisschen und begann, seine Umgebung mit Interesse zu betrachten.

Pamuzinda ist ein wunderschöner Park, in dem es sowohl Buschveld als auch Waldstücke gibt.

Wir begegneten Kudus, Elenantilopen, Büffeln und Herden von Rappenantilopen. Wir hielten an einem Bach und wanderten ein Stück weit an seinem Ufer entlang. Leo hielt sich dicht an unserer Seite, aber obwohl er recht misstrauisch blieb, hatte er Freude an dem Spaziergang. Als wir wieder in Leos Gehege ankamen, ging Hettie zu Julies Haus hinauf, um einen Schluck Wasser zu trinken, und kam mit einem Impalaschenkel zurück – einem Geschenk von Julie an Leo. Dieser war entzückt über die vertraute Kost und machte sich augenblicklich darüber her. Ich war froh, ihn endlich wieder mit Appetit fressen zu sehen. Das Gnufleisch, das täglich in sein Gehege geliefert worden war, hatte er kaum angerührt.

Gegen Abend erschien Andy mit der jungen Löwin Sheila auf der Ladefläche seines Trucks. Er ließ sie in Leos Gehege und sagte, dass sie die Nacht bei ihm verbringen könnte. Leo beäugte sie misstrauisch und ließ sich auf den Bauch ins Gras fallen, wie Löwen es tun, wenn sie nicht wissen, was sie machen sollen. Sheila fürchtete sich vor Wolfie und flüchtete sich in eine entfernte Ecke des Geheges, obwohl der Hund sich sehr anständig benahm und sich von ihr fern hielt. Andy schlug vor, ihn für die Nacht mit in Carols Haus zu nehmen.

Ich wusste, dass Leo sich ohne Wolfie sehr unsicher in seinem Gehege fühlen würde. Aber ich wollte unbedingt, dass er sich mit Sheila anfreundete. Vielleicht würde er dann allmählich begreifen, dass er ein Löwe und kein Hund war. Also erklärten wir uns bereit, Wolfie für die Nacht mit uns zu nehmen.

Leo sah ganz entsetzt aus, als er Wolfie auf den Truck springen sah. Hettie bat ihren Vater, noch eine Weile zu warten. Sie stieg aus dem Truck, ging zu Sheila hinüber und setzte sich neben sie ins Gras. Sie sprach beruhigend auf sie ein und bemühte sich, ihr Vertrauen zu gewinnen, bis sie ihr gestattete, die Hand auszustrecken und ihr den Kopf zu streicheln. Dann wandte Hettie sich um und rief leise nach Leo, damit er zu ihr kommen und mit Sheila Bekanntschaft schließen sollte. Leo stand auf und kam ein bisschen näher, aber nach ein paar Schritten verließ ihn der Mut, und er ließ sich wieder ins Gras fallen. Er lag immer noch am selben Fleck, als wir schließlich abfuhren, und ich hoffte von ganzem Herzen, dass Sheila zu ihm hinübergehen und versuchen würde, Freundschaft mit ihm zu schließen.

Ich lag die halbe Nacht lang wach und überlegte, was Leo wohl gerade tat.

Als wir am nächsten Morgen zurückkamen, war Sheila bereits mit Andy fortgefahren, und Leo war sehr erleichtert, Wolfie und uns wieder zu sehen. Er lief seufzend und klagend hinter Wolfie her und wollte offenbar wissen, warum sein Freund ihn in der vergangenen Nacht verlassen hatte. Ich fragte Leo, ob er und Sheila wenigstens ein paar Worte miteinander gewechselt hätten, aber er ignorierte meine Frage. Er wollte nur mit dem Hund reden.

Mittags kam Andy mit der Nachricht zurück, dass das Filmteam beschlossen habe, an diesem Nachmittag nicht zu drehen. So hatte auch er für den Rest des Tages frei und meinte, es sei eine gute Gelegenheit, uns auf eine Ausfahrt mit Leo zu begleiten.

Wir fuhren ein Stück weit und gingen dann zu Fuß weiter. Leo freute sich über den Ausflug, aber er blieb die ganze Zeit in unserer Nähe und behielt uns genau im Auge.

Gelegentlich setzte Andy sich nieder und rief ihn zu sich. Dann drehte Leo sich um und sah mich Rat suchend an.

»Geh zu Andy«, sage ich ihm auf Afrikaans.

Das verstand er, und er ging gehorsam zu Andy und setzte sich neben ihn. Andy streichelte ihn und redete ihm aufmunternd zu. Es war sehr tröstlich für mich zu sehen, wie ernsthaft er sich bemühte, Leos Vertrauen und Freundschaft zu gewinnen.

Er bemerkte uns gegenüber, dass er noch nie einen so ausgeglichenen und wohlerzogenen Löwen kennen gelernt habe.

Ich sagte ihm aber, dass Leo nicht immer so friedlich sei – manchmal könne er sich auch recht boshaft betragen. Er würde aber sehr empfindsam reagieren, wenn man ihn in scharfem Ton ansprach, und sei tatsächlich ein sehr sanfter Löwe.

Am späten Nachmittag fuhren wir zurück. Als wir den Truck in Leos Gehege parkten, bemerkten wir eine Veränderung im Betragen des Löwen: Er schien sehr erleichtert und glücklich zu sein, wieder in seinem vertrauten Gehege zu sein, und machte sogar Anstalten zu spielen, indem er uns beschlich und zu spielerischen Ringkämpfen aufforderte.

Ich war sehr froh zu sehen, dass seine Lebensgeister allmählich wieder erwachten.

Am Abend brachte Andy Sheila in Leos Gehege. Wieder nahmen wir Wolfie mit uns und ließen die beiden Löwen für die Nacht allein.

Der folgende Tag war unser vorletzter Tag mit Leo. Kobus, Hettie und ich blieben vom Morgen bis zum Abend bei ihm, fuhren und gingen mit ihm spazieren, ruhten uns mit ihm im Gehege aus, schmusten und redeten viel mit ihm.

Leo begann allmählich, mehr Interesse an seiner Umgebung und auch an den anderen Löwen zu zeigen. Immer wenn sie gerade nicht in seine Richtung schauten, musterte er sie heimlich. Die Nase gegen den Wind gerichtet, starrte er angestrengt und mit gefurchter Stirn über das hohe Gras hinweg zu ihnen hinüber. Er vermied es immer noch, sie anzusehen, wenn sie brüllten, aber er bemühte sich nicht mehr so verzweifelt, sich unsichtbar zu machen.

An unserem letzten Tag hatte ich meinen Termin bei dem Chirurgen. Kobus fuhr mich nach Harare, während Hettie bei Leo blieb.

Mr. Vera überzeugte sich, dass an meiner Hand keinerlei Anzeichen einer Sepsis zu sehen waren, und schrieb mir einen Bericht, den ich einem Chirurgen in meinem Heimatland geben sollte.

Hinterher hielten Kobus und ich an einem Supermarkt und kauften ein Huhn als Abschiedsgeschenk für Leo.

Danach fuhren wir nach Pamuzinda zurück und blieben für den Rest des Nachmittags und noch lange nach Einbruch der Dunkelheit bei unserem Löwen.

Wir hielten noch bei Andys Haus und sagten ihm, dass wir früh am nächsten Morgen nur noch Leo auf Wiedersehen sagen und dann abreisen würden. Wir baten ihn, wenn möglich bald nach unserer Abreise zu Leo zu gehen, eine Weile bei ihm zu bleiben und ihn zu trösten.

Das versprach Andy. Auch Maria bot an, am folgenden Morgen zu Leos Gehege zu gehen und mit ihm zu reden. Sie schlug mir vor, Leo irgendetwas dazulassen, das nach mir roch – eine Bluse oder eine Jacke vielleicht. Sie meinte, das würde ihn ein wenig über meine Abwesenheit hinwegtrösten.

In der Nacht dachte ich über Marias Vorschlag nach und beschloss, Leo mein Kopfkissen dazulassen. Ich hatte ein Kissen, das ich besonders liebte und das ich überallhin mitnahm. Es war ein weiches, dickes, daunengefülltes Kissen, und ich hatte es seit meiner Kindheit besessen. Ich wusste, dass Leo sich darüber freuen würde. Er liebte alles, was weich war.

Früh am nächsten Morgen fuhren wir zum letzten Mal zu Leos Gehege. Wir brachten es nicht übers Herz, Leo zu sagen, dass wir abreisen würden. Wir begnügten uns damit, ihn ausgiebig zu umarmen und zu streicheln.

Schließlich gaben wir ihm sein Huhn. Er war überrascht und erfreut beim Anblick seiner Leibspeise – aber nur einen Augenblick lang. Er wusste, dass etwas nicht in Ordnung war. Er spürte unseren Kummer, und seine Augen waren voller Fragen.

»Wir müssen jetzt gehen«, sagte Kobus endlich. Er drückte Leo noch einmal fest an sich und tätschelte ihm den Rücken. Dann ging er zum Truck und stieg ein.

Hettie schloss Leo wortlos in die Arme, und ihre Tränen tropften auf seinen Kopf. Dann stieg auch sie in den Truck.

Ich holte mein Kopfkissen aus dem Lastwagen und gab es Leo. Er ließ sich zu Boden fallen und drückte das Kissen an seine Brust. Und als er zu mir aufsah, war Verstehen in seinen Augen. In diesem Augenblick wusste er, dass wir fortgehen würden.

Es war der härteste Augenblick meines Lebens.

Ich hätte ihn gerne noch einmal in die Arme geschlossen, aber ich fürchtete, dass er meine Verzweiflung spüren würde. So streichelte ich ihm nur den Kopf. Dann stieg ich in den Truck, und wir fuhren fort.

Ich war unfähig, mich noch einmal umzusehen.

Auch Kobus und Hettie konnten es nicht.

Nur Wolfie blickte zurück.

Er starrte seinen Freund an, bis er ihn nicht mehr sehen konnte.

TRÄNEN UND TROST

Wir redeten nicht viel auf unserer langen Heimfahrt.
Aber wir versuchten es.
Wir machten Bemerkungen über die Landschaft, und von Zeit zu Zeit hielten wir an, um einen Schluck Tee zu trinken oder um Wolfie Wasser anzubieten. Und dann tauschten wir wieder unsere Ansichten über die Landschaft aus.

In den frühen Morgenstunden des folgenden Tages kamen wir zu Hause an. Nach ein paar Stunden Schlaf fuhr mich Kobus nach Nelspruit ins Krankenhaus. Meine Hand tat weh und war leicht angeschwollen. Der Chirurg schnitt noch etwas abgestorbenes Gewebe weg.
Als ich zwei Tage später wieder zu Hause war, besuchte mich meine verständnisvolle Freundin Annette. Es tat mir ungeheuer wohl, sie wieder zu sehen.
Sie äußerte sich voller Mitleid über meinen Daumen, aber ich sagte ihr, dass das meine geringste Sorge sei.
»Also gut«, sagte sie. »Dann erzähl mir von Leo. Erzähl mir alles.«
Das tat ich. Und in gewisser Weise half es mir, die Dinge in der richtigen Perspektive zu sehen.
Zuletzt sagte ich: »Er fehlt mir sehr. Aber das kann ich verschmerzen. Was ich nicht verschmerzen kann, ist der Gedanke, wie sehr wir ihm fehlen müssen.«
»Ich weiß, was du meinst«, sagte Annette und sah dabei sehr traurig aus.
Wir schenkten uns noch eine Tasse Kaffee ein.
Nach einer Weile meinte Annette: »Du musst versuchen, dich damit zu trösten, dass Leo noch jung ist. Weißt du, junge Leute sind emotionell ziemlich unverwüstlich.«
Ich nickte.

»Nun ja, ich weiß, dass Leo kein Mensch ist«, fügte sie hinzu. »Er ist ein Löwe. Aber wo ist da der Unterschied? Jedenfalls glaube ich, dass eine glückliche Kindheit eine gute Basis für ein glückliches Erwachsenenleben ist.«

Darüber dachte ich nach, und es tröstete mich ein bisschen.

Hettie kehrte an ihre Universität zurück, dafür kamen Paul und Sandra nach Hause. Sandra kaufte ein, kochte und machte das Haus für mich sauber. Ich war gerührt. Sie hätte es nicht tun müssen, meine Hand tat nicht mehr weh. Aber sie wusste wohl, dass es nicht meine Hand war, die mir Schmerz bereitete.

Freunde und Familienmitglieder riefen an. Sie alle bedauerten mich wegen meines Daumens. Manchmal war ich verblüfft darüber. Was ist so tragisch daran, einen halben Daumen einzubüßen?

Nach einigen Tagen beschloss ich, dass es nun an der Zeit sei, sich wieder den normalen Dingen des Lebens zuzuwenden.

Also arbeitete ich viel, redete und lachte und beschäftigte mich mit allen möglichen ganz normalen Dingen.

Ich kam sogar ganz gut ohne meinen Daumen zurecht.

Abgesehen davon, dass mir ununterbrochen etwas hinunterfiel.

Ich ließ so viele Teller und Schüsseln fallen, dass meine Küchenschränke schließlich Besorgnis erregend leer aussahen.

Aber das war mir egal.

Es machte mir Spaß zu sehen, wie die Dinge auf dem Boden aufschlugen und in tausend Scherben zersprangen.

Mein Hauptproblem war meine Schlaflosigkeit.

Was mich nachts nicht schlafen ließ, war der Ausdruck, den ich in Leos Augen gesehen hatte, als ich ihm mein Kopfkissen gegeben hatte. In diesem Augenblick hatte er gewusst, dass dies ein Abschied war. Und er hatte es akzeptiert – still und stoisch. Keine Klagen. Aber seine Augen waren so voller Trauer gewesen.

Auch Wolfie vermisste seinen Freund. Wenn er mich ansah, stand die Frage in seinen Augen, und ich erklärte ihm immer wieder, warum wir Leo in Simbabwe hatten lassen müssen. Endlich schien er zu verstehen, dass es triftige Gründe dafür geben musste, und er akzeptierte sie mit einem Seufzer, der zu bedeuten schien: »Ich sehe es ja ein. Aber irgendwie fehlt mir der Rüpel.«

Ich versprach Wolfie, dass wir einen neuen Freund für ihn beschaffen würden – einen richtigen Hund, der zu ihm aufschauen und Respekt vor ihm haben würde.

Ich musste noch einmal ins Krankenhaus, um eine kosmetische Operation durchführen zu lassen. Der Chirurg machte Längsschnitte um meinen Daumen herum und durchtrennte das subkutane Gewebe. Dann hob er die gelösten Haut- und Gewebestreifen an und dehnte sie so weit, dass er damit den nackten Knochen bedecken konnte, der an der Stelle herausschaute, wo früher der Knöchel gewesen war.

Als ich nach der Operation aufwachte, hatte ich solche Schmerzen, dass ich kaum sprechen konnte. Ich fühlte mich betrogen. Ich hatte geglaubt, dass es eine Abmachung zwischen meinem Daumen und mir gab, dass er mir nicht wehtun würde, solange ich ihn nicht anschaute.

Mehrere Tage lang tat die ganze Hand weh, dann ließ der Schmerz allmählich nach. Ich wickelte den Verband ab und sah mir meinen Daumen zum ersten Mal an, seit Happie die Hälfte davon gefressen hatte. Er war viel zu kurz. Und es ragten so viele Fäden nach allen Himmelsrichtungen heraus, dass er aussah wie ein Miniaturigel. Also wickelte ich ihn wieder ein und beschloss, ihn so lange unter dem Verband versteckt zu halten, bis die Fäden gezogen wurden. Aber als die Fäden endlich gezogen waren, sah der Daumen immer noch nicht sehr hübsch aus. Ich wickelte ihn wieder ein.

»Du kannst doch nicht für den Rest deines Lebens mit einem Verband herumlaufen«, meinte Kobus.

»Doch, das werde ich«, verkündete ich.

Aber schließlich wurde es mir doch zu dumm, mich mit den Verbänden herumzuärgern. Also warf ich sie einfach weg und ignorierte meinen Daumen.

»So hässlich ist dein Daumen nun auch wieder nicht«, behauptete Kobus.

»Ist er doch«, beharrte ich.

»Mach dir keine Sorgen«, tröstete er. »Ich liebe dich trotzdem.«

»Dir bleibt ja auch nichts anderes übrig«, erinnerte ich ihn. »Dein vernarbtes Bein ist auch nicht besonders schön.«

»Lieber Gott«, stöhnte Karin. »Was hab ich doch für abstoßende Eltern – alle beide von Löwen angefressen!«

Ihr fröhliches Lachen machte mir immer wieder Mut. Ich wusste, dass auch sie Leo sehr vermisste. Aber sie hielt ihren Kummer verborgen und gestattete nicht, dass er ihr tägliches Leben beeinträchtigte.

Ende Juli rief Gareth an, um zu fragen, wie es Leo ging. Es tat gut, wieder einmal mit ihm zu reden. Er wusste Bescheid, wie schmerzhaft es war, sich von einem Löwen zu trennen.

Er befand sich gerade auf dem Weg nach Großbritannien, um sich um die Verkaufsförderung für sein neues Buch, *The Last of the Free*, zu kümmern. Ich wünschte ihm Glück und lud ihn ein, uns zu besuchen, wenn er zurückkäme, und uns davon zu erzählen. Er versprach zu kommen.

Karin brachte mir eine neue Art bei, einen Stift zu halten, und so konnte ich bald wieder schreiben.

Tippen war sehr viel schwieriger. Mein Gehirn brauchte überraschend lange, bis es sich daran gewöhnt hatte, dass es der fehlenden Hälfte meines Daumens keine Befehle mehr geben konnte. «Drück auf die Leertaste«, befahl ich meinem rechten Daumen. Und der arme halbe Daumen gehorchte sofort, traf aber nicht die Leertaste sondern die Tischplatte.

Ich beschloss, dass in Zukunft mein linker Daumen diese Aufgabe zu übernehmen hätte.

Aber wenn mein Gehirn dem linken Daumen den Befehl gab, auf die Leertaste zu drücken, reagierte statt dessen der rechte und drückte auf den Tisch.

»Nein, nicht du«, rügte ich meinen rechten Daumen. Dann sah ich den Linken streng an und befahl: »Du bist gemeint. Drück auf die Leertaste!«

Aber die Antwort meines linken Daumens war immer die gleiche: »Wer, ich? Welche Leertaste?«

Schließlich verlor mein rechter Zeigefinger die Geduld mit dem linken Daumen und zog es vor, die Aufgabe selbst zu übernehmen. Die Folge

ist, dass mein rechter Zeigefinger in ständiger Hetze agiert – er fuhrwerkt nach allen Himmelsrichtungen herum, um sowohl seine eigenen Tasten, als auch die Leertaste zu bedienen – während mein idiotischer linker Daumen nur über der Tastatur hängt und gar nichts tut.
Schade, dass Happie nicht meinen linken Daumen gefressen hat. Das wäre ihm recht geschehen, weil er sich als so unbrauchbar erwiesen hat.

Jeden Sonntag, Woche für Woche und Monat für Monat, rief ich in Pamuzinda an. Es half uns nicht viel. Oft war die Verbindung so schlecht, dass ich laut brüllen musste.
Manchmal hörte ich eine Stimme am anderen Ende der Leitung – die von Graeme oder Julie –, die mir sagte, dass es Leo gut ginge.
Ich hätte so schrecklich gerne mehr gewusst. Was tat er? Wie sah er aus?
Einmal bildete ich mir ein, dass Julie mir sagte, Leo habe sich mit Sheila angefreundet. Aber ich war mir nicht sicher, die Verbindung war zu schlecht. An den wenigen Tagen, an denen die Verbindung gut war, war niemand von der Familie zu Hause, sondern nur der Koch, und der hatte keine Ahnung, wie es Leo ging.
Nur selten konnte ich mit Andy reden, weil er kein eigenes Telefon hatte und sich nicht immer in Rufweite von Graemes und Julies Haus befand. Aber bei den wenigen Gelegenheiten, bei denen ich mit ihm sprechen konnte, versicherte er mir, dass Leo und er gut miteinander auskämen und dass es Leo gut ginge. Diese wenigen Gespräche hoben meine Stimmung ein bisschen. Aber ich wünschte mir, dass Andy mir mehr erzählen würde. Vielleicht gab es ja nichts weiter zu berichten. Aber vielleicht wollte Andy mir am Telefon auch nur nicht sagen, wie sehr Leo uns immer noch vermisste.
Unsere Telefonrechnungen waren Schwindel erregend. Und die Tatsache, dass die Anrufe so frustrierend waren, bedeutete, dass es sich nicht einmal lohnte.
Eines Tages Anfang Oktober geschah etwas Wunderbares. Das Telefon klingelte, und als ich abhob, hörte ich Andys Stimme am anderen Ende der Leitung.
»Andy!«, rief ich überrascht. »Sind Sie das wirklich? Ihre Stimme klingt so nah!«

»Das liegt daran, dass ich ganz in der Nähe bin«, antwortete er. »Ich bin in Skukuza.« Er erzählte mir, dass Vivian Bristow ihn geschickt habe, um Elefanten vom Krügerpark für Pamuzinda zu kaufen.

»Wie lange werden Sie bleiben?«, fragte ich eifrig.

»Eine Nacht«, sagte er.

»Bitte kommen Sie hierher und übernachten Sie bei uns«, beschwor ich ihn.

»Deswegen rufe ich an«, antwortete er. »Ich wollte fragen, ob Sie mich unterbringen können.«

Ich war in Hochstimmung. »Bitte kommen Sie, so schnell Sie können«, bat ich ihn.

Ich rief Kobus über Funk an, um ihm die Neuigkeit mitzuteilen, und er versprach, in etwa einer Stunde zu Hause zu sein.

Kobus und Andy trafen fast gleichzeitig ein.

»Wie geht es Leo?«, waren meine ersten Worte zu Andy. Dann fiel mir ein, dass das ziemlich unhöflich war. Also umarmte ich ihn und fing noch einmal von vorne an: »Hallo Andy! Wie geht es Ihnen? Ich freue mich so, Sie zu sehen. Bitte kommen Sie gleich herein und erzählen uns alles über Leo!« Das klang allerdings auch nicht besonders höflich, und ich war ziemlich beschämt.

Aber Andy grinste nur und sagte: »Leo geht es gut, und wenn Sie wollen, werde ich den ganzen Abend ohne Unterbrechung von ihm erzählen.«

Ich eilte in die Küche, um unser Abendessen fertig zu machen, und dann – endlich – setzte ich mich hin, um die Neuigkeiten über meinen Löwen zu hören.

Andy erzählte uns alles, ohne etwas auszulassen.

Einige Teile der Geschichte machten mich sehr traurig. Aber ich war dankbar, dass Andy so ehrlich war.

Er erzählte uns, dass Leo uns anfangs sehr vermisst hatte. Er hatte die meiste Zeit des Tages nur mein Kissen an sich gedrückt und auf das Motorengeräusch unseres Trucks gewartet. Etwa zwei Wochen lang hatte er die Nahrung verweigert und sehr viel Gewicht verloren. Dann hatte er allmählich angefangen, wieder zu fressen und Interesse an seiner Umgebung zu zeigen. Andy hatte regelmäßig Spaziergänge und Fahrten durch ganz Pamuzinda mit ihm gemacht, und die beiden waren gute Freunde geworden. Leo hatte auch wieder angefangen zu spielen. Er klaute Andys Mütze und rannte damit davon oder schlich sich an und forderte ihn zu einem Ringkampf auf. Er freundete sich sogar mit einem Büffel an, der oft in der Nähe seines Geheges graste. Er schlich sich leise bis an den Zaun, dann sprang er plötzlich auf und erschreckte den Büffel. Dieser flüchtete ein Stück weit, dann machte er kehrt und kam in voller Fahrt zurückgerast. Daraufhin flüchtete Leo und versteckte sich im hohen Gras, und das Spiel ging wieder von vorne los.

Andy hatte die junge Löwin Sheila etwa zwei Wochen lang regelmäßig bei Leo übernachten lassen, bis die Filmarbeiten abgeschlossen waren und Sheila wieder zu ihrer eigenen Familie im Löwen- und Gepardenpark zurückgebracht werden musste. Obwohl Leo es gern zu haben schien, wenn Sheila bei ihm war, war er doch bis zuletzt misstrauisch gegen sie geblieben, weil sie dazu neigte, launisch zu sein – gerade noch liebevoll und verspielt und im nächsten Augenblick reizbar und bissig. Und weil Leo anderen Löwen insgesamt noch nicht recht traute, war es ihm auf die Nerven gegangen, wenn Sheila streitsüchtig wurde, obwohl sie so viel kleiner war als er.

Unterdessen war das Hauptgehege fertig geworden, und der alte Trade, Happie und Fat Cat waren endgültig in ihr neues Reich eingezogen. Leo versuchte nicht mehr, sich im hohen Gras zu verstecken, wenn er sah, dass die anderen Löwen ihn anschauten. Er wandte nur den Kopf und sah respektvoll in die andere Richtung. Aber wenn sie ihn gerade nicht beachteten, sah er ihnen mit Vorliebe zu. Besonders der alte Trade faszinierte ihn. Trade markierte nach wie vor täglich sein Territorium und verkündete laut seinen Herrschaftsanspruch. Und wenn Trade zu brüllen begann, starrte Leo ihn voller Bewunderung an. Seine Instinkte sagten ihm offenbar, dass Trade der König war – und sein eigenes Rollenvorbild. Manchmal versuchte Leo, Trades Brüllen nachzuahmen. Aber seine Stimme war dem noch nicht ganz gewachsen. Sie neigte dazu, sich zu überschlagen, und so klang sein Brüllen mehr wie ein Jodeln.

Alles in allem, schloss Andy, begann Leo sich einzugewöhnen. Er hatte wieder zugenommen und sah gut aus. Und die Tatsache, dass er sich

Trade zum Vorbild nahm, war ein sicheres Zeichen dafür, dass er allmählich zu begreifen begann, dass er selbst ebenfalls ein Löwe war.

Ich fragte Andy, ob wir Leo im Dezember besuchen könnten, aber er erklärte, dass wir seiner Meinung nach noch nicht so bald kommen sollten. Leo wäre ganz bestimmt überglücklich, uns zu sehen, und dann würde uns die unvermeidliche Trennung nur allen aufs Neue das Herz brechen. Er erinnerte uns daran, dass Löwen ein sehr gutes Gedächtnis haben. Leo würde uns nie vergessen, aber es wäre für ihn und uns das Beste, wenn wir unseren ersten Besuch bei ihm noch so lange aufschieben würden, bis er mit den anderen Löwen zusammen glücklich im Hauptgehege etabliert wäre.

Ich fragte Andy, wie lange es noch dauern würde, bis Leo ins Hauptgehege übersiedeln könnte.

Er meinte, er wüsste es nicht genau. Die Zeit würde es lehren. Solange Leo sich noch vor anderen Löwen fürchtete, wäre es sowohl für ihn als auch für die anderen zu gefährlich, ein Gehege miteinander zu teilen. Wenn Leo sich bedroht fühlte, könnte er aggressiv reagieren. Und dann würden sich auch die anderen Löwen bedroht fühlen und ihn womöglich angreifen.

»Woran wollen Sie erkennen, wann er so weit ist?«, wollte ich wissen. Andy lächelte und sagte: »Erstens daran, dass er aufhört, ständig Ihr Kissen an sich zu drücken.«

»Tut er das denn immer noch?«, fragte ich überrascht.

»Ja«, entgegnete Andy. »Das tut er. Damit fühlt er sich sicher. Es erinnert ihn an Sie.«

Ich versuchte zu lächeln, aber der Klumpen in meiner Kehle war zu groß. »Ich hole uns frischen Kaffee«, sagte ich rasch. Ich hastete in die Küche, schloss die Tür und weinte ins Geschirrtuch.

Dann machte ich uns eine Kanne guten, starken Kaffee und trug ihn ins Wohnzimmer.

Als wir beieinander saßen und unseren Kaffee tranken, ermahnte uns Andy zu bedenken, dass Leo noch ein sehr junger Löwe sei, gerade erst an der Schwelle zum Erwachsenenalter, und dass noch ein langes, glückliches Leben vor ihm läge. Er würde immer seine eigene Löwenfamilie und außerdem auch noch menschliche Freunde haben. Er würde immer beschützt, gut ernährt und versorgt sein. Alles in allem, versicherte uns Andy, würde er ein leichteres Leben haben als jeder wilde Löwe. Lieber, guter Andy – er hatte uns sehr viel Trost gebracht.

Nachdem Andy wieder abgereist war, fragte ich Kobus, ob er ebenso wie dieser glaubte, dass Leos Leben einmal leichter sein würde als das eines wilden Löwen. Kobus bejahte das. Sosehr er sich auch gewünscht habe, dass Leo eines Tages ein freier Löwe sein würde, so tröstlich fände er jetzt den Gedanken, dass er sich niemals in der Schlinge eines Wilderers verfangen oder durch die Kugel eines Jägers sterben würde und dass er weder Hunger noch Krankheiten oder Verletzungen zu befürchten habe.

In der Wildnis, so sagte Kobus, betrug die durchschnittliche Lebenserwartung eines Löwen etwa zwölf Jahre.

Trade war vierundzwanzig Jahre alt.

Ich hoffte, dass wir an Trades Geschichte ablesen konnten, wie Leos Leben einmal verlaufen würde.

Trade war fast sein ganzes Leben lang der König des Löwen- und Gepardenparks gewesen und hatte viele Jahre lang die Liebe und Bewunderung seiner Frauen und seiner Nachkommenschaft genossen. Als er zu alt wurde, um seine Rolle als König weiterspielen zu können, hatte Vivian Bristow ihn mit zweien seiner Enkeltöchter (Happie und Fat Cat) nach Pamuzinda gebracht, damit er dort in Ruhe seinen Lebensabend verbringen konnte.

Ich fand, dass das für einen Löwen eine sehr schöne Lebensgeschichte war.

Auch der Gedanke, dass Leo eines Tages der König des Rudels in Pamuzinda werden würde, gefiel mir, ebenso wie der Name »Pamuzinda«, was in der Shona-Sprache »Treffpunkt der Könige« bedeutet.

Vielleicht würden die Leute eines Tages glauben, dass der Name sich auf die Begegnung zweier Löwen bezog: Trade und Leo.

VON EINER GINSTERKATZE
TYRANNISIERT

An einem Tag im Oktober, kurz nach Andys Besuch, kamen Arbeiter von der Instandhaltungsabteilung, um das Strohdach von Kobus' Büro neu zu decken. Als sie das alte Stroh entfernten, schreckten sie eine Ginsterkatzenfamilie auf, die ihr Nest im Dachstroh hatte. Die Ginsterkatzen flüchteten und ließen eines ihrer Jungen zurück. Die Arbeiter legten das verlassene Kätzchen in eine Schachtel und stellten diese ins Büro, vergaßen jedoch, Kobus oder mir etwas davon zu sagen.

Kobus fand das Kätzchen am folgenden Morgen. Nachdem ihm die Arbeiter seine Geschichte erzählt hatten, kam Kobus zu mir, um mir davon zu berichten, und fragte, was er mit dem kleinen Tier anfangen sollte.

Die Vorstellung, schon wieder als Pflegemutter fungieren zu müssen, erschreckte mich. So beschloss ich, das Kätzchen Annette zu geben, falls seine richtige Mutter nicht wiederkommen und es abholen würde. Annette würde eine gute Pflegemutter abgeben, und sie würde auch dafür Verständnis haben, dass dies eine sehr ungünstige Zeit für mich war. Ich vermisste Leo immer noch zu sehr.

Ich ging mit Kobus zu seinem Büro, um mir das Kätzchen anzusehen. Es lag immer noch in der Schachtel. Kobus hob den Deckel, und ich schaute vorsichtig hinein. Ein kleines, graues Bündel begrüßte mich mit wütendem Fauchen. Als ich die Hand in die Schachtel streckte, schlug es mit scharfen kleinen Krallen nach mir. Ich hob das verängstigte Geschöpf heraus und drückte es an mich, um es zu beruhigen. Es sah mich tapfer an und versuchte wild auszusehen, aber sein trotziger Blick konnte nicht über den Ausdruck unendlichen Elends in seinem kleinen Gesicht hinwegtäuschen.

Ich trug das Kätzchen ins Haus, wickelte es in einen warmen Schal und versuchte, es zu überreden, Milch aus einer Pipette anzunehmen. Zum

Glück hatte das hungrige Kätzchen den Dreh sehr schnell heraus und schluckte die Milch, so schnell es nur konnte. Danach streichelte ich es, bis es in meinem Schoß einschlief.

Kobus schätzte das Kätzchen auf etwa sechs Wochen – jung genug, um zahm zu werden, aber bereits alt genug, um zu begreifen, dass es seine richtige Mutter verloren hatte, und sehr um sie zu trauern.

Das arme kleine Ding.

Und so wurde ich eine Ginsterkatzenmutter.

Auf diese Weise passieren mir solche Dinge immer wieder.

Ich versuchte jedoch, das Kätzchen seinen richtigen Eltern zurückzugeben. Mehrere Abende lang blieb ich lange auf und horchte auf jeden Laut im Garten, in der Hoffnung, die Eltern nach ihrem verlorenen Kind rufen zu hören. Aber keine Ginsterkatze rief nach ihm. Vielleicht konnten die Eltern nicht besonders gut zählen und hatten gar nicht gemerkt, dass eines ihrer Kinder fehlte.

Wenige Tage nachdem wir das Kätzchen adoptiert hatten, klopfte Wolfie eines Morgens an die Vordertür und wollte das neue Familienmitglied gerne kennen lernen. Ich ließ ihn ins Haus.

Das Kätzchen schlief auf meinem Bett. Wolfie näherte sich vorsichtig, streckte die Nase aus und beschnüffelte es behutsam. Das Kätzchen wachte auf und versetzte ihm augenblicklich einen wütenden Hieb auf die Nase. Wolfie fuhr herum, so dass er nun mir zugewandt war, und stieß ein überraschtes Bellen aus. Das Bellen war natürlich nicht gegen mich gerichtet und ebenso wenig gegen das Kätzchen – es war ihm ganz und gar unwillkürlich entfahren. Der gute Wolfie hätte nicht im Traum daran gedacht, ein hilfloses Kätzchen anzubellen.

Als Karin am Freitag nach Hause kam, war sie ganz begeistert, dass unsere Familie wieder einmal ein neues Mitglied bekommen hatte. Sie nannte den kleinen Kater Kitzi, brachte den größten Teil des Wochenendes damit zu, ihn im Arm herumzutragen – und verwöhnte ihn so sehr, dass es nie wieder gutzumachen war.

Am Montagmorgen fuhr Karin wieder in die Schule zurück, und ich blieb mit einem kleinen Kater alleine, der ununterbrochen auf dem Arm getragen werden wollte. Sowie er aufwachte, rief er mit einem klagenden Fiepen nach mir, mit dem er mich unfehlbar dazu brachte, augenblicklich zu ihm gelaufen zu kommen. Er begriff sehr schnell, dass ich umso schneller rannte, je herzzerreißender sein Geschrei klang.

Nach ungefähr einer Woche begann Kitzi zu spielen, was zwar sehr nett, aber ebenso anstrengend war, weil er sich weigerte, alleine zu spielen. Ich versorgte ihn mit allem möglichen Spielzeug, aber er hatte bessere Ideen. Er besaß eine wilde Phantasie und spielte am liebsten Rollenspiele. So gab er mit Vorliebe vor, ein Menschen fressender Tiger zu sein. Er legte sich still hoch oben auf einem Bücherregal, einer Vorhangstange, einer Tür oder einem Küchenschrank auf die Lauer, bis ich nah genug an ihm vorbeikam, dass er mich im Sprung erreichen konnte. Ich gewöhnte mir an, ständig alle möglichen Verstecke mit den Augen abzusuchen und mit Höchstgeschwindigkeit durch die Räume zu rennen. Aber der Tiger stürzte sich aus dem Nichts auf mich und landete meistens auf meinem Kopf.

Ebenso gerne spielte er »verrückter Affe«. Dann schaukelte er an den Vorhängen, rannte wie verrückt im ganzen Haus herum, sprang wie der Blitz vom Bücherregal auf den Couchtisch und von dort – auf mich. Wenn ich versuchte wegzulaufen, sauste er hinterher, und wenn er mich eingeholt hatte, rannte er an mir hinauf, als sei ich ein Baum.

Ich war sehr froh, dass Kitzi immer noch einen großen Teil des Tages verschlief, sonst wäre ich verrückt geworden. Leider schlief er nachts nicht allzu viel, und er wollte auch mich nicht schlafen lassen. Wenn ich nicht aufwachen wollte, leckte er mir über die Augenlider oder kaute an meinen Haaren. Und wenn mich das nicht dazu bewegen konnte, aufzuwachen und mit ihm zu spielen, schlüpfte er unter die Bettdecke und biss mich in die Zehen.

Eine so dreiste Ginsterkatze aufzuziehen erwies sich als erschöpfendes Geschäft. Dennoch hatte ich den Racker gerne – besonders, wenn er sich in meinem Schoß zusammenrollte, mir die Arme mit seiner rauen kleinen Zunge ableckte und zufrieden schnurrte.

Ich war überrascht, dass er das überhaupt konnte. Ich hatte immer gedacht, dass nur Katzen schnurren können. Ginsterkatzen gehören zu den *Viverridae*, den Schleichkatzen. Weitere Mitglieder dieser Familie sind die Zibetkatzen und die Mangusten. Mangusten schnurren nicht, und ich glaube, Zibetkatzen tun es auch nicht.

Eine Ginsterkatze sieht aus wie eine Kreuzung zwischen Hauskatze und Manguste. Ihre Bewegungen sind anmutig und katzenartig, aber sie hat den langen Körper und die kürzeren Beine der Manguste. Sie hat einen langen Schwanz, den sie gerade ausgestreckt trägt, wenn sie läuft. Das kurze, weiche, dichte Fell ist hell, bräunlich grau auf der Oberseite, beigeweiß auf der Unterseite und rund herum kräftig gepunktet. Die Ginsterkatze ist sowohl auf dem Boden als auch in Bäumen anzutreffen und kann schneller und besser an einem Baum hinauflaufen als die meisten Mitglieder der Katzenfamilie.

Meine kleine Ginsterkatze rannte an Bücherregalen und hölzernen Türen hinauf und natürlich an mir. Während des größten Teils meiner Tage als Ginsterkatzenmutter war ich am ganzen Leib von Ginsterkatzenkrallen zerkratzt. Wenn er in ruhigerer Stimmung war, saß Kitzi am liebsten auf meiner Schulter. Wenn ich im Haus herumging, ließ er sich mittragen und sah mir bei allen meinen Aktivitäten zu. Wenn ich mich bückte, um etwas aufzuheben, bohrte er seine Krallen in meine Schulter und hielt sich fest. Wenn er nicht wollte, gab es keine Möglichkeit, ihn von meiner Schulter herunterzubekommen. Besonders schön fand er es, auf meiner Schulter zu sitzen und zuzuschauen, wenn ich meine Haare wusch. Das schäumende Shampoo faszinierte ihn offenbar. Ein paar Mal verlor er vor lauter Begeisterung den Halt und fiel ins Waschbecken.

Obwohl Kitzi sich im Haus vollkommen sicher fühlte, fürchtete er sich mehrere Monate lang davor, ins Freie zu gehen. Als er alt genug war, um feste Nahrung zu sich zu nehmen, musste ich jeden Tag auf die Jagd gehen, um das nötige Futter für ihn herbeizuschaffen. Seine Leibspeise bestand aus Heuschrecken, Grillen, Käfern und dergleichen.

Ich habe keine Freude am Jagen. Ich finde es sogar äußerst deprimierend. Aber so geht es einem, wenn man Mutter ist. Ich nahm eine alte Schuhschachtel mit auf meine Jagdausflüge und tat alles, was ich fangen konnte, hinein. Dann trug ich die Schachtel ins Haus, öffnete den Deckel und ließ sämtliche Tiere herauskrabbeln und hüpfen, so dass sie alle eine Überlebenschance hatten. Wenn die Ginsterkatze sie dann fing und auffraß, war ich wenigstens nicht unmittelbar für ihr Schicksal verant-

wortlich. Es war auch eine gute Methode, Kitzi beizubringen, selbst zu jagen. Bald würde er größere Beutetiere wie Frösche, Eidechsen und andere Reptilien fordern, und ich hatte keine Lust, auch noch solche Tiere für ihn zu fangen.

Als Kitzi etwa drei Monate alt war, bestand ich darauf, dass er selbst begann, im Garten auf die Jagd nach seiner Nahrung zu gehen. Da er ein Nachttier war, weigerte er sich, das Haus untertags zu verlassen, aber bei Dunkelheit war er, wenn auch etwas zögernd, bereit, mich hinauszubegleiten. Anfangs rannte er beim kleinsten Geräusch und jeder Bewegung in der Dunkelheit an mir hoch. Aber mit der Zeit wurde er mutiger und lernte, unsere nächtlichen Ausflüge zu genießen.

Die Kinder kamen für die Weihnachtsferien nach Hause, und Paul und Sandra brachten uns einen schönen jungen Bordercollie namens Jasper mit.

Wolfie, zurückhaltend wie immer, gab vor, dass es unter seiner Würde sei, mit einem Welpen zu spielen. Er wollte Mentor und Vorbild für ihn sein, sonst nichts. Aber er täuschte mich nicht. Oft, wenn er nicht wusste, dass ich durch ein Fenster zusah, spielte er wie ein Verrückter mit dem jungen Hündchen, ließ sich von ihm um einen Baum herumjagen und gestattete ihm, auf ihm herumzuspringen und ihn zu schikanieren, während er mit den Pfoten in der Luft und einem idiotisch glücklichen Grinsen im Gesicht auf dem Rücken lag. So närrisch hatte sich Wolfie in seinem ganzen Leben noch nicht betragen. Kein Wunder, dass er nur mit dem Welpen spielen wollte, wenn er glaubte, dass niemand zusah.

Obwohl Jasper tagsüber mit Begeisterung mit Wolfie und den Kindern im Garten spielte, wollte er am Abend in meiner Nähe sein. (Schließlich war er ein erst drei Monate alter Welpe, der noch eine Mutter brauchte, wenn es dunkel wurde.) Deshalb schlief er unter unserem Bett. Der Ginsterkatze war das ganz und gar nicht recht. Das Haus gehörte ihm und ich ebenfalls.

Anfangs hatte Kitzi ein bisschen Angst vor Jasper, und so tat er nicht viel mehr, als von einem hohen Bücherregal herunterzufauchen und dann den Rest der Nacht beleidigt zu sein, um mir zu zeigen, wie sehr es ihn kränkte, sein Territorium mit einem Hund teilen zu müssen.

Jasper war sehr aufgeregt, als er die Ginsterkatze zum ersten Mal sah, und er hätte Kitzi nur zu gerne eine Abreibung verpasst. Ich musste ein ernstes Gespräch mit ihm führen und ihm klar machen, dass das Haus tatsächlich Kitzi gehörte und dass es Hunden nicht gestattet war, eine Ginsterkatze in ihrem eigenen Haus anzubellen.

Jasper war ein intelligenter Hund. Er verstand, was ich ihm sagte, und fand sich mit der Situation ab.

Aber während Jaspers vierter Nacht bei uns hatte Kitzi auf einmal genug und griff den Welpen unter dem Bett mitten in der Nacht an. Aber Jasper ließ sich das nicht gefallen. Er bellte die Ginsterkatze aus dem Zimmer und jagte sie durch das ganze Haus.

Kurz darauf kam Jasper zurück, kroch wieder unter das Bett und wollte friedlich weiterschlafen.

Es dauerte nicht lange, bis die verärgerte Ginsterkatze wieder erschien und zum zweiten Mal versuchte, den Hund zu verprügeln. Ich musste aus dem Bett springen und beiden eine ernste Strafpredigt halten.

Das ging mehrere Nächte lang so weiter, bis Kobus endlich wütend wurde und erklärte, wenn die nächtlichen Raufereien nicht aufhörten, müssten entweder ich und meine Brut im Freien schlafen, oder er würde ausziehen.

Am folgenden Abend bereitete ich Jasper in der Gartenhütte neben

Wolfies Schlafplatz ein Lager und erklärte ihm, dass ich die Verteilung der Schlafplätze nur deshalb änderte, weil der Krieg zwischen ihm und der Ginsterkatze nicht gut für meine Ehe sei.

Je älter Kitzi wurde, desto besitzergreifender verhielt er sich mir gegenüber, und umso eifersüchtiger war er auf alles, was mich außer ihm sonst noch beschäftigte. Er begann seinen Tageslauf damit, mich zu grässlich früher Stunde - etwa um fünf Uhr – in meinem Bett zu attackieren und mir mitzuteilen, dass er Zuwendung benötigte. Dann warf ich ihn aus dem Zimmer und schloss die Tür. Aber er schrie und kratzte an der Tür, bis ich nicht mehr schlafen konnte. Sowie ich aufgestanden war und herumlief, saß er entweder auf meiner Schulter oder lauerte mir auf irgendwelchen Schränken auf. Gegen zehn Uhr bekam er sein Frühstück, das aus Hackfleisch mit Ei und Kalziumpulver bestand. Danach ging er auf sein Katzenklo, suchte sich einen Schlafplatz, gewöhnlich in einem Kleiderschrank, und ich hatte bis etwa vier Uhr nachmittags Ruhe.

Sowie er aufwachte, suchte er nach mir und teilte mir mit, dass er nun wieder zu Spiel und Spaß bereit sei. Wenn ich zu tun hatte, tat er sein Bestes, um mich um den Verstand zu bringen. Je wütender ich auf ihn wurde, desto mehr Spaß machte ihm das Spiel. Er sprang mir auf den Kopf und ließ sich an meinen Haaren wieder herunter, verschwand wie der Blitz, wenn ich versuchte, ihm einen Klaps zu versetzen, und war in Windeseile wieder zur Stelle, bereit zu neuen Untaten.

Am Abend ging er mit Vergnügen den übrigen Familienmitgliedern auf die Nerven, wenn sie gerade zu Hause waren, aber er verhielt sich ihnen gegenüber niemals ganz so dreist wie gegen mich.

Nach unserem Abendessen war es Zeit für die Jagd. Je nachdem, wie lange wir brauchten, um genügend Beute im dunklen Garten zu finden, um seinen Magen damit zu füllen, konnte so ein Jagdausflug zwischen einer halben und zwei Stunden dauern. Danach wurde er ruhiger und begnügte sich damit, in meinem Schoß zu liegen, während ich las oder Musik hörte.

Ich war sehr froh, als er mit sechs Monaten begann, nachts alleine unterwegs zu sein. Ich ließ immer ein Fenster auf der Veranda für ihn offen, und wenn er nach Hause kam – manchmal um Mitternacht, manchmal in den frühen Morgenstunden – kam er sofort zu mir gelaufen und weckte mich, um mir von seinen nächtlichen Abenteuern zu erzählen. Als er älter und mutiger wurde, brach er sehr viel früher am Abend ganz allein zu seinen nächtlichen Expeditionen auf. Ich war sehr stolz auf ihn.

Kitzi war etwa neun Monate alt, als ich spät in der Nacht vom Hilfeschrei einer Ginsterkatze aufwachte. Ich rannte mit meiner Taschenlampe hinaus, ging dem Geschrei nach und lenkte den Strahl der Taschenlampe in eine Baumglyzinie. Hoch in den Zweigen saß Kitzi, zusammen mit einer anderen Ginsterkatze. Meine Ankunft erschreckte das fremde Tier, und es ergriff die Flucht. Ich glaubte, Kitzi vor einem territorialen Kampf mit einer anderen, männlichen Ginsterkatze bewahrt zu haben, und versuchte, ihn zu mir herunterzurufen, aber er warf mir nur einen verächtlichen Blick zu und leckte sich nach selbstzufriedener Katzenart die Pfoten.

»O. k.«, sagte ich. »Dann musst du deine Kämpfe eben alleine ausfechten.« Damit ging ich wieder zu Bett.

Aber schon nach kurzer Zeit wachte ich wieder vom Geschrei zweier Ginsterkatzen auf.

Wieder rannte ich mit der Taschenlampe los und fand die beiden wieder hoch oben in der Glyzinie. Sie machten nicht den Eindruck, als hätten sie Streit miteinander. Mein Auftauchen erschreckte die fremde Ginsterkatze, und sie flüchtete zum zweiten Mal.

»Warum macht ihr so ein Geschrei?«, fragte ich Kitzi. Er gab mir keine Antwort.

Die Antwort fiel mir am nächsten Abend ein, als das Geschrei wieder anfing.

Das war kein territorialer Kampf. Es war eine Balzserenade. Die andere Ginsterkatze war ein Weibchen.

Als Kitzi an diesem Abend ins Haus zurückkam, war ich noch auf und las. Er sprang mir auf den Schoß, streckte sich, putzte sich am ganzen Körper und schnurrte zufrieden.

»Dann hast du also eine Freundin gefunden?«, fragte ich ihn. »Bist du dafür nicht noch ein bisschen zu jung?«

Ich hatte keine Ahnung, wann Ginsterkatzen anfangen, sich mit Mäd-

chen zu verabreden. Ich sah in meinem Buch über kleine Säugetiere nach, fand aber keine Antwort auf meine Frage.
Die Verlobungsgesänge dauerten mehrere Tage lang an, und mehrere Nächte blieb mein junger Kater ganz aus.
Schließlich ließ er sich vier Tage lang überhaupt nicht blicken. Vermutlich war er fortgezogen und hatte geheiratet. Nach den Flitterwochen kam er wieder und brachte seine Frau mit, anscheinend in der Absicht, sie dazu zu überreden, mit ihm in sein Haus zu ziehen.
Er sprang auf das Fensterbrett des offenen Verandafensters, setzte sich dort hin und rief nach ihr. Sie kletterte auf die Glyzinie und weigerte sich, näher an das Haus heranzukommen. Kitzi saß im offenen Fenster und rief:»Bitte, bitte komm doch und schau dir mein Haus an – es gefällt dir ganz bestimmt. Hier gibt es immer was zu fressen, und man kann sich ganz umsonst auf Schultern herumtragen lassen!«
Aber seine Frau antwortete mit jammervollem Geschrei aus der Glyzinie und teilte ihm offenbar mit, dass sie die Scheidung einreichen würde, wenn er nicht aufhören würde, sich so idiotisch zu betragen.
Nacht für Nacht versuchte Kitzi, seine Frau dazu zu überreden, in sein Haus zu ziehen, aber umsonst. Schließlich dämmerte es ihm, dass er zwischen seiner Frau und dem Haus seiner Mutter würde wählen müssen. Seine Frau trug den Sieg davon. Und so zog er in ihr Haus – eine behagliche Höhle zwischen den dicht wachsenden Blättern einer Palme in einer entfernten Ecke des Gartens. Er teilte sich auch ihr Jagdterritorium mit ihr, das aus unserem ganzen Garten und den Gärten der beiden Trail Ranger auf der anderen Straßenseite bestand.
Obwohl das tyrannische kleine Biest mir fehlte, war ich doch sehr froh zu wissen, dass er glücklich verheiratet war.
Und immer wenn ich ihn und seine Frau des Nachts in unserem Garten miteinander singen hörte, dachte ich an die erste Nacht in unserem neuen Heim zurück, in der ich mit einer Ginsterkatzenserenade begrüßt worden war. Jene Sänger mussten Kitzis Eltern gewesen sein.
Damals hatte ich nicht geahnt, dass ich eines Tages eines ihrer Kinder würde aufziehen müssen.

NEUIGKEITEN
VON LEO

An einem Sonntagmorgen im Mai, dem Monat, in dem Kitzi geheiratet hatte, versuchte ich in Graemes und Julies Haus in Pamuzinda anzurufen, aber die Leitung war gestört. Also versuchte ich es bei Vivian und Carol im Löwen- und Gepardenpark. Ich hatte seit mehr als einem Monat nichts mehr von Leo gehört, und ich sehnte mich danach zu erfahren, wie es ihm ging. Es war nun fast elf Monate her, seit wir ihn zuletzt gesehen hatten.

Carol Bristow hob den Hörer ab, und wir hatten zum Glück eine sehr klare Verbindung, so dass wir uns nicht gegenseitig anschreien mussten. Sie berichtete mir, dass Leo im April ins Hauptgehege umgezogen war und nun glücklich mit den anderen Löwen zusammenlebte. Fat Cat gegenüber war er immer noch ein bisschen misstrauisch, dafür aber sehr verliebt in Happie.

Als ich den Hörer aus der Hand legte, war ich der glücklichste Mensch der Welt.

Während der nächsten Wochen musste ich ständig an Leo denken, und die Sehnsucht, ihn wieder zu sehen, wurde fast unerträglich.

Kobus hatte viel zu arbeiten und war nur selten zu Hause. Aber jedes Mal, wenn ich ihn sah, fragte ich ihn: »Wann können wir Leo besuchen?«

Seine Antwort war immer die gleiche: »Bald. Sowie ich mit dieser Arbeit fertig bin.«

Im Mai und Juni nahmen die Arbeiten, die er dringend erledigen musste, kein Ende. Abgesehen von den normalen, zeitraubenden Wintertätigkeiten musste eine große Zahl von Elefanten in andere Parks im Süden von Afrika umgesiedelt werden, um einer Zerstörung der überlasteten Weideflächen im Krügerpark entgegenzuwirken.

Eines Tages Anfang Juli endlich sah Kobus in seinen Kalender und sagte:

»Ich kann mir zehn Tage freinehmen – vom 17. Juli an. Du kannst mit den Vorbereitungen für unseren Besuch bei Leo anfangen.«

Ich war so aufgeregt, dass ich in den folgenden Tagen an nichts anderes denken konnte.

Karin würde für die Winterferien zu Hause sein und würde mit uns kommen können. Ich reservierte Unterkünfte für uns drei im Pamuzinda Safari Lodge – einem erst kürzlich eröffneten Touristencamp im Pamuzindapark. Leider war es nicht gestattet, Hunde mitzubringen, und so baten wir den Game Guard Andries Tshabalala, sich während unserer Abwesenheit um Wolfie und Jasper zu kümmern.

Zwar hatte ich ein schlechtes Gewissen, weil ich meine Hunde alleine lassen musste, und bedauerte, dass Hettie, Sandra und Paul zu der Zeit mit Examen beschäftigt sein würden und uns nicht begleiten konnten. Aber abgesehen davon beglückte mich die Aussicht auf unsere Reise nach Simbabwe mehr als alles andere in der Welt.

Endlich würde ich meinen Löwen wieder sehen.

Wenn ich mit glücklichen Erinnerungen nach Hause zurückkäme, würde ich vielleicht endlich Abstand gewinnen können von der einen, unsagbar traurigen Erinnerung, die mich noch immer verfolgte – der Erinnerung an jenen letzten Morgen, an dem ich Leo mein Kopfkissen gegeben hatte.

EIN BESUCH
BEI DEM KÖNIG

Die Dämmerung kündigte sich mit einem schwachen, violetten Lichtstreifen am östlichen Horizont an, als wir am 17. Juli unser Haus verließen. Als wir Skukuza passierten, ging die Sonne über dem Buschland auf und verhieß uns einen strahlend schönen Wintertag.

Wir fuhren in gemächlichem Tempo, hielten immer wieder an, um die Aussicht und die Tiere am Wegrand zu bewundern, und genossen unsere achtstündige Fahrt durch den Park ebenso sehr, wie jeder Tourist es getan hätte. Vielleicht sogar noch mehr.

Am späten Nachmittag kamen wir in Punda Maria, dem nördlichsten Touristencamp des Parks, an und verbrachten dort die Nacht.

Im Morgengrauen des folgenden Tages fuhren wir weiter und sahen die Sonne über dem Luvuvhu River aufgehen. Etwa eine Stunde später verließen wir den Park durch das Pafuri-Tor und fuhren weiter nach Westen, zur Beit Bridge Grenzstation. Dann machten wir uns auf die sechshundert Kilometer lange Reise nach Norden, Richtung Harare. Wir freuten uns, die Fahrt durch das weite, stille Buschland des südlichen Simbabwe genießen zu können, ohne von der Traurigkeit niedergedrückt zu werden, die uns im vergangnen Jahr auf unserer Reise nach und von Pamuzinda begleitet hatte.

Wir erreichten Harare am späten Nachmittag, wandten uns nach Westen in Richtung Pamuzinda und kamen bei Einbruch der Dunkelheit am Eingangstor des Parks an. Der Torhüter teilte uns mit, dass Graeme Bristow uns erwartete und dass wir zu seinem Haus kommen sollten, bevor wir zur Safari Lodge fuhren.

Wir folgten dieser Anweisung und stellten zu unserer Überraschung fest, dass eine ganze Begrüßungsgesellschaft auf uns wartete. Graeme, Julie und Andy waren da, ebenso die älteren Bristows, Vivian und Carol, die eigens vom Löwen- und Gepardenpark hierher gekommen waren. (Nur Maria war nicht da. Sie besuchte gerade ihre Eltern in Südafrika.)

Ein weiteres Mitglied der Begrüßungsgesellschaft war ein junges Mädchen namens Fiona Nelson. Sie war halb Schottin und halb Engländerin, hatte einen Universitätsabschluss in Zoologie und hatte für Iain Douglas-Hamilton (den bekannten Elefantenexperten, Ökologen und Schriftsteller) in Naivasha in Kenia gearbeitet, bevor sie hierher gekommen war, um für die Bristows zu arbeiten. Obwohl Karin mit ihren 17 Jahren um einiges jünger war als Fiona, schlossen die beiden auf Anhieb Freundschaft und verbrachten den Abend damit, ihre Ansichten über das Leben auszutauschen, die, ihrem Gelächter nach zu schließen, ausgesprochen vergnüglich sein mussten.

Wir genossen den Abend und das Zusammensein mit den anderen in vollen Zügen.

Als Erstes redeten wir natürlich von Leo, und Andy gab uns folgenden Bericht über seine Umsiedlung ins Hauptgehege.

Am Tag X hatte Andy den alten Trade aus dem Hauptgehege in Leos ehemaliges Gehege gebracht und die beiden Löwinnen in eine abgeteilte Einfriedung in einer Ecke des Hauptgeheges gesperrt. Dann holte er Leo, der auf der Ladefläche seines Pick-ups gewartet hatte, und überredete ihn, mit ihm in das nun löwenfreie Hauptgehege zu kommen. Leo wagte sich tapfer in das fremde Territorium und machte sich, von Andy ermutigt, daran, es zu erkunden.

Er beroch die von Trade markierten Büsche und machte sich ans Werk, sie seinerseits zu markieren. Den größten Teil des Tages brachte Andy damit zu, mit dem Löwen im Gehege herumzuwandern, wobei Leo die Grenzen seines neuen Reiches untersuchte und als sein Eigentum markierte. Am späten Nachmittag, als Leo endlich überzeugt war, das Gehege in angemessener Weise zu seinem Territorium gemacht zu haben, setzte er sich nicht weit von der Einfriedung der Löwinnen ins hohe Gras und verbrachte die letzten Tagesstunden damit, sein neues Königreich zu überblicken und gelegentliche Blicke auf die beiden Löwinnen hinter dem Zaun zu werfen.

Am nächsten Tag hatte Andy das Tor der Einfriedung geöffnet und Happie zu Leo ins Hauptgehege gelassen. Sie sprang sofort spielerisch auf Leo zu. Dieser ließ sich flach ins hohe Gras fallen und versuchte, sich unsichtbar zu machen. Aber Happie sprang einfach zu ihm hin und bettelte ihn mit Umf-umf-Lauten an, sie zu begrüßen. Leo bestand weiter darauf, so zu tun, als sei er nicht vorhanden, aber Happie drückte ihren Kopf an den seinen und versuchte, ihn aus seiner Unsichtbarkeit herauszulocken. Endlich fasste Leo Mut und hob den Kopf. Happie stöhnte vor Glück und rieb augenblicklich ihren Kopf an ihm. Leo hatte noch nie mit einer richtigen, ausgewachsenen Löwin kopfgerieben, und im ersten Augenblick fand er es ziemlich erschreckend. Aber schon nach kurzer Zeit fand er es auf einmal wunderschön. Er sprang auf die Füße, und sie rieben noch ein Weilchen die Köpfe aneinander. Dann kamen die Schultern an die Reihe, dann wieder die Köpfe, und als Happie ihn auf die Wange küsste, war Leo überzeugt, dass sie die bezauberndste Löwin der Welt sei.

Bald sprang er hinter ihr her, und die beiden machten sich auf jede nur mögliche Weise den Hof.

Später, als die Sonne heiß wurde, ließen sie sich unter einem Baum in den Schatten fallen und brachten die nächsten Stunden damit zu, sich gegenseitig liebevoll anzusehen.

Andy war sehr erfreut darüber, wie die Dinge zwischen Leo und Happie gelaufen waren, und ging nach Hause.

Am nächsten Morgen rieben die beiden immer noch die Köpfe aneinander und brummten sich gegenseitig zärtlichen Unsinn zu.

Nach ein paar Tagen sperrte Leo Happie wieder in die Einfriedung und ließ Fat Cat heraus.

Fat Cat ging mit arroganter Miene auf Leo zu.

Andy sah, dass es Ärger geben würde, und eilte an Leos Seite. Dieser sah ebenfalls Ärger auf sich zukommen und versuchte, sich in Sicherheit zu bringen. Aber er war nicht schnell genug. Fat Cat holte ihn ein und fing an, ihn zu ohrfeigen. Andy brüllte sie an aufzuhören, aber sie folgte ihm nicht. Daraufhin ergriff er einen Stock und schlug brüllend auf Fat Cat ein, bis sie aufhörte, Leo zu prügeln. Andy jagte sie fort und drohte ihr alle Höllenstrafen an, wenn sie sich nicht anständig aufführte. (An dieser Stelle muss ich betonen, dass Andy ein sanfter Mensch ist. Er ist kein Freund von Kraftausdrücken, ist weichherzig, groß und schlank und

wiegt etwa dreihundert Pfund weniger als ein erwachsener Löwe.)
Nachdem er Fat Cat mindestens hundert Meter weit gejagt hatte, kehrte
Andy zu dem aufgewühlten und schwer beleidigten Leo zurück, setzte
sich mit ihm ins Gras und führte ein inniges Gespräch mit ihm.

Nach einiger Zeit fühlte sich Leo ein bisschen besser und machte mit
Andy einen Spaziergang durch das Gehege.

Fat Cat hatte sich unter einen Baum gelegt und kümmerte sich um ihre
eigenen Angelegenheiten. So sah es jedenfalls aus.

Sowie Andy und Leo in ihrem Gesichtsfeld auftauchten, stieß sie ein ärgerliches Brüllen aus und ging wieder auf Leo los. Dieser versuchte zu
flüchten, aber Fat Cat holte ihn ein. Als Leo sich umdrehte und um
Gnade bat, versetzte sie ihm wieder einen schmerzhaften Schlag auf die
Nase. Jetzt hatte Leo genug von der fetten, arroganten Katze. Ohne auf
eine Aufforderung von Andy zu warten, schlug er zurück. Das schien
Fat Cat wieder auf ihren Platz zu verweisen, und sie verhielt sich augenblicklich etwas respektvoller.

Kurze Zeit darauf lagen die beiden Löwen in respektvoller Entfernung
voneinander jeder an einem schattigen Platz.

Für den Rest des Nachmittags änderte sich nichts an der Pattsituation,
aber am Ende des Tages hatte Andy das Gefühl, dass Leo in der Lage sein
würde, sich gegen Fat Cat zu behaupten. So überließ er die beiden ihrem Schicksal und ging nach Hause. Leo saß unterdessen am Zaun von
Happies Einfriedung und erzählte ihr ohne Zweifel, wie schrecklich der
Tag mit Fat Cat gewesen sei.

Als Andy am folgenden Morgen wiederkam, wollten Leo und Fat Cat
immer noch nichts voneinander wissen. Leo war die meiste Zeit damit
beschäftigt, sein neues Königreich zu durchstreifen oder Happie zu besuchen. Die beiden lagen zu beiden Seiten des Zauns, rieben durch den
Maschendraht die Köpfe aneinander und gaben zärtliche Knurrlaute von
sich.

Nach einigen Tagen, als Andy überzeugt war, dass Fat Cat nicht mehr
auf Mord sann, öffnete er das Tor der Einfriedung und ließ Happie
heraus. Leo und Happie waren überglücklich, endlich wieder richtig
vereint zu sein.

Fat Cat hielt sich noch eine Woche lang fern. Dann begann sie, Leo um den Bart zu gehen, und bot ein gehöriges Maß an weiblicher Koketterie auf. Also entschloss sich Leo, Vergangenes vergangen sein zu lassen. Er verzieh Fat Cat, sie küssten sich und schlossen Frieden.

Obwohl Happie ganz offensichtlich Leos Lieblingsfrau war, vertrug er sich inzwischen auch mit Fat Cat recht gut und schien sie sogar ausgesprochen gern zu haben.

Ich fragte Andy, ob die beiden Löwinnen nicht eifersüchtig aufeinander wären, aber das verneinte er. Sie waren wie Schwestern. Sie waren mehr oder weniger zusammen aufgewachsen, und sie hatten sogar ihre ersten Jungen gemeinsam aufgezogen. Deshalb war die Bindung zwischen ihnen sehr stark.

Der alte Trade, so sagte uns Andy, erfreute sich immer noch guter Gesundheit. Aber er war nun wirklich sehr alt. Mit seinen fünfundzwanzig Jahren war er vermutlich der älteste lebende Löwe in ganz Afrika. Deshalb war es sicher eine gute Idee gewesen, ihm sein eigenes, privates Gehege zu geben, in dem er den Frieden und die Ruhe genießen konnte, die ein alter Löwe braucht. Er verbrachte seine Tage fast ausschließlich mit Fressen und Schlafen und freute sich über die regelmäßigen Besuche von Graeme und Andy und auch von den älteren Bristows, die gerne zu einem Schwätzchen mit dem alten Trade vorbeikamen, wenn sie gerade in der Nähe waren.

Während wir über die Löwen sprachen, fuhren plötzlich zwei gelbe Blitze durch das Wohnzimmer – zur einen Tür herein und zur anderen wieder hinaus.

»Was war das?«, riefen Kobus und ich wie aus einem Mund.

Im nächsten Augenblick waren sie wieder da, sausten blitzartig durch das Wohnzimmer – und diesmal sahen wir, dass es zwei junge Geparden waren, die Tauziehen spielten. Sie schienen etwa sechs Wochen alt zu sein.

Unterdessen saß Julie in einer Ecke des Zimmers auf dem Teppich, umgeben von ihren beiden kleinen Kindern nebst drei Hunden und zwei schlaftrunkenen Hyänenbabys.

Es war faszinierend.

Karin konnte die Augen nicht von den Hyänenbabys abwenden, und

Julie lud sie ein, am nächsten Tag zu kommen und mit ihnen zu spielen. Fiona erzählte, dass sie gerade drei verwaiste junge Geparden aufzog, und lud Karin ein, am folgenden Tag in ihre Wohnung zu kommen und auch diese drei kennen zu lernen.

Nach einem ausgesprochen erfreulichen Abend verabschiedeten wir uns und fuhren zur Pamuzinda Safari Lodge.

Am nächsten Morgen sollte Andy uns gleich nach dem Frühstück bei der Lodge abholen und mit uns zum Löwengehege fahren.

Bei unserer Ankunft in der Lodge wurden wir vom Manager Hans Strijdom und anderen Mitgliedern der Belegschaft begrüßt. Sie führten uns zu unseren Chalets, trugen unser Gepäck und erkundigten sich, ob wir noch irgendetwas brauchten. Wir waren über diesen geradezu königlichen Empfang höchst überrascht. Überrascht waren wir aber auch von dem Fünf-Sterne-Luxus unserer Unterkünfte. Architektur und Ausstattung der Chalets spiegelten königliche Eingeborenenkultur wider, wobei die Betonung auf »königlicher« Bequemlichkeit lag.

Wir hatten weder solchen Luxus noch solchen Service erwartet, und wir fürchteten, dass unser Besuch uns ein Vermögen kosten würde. Dieser Gedanke beunruhigte uns ein bisschen, das heißt, eigentlich sogar sehr. (Game Ranger werden vorwiegend in Sonnenuntergängen bezahlt.)

Es war eine kalte Nacht, aber unsere Chalets hatten eine Ölheizung und waren angenehm warm, und in den Betten lagen Wärmflaschen.

Karins Chalet lag direkt neben dem unseren. Ich ging hinüber, um ihr gute Nacht zu sagen, und als ich wiederkam, lag Kobus bereits im Bett und war schon halb eingeschlafen.

»Komm und sieh zu, dass du auch noch ein bisschen Schlaf bekommst«, murmelte er. »Morgen ist ein besonderer Tag.«

Ich teilte seine Meinung, dass Schlafen eine gute Idee sei.

Aber ich musste feststellen, dass ich nicht einschlafen konnte.

Nach einiger Zeit stand ich wieder auf, zog warme Kleidung an und ging auf den hölzernen Balkon hinaus. Dort standen zwei Liegestühle, und so machte ich es mir bequem und verbrachte die nächste Stunde damit, die Sterne, den Mond und die Silhouetten der Bäume zu betrachten, die die Ufer des Serui River säumten. Als mir endlich die

Augen zuzufallen begannen und ich gerade ins Bett gehen wollte, geschah etwas, das so unerwartet dramatisch, so überwältigend für meine Gefühle war, dass ich meinte, die ganze Welt müsste stehen bleiben und lauschen.

Ein Löwe begann zu brüllen. Seine grandiose Stimme tönte grollend über die dunkle Landschaft und brachte alle anderen Lebewesen zum Schweigen.

Ich wusste, dass es Leo war.

Ich horchte und horchte, ganz gebannt von der mächtigen, triumphierenden Stimme, die in die sternklare Nacht hinaushallte: Die Stimme meines kleinen Prinzen, der nun ein König war und der seine Herrschaft über dieses fremde Land verkündete.

Ich war unbeschreiblich bewegt.

Mehrere Minuten lang war nur Leos Brüllen zu hören, dann fiel ein anderer Löwe mit heiserer Stimme ein – Trade.

Als die letzten Töne des donnernden Duetts erstarben, glaubte ich, dass ich in dieser Nacht überhaupt keinen Schlaf mehr finden würde.

Aber schließlich fielen mir doch die Augen zu, und ich schlief mehrere Stunden lang tief und fest.

In der Morgendämmerung klopfte jemand an unsere Tür, brachte uns eine Kanne mit dampfendem, duftendem Kaffee und kündigte an, dass das Frühstück um sieben Uhr serviert würde.

Das Frühstück wurde auf der breiten Terrasse der Lodge mit Aussicht auf den Serui River serviert und war eine aufwendige Angelegenheit. Der Wintermorgen war frisch und sonnig und voll von jubelndem Vogelgesang. Wir lernten die anderen Besucher kennen und erfuhren, dass sie aus allen Teilen der Welt kamen: aus den Niederlanden, Australien und Kanada.

Andy erschien, begleitet von Fiona, und gesellte sich zu einer schnellen Tasse Kaffee zu uns. Dann machten wir uns in einem eigens für den Park angefertigten Safari-Landrover auf den Weg zum Löwengehege.

Nach wenigen Minuten hielten wir vor dem Tor des Geheges. Andy öffnete es, und wir fuhren hinein. Während wir auf der Suche nach den Löwen im Gehege herumfuhren, rief Andy laut nach Leo. Nach einiger Zeit entdeckten wir Fat Cat, die unter einer ausladenden Akazie im hohen Gras lag. Als sie den Kopf hob, um uns über das Gras hinweg entgegenzusehen, war ich schockiert über ihre Größe – sie war einfach riesig! Oder hatte ich wieder einmal vergessen, wie riesig Löwen tatsächlich sind?

Kobus und Andy riefen wieder nach Leo, und auf einmal sagte Karin: »Da ist er!«

Er tauchte zwischen den Bäumen auf unserer rechten Seite auf und kam auf uns zugerannt. Das Herz blieb mir fast stehen – er war so *riesig* – größer noch als Fat Cat, aber seine Augen und seine Gestalt waren die gleichen und mir so unerträglich vertraut.

Wir alle riefen seinen Namen, und er blieb urplötzlich stehen. Mit einem Ausdruck vollständiger Verwirrung starrte er uns an. Er erkannte Andy, war jedoch unfähig zu begreifen, wer wir anderen waren.

Kobus stieg aus dem Landrover und ging auf ihn zu. Dabei rief er leise seinen Namen.

Leo richtete seinen verwirrten Blick auf Kobus. Und dann, als ob plötzlich eine ungeheure Offenbarung über ihn gekommen sei, leuchtete erst Erkennen, dann überwältigende Überraschung und schließlich Freude in seinen Augen auf. Mit einem tiefen, zitternden Aufstöhnen warf er sich Kobus entgegen, drehte aber gleichzeitig den Körper zur Seite, um die Gewalt des Aufpralls zu dämpfen. Kobus beugte sich vor und drückte Leos gewaltigen Kopf mit beiden Armen an sich. Sie rieben die Wangen aneinander, die Köpfe und die Schultern – immer und immer wieder – und redeten ununterbrochen miteinander.

Ich zitterte wie Espenlaub.

Ich war einfach überwältigt.

Vermutlich war auch Leo überwältigt, denn er war so überglücklich, Kobus wieder zu sehen, dass er Karin und mich überhaupt nicht wahrnahm.

Also stiegen wir aus dem Landrover, riefen ihn beim Namen und gingen auf ihn zu. Leo hob den Kopf und sah mich an, und dann war das gleiche Aufleuchten von Erkennen, Überraschung und Freude in seinen Augen. Als er auf mich zusprang, war ich bestürzt über seine Größe – sein Kopf reichte mir bis zum Kinn –, und ich fürchtete, dass er mich verletzen könnte, wenn er mich allzu stürmisch begrüßte. Ich streckte ihm die

Hände entgegen und rief: »Nein, Leo!« Er blieb vor mir stehen, sah mir in die Augen, das Gesicht gefurcht vor Bewegung, und wollte von mir wissen, wie er mich begrüßen sollte. Ich hielt ihm meinen Arm hin, und er nahm ihn sanft und liebevoll zwischen die Zähne. Dann schlang ich die Arme um seinen Hals und drückte sein riesiges Gesicht gegen das meine, während meine Tränen in sein Fell tropften.

Schließlich trat ich zurück, damit er Karin sehen konnte.

Sie trat vor und sagte seinen Namen, und wieder stieß er dieses tiefe, zitternde Stöhnen aus. Als sie die Hand ausstreckte, um ihn zu berühren, nahm er auch ihren Arm kurz zwischen die Zähne, wie er es mit dem meinen getan hatte. Dann drückte Karin ihn an sich, und sie weinten lange miteinander.

Danach drehte sich Leo suchend nach Kobus um, aber als er auf ihn zulief, um ihn noch einmal zu begrüßen, geschah etwas Seltsames und sehr Erschreckendes. Leo blieb plötzlich stehen, fuhr herum und stürzte sich auf den Landrover, in dem Andy und Fiona saßen. Er warf seinen Oberkörper in das Fahrzeug, knurrte sie an und fletschte drohend die Zähne.

Andy war vollkommen überrumpelt. Noch nie hatte Leo ihm gegenüber auch nur die leiseste Aggression gezeigt – warum war er jetzt auf einmal so wütend auf ihn? Andy versuchte mit ihm zu reden und fragte: »Hey, Leo, was ist denn los? Was habe ich falsch gemacht?«

Aber Leo wurde nur immer wütender, und sein Knurren wurde immer drohender.

Andy brüllte ihn an, und Kobus rief laut nach ihm, um ihn von dem Landrover wegzukriegen. Zum Glück rannte Leo zu Kobus zurück, um ihn noch einmal liebevoll zu begrüßen.

In diesem Augenblick begann Fat Cat, die immer noch kaum zehn Meter von uns entfernt unter der Akazie im Gras lag, nach Leo zu rufen.

Mir kam der Gedanke, dass sie auf Karin und mich eifersüchtig sein könnte. Von Hand aufgezogene Löwen und solche, die in enger Gemeinschaft mit Menschen leben, ziehen nicht immer eine klare Trennungslinie zwischen Menschen und Löwen, und sie neigen dazu, auf Menschen des gleichen Geschlechts, die sich zu intensiv mit ihren Partnern beschäftigen, eifersüchtig zu reagieren.

Andy schlug Karin und mir vor, wieder in den Landrover zu steigen, nur für den Fall, dass Fat Cat nicht allzu glücklich über unsere Anwesenheit sein sollte.

Leo achtete nicht auf Fat Cats Rufe und rieb weiter seinen Kopf an dem von Kobus. Dabei knurrte und stöhnte er vor Freude. Plötzlich fuhr er herum, brüllte wütend auf und stürzte sich zum zweiten Mal auf den Wagen. In diesem Augenblick wurde mir klar, warum er sich so betrug. Er wollte, dass der Landrover mit Andy und Fiona aus seinem Gehege verschwand. Er wollte mit seiner alten Familie alleine sein.

Als er seinen Oberkörper unter wütendem Knurren und Zähnefletschen in das Fahrzeug warf, griff Andy nach seinem Gewehr. Es war ein sehr erschreckender Augenblick. Fiona kletterte in den hinteren Teil des Landrovers, um aus Leos Reichweite zu sein. Andy brüllte ihn an und spannte sein Gewehr für den Fall, dass er einen Schuss in die Luft abgeben musste. Karin und ich befanden uns inzwischen ebenfalls im Wagen, und wir stellten uns entschlossen zwischen Leo und die schreckensbleiche Fiona. Als Leo uns alle mit weit aufgerissenem Rachen anbrüllte und -knurrte, war sein Gesicht von widersprüchlichen Gefühlen zerfurcht, und ich wusste, dass er nicht nur Andy und Fiona aufforderte, sein Gehege zu verlassen, sondern gleichzeitig Karin und mich anbettelte, wieder aus dem Fahrzeug zu steigen und bei ihm und Kobus zu bleiben.

Armer Leo. Er hatte solche Angst, dass Andy und der Landrover uns alle wieder entführen würden.

Kobus schaffte es endlich, Leo vom Landrover wegzulocken und lange genug beschäftigt zu halten, dass wir anderen uns rasch über die Situation beraten konnten. Es war klar, dass Leo Andy und Fiona immer wieder bedrohen würde, wenn sie das Gehege nicht verließen. Karin schlug vor, dass sie und ich wieder aussteigen und bei Kobus und Leo bleiben sollten, damit Andy und Fiona sich zurückziehen könnten. Aber damit war Andy nicht einverstanden. Er war verantwortlich für unsere Sicherheit, und er konnte Karin und mich nicht ohne Schutz gegen die Löwinnen im Gehege zurücklassen. Die einzige Lösung schien darin zu bestehen, dass wir das Löwengehege alle zusammen verließen und unseren Besuch bei Leo hinter dem sicheren Zaun fortsetzten.

Diese Vorstellung brach mir zwar fast das Herz, aber ich wollte auch nicht, dass etwas schief ging.

Nachdem Leo den Landrover zum dritten Mal angegriffen hatte, waren wir uns einig, dass wir gehen mussten.

Andy ließ den Wagen an und fuhr langsam auf Kobus zu, so dass dieser auf das fahrende Fahrzeug aufspringen konnte, bevor Leo auf den Gedanken kam, das Gleiche zu tun. Als wir zum Tor zurückfuhren, rannte Leo neben uns her und flehte uns an, ihn nicht schon wieder zu verlassen. Kobus versuchte, ihm mit beruhigender Stimme klar zu machen, dass wir nicht fortfahren wollten.

Unterdessen waren Graeme und Julie angekommen, um unsere Wiedervereinigung mit Leo mitzuerleben, und ihr Truck war am Tor geparkt. Als sie uns kommen sahen, öffneten sie schleunigst das Tor und warfen es hinter uns wieder zu. Kobus, Karin und ich sprangen aus dem Landrover und liefen zu Leo, der am Zaun stand und nach uns rief.

Abwechselnd rieben wir immer wieder Köpfe und Schultern durch den Maschendraht mit ihm und streckten die Arme durch den Zaun, um ihm Gesicht und Kopf zu streicheln. Dabei gab er einen endlosen Strom von Knurrlauten und Seufzern von sich, als wolle er uns tausend Dinge erzählen. Hin und wieder rief Fat Cat nach ihm, aber Leo achtete nicht darauf. Er wollte nur mit uns zusammen sein.

Nach einiger Zeit waren wir alle seelisch erschöpft, so wie es einem geschieht, wenn Freude und Schmerz sich unkontrollierbar miteinander vermischen. Wir brauchten dringend eine Pause, und Leo brauchte sie, wie ich glaubte, ebenso.

So sagten wir ihm auf Wiedersehen, und Andy fuhr uns zur Lodge zurück.

Nach dem Mittagessen beschloss Kobus, Leo noch einmal zu besuchen. Er wollte noch einmal zu ihm ins Gehege gehen, und Andy bot an, ihn zu begleiten. Kobus schlug vor, lieber mit unserem Wagen als mit dem offenen Landrover zu fahren. Vielleicht würde Leo weniger gegen Andys Anwesenheit einzuwenden haben, wenn dieser in einem geschlossenen Fahrzeug wartete.

Ich entschloss mich, in der Lodge zu bleiben. Ich hatte das Bedürfnis, eine Weile alleine zu sein und Ordnung in mein Gefühlschaos zu bringen.

Fiona lud Karin ein, mit zu ihr nach Hause zu kommen und sich die drei jungen Geparden anzuschauen, die sie aufzog. Karin freute sich auf diese Aussicht, und ich war froh, dass Fiona sie eingeladen hatte.

Nachdem alle anderen gegangen waren, zog ich mich auf den Balkon meines Chalets zurück. Die stille Schönheit des Serui River versetzte mich in eine ruhigere Stimmung, und so machte ich mich daran, mir über meine widersprüchlichen Gefühle klar zu werden.

Zuerst ließ ich das Wiedersehen dieses Morgens noch einmal vor meinem geistigen Auge ablaufen und versuchte mir einzureden, dass es eine glückliche Stunde gewesen sei.

Aber ein riesiger Klumpen setzte sich in meiner Kehle fest.

Warum machte es mich so traurig, dass Leos Freude, uns wieder zu sehen, so überwältigend gewesen war? Natürlich hatte ich gehofft, dass er glücklich sein würde, uns wieder zu sehen. Aber auf einen solchen Gefühlsausbruch war ich nicht vorbereitet gewesen.

Darüber dachte ich nach.

Und ein Satz fiel mir ein:»Deine Freude ist dein unmaskierter Schmerz.« – Die Worte des libanesischen Dichters Kahlil Gibran.

Der Gedanke machte meine Traurigkeit nur noch größer.

Aber dann fiel mir wieder ein, welchen Ausdruck ich zuerst in Leos Augen gesehen hatte, als ihm klar wurde, wer wir waren. Es war ein Ausdruck der Überraschung gewesen. Und mir wurde klar, dass die Überraschung für Leo mehr als überwältigend gewesen sein musste. Er hatte uns ein ganzes Jahr lang nicht gesehen, und er hatte nicht ahnen können, dass wir kommen würden. Wir waren einfach unerwartet und unangekündigt aus dem Nichts aufgetaucht.

Vielleicht war es mehr seine Überraschung als seine Freude über das Wiedersehen gewesen, die ihn so überwältigt hatte.

Ich hoffte, dass es so war.

Aber ich war mir nicht sicher.

Nach etwa einer Stunde kam Kobus zurück und erzählte mir, dass sein Besuch gut abgelaufen war. Zuerst hatte Leo bei seinem Anblick wieder überreagiert, aber nach einer Weile hatte er sich beruhigt. Andy war im Wagen geblieben, und obwohl Leo anfangs versucht hatte, in das

Fahrzeug zu beißen, hatte er schließlich das Interesse daran verloren und sich lieber hingesetzt und sich über Kobus' Besuch gefreut.

Kobus schlug vor, dass Karin und ich selbstständig zum Löwengehege gehen sollten. Er glaubte, dass Leo besser mit seinen Emotionen zurechtkommen würde, wenn wir ihn nicht alle auf einmal besuchten. Also fuhren wir zu Fionas Haus, um Karin zu holen. Aber dort war niemand zu Hause. Wir fuhren zu Julies und Graemes Haus, aber auch dort war niemand. Kobus und ich spielten ein bisschen mit den jungen Hyänen. Sie waren die süßesten und verrücktesten jungen Geschöpfe, die ich je gesehen hatte.

Schließlich fuhren wir noch einmal zu Fionas Haus und stellten fest, dass sie und Karin gerade von einem Besuch bei Leo zurückgekehrt waren. Nachdem sie mit Fiona die Gepardenbabys gebadet und gefüttert hatte, hatte Karin den Wunsch geäußert, zu Leo zu gehen. Also war Fiona mit ihr zum Löwengehege gegangen. Fiona hatte in einiger Entfernung gewartet, während Karin zum Zaun gegangen war und nach Leo gerufen hatte. Er war sofort zu ihr gekommen, und die beiden hatten eine wunderbare Stunde miteinander verbracht.

Ich war sehr glücklich für sie.

Kobus und Karin fuhren mit mir zu Leos Gehege, und Kobus parkte den Wagen in einiger Entfernung vom Zaun, damit ich Leo alleine besuchen konnte.

Ich ging zum Zaun und rief seinen Namen, aber er ließ sich nicht blicken. Ich ging ein Stück weit am Zaun entlang, konnte ihn aber nicht finden. Er musste in einem anderen Teil des Geheges sein. Schließlich ging ich zum Wagen zurück, und wir fuhren halb um das Gehege herum.

Wieder ging ich ein Stück weit am Zaun entlang, dann entdeckte ich die drei Löwen, die zusammen im Schatten einer Baumgruppe lagen. Leo wandte den Kopf in meine Richtung und spitzte die Ohren. Im nächsten Augenblick rannte er auf mich zu und beantwortete meinen Ruf mit lautem Grollen. Als er am Zaun ankam, presste ich Kopf und Schultern gegen den Maschendraht. Er drückte sein riesiges Gesicht gegen das meine und gab wieder dieses tiefe, zitternde Stöhnen von sich. Dann setzten wir uns zu beiden Seiten des Zauns nieder. Ich streckte meine

Hand durch den Maschendraht und streichelte ihm Kopf und Gesicht. Wir sprachen von tausend Dingen und waren glücklich. Leo war nun wesentlich ruhiger, und ich war es auch.

Während Leo und ich miteinander sprachen, bemerkte ich, dass Fat Cat und Happie uns beobachteten, und ich überlegte, was wohl in ihren Köpfen vorging.

Karin und Kobus stiegen aus dem Auto und gesellten sich zu mir. Als Leo sie kommen sah, sprang er auf und rief nach ihnen. Er begrüßte sie freudig, und dann setzten wir uns alle zu einer glücklichen Familienvereinigung ins Gras.

Nach einiger Zeit stand Happie auf und schlenderte auf uns zu. Die Augen fest auf mich gerichtet, kam sie bis an den Zaun und begann, Kopf und Schultern verführerisch am Maschendraht zu reiben. Sie lud mich zu einer Begrüßung nach Katzenart ein. Ich war ein bisschen misstrauisch, aber ich beschloss, ihr den Willen zu tun. Schließlich war sie Leos Frau. Ich stand auf und drückte die Schulter gegen den Zaun. Aber Kobus warnte: »Nein, tu das nicht! Sieh dir ihren Schwanz an!«

Sie hielt den Schwanz mit krampfartig zuckender Quaste in die Luft gestreckt, bei Katzen ein sicheres Zeichen für Feindseligkeit und böse Absichten.

Hastig trat ich vom Zaun zurück und überlegte, ob Happie sich wohl immer noch an den Tag erinnerte, an dem meine Hand nach Wolfie gerochen hatte.

Als es dämmerig zu werden begann, sahen wir einen afrikanischen Mann mit einem Sack in eine Ecke des Geheges gehen, in der die Löwen ihren Schlafplatz hatten. Der Mann nahm mehrere tote Hühner aus dem Sack und ließ sie im Gehege liegen. Leo und die Löwinnen liefen hinüber und machten sich über ihre Abendmahlzeit her. Dann ging der Mann zu Trades Gehege, das gleich gegenüber der Schlafhütte des Hauptgeheges lag, und nahm weitere Hühner aus seinem Sack

Während Leo und die Löwinnen fraßen, gingen wir zu Trades Gehege hinüber, um ihn zu begrüßen.

Als sein Futter gebracht wurde, hatte er fest geschlafen, und als wir bei seinem Gehege ankamen, wachte er gerade auf und rappelte sich ein wenig zittrig auf die Füße. Dann streckte er sich ausgiebig und sah uns mit freundlichen, wenn auch sehr kurzsichtigen Augen an. Wir gingen etwas näher zu ihm hin, damit er uns besser sehen konnte. Er sah Kobus und mich mit einem Ausdruck an, der zu bedeuten schien: »Ah, ja. Euch beide habe ich schon einmal irgendwo gesehen. Wie geht es euch? Und nun entschuldigt mich bitte. Ich möchte gerne mein Abendessen verzehren.«

Der alte Trade beschnüffelte seine Hühner und legte sich dann mit zufriedenem Knurren zum Fressen nieder. Im Unterkiefer fehlten ihm die meisten Zähne, und so fraß er sehr langsam, aber ohne allzu große Schwierigkeiten.

Als er satt war, schlurfte er zum anderen Ende seines Geheges, blieb dort eine Weile stehen und überblickte seine Umgebung. Dann holte er tief Luft und begann zu brüllen. Seine Stimme war heiser, aber immer noch gewaltig. Er brüllte mehrere Minuten lang weiter, und als er schließlich überzeugt war, dass er der Welt seinen Herrschaftsanspruch zur Genüge kundgetan hatte, wandte er sich um, um zu sehen, was die anderen Löwen taten. Fat Cat fraß immer noch, aber Leo und Happie sahen ihn voller Bewunderung an. Der alte Trade ging zu seiner Hütte zurück, streckte sich mit einem zufriedenen Seufzer im Stroh aus und schlief wieder ein.

Wir sagten erst Trade und dann Leo und den Löwinnen gute Nacht. Leo forderte uns mit bittenden Knurrlauten auf, die Nacht über bei ihm zu bleiben, aber ich erklärte ihm, dass ich seiner Frau Happie nicht so recht über den Weg traute. Ich versprach ihm aber, am nächsten Morgen wiederzukommen.

Früh am nächsten Morgen kam Andy zur Lodge herüber, um mit uns zu frühstücken. Er sah sehr zufrieden aus und erzählte uns, dass er gerade in Leos Gehege gewesen sei. Die Art, wie Leo sich ihm gegenüber am vorherigen Tag verhalten hatte, hatte ihn sehr gekränkt, und so hatte er beschlossen, dem Löwen einen privaten Besuch abzustatten, um die Dinge mit ihm ins Reine zu bringen. Als er sein Auto an diesem Morgen innerhalb des Geheges abstellte, kam Leo zu ihm gerannt und begrüßte ihn auf die übliche, überschwängliche Weise. Ich war sehr froh für Andy. Seine Geschichte war der Beweis für meine Theorie, dass Leo am Vortag nicht eigentlich zornig auf ihn gewesen war. Er hatte die Familie seiner Kindheit nur eine Zeit lang ganz für sich alleine haben wollen, ohne irgendwelche Einmischungen von außen.

Den Rest der Woche verbrachten wir damit, Leo zu besuchen, uns in der Lodge zu erholen und mit Andy, Graeme, Julie und Fiona zusammen zu sein. Ich war betrübt, dass Maria nicht da war, und wünschte mir, dass sie zurückkäme, bevor wir wieder abreisen mussten.

Unsere Gastgeber in der Lodge, Hans Strijdom und seine Frau Diana, behandelten uns als Ehrengäste und sorgten dafür, dass unser Aufenthalt so erfreulich wie nur möglich war. Die Lodge veranstaltete Sightseeing-Safaris für ihre Gäste, und obwohl wir oft eingeladen wurden, daran teilzunehmen, lehnten wir regelmäßig ab. Wir wollten so viel Zeit wie möglich mit Leo verbringen.

Anfangs waren Hans, seine Frau und die beiden Safariführer die einzigen Menschen in der Lodge, die den wirklichen Grund für unseren Besuch in Pamuzinda kannten. Wir hatten beschlossen, es dabei zu belassen und den anderen Gästen gegenüber nichts davon zu erwähnen, weil wir nicht bei allen Mahlzeiten zum Mittelpunkt des Gesprächs werden wollten.

Aber Hans hatte zwei kleine Hunde (halb Malteser, halb irgendetwas anderes), die das änderten. Die anderen Gäste bellten sie niemals an – nur uns. Jedes Mal, wenn wir nach einem Besuch bei Leo zur Lodge zurückkamen, bellten die beiden kleinen Biester sich die Seele aus dem Leib.

Der Grund dafür war natürlich, dass wir nach Löwe rochen.

Um die Sache noch schlimmer zu machen, verfolgten sie uns bis zum Esstisch, beschnüffelten während der ganzen Mahlzeit unsere Beine und knurrten dazu.

Einer der Gäste meinte schließlich, dass die Hunde es anscheinend ganz besonders auf Südafrikaner abgesehen hätten, und so rückte Hans mit der Wahrheit heraus und erklärte den wahren Grund für das Verhalten der Hunde. Danach gab es natürlich kein Entkommen mehr: Wir fanden uns im Zentrum des allgemeinen Interesses wieder, und bei allen Mahlzeiten waren Fragen über Leo das Hauptgesprächsthema.

Alle Gäste waren von Leos Geschichte sehr bewegt. Und obwohl sie alle bei einer der Sightseeing-Safaris beim Löwengehege gewesen waren, wollte jeder Einzelne von ihnen die Löwen noch einmal sehen. Die Safariführer versprachen, sie noch einmal dorthin zu bringen. Einer der Führer erzählte uns später, dass Leo der meistfotografierte Löwe in ganz Afrika geworden sei.

Einmal, als wir gerade gemeinsam mit einigen anderen Gästen beim Tee auf der Terrasse saßen, kam Karin auf die Idee, die Landschaft auf der anderen Seite des Flusses zu erkunden. Ohne daran zu denken, dass es den Gästen eigentlich nicht gestattet war, die nähere Umgebung der Lodge ohne Begleitung zu verlassen, marschierte sie zum Flussufer hinunter. Es war gerade Trockenzeit, und der Fluss, der nur in der Regenzeit Wasser führte, war mit Ausnahme einiger Tümpel ausgetrocknet.

Alle Gespräche auf der Terrasse verstummten, und die Gäste verrenkten sich die Hälse, um zuzusehen, wie Karin in der gefährlichen Wildnis verschwand. Einige von ihnen äußerten ihre Bedenken, aber Kobus versicherte ihnen, dass Karin schließlich in der Wildnis aufgewachsen und sehr wohl in der Lage sei, auf sich aufzupassen.

An einem Baum am Flussufer befand sich ein Schild mit der Aufschrift: ACHTUNG LEBENSGEFAHR! NICHT WEITERGEHEN. Als Karin zu dem Baum kam, blieb sie stehen, um zu lesen, was auf dem Schild stand, missachtete es prompt und verschwand am anderen Ufer des Flusses. Sie wusste, dass, abgesehen von Krokodilen, keine menschenfressenden Fleischfresser frei in Pamuzinda herumliefen. Leo und seine Familie waren die einzigen großen Raubkatzen im Park, und die hatten ja ihr eigenes Gehege.

Während Karin unterwegs war, erschienen vier junge Elefanten, um aus einem der Tümpel zu trinken. Während wir dasaßen und ihnen von der Terrasse aus zuschauten, regten sich die Gäste noch mehr auf. Was würde passieren, wenn die Elefanten immer noch da waren, wenn Karin zurückkam? Wie würde sie ungefährdet an ihnen vorbeikommen?

Die Elefanten blieben tatsächlich und weideten fast den ganzen Nachmittag lang am Flussufer. Aber ich machte mir keine Sorgen um Karin.

Sie würde die Elefanten natürlich sehen und sich einen anderen Weg zur Lodge suchen. Genau das tat sie, und als sie nach etwa einer Stunde wiederkam, erzählte sie, dass sie auf ihrem Spaziergang viele verschiedene Tiere gesehen hätte.

Am Abend unseres letzten Tages in Pamuzinda gingen Kobus und ich in Hans' Büro, um unsere Rechnung zu begleichen. Zu unserer freudigen Überraschung sagte man uns, dass Carol und Vivian Bristow mit Hans ausgemacht hatten, dass wir nur die Hälfte des normalen Preises bezahlen sollten. Und selbst der normale Preis war nicht so hoch, wie wir erwartet hatten. Noch mehr überrascht – und gerührt – waren wir, als Hans beschloss, uns für unseren letzten Tag in Pamuzinda gar nichts zu berechnen.

»Aber warum?«, fragten wir.

»Weil Sie Leos Eltern sind«, gab er zurück.

Wir wussten die freundliche Geste sehr zu schätzen.

Früh am nächsten Morgen kam Andy, um Kobus zu einem letzten Besuch bei Leo in das Gehege hinein zu begleiten. Geplant war, dass wir alle zusammen Leo nach dem Frühstück noch einmal besuchen würden, um uns durch den Zaun von ihm zu verabschieden. Aber Karin hatte auf einmal den dringenden Wunsch, mit Andy und Kobus zu fahren und Leo in seinem Gehege zu besuchen. Ich gab einigermaßen zögernd meine Zustimmung und nahm ihr das Versprechen ab, in der Nähe des Autos zu bleiben und während des ganzen Besuches gut auf die Löwinnen Acht zu geben.

Ich wäre nur zu gerne mit ihnen gegangen, aber mein Problem war mein Adrenalinspiegel. Jedes Mal, wenn Happie mich mit boshaftem Blick anstarrte, wurde ich nervös. Und ich wollte nicht nach Adrenalin riechen, während ich bei den Löwinnen im Gehege war.

Für die Tiere haben Angst und Aggression den gleichen Geruch, nämlich den nach Adrenalin. Darum ist es nicht sehr ratsam, in Gesellschaft wilder Tiere nach Adrenalin zu riechen – die Angst könnte fälschlich für Aggression gehalten werden.

So blieb ich bei der Lodge und machte unser Gepäck fertig.

Als Kobus und Karin von ihrem Besuch zurückkamen, machte Karin ein trauriges Gesicht.

Ich fragte Kobus, was los sei. Er erzählte, dass Leo äußerst stürmisch gewesen sei. Als Karin aus dem Auto stieg, war er auch schon über ihr und bettelte sie an, mit ihm zu spielen. Karin hätte das auch nur zu gerne getan, aber Kobus und Andy waren sich einig, dass Ringkampfspiele mit Leo für Karin nun zu gefährlich seien. Er wog inzwischen über zweihundert Kilo. Außerdem spürten die Löwinnen Leos Erregung und wurden unruhig. So war Karin befohlen worden, sich wieder ins Auto zu setzen.

Sie tat mir sehr Leid. Ich konnte mir gut vorstellen, wie sehr sie sich danach sehnte, wieder einmal mit Leo zu spielen. Ich hatte das gleiche Bedürfnis.

Nach einem schnellen Frühstück verabschiedeten wir uns von allen in der Lodge und machten uns auf den Weg.

Andy kam zum Auto, um uns auf Wiedersehen zu sagen.

Als Karin die hintere Autotür öffnete, um einzusteigen, entdeckte ich zu meinem Erstaunen ein klaffendes Loch im Polster des Rücksitzes. Kobus erklärte mir, dass das Loch Leos Werk sei. So stürmisch war er an diesem Morgen gewesen.

Ich überlegte mir, ob die Leute von unserer Versicherung diese Geschichte wohl glauben würden.

Wir sagten dem guten Andy auf Wiedersehen und dankten ihm für alles. Er hatte so viel für Leo und uns getan. Er versprach, mit uns in Verbindung zu bleiben und uns sofort zu benachrichtigen, wenn sich zeigen sollte, dass Leo Vater werden würde.

Dann standen Kobus, Karin und ich zum letzten Mal vor Leos Gehege.

Wir fanden die drei Löwen in der Nähe des Südzauns, wo sie im Gras lagen und sich von der Morgensonne bescheinen ließen. Leo sprang auf und kam zu uns gelaufen. Nach dem üblichen Begrüßungsritual setzten wir uns alle ins Gras und plauderten miteinander.

Wir hatten viel miteinander zu reden – von Wolfie, Hettie, Sandra und Paul, die ihn alle grüßen ließen, und von allen schönen Ereignissen der Vergangenheit.

Leo hörte uns aufmerksam zu, die Ohren gespitzt, die Augen voller Wärme und Zuneigung auf uns gerichtet.

Es war ein ganz und gar wunderbarer Besuch.

Schließlich rief Fat Cat nach Leo. Er antwortete ihr mit einem Knurrlaut. Dann sah er uns mit einem Gesichtsausdruck an, der zu bedeuten schien: »Entschuldigt bitte, ich muss jetzt gehen. Meine Frau ruft.« Er stand auf, ging zu den Löwinnen zurück und ließ sich neben ihnen ins Gras fallen, hielt aber den Blick weiter liebevoll auf uns gerichtet.

Ich wünschte mir ein paar Fotos von Leo und den Löwinnen, aber sie waren zu weit vom Zaun entfernt, um schöne Porträtaufnahmen machen zu können. Kobus bot jedoch an, in das Gehege zu gehen und ein paar Aufnahmen für mich zu machen.

Als Kobus auf sie zuging, behielt ich die Löwinnen ganz genau im Auge, aber sie schienen sich durch seine Anwesenheit nicht gestört zu fühlen.

Während Kobus die Löwen fotografierte, dachte ich an die Fotos, die wir vor einem Jahr in Pamuzinda von Leo gemacht hatten: Damals war sehr viel Anspannung in seinen Augen und in seinem Gesicht zu erkennen gewesen, und noch Monate danach hatte ich diese Fotos nicht ohne unsagbare Trauer ansehen können.

Jetzt, als er sich mit seinen Frauen fotografieren ließ, sah er königlich und schön aus, und sein Gesichtsausdruck zeugte von Zufriedenheit und Wohlbefinden. Ich freute mich darauf, diese neuen Fotos von Leo zu besitzen und direkt neben die traurigen Aufnahmen vom vergangenen Jahr in mein Fotoalbum zu kleben. Durch sie würde Leos Geschichte sowohl in meinem Fotoalbum als auch in meiner Erinnerung ein glückliches Ende bekommen.

Schließlich riefen wir Leo zu uns zurück, um ihm auf Wiedersehen zu sagen.

Wir rieben unsere Köpfe aneinander und pressten unsere Gesichter zum Abschied an das seine. Als ich an der Reihe war, setzte ich mich hin und redete noch ein bisschen mit ihm. Ich erklärte ihm, dass wir nun nach Hause fahren müssten, dass wir ihn aber bald wieder besuchen würden. Ich sagte ihm, wie schön es gewesen sei, ihn wieder zu sehen, und wie kostbar mir meine Erinnerungen an ihn immer sein würden.

Während ich sprach, achtete er ganz genau auf den Tonfall meiner

Stimme, und als ich schwieg, neigte er seinen Kopf zur Seite - so wie ein Mensch es tut, wenn er eine geliebte Person anlächelt –, und seine rostfarbenen Augen leuchteten warm vor Liebe und Vertrauen.

Ich wusste nun, dass Leo glücklich war: glücklich, ein Löwe unter Löwen zu sei, glücklich, dass wir ihn besucht und ihm gezeigt hatten, dass wir ihn nicht vergessen hatten.

Fat Cat rief wieder nach ihm. Offensichtlich entwickelte sie sich zu einer ziemlich besitzergreifenden Ehefrau. Leo stand auf und ging zu den Löwinnen zurück.

Als wir losfuhren, beugten wir uns aus dem Fenster und winkten und riefen Leo und seiner Familie unsere Abschiedsgrüße zu.

Und so begrub ich mein Herz in Pamuzinda.

ALLE WILDEN UND WUNDERBAREN DINGE

Kurz nach unserer Rückkehr aus Simbabwe machte ein gewalttätiger Elefantenbulle es sich zur Gewohnheit, nachts die Gärten unserer Nachbarn zu verwüsten. Ich wusste, dass unser Garten auch bald an der Reihe sein würde, aber ich hoffte, es würde nicht passieren, bevor Kobus wieder zu Hause war. (Er nahm gerade an einer Konferenz im Norden des Parks teil.)

Aber natürlich währte mein Glück nicht lange genug. Eines Nachts wachte ich vom lauten Scheppern eines brechenden Eisenzauns auf. Ich sprang aus dem Bett, rannte hinaus und rief die Hunde zu Hilfe.

Dienstbeflissen bellten sie den Elefanten an, so laut sie nur konnten, und ich brüllte, was meine Stimme hergab. Endlich begriff der Elefant, dass er nicht willkommen war, und verzog sich, aber da hatte er bereits einen Zaunpfosten umgebrochen, einen Teil des Maschendrahts heruntergerissen und einen Baum zur Hälfte vernichtet.

In der folgenden Nacht kam er wieder und brachte auch noch einen Freund mit. Zum Glück war Kobus inzwischen wieder zu Hause, und ich weckte ihn auf.

»Bitte geh und sprich mit den Elefanten«, bat ich ihn. »Deine Stimme eignet sich besser zum Elefantenvertreiben als meine.«

Kobus sprang aus dem Bett, zog hastig seine Shorts über und rannte hinaus. Dabei rief er mir noch zu, ich solle ihm ein Ei bringen.

Ein Ei?, fragte ich mich. Was will der Mann mit einem Ei?

Aber ich stellte keine Fragen und brachte ihm das Ei.

Er warf es nach einem der Elefanten und traf ihn an der Schulter. Der Elefant hob den Rüssel, presste ihn auf seine Schulter und roch an der Stelle, an der das Ei zerplatzt war.

»*Aaah!*«, schrie er auf und flüchtete, dicht gefolgt von seinem Freund, in die Nacht hinaus.

Sie ließen sich nie wieder blicken.

Ich hatte etwas dazugelernt, das mir sehr gefiel. Das nächste Mal würde ich einfach ein paar Eier nach den Eindringlingen werfen, statt mir die Lunge aus dem Leib zu schreien.

Einige Nächte darauf brüllten Löwen so dicht bei uns, dass das ganze Haus erzitterte. Kobus fuhr wie der Blitz aus dem Bett.

»Wo willst du hin?«, fragte ich erschrocken.

»Ich habe vergessen, das Tor zu schließen«, gab er zurück.

Ich dachte an unsere Hunde und Pferde und sprang ebenfalls aus dem Bett.

Kobus hatte es so eilig, hinauszurennen und das Tor zu schließen, dass er sich nicht damit aufhielt, sich erst noch eine Hose anzuziehen. (Er besitzt keinen Pyjama. Entschuldigen Sie, dass ich das erwähne, aber es ist wichtig für die Geschichte.)

»Soll ich ein paar Eier bringen?«, rief ich hinter ihm her.

Aber er hörte mich nicht mehr. Er war bereits draußen und rannte mit Höchstgeschwindigkeit auf das Tor zu.

Mir kam der Gedanke, dass ein nackter Mann in den Augen eines hungrigen Löwen ganz besonders lecker aussehen könnte, und so rannte ich hinter Kobus her. Die Löwen begannen wieder zu brüllen, und ich hatte das Gefühl, direkt in ein Erdbeben hineinzulaufen.

Als ich um die Kurve beim Fischweiher bog, sah ich zwei riesige Löwen im offenen Tor stehen.

Ich bremste ab und rief hinter Kobus her, er solle zurückkommen.

Aber ich hätte mir die Mühe sparen können. Die Löwen warfen nur einen Blick auf Kobus und ergriffen die Flucht. Und sie taten die ganze Nacht lang keinen Mucks mehr. Offenbar hatten sie noch nie in ihrem Leben einen nackten Mann gesehen und waren so schockiert, dass es ihnen die Sprache verschlagen hatte.

Ich nahm an, dass man auch aus dieser Episode etwas lernen konnte, aber ich beschloss, mich lieber an den Eiertrick zu halten.

Der Winter ging allmählich seinem Ende zu, und die Grasdecke im Veld begann spärlich zu werden. Eine Impalaherde und einige Buschböcke gingen dazu über, in unserem Garten zu grasen. Wir waren natürlich

entzückt, sie bei uns zu haben. Sie wurden so zahm, dass man ganz dicht zu ihnen hingehen und mit ihnen plaudern konnte. Wolfie und Jasper ließen sie in Frieden.

Hütehunde haben die angenehme Eigenschaft, dass sie wilden Tieren gegenüber so verträglich sind. Sie neigen dazu, sie vor sich herzutreiben, aber sie tun ihnen nichts.

Von klein an waren Jaspers Hüteinstinkte so ausgeprägt, dass er immer wieder in den Fischteich stieg und die Fische vor sich hertrieb. Anfangs wollte er alles treiben, was sich bewegte, aber Wolfie, der sein Vorbild war, brachte ihm bei, dass Antilopen und andere kleine Tiere nicht gestört werden durften. Nur Paviane und Affen durften, wenn sie im Garten angetroffen wurden, mit Höchstgeschwindigkeit hinausgejagt werden.

An einem Nachmittag im ausgehenden Winter, als Karin mit den Hunden einen Spaziergang im Tal machte, kam eine Impalaherde aus dem Busch hervorgebrochen und flüchtete direkt vor ihr über die Straße. Karin und die Hunde blieben stehen, um zu sehen, wovor die Impalas flohen. Ein Rudel Hyänenhunde kam aus dem Busch herausgestürmt und wollte ebenfalls direkt vor ihnen die Straße überqueren. Aber dann blieben sie plötzlich stehen und sahen Karin und ihre beiden Begleiter neugierig an.

Karin befahl Wolfie und Jasper, dicht bei ihr zu bleiben und sich still zu verhalten, was die beiden braven Hunde auch taten. Wolfie stellte sich schützend zwischen die Hyänenhunde und Karin und beobachtete sie misstrauisch. Jasper, der noch nie einen Hyänenhund gesehen hatte, versuchte, sich hinter Karins Beinen unsichtbar zu machen.

Die Hyänenhunde musterten Karin und ihre Begleiter eine Weile, dann begann der Rudelführer voller Neugier ein bisschen näher zu rücken. Wolfie war darüber nicht besonders glücklich. Er trat ein paar Schritte vor, die Nackenhaare gesträubt, die Oberlippe warnend angehoben, womit er sagen wollte: »Wagt es ja nicht, noch näher an Karin heranzukommen!«

Karin, die sich über die einzigartige Begegnung freute, wusste, dass die Hyänenhunde nur neugierig waren und nichts Böses gegen sie im Schilde führten. Aber als Wolfie auf den Anführer zuging, wurde plötzlich das ganze Rudel unruhig.

Karin spürte die Veränderung in der Stimmung der Tiere und wusste, dass sie ihre Hunde nicht würde schützen können, wenn das Rudel auf sie losging. Betrübt, dass die Begegnung auf diese Weise enden musste, warf sie die Arme in die Luft und brüllte die Hyänenhunde an, sie sollten verschwinden. Sie wandten sich um und ergriffen die Flucht.

Die Frühlingsregen kamen früh in diesem Jahr, und gleich nach den erste Regenfällen passierte etwas Lustiges. Eines Abends fütterte ich gerade die Fische, als eine kleine Klappenschildkröte aus dem Fischweiher stieg und meinen Fuß besichtigte.

Ich konnte kaum glauben, was ich da sah, und bückte mich, um mir das Tier genauer anzusehen. Es hob sein komisches, kleines Gesicht und sah mir direkt in die Augen.

Vielleicht habe ich einfach zu viel Phantasie, aber die kleine Schildkröte sah so aus, als wollte sie fragen: »Bist du meine Mami?«

»Nein«, sagte ich hastig. »Das bin ich nicht. Ich bin ein Primat, siehst du? Ein Säugetier. Wir sind nicht einmal entfernt miteinander verwandt.«

Sie beäugte wieder meinen Fuß und kostete versuchsweise ein bisschen an meinem Zeh.

»Oh, du hast Hunger?«, fragte ich. »O. k., ich hol dir etwas zu Essen. Aber deswegen bin ich noch lange nicht deine Mami, verstanden?« Ich holte ein paar Stückchen Hühnerfleisch aus dem Kühlschrank, die die Schildkröte zu meiner Überraschung direkt aus meiner Hand fraß.

Danach stieg sie jeden Abend, wenn ich die Fische fütterte, aus dem Wasser und wollte auch gefüttert werden. Ich sagte ihr immer wieder, dass ich nicht ihre Mami, sondern nur die Dame von der Wohlfahrtsgesellschaft sei, aber das törichte kleine Geschöpf schien mich ins Herz geschlossen zu haben. Ich versuchte, sie Kobus oder den Kindern zu zeigen, aber sie hatte Angst und flüchtete ins Wasser.

Warum wollte sie nur von mir gefüttert werden?

Ich wusste, dass Klappenschildkröten mehrere hundert Jahre alt werden können, was vermutlich bedeutet, dass sie auch eine sehr lange Kindheit haben – vielleicht so um die fünfzig Jahre. Ich hatte keine Lust, für den Rest meines Lebens eine Klappenschildkrötenmutter zu sein.

Annette behauptete, dass ich eine Aura um mich hätte, die allen verirrten und verwaisten Geschöpfen sagte, dass ich ihre Mutter sei.

Ich glaube nicht, dass sie Recht hatte. Ich glaube, dass Tiere nur ein ungewöhnlich gutes Gespür für Menschen wie mich haben, die ihnen nichts abschlagen können.

Glauben Sie mir, Tiere sind viel gescheiter, als wir es glauben. Sie spüren Dinge, von denen wir selbst keine Ahnung haben.

Das erinnert mich an etwas, das im Jahr 1994 passierte.

Ein paar Wochen, nachdem wir von unserer ersten Fahrt nach Simbabwe zurückgekehrt waren – der Fahrt, bei der wir Leo nach Pamuzinda gebracht hatten –, fuhr ich zum Einkaufen nach Hazyview und versäumte es, an einer Kreuzung zu halten. Im gleichen Augenblick vergaß auch ein anderer Autofahrer zu halten, und wir stießen mitten in der Kreuzung zusammen. Gott sei Dank wurde niemand verletzt, aber beide Autos waren stark beschädigt und mussten abgeschleppt werden.

Ich war sehr deprimiert. Noch nie hatte ich einen Autounfall gehabt. Und ich wusste ganz genau, dass der Unfall nur deswegen passiert war, weil ich an Leo gedacht hatte, anstatt mich auf das Fahren zu konzentrieren.

Für den Rest des Tages versank ich in Selbstmitleid. Als ich nach Hause

kam, lief ich im Garten herum – auf und ab, auf und ab – und fragte mich, warum das Leben mich so abscheulich behandelte.

Als ich genug auf und ab gelaufen war, setzte ich mich ins Gras und starrte in den Marulawald. Und da stand ein männlicher Wasserbock und sah mich mit einem Gesichtsausdruck an, der zu bedeuten schien: »Liebe Frau, was ist denn nur los?«

Also erzählte ich ihm, was los war und wie ich erst meinen Löwen und dann meinen Daumen und mein Auto verloren hatte.

Er sah mich nur immer weiter mit weisen, seelenvollen Augen an.

Nach einiger Zeit fragte ich ihn: »Sag mal, willst du denn nichts sagen?«

Er wanderte in den Busch davon.

Aber das machte nichts.

Ein Psychotherapeut hätte auf die Uhr gesehen und mir mitgeteilt, dass meine Zeit um sei. Und dann hätte er mir auch noch eine Rechnung geschickt. Und er hätte sich meine Geschichte nicht mit so seelenvollen Augen angehört.

Und außerdem fühlte ich mich bedeutend besser.

Wir besitzen ein Strandhaus am Eastern Cape, und kurz nach unserer Rückkehr von unserer zweiten Reise nach Pamuzinda fiel es Kobus und mir ein, dass wir seit fast vier Jahren nicht mehr dort gewesen waren – wir waren zu intensiv damit beschäftigt gewesen, Waisen aufzuziehen und von Löwen zerkaut zu werden. Wir beschlossen, für den kommenden Sommer einen Familienurlaub zu planen.

Sowie alle Kinder ihr Jahresabschlussexamen hinter sich hatten, packten wir zwei Autos voll mit Menschen und Hunden und machten uns auf den Weg zum Paradise Beach.

Paradise Beach ist ein Gebiet mit bewaldeten Dünen und breiten, sandigen Stränden zwischen dem Seekoei River und dem Krom River am Eastern Cape. Es ist ein ruhiger, abgelegener Ort, an dem es nichts als ein paar weit verstreut liegende private Strandhäuser gibt. An den Stränden sind Möwen und viele Arten von Wasservögeln in großer Zahl zu finden, und kleine Säugetiere wie Buschböcke, Ginsterkatzen, Affen und Mangusten bewohnen die bewaldeten Dünen. In den funkelnden Küstengewässern kann man oft spielende Delfine und Wale beobachten.

Wir hatten einen wahrhaft phantastischen Urlaub.

Der kluge Wolfie, der immer weiß, worauf es im Leben ankommt, brachte den größten Teil seiner Tage damit zu, am Strand zu sitzen – auf einem Handtuch unter einem Sonnenschirm – und auf das Meer hinauszublicken. (Zur Vervollständigung des Bildes fehlte ihm nur noch eine Sonnenbrille.) Jasper arbeitete schwer, rannte die Dünen hinauf und hinunter, über den Strand und in die Brandung, weil er die Möwen unbedingt dazu bewegen wollte, in einem Schwarm zusammenzubleiben. Die Kinder schwammen und surften, gingen zum Angeln und zum Schnorcheln und versorgten uns mit köstlichen Meerestieren aller Art.

Eines Tages, als Kobus und ich am Strand entlanggingen, sahen wir eine Delfinschule, die gleich hinter der Brandung in weitem Bogen immer im Kreis herumschwamm. Wir kämpften uns durch die Brandung und schwammen zu ihnen hinaus. Sie gestatteten uns, sehr nahe zu kommen, und umkreisten uns lange. Wir konnten hören, wie die Mütter nach ihren Jungen riefen. Manchmal kamen sie uns so nahe, dass wir die Hand hätten ausstrecken und sie berühren können. Aber wir taten es nicht – für den Fall, dass sie das nicht gemocht hätten. Sie achteten so sorgfältig darauf, uns nicht zu berühren oder anzustoßen, dass sie von uns vielleicht die gleiche Höflichkeit erwarteten. Es war einfach phantastisch, von Tieren von so unglaublicher Schönheit und Anmut umgeben zu sein. Wir verbrachten fast eine Stunde in ihrer Gesellschaft. Hinterher waren Kobus und ich uns einig, dass viele der schönsten Augenblicke des Lebens solche waren, die man in Freundschaft mit wilden Tieren verleben durfte.

Wir alle brauchen die Tiere. Denken Sie nur, wie einsam es ohne sie auf der Welt wäre – wie Chief Seathl im Jahr 1855 in seinem Brief an den Präsidenten der Vereinigten Staaten schrieb: »Wenn alle Tiere von der Erde verschwunden wären, würden die Menschen an einer großen Einsamkeit des Geistes sterben.«

Wenige Tage vor Weihnachten kehrten wir von unserem Urlaub am Eastern Cape zurück. Das Buschland schimmerte in üppigem Grün, das die ergiebigen Sommerregen hervorgebracht hatten. Die Tiere sahen wohlgenährt und gesund aus. Es war schön, wieder zu Hause zu sein. Am Weihnachtsabend kletterten wir alle zusammen auf den Gipfel des Shabeni, um den Sonnenuntergang zu sehen. Eine Pavianherde saß auf einem nahen Felsen und diskutierte über uns und andere Dinge. Die Sonne versank nur zögernd und verharrte noch in einem roten und violetten Farbenrausch über dem Horizont. Aus dem Buschland unter uns waren die Rufe von Perlhühnern und Frankolinen zu hören. Die letzten Strahlen des Sonnenlichts spielten auf Gruppen von Silberblattbäumen und verwandelten sie in zarte, aquamarinfarbene Wolken. In meiner Seele breitete sich das vertraute Gefühl von Wildnis und Einsamkeit aus, und meine Gedanken wanderten nach Mahlangeni. Eine Weile überließ ich mich meinen Erinnerungen.

Ein Teil von mir gehörte immer noch zu diesem wilden und einsamen Garten Eden, und das würde auch immer so bleiben, aber ich bedauerte nicht mehr, dass wir fortgezogen waren. Die Jahre danach hatten uns zu anderen Paradiesen geführt und mein Herz mit neuen, kostbaren Erinnerungen gefüllt.

Ein dröhnendes Bellen unterbrach meine Träumerei. Es kam von einem der Paviane auf dem nahen Felsen, vermutlich dem Anführer, der uns daran erinnern wollte, wer hier der Boss war.

Kobus antwortete ihm mit einem freundlichen Gruß.

Aus dem Dickicht am Fuß des Koppie tauchte ein hübsches Giraffenpaar auf. Sie zupften am Grün des südlichen Abhangs des Shabeni und begannen kauend aufwärts zu steigen.

Wir saßen so still, dass sie uns erst bemerkten, als sie bereits sehr nah an uns herangekommen waren. Sie unterbrachen ihr Kauen und fixierten uns mit erstaunten Blicken, während immer noch Blätter aus ihren Mäulern heraushingen.

Ein Kampfadler landete auf einem nahen Felsvorsprung. Er legte die Schwingen zusammen, wandte uns den Kopf zu und betrachtete uns mit majestätischem Blick.

Die Paviane hatten natürlich auch nicht aufgehört, uns zu mustern.

»Wir werden beobachtet«, flüsterte ich Kobus zu.

»Immer«, sagte er. »Der Busch ist voller Augen.«

Mir fiel ein, dass wir dieses Gespräch schon einmal geführt hatten – sogar schon bei vielen Gelegenheiten. In der Wildnis ist man niemals alleine. Man wird registriert. Man ist ein Teil der Natur.

Die brandrote Sonne war hinter den fernen Hügeln verschwunden. Nur noch ein blassgoldener Streifen säumte den Horizont. Bald legte sich der rauchblaue Schleier der Dämmerung über das Buschland unter uns, bis es verschwommen und ätherisch wirkte wie ein Traum, der sich in Nichts auflöst. Der Abendwind war voller flüsternder Stimmen und uralter Erinnerungen.

Irgendwo zwischen uns und der Nacht war der erregende Schrei eines Schakals zu hören.

Wir verabschiedeten uns von den Pavianen, dem Giraffenpaar und dem Adler und stiegen wieder hinab zur Erde.

Aber bevor wir aufbrachen, blieb ich noch einen Augenblick lang stehen, um den silbrigen Zauber des Zwielichts über der Wildnis in mich aufzunehmen.

Und ein Satz stieg in meiner Erinnerung auf.

Ici reste mon cœur. Hier bleibt mein Herz.

POSTSKRIPTUM

Im Juli 1996 wurde Leo Vater, als Fat Cat drei schöne weibliche Babys zur Welt brachte. Im November des gleichen Jahres bekam Happie ein einzelnes Junges, einen kleinen Jungen namens Oscar – der ganz das Ebenbild seines Vaters ist. Im Mai 1998 brachte Happie noch einmal ein einzelnes männliches Junges zur Welt, einen reizenden kleinen Burschen namens Freddie. Von allen Jungen ist Oscar derjenige, der seinem Vater in Aussehen und Temperament am ähnlichsten ist, und er wird oft Leo junior genannt.

DANKSAGUNGEN

Für ihre Hilfe bei der Vorbereitung dieses Buches
bin ich folgenden Personen zutiefst verpflichtet:

meiner Agentin Carole Blake,
meiner Herausgeberin Francesca Liversidge,
meiner Korrektorin Deborah Adams,
ferner Julia Lloyd, Alison Martin, Emma Dowson
und allen anderen Angehörigen
des wunderbaren Transworld-Teams.